SPANISH
for MASTERY 1

¿Qué tal?

Jean-Paul Valette
Rebecca M. Valette

Editor-Consultant
Teresa Carrera-Hanley

Contributing Writers
Frederick Suárez Richard
Clara Inés Olaya

 D.C. HEATH AND COMPANY
HEATH **Lexington, Massachusetts / Toronto, Ontario**

TEACHER CONSULTANTS
Susan Crichton, Lynnfield H.S., Massachusetts
Karen Davis, McLean Middle School, Texas
Elena Marsh, Columbine H.S., Colorado
Judith Morrow, Bloomington H.S. South, Indiana
Delores Rodríguez, San Jose Unified School Dist., California

LINGUISTIC CONSULTANT
Kenneth Chastain, University of Virginia

EXECUTIVE EDITOR, MODERN LANGUAGES
Roger D. Coulombe

PROJECT EDITORS
Valentia Dermer
Jayne Cotton

NATIONAL MODERN LANGUAGE PRODUCT SPECIALIST
Teresa Carrera-Hanley

MODERN LANGUAGE PRODUCT MANAGER
Natalie St. John

D.C. HEATH CONSULTANTS
Alison King
Karen Ralston
Ramón Morales-Sánchez

DESIGN AND PRODUCTION
Will Tenney, Executive Designer
Donna Lee Porter, Senior Production Coordinator
Marianna Frew Palmer, Editorial Services
Susan Gerould/Perspectives, Cover Designer
M. L. Dietmeier, Illustrator

9 0

Queridos amigos,

Dear friends,

The language that you are going to study this year (and hopefully continue to study in the years to come) is a very special language. It is present all around us! Think of the many states, cities, rivers and mountains that bear Spanish names: Florida, Nevada, Colorado, Los Angeles, Santa Fe, El Paso, the Sierra Nevada, the Rio Grande. . . . The list is endless.

More important, Spanish is very much alive in the United States because millions of Americans speak it every day! Think of the people around you: you may have a friend with a Hispanic name, or you may have been to a Hispanic shop or restaurant in your town, or know of famous people whose names are Spanish, or you yourself may be of Hispanic heritage. . . . For young Americans, learning Spanish is not learning a "foreign" language, but learning a language spoken by many in their own country.

Obviously the domain of Spanish extends far beyond the boundaries of the United States. Spanish is the language of Spain, Mexico, Central America and most of South America. It is also spoken in parts of the Philippines and parts of Africa. It is the official language of 20 countries and is one of the five official languages of the United Nations. It is spoken daily by about 300 million people around the world and is understood by many millions more. All in all, Spanish is one of the most widely used and most useful languages of the world.

The study of Spanish is important for several other reasons. Language is part of culture. In learning a language, you learn not only how other people express themselves, but also how they live and what they think. It is often by comparing ourselves with others, by investigating how we differ and how we are similar, that we begin to learn who we really are. Your experience in learning Spanish will therefore help you understand your own culture better.

Soon you will discover many similarities between Spanish and English. They have many words in common and others that are closely related. Knowing Spanish will help you understand *your* language better and even increase your English vocabulary! Spanish is the native language of many great writers, poets and artists whose ideas have shaped our own ways of thinking and feeling. Knowing Spanish may help you better understand these ideas and, consequently, the world in which we live.

Last, but not least, Spanish is a language used in business, in the professions and in the trades, both abroad and here in the United States. Americans who choose to serve their fellow citizens as doctors, nurses, lawyers, social workers, teachers, firefighters and law-enforcement officers will find they can perform their tasks more effectively if they speak Spanish.

As you see, knowing Spanish is not an end in itself, but a step toward several worthwhile objectives: communication with others here and abroad, increased knowledge of the world in which we live, better understanding of ourselves . . . and maybe an extra advantage when you are looking for a job!

Y ahora, ¡adelante con el español!
And now, forward with Spanish!

Jean-Paul Valette   *Rebecca M. Valette*

iii

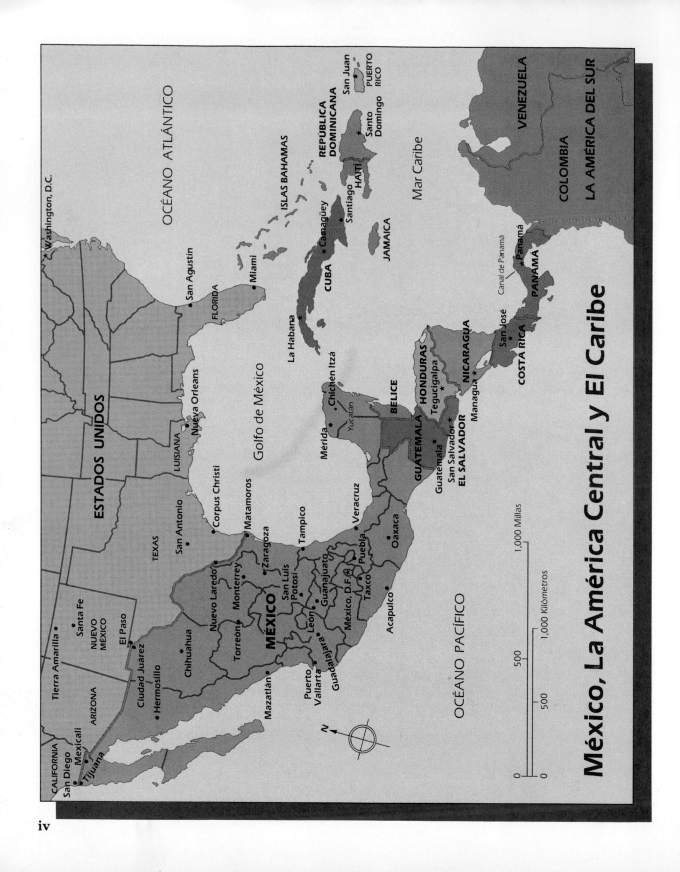

México, La América Central y El Caribe

iv

Mar Caribe

Canal de Panamá

COSTA RICA

Cartagena

Caracas

Maracaibo

PANAMÁ

Medellín

VENEZUELA

GUYANA

SURINAM

Bogotá

GUAYANA FRANCESA

Cali

COLOMBIA

Quito

ECUADOR

Guayaquil

Iquitos

Manaus

Belém

Fortaleza

B R A S I L

Trujillo

PERÚ

Salvador

El Callao

Machu Picchu

Lima

Cuzco

Arequipa

La Paz

BOLIVIA

Brasilia

Sucre

PARAGUAY

Río de Janeiro

Antofagasta

São Paulo

Asunción

OCÉANO
PACÍFICO

San Miguel
de Tucumán

Pôrto Alegre

CHILE

Córdoba

URUGUAY

Valparaíso

LA PAMPA

Montevideo

Santiago

Buenos
Aires

Punta del Este

Concepción

ARGENTINA

OCÉANO ATLÁNTICO

N

La América del Sur

ISLAS MALVINAS

Tierra del Fuego

0   400   800 Millas

0   400   800 Kilómetros

v

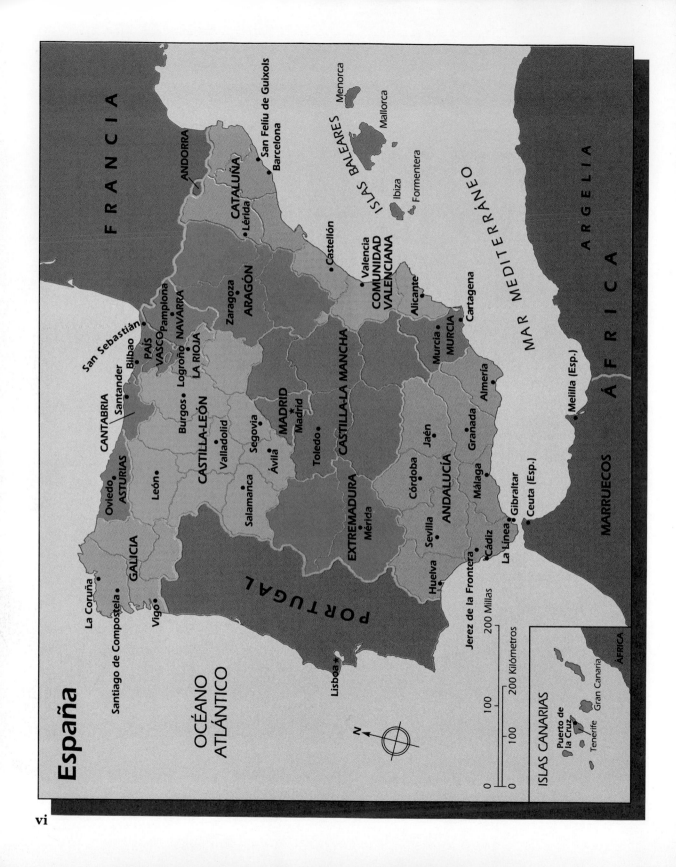

España

vi

Contents

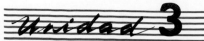

Unidad 3 Amigos . . . y amigas   **80**

Unidad 4 Y ahora . . . ¡México!   **130**

Unidad 5 Mi familia y yo   **166**

unidad **6**   Nuestras diversiones   **214**

unidad **7**   Los secretos de una buena presentación   **252**

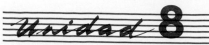

Me llamo . . .

Alberto	Federico	Miguel	Alicia	Elena	Luisa
Alonso	Felipe	Pablo	Ana	Emilia	Manuela
Andrés	Francisco (Paco)	Pedro	Anita	Francisca (Paca)	María
Antonio	Guillermo	Ramón	Bárbara	Inés	Mariana
Carlos	Jaime	Raúl	Beatriz	Isabel	Marta
Diego	Jesús	Rafael	Carolina	Josefina (Pepita)	Rosa
Domingo	José (Pepe)	Ricardo	Carlota	Juana	Rosalinda
Eduardo	Juan	Roberto	Catalina	Juanita	Susana
Enrique	Luis	Salvador	Clara	Linda	Teresa
Esteban	Manuel	Tomás	Cristina	Lucía	Verónica

Unidad 1

¡Bienvenidos!

Lección 1 Presentaciones

A. ¿CÓMO TE LLAMAS?

(On the first day of school in San Antonio, Texas)

Alicia: ¿Cómo te llamas?
Carlos: Me llamo Carlos, ¿y tú?
Alicia: ¡Me llamo Alicia!
Carlos: ¿Eres de Puerto Rico?
Alicia: ¡No!
Carlos: ¿Eres de México?
Alicia: ¡No!
Carlos: ¿Eres de Panamá?
Alicia: ¡No, no, no! Soy de San Antonio . . .
¡como tú!

A. WHAT'S YOUR NAME?

What's your name?
My name is Carlos; and yours?
My name is Alicia!
Are you from Puerto Rico?
No.
Are you from Mexico?
No.
Are you from Panama?
No, no, no! I'm from San Antonio,
like you!

NOTA CULTURAL

Los hispanohablantes
(The Spanish speakers)

Today, Spanish is spoken by about three hundred million people around the world. These people who share the same language are the Hispanic people. They live in Spain, South and Central America, Mexico, the Caribbean . . . and also in the United States. Approximately nineteen million people of Hispanic background are living in the United States.

José Antonio Domínguez
México

Ángela Santos
Puerto Rico

Ernesto Medina
Perú

Ana Guzmán
Argentina

Pablo Castillo
España

Graciela Cortez
Panamá

Marta Gómez
Estados Unidos

Nombre			
Castillo, Pablo	Calle Velázquez	Madrid	España
Cortez, Graciela	Avenida Balboa	Panamá	Panamá
Domínguez, José A.	Avenida Reforma	Veracruz	México
García, Carmen	Avenida Colón	Bogotá	Colombia
Gómez, Marta	San Martín Road	San Antonio Texas,	Estados Unidos
Guzmán, Ana	Plaza de la Independencia	Buenos Aires	Argentina
Martínez, Felipe	Avenida de la Paz	San José	Costa Rica
Medina, Ernesto	Avenida del Sol	Cuzco	Perú
Montero, María	Avenida José Martí	La Habana	Cuba
Santos, Ángela	Avenida Palmas del Mar	San Juan	Puerto Rico
Pérez, Ricardo	Ponce de León Boulevard	Miami,	Florida, Estados Unidos
Sánchez, Pedro	Avenida América	Quito	Ecuador
Vilar, Luisa	Avenida Simón Bolívar	La Paz	Bolivia

ACTIVIDAD 1   Presentaciones *(Introductions)*

Imagine that you are in a school in Colombia. It is the first day of school and the new students are introducing themselves to one another. Play the roles of these students.

    José / Anita   José: ¿Cómo te llamas?
                       Anita: Me llamo Anita, ¿y tú?
                       José: Me llamo José.

1. Tomás / Teresa
2. Diego / Susana
3. Luis / Luisa
4. Miguel / Ana
5. Pablo / Emilia

6. Ramón / Inés
7. Ricardo / Clara
8. Juan / Anita
9. Felipe / María
10. Pedro / Isabel

NOTAS:

1. You may have noted the accent mark in certain names (José, María, Tomás, Inés). Accent marks are part of Spanish spelling. They should not be left out!

2. In Spanish, question marks and exclamation points occur at the beginning as well as at the end of a question or exclamation. These punctuation marks are written upside down at the place where the question (¿) or exclamation (¡) begins.

ACTIVIDAD 2 ¿De dónde eres? *(Where are you from?)*

Say where you are from. Then ask a classmate where he or she is from.

> Estudiante 1: Soy de [San Antonio], ¿y tú?
> Estudiante 2: Soy de [Houston].

ACTIVIDAD 3 ¡Hola!

Choose one of the Hispanic young people listed in the address book on the left and pretend to be that person. Introduce yourself to the class.

> ¡Hola! Me llamo Graciela Cortez. Soy de Panamá.

ACTIVIDAD 4 ¿Quién eres? *(Who are you?)*

A classmate will play the part of one of the young people in the address book. Have an interview according to the model.

> Estudiante 1: ¡Hola! ¿Cómo te llamas?
> Estudiante 2: Me llamo José Antonio Domínguez.
> Estudiante 1: ¿Eres de México?
> Estudiante 2: ¡Sí! Soy de México.

B. ¿QUIÉN ES?	WHO IS THAT?
Alicia: ¿Quién es?	Who is that?
Carlos: ¡Es Dolores Hernández!	It's Dolores Hernández.
Alicia: ¿Dolores Fernández?	Dolores Fernández?
Carlos: ¡No! ¡Hernández, con H (hache)!	No, Hernández, with an H.

Feb. 22

NOTA CULTURAL

Nombres hispánicos
(Spanish names)

Since many people in Spanish-speaking countries are Catholic, it has been the tradition to give children the names of saints of the Catholic calendar. Boys are commonly named Juan, Pedro, Tomás, José, Miguel, Carlos . . . Girls are often named in honor of the Virgin Mary: María, Dolores, Carmen, Concepción, Consuelo, Pilar, Mercedes . . . The name Dolores, for example, is an abbreviation of *Nuestra Señora de los Dolores*—Our Lady of Sorrows.

It is common to give children a double first name: Juan Carlos, José Luis or José Antonio for boys; Ana María, María Elena or Maricarmen for girls.

Pronunciación   El alfabeto español

Knowing the Spanish alphabet will help you spell Spanish words. It will also help you practice pronouncing Spanish sounds. Here are the letters of the Spanish alphabet, along with their Spanish names.

a	a	**j**	jota	**r**	ere
b	be	**k**	ka	**rr**	erre
c	ce	**l**	ele	**s**	ese
ch	che	**ll**	elle	**t**	te
d	de	**m**	eme	**u**	u
e	e	**n**	ene	**v**	ve
f	efe	**ñ**	eñe	**w**	doble ve
g	ge	**o**	o	**x**	equis
h	hache	**p**	pe	**y**	i griega
i	i	**q**	cu	**z**	zeta

The Spanish alphabet contains three more letters than the English alphabet: **ch, ll,** and **ñ.** When Spanish words are put in alphabetical order the letters **ch, ll,** and **ñ** come after **c, l,** and **n,** respectively.

ACTIVIDAD 5   Nombres

Spell out loud the following names in Spanish:

> your first name
> your last name
> the names of your father and mother or brothers and sisters

Para la comunicación

Expresión para la conversación

aquí   *here*

Soy de **aquí**, como tú.	*I'm from here, like you.*
Y María, ¿es de **aquí?**	*And María, is she from here?*
Y Pablo, ¿es de **aquí?**	*And Pablo, is he from here?*

Mini-diálogos

Use the words in the pictures to replace the underlined words.

Miguel — Puerto Rico

Carmen: ¿Quién es?
    José: ¡Es <u>Miguel</u>!
Carmen: ¿Es de aquí?
    José: ¡No! ¡Es de <u>Puerto Rico</u>!

Isabel — México / Carlos — Ecuador

Panamá — Dolores

Colombia — Luisa

¡Hola, Carlos!
¡Hola, María!
¡Hola, Felipe!
¿Qué tal, Carolina?

¡Hola, Luis!, ¿qué tal?
Muy bien, ¿y tú?

¡Hola, José! ¿Cómo estás?
Bien, ¿y tú?

¡Buenos días, señora Sánchez!
¡Buenos días, señora Camacho!

¡Buenos días, señor Fonseca! ¿Cómo está usted?
¡Muy bien, señor Montero!

¡Adiós, Luisa!
¡Adiós, Miguel!

Hello, Carlos!
Hi, María!

Hi, Felipe!
How's it going, Carolina?

Hello Luis, how are you?
Very well, and you?

Hi, José! How are you?
Fine, and you?

Good morning, Mrs. Sánchez.
Good morning, Mrs. Camacho.

Good morning, Mr. Fonseca. How are you?
Very well, Mr. Montero!

Goodby, Luisa!
'Bye, Miguel!

NOTAS CULTURALES

Saludando a los amigos
(Greeting friends)

Hispanic people are very open in showing their friendship. Teenagers, for instance, greet each other not only with words, but also with marks of affection. Boys shake hands. Girls kiss each other on the cheek. Boys and girls shake hands. These greetings are used when people meet and sometimes when they are leaving each other.

Informalidad y formalidad

In general, Spanish speakers tend to be more formal than English speakers. Here are two examples of this formality. In the United States, we say "Hi" or "Hello" when we meet a friend or a teacher. A Hispanic teenager will say ¡Hola! to a friend, but when meeting a teacher will still probably use the more formal greetings ¡Buenos días!, ¡Buenas tardes! and ¡Buenas noches!

In the United States we would ask "How are you?" of both close friends and more distant acquaintances. There are two ways of asking this question in Spanish, depending on the relationship between the speakers. Hispanic teenagers will say ¿Cómo estás? to a friend or a member of the family. They will use the more formal ¿Cómo está usted? with all other persons.

Hispanic formality is a mark of respect and a way of life.

VOCABULARIO PRÁCTICO

Saludos y respuestas (Greetings and responses)

To greet someone . . .	saludos	respuestas
informally:	¡Hola!	¡Hola!
	¿Cómo estás?	¡Muy bien! ¿Y tú?
	¿Qué tal?	¡Bien, gracias!
formally:		
(in the morning)	¡Buenos días, señor!	¡Buenos días!
(in the afternoon)	¡Buenas tardes, señorita!	¡Buenas tardes!
(in the evening)	¡Buenas noches, señora!	¡Buenas noches!
	¿Cómo está usted?	¡Muy bien, gracias! ¿Y usted?
To say goodby. . .		
formally and informally:	¡Adiós!	¡Adiós!
	¡Hasta luego!	¡Hasta luego!
	¡Hasta la vista!	¡Hasta la vista!

NOTA: In written Spanish, the following abbreviations, which are always capitalized, are commonly used:

Sr. señor   **Sra.** señora   **Srta.** señorita   **Ud.** (or **Vd.**) usted

ACTIVIDAD 1   En el restaurante

Imagine that you are eating lunch in a Spanish restaurant. You notice the following friends who are arriving with their parents. Greet each person, using ¡**Hola!** or ¡**Buenas tardes!** as appropriate.

Carlos   ¡Hola, Carlos!
Señor Sánchez   ¡Buenas tardes, señor Sánchez!

1. Carmen
2. Miguel
3. Felipe
4. Manuel
5. Luisa
6. Teresa
7. Señor Pérez
8. Señora de Vilar
9. Señora de López
10. Señor Ortiz
11. Señorita Fonseca
12. Señorita Velázquez

ACTIVIDAD 2   En la calle

Imagine you meet the following people in the street at the time of day indicated. Greet them appropriately.

Señor Alonso   ¡Buenas noches, señor Alonso!

1. Señor Morales
2. Señora de Santana
3. Señorita León
4. Señor Ortiz
5. Señora de Sera
6. Señorita Montero

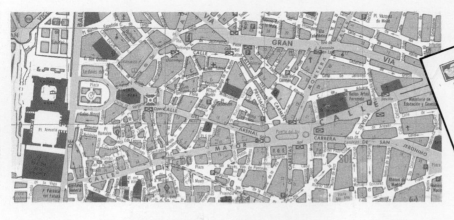

ACTIVIDAD 3 De paseo *(Walking down the street)*

Imagine that you are spending your vacation in Spain. After supper, you engage in one of the favorite Spanish activities which consists of strolling down the street. As you walk, you meet the following people and ask them how they are. Use **¿Cómo estás?** and **¿Cómo está Ud.?** as appropriate.

⋈ Carlos ¿Cómo estás, Carlos?
    Señor Sánchez ¿Cómo está Ud., señor Sánchez?

1. Dolores
2. Señor García
3. Inés
4. Señora de Pascual
5. Roberto

6. Señor Guitarte
7. Paco
8. Señora de Iturbe
9. Luis
10. Señorita Meléndez

ACTIVIDAD 4 Adiós

Say goodby to the following people, using the expression suggested.

⋈ Manuel (Adiós) ¡Adiós, Manuel!

(Adiós)
1. Felipe
2. Ramón
3. Tomás

(Hasta luego)
4. Luisa
5. Sr. Martí
6. Sra. de Fonseca

(Hasta la vista)
7. Catalina
8. Sra. de Machado
9. Sr. Pacheco

Pronunciación El sonido de la vocal *a*

Model word: <u>A</u>n<u>a</u>
Practice words: h<u>a</u>st<u>a</u> <u>A</u>nit<u>a</u> C<u>a</u>t<u>a</u>lin<u>a</u> P<u>a</u>n<u>a</u>má
Practice sentences: ¡H<u>a</u>st<u>a</u> l<u>a</u> vista, <u>A</u>nit<u>a</u>!
        ¡Hol<u>a</u>, <u>A</u>na! ¿Qué t<u>a</u>l?

The sound of the Spanish vowel **a** is similar to but shorter and more precise than the sound of the English vowel **a** of "father."

Para la comunicación

Expresiones para la conversación   ¿Cómo estás?   ¿Cómo está Ud.?

¡Muy bien!   ¡Regular!   ¡Así, así!   ¡Mal!   ¡Muy mal!

Mini-diálogos

Use the suggestions in the pictures to create new dialogs. Remember to
use the appropriate level of formality.

Anita y Sr. Chávez

Anita:	¡Buenos días, señor Chávez!
Sr. Chávez:	¡Buenos días, Anita!
Anita:	¿Cómo está Ud.?
Sr. Chávez:	¡Muy bien, gracias!

Pilar y Luisa

Sra. de Martí y Sr. Sánchez

Sra. de Iturbe y Sra. de Vilar

Roberto y Tomás

13

Lección 3 ¿Cuánto es?

A. MÉXICO — EN UN CAFÉ

Claudia, Inés, Esteban, Pablo

Esteban:	¡Camarero!
Camarero:	¡Sí, señor!
Esteban:	Una Coca-Cola, por favor.
Claudia:	Y uno . . . dos . . . tres cafés.
Camarero:	Con mucho gusto.

. . . . . .

Inés:	¿Cuánto es?
Pablo:	No, no, Inés . . . Aquí tiene, camarero.
Camarero:	Gracias, señor. Y aquí tiene el vuelto. Diez pesos.
Claudia, Inés y Esteban:	¡Gracias, Pablo!
Pablo:	De nada.

A. MEXICO — IN A CAFE

Waiter!
Yes, sir!
A Coca-Cola, please.
And one . . . two . . . three coffees.
With pleasure.

. . . . . .

How much is that?
No, no, Inés . . . Here you are,
waiter.
Thank you, sir. And here's
your change. Ten pesos.

Thanks, Pablo!
Don't mention it.

NOTA CULTURAL

Monedas de los países hispánicos
(Hispanic currency)

Although they share a common language, the various Hispanic countries are far from similar. Their people are different and so are their traditions, their customs, their forms of government, their economic systems . . . and their national currencies. Here are the monetary units of some of these countries.

la Argentina: el austral
Bolivia: el peso
el Ecuador: el sucre
España: la peseta

Guatemala: el quetzal
el Perú: el sol, el inti
México: el peso
Venezuela: el bolívar

The value of the peso varies from country to country.

0 cero	3 tres	6 seis	9 nueve
1 uno	4 cuatro	7 siete	10 diez
2 dos	5 cinco	8 ocho	

ACTIVIDAD 1   Números de teléfono

Imagine that the following Mexican teenagers are exchange students in your school. Give each person's phone number, according to the model.

Felipe 324-5278   El número de Felipe es tres-dos-cuatro-cinco-dos-siete-ocho.

1. Ramón 527-9031
2. Luisa 442-6839
3. Isabel 964-8701
4. Dolores 862-0483

¿double digits!

5. Pilar 782-3942
6. Carmen 681-0357
7. Pedro 456-9801
8. Paco 612-3794

ACTIVIDAD 2   En un café

Together with a classmate, play the roles of a customer and a waiter or waitress in a café. Use the menu which appears below. **¿Cuánto cuesta __?** means *How much does __ cost?* Follow the model.

el café   Cliente: ¡Camarero! (¡Camarera!)
   Camarero(a): Sí, señor (señorita).
        Cliente: ¿Cuánto cuesta el café?
   Camarero(a): Cuatro pesos, señor (señorita).

(el) café	4 pesos	(el) sándwich	10 pesos
(el) té	4 pesos	(la) hamburguesa	10 pesos
(el) chocolate	5 pesos	(la) pizza	9 pesos
(la) Coca-Cola	3 pesos	(el) taco	6 pesos

B. EN UN MERCADO

B. IN A MARKETPLACE

Pedro: ¡Perdón, señor! ¿Cuánto cuesta el sombrero?	Excuse me, sir! How much is the hat?
El vendedor: ¿El sombrero? ¡Treinta pesos, señor!	The hat? Thirty pesos, sir.
Pedro: ¡Veinte!	Twenty!
El vendedor: ¡No, señor! ¡Veinte y ocho pesos! ¡Menos, no!	No, sir. Twenty-eight pesos. No less!
Pedro: ¡Veinte y tres!	Twenty-three!
El vendedor: ¡No, veinte y seis!	No, twenty-six.
Pedro: ¡Veinte y cinco!	Twenty-five!
El vendedor: Bueno . . . ¡pero es un regalo!	OK . . . but it's a gift (a giveaway)!!

NOTA CULTURAL

La artesanía
(Handicrafts)

In shops and outdoor markets throughout the Spanish-speaking world, you will find many beautiful handcrafted articles. There is colorful pottery, woven and embroidered textiles, fine leather articles, straw hats, wooden figurines. Each country has its own specialty. Bolivia is known for its embroidered dance costumes, Mexico for its variety of ceramic objects, Venezuela for its glass figurines, Spain for its painted tiles. Created by skilled and imaginative craftsmen, these superb handicrafts combine traditional folk art with new techniques and ideas.

11	once	20	veinte	29	veinte y nueve
12	doce	21	veinte y uno	30	treinta
13	trece	22	veinte y dos	40	cuarenta
14	catorce	23	veinte y tres	50	cincuenta
15	quince	24	veinte y cuatro	60	sesenta
16	diez y seis	25	veinte y cinco	70	setenta
17	diez y siete	26	veinte y seis	80	ochenta
18	diez y ocho	27	veinte y siete	90	noventa
19	diez y nueve	28	veinte y ocho	100	cien (ciento)

ACTIVIDAD 3   En el puesto de periódicos (*At the newsstand*)

Imagine that you are earning money selling papers at a newsstand.
Newspapers (**periódicos**) are five pesos each, and magazines (**revistas**) are
seven pesos. Say how much the following cost.

🔖   2 periódicos   Dos periódicos cuestan (*cost*) diez pesos.

1. 3 periódicos
2. 4 periódicos
3. 5 periódicos
4. 10 periódicos
5. 12 periódicos

6. 2 revistas
7. 4 revistas
8. 5 revistas
9. 6 revistas
10. 7 revistas

11. 2 periódicos y 2 revistas
12. 2 periódicos y 4 revistas
13. 4 periódicos y 6 revistas
14. 8 periódicos
15. 10 periódicos

ACTIVIDAD 4   En el mercado

Imagine that you are in a marketplace. Bargain for a lower price on the
following items. A classmate will play the part of the merchant. Use
dialog B as a model.

1. el sombrero: 30 pesos
2. el sombrero: 20 pesos
3. el sombrero: 40 pesos

4. el poncho: 80 pesos
5. el poncho: 100 pesos
6. el poncho: 90 pesos

Pronunciación   El sonido de la vocal e

Model word: Pepe
Practice words: peso peseta cero tres es café trece
Practice sentences: ¿Cuánto es? ¿Trece pesetas?
                    ¡Camarero! Tres cafés, por favor.

The sound of the Spanish vowel **e** is similar to but shorter and more
precise than the sound of the English vowel **a** in "tape."

Para la comunicación

Mini-diálogos

Imagine you are in a stationery store in Madrid. Create new dialogs by replacing the underlined words with the expressions suggested in the pictures.

el mapa

Cliente: Por favor, ¿cuánto cuesta el mapa?
Vendedor(a): Ochenta pesetas.
Cliente: Aquí tiene cien pesetas.
Vendedor(a): *(making change)* Noventa, y cien.
Cliente: Muchas gracias.
Vendedor(a): De nada.

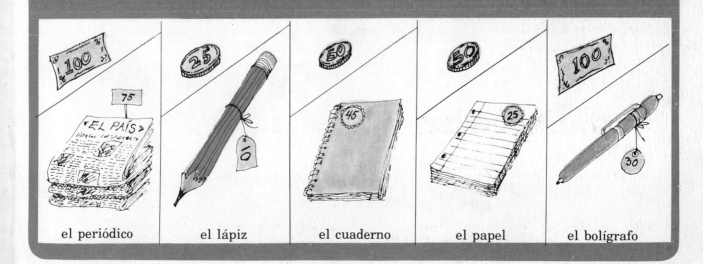

el periódico   el lápiz   el cuaderno   el papel   el bolígrafo

Lección 4 Una cita

A. A LAS DOS

Anita: ¿Qué hora es, Clara?
Clara: Son las dos.
Anita: ¿Las dos? ¡Caramba!
Clara: ¿Qué pasa?
Anita: Tengo una cita con Antonio.
Clara: ¿A qué hora?
Anita: ¡A las dos! ¡Adiós, Clara!
Clara: ¡Hasta luego!

A. AT TWO O'CLOCK

What time is it, Clara?
It's two o'clock.
Two? Oh, no!
What's wrong?
I have a date with Antonio.
At what time?
Two o'clock! 'Bye, Clara!
See you later!

VOCABULARIO PRÁCTICO   La hora

¿Qué hora es?

Es la una.

Son las dos.

Son las tres.

Son las diez.

¿A qué hora?

A la una.

A las cinco.

A las ocho.

A las doce.

NOTA: To distinguish between *a.m.* and *p.m.*, Spanish speakers say:

☀ Tengo **una cita** *(date)* con Isabel a las diez **de la mañana.**

🌅 Tengo una cita con Antonio a las dos **de la tarde.**

🌙 Tengo una cita con Anita a las ocho **de la noche.**

🌙 Son las doce **de la noche.**

ACTIVIDAD 1   Citas

Say at what time you have an appointment with the people mentioned below.

✺   Luisa 1:00   Tengo una cita con Luisa a la una.

1. Roberto 2:00
2. Clara 5:00

3. Paco 6:00
4. Enrique 8:00

5. Isabel 9:00
6. Pablo 7:00

ACTIVIDAD 2 ¿A qué hora?

Elena is well-informed and can tell Antonio at what hour these activities begin. Play the two roles according to the model.

🔊 el concierto: 2:00   Antonio: ¿A qué hora es el concierto, Elena?
                         Elena: A las dos.

el concierto es a las doc.

1. la clase de español: 10:00
2. la clase de matemáticas: 11:00
3. el programa de televisión: 7:00
4. la comedia musical: 4:00
5. el partido de fútbol *(soccer game):* 3:00
6. el partido de béisbol: 5:00
7. el partido de tenis: 1:00
8. la fiesta *(party):* 9:00

NOTA CULTURAL

La hora hispánica
(Hispanic attitudes towards time)

For many Americans, "time is money." This attitude is not shared by most Hispanic people. For them, life is to be fully enjoyed, not hurried through. Friends may be an hour late to a date and no one will be upset. Guests may arrive half an hour late at a dinner party and no one will expect an apology.

Obviously, this attitude does not characterize *all* aspects of Hispanic life. Shops, banks, and government offices open and close at fixed hours, and in most instances buses, trains and planes follow regular timetables.

Desde Bogotá
El mayor número de vuelos.

DÍA	SALE	LLEGA	VUELO
Diario	11:15 A.M.	2:30 P.M.	908
sin escalas	10:35 A.M.	3:20 P.M.	976
Lunes	10:35 A.M.	3:20 P.M.	976
Martes	10:35 A.M.	3:20 P.M.	976
Sábados	10:35 A.M.	3:20 P.M.	976
Domingos			

B. A LAS DOS Y DIEZ

Antonio: ¿Qué hora es, Carlos? ¿Las dos menos
cuarto?

Carlos: No, Antonio. Son las dos y diez.

Antonio: ¡Las dos y diez! ¡Caramba!

Carlos: ¿Qué pasa?

Antonio: ¡Tengo una cita con Anita!

Carlos: ¿A qué hora?

Antonio: ¡A las dos!

Carlos: ¿Es Anita muy puntual?

Antonio: Sí, es muy puntual . . . ¡pero no es muy
paciente!

A LAS DOS Y MEDIA

¡Hola, Anita!   ¿Qué tal, Antonio?

B. AT TWO-TEN

What time is it, Carlos? Quarter
to two?
No, Antonio . . . it's two-ten.
Two-ten! Oh, no!
What's the matter?
I have a date with Anita!
At what time?
At two o'clock!
Is Anita very punctual?
Yes, she's punctual. . . but not very
patient!

AT TWO-THIRTY

Hi, Anita!   How's it going, Antonio?

VOCABULARIO PRÁCTICO La hora

Son las diez
y cinco.

Son las diez
y cuarto.

Son las diez
y veinte.

Son las diez
y media.

Son las dos
menos cinco.

Son las dos
menos cuarto.

Son las dos
menos veinte.

Es la una
y media.

ACTIVIDAD 3   La hora exacta

Pedro wants to make sure his watch is right, and he checks with Anita.
Play both roles according to the model.

🎭 10:00   Pedro: ¿Son las diez?
              Anita: ¡Sí, son las diez!

1. 11:00
2. 1:00
3. 2:00
4. 10:00
5. 10:15
6. 2:15
7. 2:30
8. 3:30
9. 4:05
10. 4:45
11. 6:50
12. 7:55
13. 8:05
14. 9:24
15. 9:40

Pronunciación   El sonido de la vocal *i*

Model word: sí
Practice words: Lima   Anita   Cádiz   cita   Isabel
Practice sentences: Tengo una cita con Anita.
                     Sí, señorita.

The sound of the Spanish vowel **i** is similar to but shorter and more precise
than the sound of the English vowels **ea** in "meat."

Para la comunicación

Expresión para la conversación

When someone looks worried, you may ask:

¿Qué pasa?   *What's wrong? What's the matter?*

Mini-diálogos

Use the train schedule to create new dialogs. Replace the underlined words with the information in the schedule, making the necessary changes.

En la estación de Madrid *(In the Madrid train station)*

LLEGADAS — ARRIVALS		SALIDAS — DEPARTURES	
Barcelona	1:05	Córdoba	3:10
Sevilla	2:30	Valencia	4:25
Salamanca	2:45	Málaga	7:20
Toledo	3:00	Bilbao	8:50
Granada	4:10	Pamplona	9:40
Cádiz	6:30	San Sebastián	10:55

(a) Josefina: ¡Por favor! ¿A qué hora llega *(arrives)* el tren de <u>Barcelona</u>?

Taquillera: <u>A la una y cinco</u>.

Josefina: Muchas gracias.

Taquillera: No hay de qué.

(b) Taquillera: El tren de <u>Córdoba</u> sale *(leaves)* a <u>las tres y diez</u>.

Salvador: ¡Caramba!

Taquillera: ¿Qué pasa?

Salvador: ¡<u>Son las tres y veinte</u>!

Lección 5 Fechas importantes

Hay fechas muy importantes en el diario de María. ¡Mira!

There are very important dates in María's diary. Look!

el cumpleaños de mamá	el 20 de agosto
el cumpleaños de papá	el 13 de marzo
el cumpleaños de Maricarmen	el 21 de febrero
el cumpleaños de Isabel	el 2 de octubre
el cumpleaños de Ricardo	el 7 de mayo
el cumpleaños de Juan	el primero de septiembre
mi cumpleaños	el 8 de abril
el día de mi santo	el 15 de agosto
el primer día de clase	el 14 de septiembre
el primer día de vacaciones	el primero de julio

Mom's birthday	August 20
Dad's birthday	March 13
Maricarmen's birthday	February 21
Isabel's birthday	October 2
Ricardo's birthday	May 7
Juan's birthday	September 1
my birthday	April 8
my saint's day	August 15
first day of class	September 14
first day of vacation	July 1

María: ¿Qué día es hoy? ¿El treinta de septiembre?	What day is today? The thirtieth of September?
Juan: No. Hoy es el primero de octubre.	No. Today is the first of October.
María: ¡Y mañana es el dos de octubre! ¡Es el cumpleaños de Isabel y no tengo regalo!	And tomorrow's the second of October! It's Isabel's birthday and I don't have a gift!
Juan: ¡Ay!	Oh, no!

NOTA CULTURAL

El cumpleaños y el día del santo
(Birthdays and saint's days)

Since the family means a great deal to most Spanish-speaking people, birthdays are occasions for large celebrations and family gatherings. First there is a meal to which family (parents, brothers, sisters, aunts, uncles, cousins, grandparents), godparents *(los padrinos)* and friends are invited. Then the party continues with stories, music and dancing, and a lot of fun.

In addition to their birthdays, many Hispanic people also celebrate their saint's day. This is the day on which the Catholic Church honors a particular saint. For example, a person named Juan would celebrate his *día del santo* on June 24, *el día de San Juan.*

Some Hispanic people are named after the saint who was being honored on the day of their birth, and as a result their saint's day coincides with their birthday.

VOCABULARIO PRÁCTICO La fecha *(The date)*

los días de la semana *(days of the week)*

lunes   martes   miércoles   jueves   viernes   sábado   domingo

el fin de semana *(weekend)*

los meses del año *(months of the year)*

enero	abril	julio	octubre
febrero	mayo	agosto	noviembre
marzo	junio	septiembre	diciembre

¿Qué día es hoy (mañana)?
  Es sábado.

What day is it today (tomorrow)?
  It's Saturday.

¿Cuál es la fecha de hoy (mañana)?
  Es el 12 de octubre.

What is today's (tomorrow's) date?
  It's October 12.

NOTA: To give the date, Spanish speakers use the following construction:

el + number + de + month

Hoy es **el dos de mayo.** Mañana es **el tres de mayo.**

Exception: The first day of the month is **el primero.**
  El cumpleaños de Pedro es **el primero de agosto.**

ACTIVIDAD 1   Un día atrasado *(A day late)*

Roberto has trouble keeping up with his calendar. He is always a day late when thinking of the date. Anita corrects him. Play both roles.

🗣 domingo   Roberto: Hoy es domingo.
      Anita: No, es lunes.

1. martes	3. sábado	5. lunes
2. viernes	4. jueves	6. miércoles

ACTIVIDAD 2   Un día adelantado *(A day early)*

Felipe has just the opposite problem. He is always a day early. Anita corrects him. Play both roles. (The expression **¿verdad?** means *isn't it?*)

🗣 12 octubre   Felipe: Hoy es el doce de octubre, ¿verdad?
      Anita: No, es el once.

1. 5 diciembre	4. 2 enero	7. 5 agosto
2. 10 noviembre	5. 14 febrero	8. 29 marzo
3. 15 abril	6. 2 julio	9. 20 junio

ACTIVIDAD 3 Información personal

Complete the following calendar.

1. Mi cumpleaños es el . . .
2. El cumpleaños de mi papá es el . . .
3. El cumpleaños de mi mamá es el . . .
4. El cumpleaños de mi mejor amigo
   (best friend: boy) es el . . .
5. El cumpleaños de mi mejor amiga
   (best friend: girl) es el . . .
6. Hoy es el . . .
7. Mañana es el . . .
8. El primer día de vacaciones es el . . .

El día del santo

Si *(If)* te llamas:	el día de tu *(your)* santo es:	Si te llamas:	el día de tu santo es:
Antonio	el 13 de junio	Ana	el 26 de julio
Carlos	el 4 de noviembre	Bárbara	el 4 de diciembre
Eduardo	el 5 de enero	Carmen	el 16 de julio
Enrique	el 13 de julio	Catalina	el 25 de noviembre
Esteban	el 26 de diciembre	Cecilia	el 22 de noviembre
Francisco	el 24 de enero	Clara	el 11 de agosto
Guillermo	el 10 de enero	Dolores	el 15 de septiembre
Jaime	el 25 de julio	Elena	el 18 de agosto
José	el 19 de marzo	Guadalupe	el 12 de diciembre
Juan	el 24 de junio	Lucía	el 13 de diciembre
Luis	el 25 de agosto	Luisa	el 15 de marzo
Martín	el 3 de noviembre	María	el 15 de agosto
Miguel	el 29 de septiembre	Marta	el 29 de julio
Pablo	el 29 de junio	Mónica	el 27 de agosto
Pedro	el 29 de junio	Rosa	el 13 de agosto
Ricardo	el 3 de abril	Teresa	el 15 de octubre
Vicente	el 27 de septiembre	Verónica	el 12 de julio

ACTIVIDAD 4 El día del santo

Isabel is very familiar with the Catholic calendar and can identify
everyone's saint's day. Perform the dialogs according to the model.
(Entonces means *so* or *then.)*

> Ricardo   Ricardo: Me llamo Ricardo.
>   Isabel: Entonces, tu santo es el tres de abril.

1. Teresa
2. Lucía
3. Dolores
4. Miguel
5. Luis
6. María
7. Pedro
8. Esteban

Pronunciación El sonido de la vocal *u*

Model word: t<u>ú</u>

Practice words: l<u>u</u>nes j<u>u</u>nio j<u>u</u>lio oct<u>u</u>bre m<u>u</u>cho <u>u</u>sted

Practice sentences: El c<u>u</u>mpleaños de S<u>u</u>sana es en oct<u>u</u>bre.

Con m<u>u</u>cho g<u>u</u>sto, L<u>u</u>cía.

The sound of the Spanish vowel **u** is similar to but shorter and more precise than the sound of the English vowels **oo** in "food."

Para la comunicación

Mini-diálogos

Use the suggestions in the pictures to replace the underlined words. (The word **¿cuándo?** means *when?*)

María

(a) Carmenza: Tengo una cita con <u>María</u>.
Carolina: ¿De veras? ¿Cuándo?
Carmenza: <u>El diez de octubre</u>.

(b)   Felicia: ¿Cuándo es el cumpleaños de
<u>María</u>?
Beatriz: Es en <u>octubre</u>.
Felicia: ¿Qué día?
Beatriz: El <u>diez</u>.

Pablo — ENERO 3

Luisa — ABRIL 1

Juan — JULIO 6

Concepción — MARZO 21

31

Lección 6 ¿Qué tiempo hace?

¿QUÉ TIEMPO HACE?

Buenos Aires, el veinte y seis de diciembre

Paula: ¡Hola, Mariana! ¡Feliz Navidad!
Mariana: ¡Feliz Navidad, Paula! ¿Qué tal?
Paula: ¡Muy bien! Hace buen tiempo hoy.
Mariana: ¡Sí! Hace sol y hace mucho calor.
Paula: ¡Vamos a la playa!
Mariana: ¡Qué bueno!

WHAT'S THE WEATHER LIKE?

Buenos Aires, December twenty-sixth

Hi, Mariana! Merry Christmas!
Merry Christmas, Paula! How are you?
Fine! The weather's great today.
Right. It's sunny and hot.
Let's go to the beach!
Great!

NOTA CULTURAL

Las estaciones (Seasons)

Does it seem strange to you to be going to the beach at Christmastime? Look at the globe and you will see that much of South America is in the Southern Hemisphere. The seasons in Argentina are the opposite of seasons in the United States: December is summertime, March is fall, July is winter, and October is spring. If young people in Buenos Aires go skiing at Christmas, it is likely to be waterskiing.

VOCABULARIO PRÁCTICO   El tiempo (Weather)

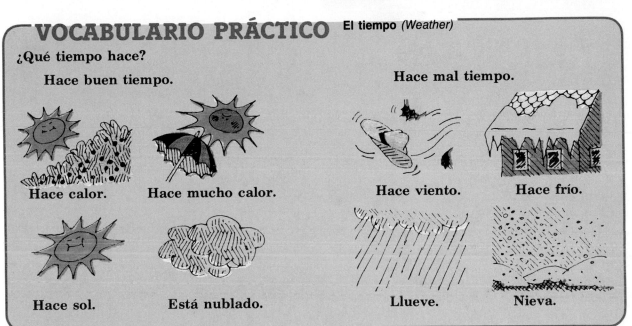

¿Qué tiempo hace?

Hace buen tiempo.

Hace calor. Hace mucho calor.

Hace sol. Está nublado.

Hace mal tiempo.

Hace viento. Hace frío.

Llueve. Nieva.

ACTIVIDAD 1   En el teléfono

Imagine that you are phoning friends in different cities. Talk about the weather, according to the model.

El Tiempo, hoy
40 Grados en Mexicali

✍ hace calor / hace frío

Estudiante 1: ¿Qué tiempo hace?
Estudiante 2: Hace calor.
Estudiante 1: Aquí hace frío.

1. hace sol / hace viento
2. nieva / hace mucho calor
3. llueve / está nublado
4. hace viento / hace frío
5. está nublado / hace calor
6. hace viento / nieva

VOCABULARIO PRÁCTICO La temperatura

¿Cuál es la temperatura?

—Treinta grados.

—Diez grados bajo cero.

Las estaciones:

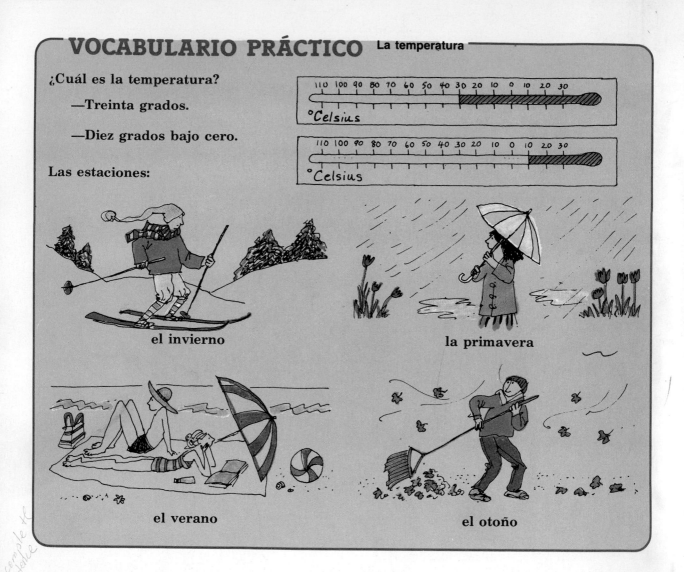

el invierno

la primavera

el verano

el otoño

ACTIVIDAD 2   ¿Qué tiempo hace?

1. ¿Qué tiempo hace hoy?
2. ¿Cuál es la temperatura?
3. ¿Qué tiempo hace en el invierno? Y ¿cuál es la temperatura?
4. ¿Qué tiempo hace en la primavera? Y ¿cuál es la temperatura?
5. ¿Qué tiempo hace en el verano? Y ¿cuál es la temperatura?
6. ¿Qué tiempo hace en el otoño? Y ¿cuál es la temperatura?
7. Aquí, ¿cuáles son (which are) los meses del invierno? ¿de la primavera? ¿del verano? ¿del otoño?
8. En la Argentina, ¿cuáles son los meses del invierno? ¿de la primavera? ¿del verano? ¿del otoño?

El tiempo en el mundo (world) hispánico: El quince de enero

	TIEMPO	TEMPERATURA mínima	TEMPERATURA máxima
San Antonio, Texas		5°	17°
Nueva York		−3°	4°
San Juan, Puerto Rico		20°	27°
México, D.F.		7°	17°
Panamá, Panamá		21°	31°
La Paz, Bolivia		6°	13°
Santiago, Chile		16°	26°
Buenos Aires, Argentina		25°	37°
Madrid, España		2°	6°

NOTA CULTURAL

El sistema métrico (The metric system)

Do the temperatures on the weather chart seem on the chilly side? If so, you are still thinking of degrees Fahrenheit rather than degrees Celsius. Although we are still in the process of adopting the metric system, the Spanish-speaking world — Latin America as well as Spain — has used this system of measurement for a long time. Gasoline is sold in liters, distances are measured in kilometers, and temperatures are given in degrees Celsius.

MILLAS EN KILÓMETROS

1 milla = 1.609 kilómetros

millas	10	20	30	40	50
km	16	32	48	64	80
millas	60	70	80	90	100
km	97	113	129	145	161

KILÓMETROS EN MILLAS

1 kilómetro = 0.62 milla

km	10	20	30	40	50	60	70
millas	6	12	19	25	31	37	44
km	80	90	100	110	120	130	
millas	50	56	62	68	75	81	

ACTIVIDAD 3 El quince de enero

1. ¿Qué tiempo hace hoy en San Juan? ¿en México? ¿en Madrid?
2. ¿Llueve en Panamá? ¿Nieva en Nueva York?
3. ¿Dónde (where) está nublado? ¿Dónde hace viento?
4. ¿Cuál es la temperatura en Santiago? ¿en San Antonio? ¿en La Paz?
5. En España, ¿es invierno o verano? ¿y en la Argentina?

Pronunciación El sonido de la vocal o

Model word: ag<u>o</u>st<u>o</u>
Practice words: <u>o</u>t<u>o</u>ño h<u>o</u>la s<u>o</u>l frí<u>o</u>
Practice sentences: Hace much<u>o</u> cal<u>o</u>r en ag<u>o</u>st<u>o</u>.
¡H<u>o</u>la, Al<u>o</u>ns<u>o</u>! ¿C<u>ó</u>m<u>o</u> estás?

The sound of the Spanish vowel **o** is similar to but shorter and more precise than the sound of the English vowel **o** of "noble."

Para la comunicación

Expresiones para la conversación

If you want to express your feelings about a situation, you can say:

¡Qué bueno! *Great!*
¡Qué malo! *That's bad!*

Mini-diálogos

Use the suggestions to create new dialogs. Replace the underlined words with the expressions suggested in the pictures. Conclude with **¡Qué bueno!** or **¡Qué malo!**, as appropriate.

30°

Felipe: ¡Hola! ¿Qué tiempo hace?

Rafael: <u>Hace sol.</u>

Felipe: Y ¿cuál es la temperatura?

Rafael: <u>Treinta grados</u>.

Felipe: <u>¡Qué bueno!</u>

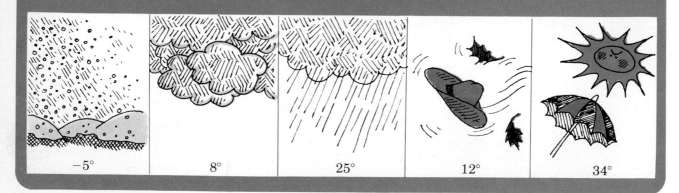

| -5° | 8° | 25° | 12° | 34° |

VISTA

El mundo hispánico

1

¡BIENVENIDOS AL MUNDO HISPÁNICO!

Aeropuerto Internacional de la Ciudad de México

oficina de turismo

aeropuerto

pasaportes y visas

VUELO FLIGHT VOL	SALIDA DEPARTURE DEPART	ABORDAR BOARDING EMBARCN	SALA LOUNGE SALLE	PUERTA GATE SORTIE	SALIDAS — DEPARTURES
MX 940	9:10	8:40	B	5	PUERTO VALLARTA-MAZATLAN
					LOS ANGELES
AM 474	9:15	8:45	B	1F	CANCUN-HOUSTON
MX 615	9:15	8:45	B	4	CANCUN
AM 212	9:20	8:50	B	1F	CHIHUAHUA
EA 908	9:25	8:55	D	12	ATLANTA-BOSTON
AA 058	9:30	9:00	D	14	DALLAS-FT. WORTH
RL 527	9:30	9:00	D	12	SAN-STA-BOSTON
AA 058	9:30	9:00	D	14	DALLAS-FT. WORTH
RL 527	9:30	9:00	D	12	SAN SALVADOR-MANAGUA
AM 468	9:30	9:00	D	17	LOS ANGELES
MX 633	9:40	9:10	B	8	MINATITLAN
MX 756	9:45	9:15	B	7	TAMPICO
MX 211	9:45	9:15	B		TUXTLA GUTIERREZ
MX 209	9:50	9:20	B		OAXACA
AM 150	9:50	9:20	B	1B	DURANGO-MAZATLAN-LA PAZ
AM 303	10:00	9:30	B		ACAPULCO
AM 412	10:00	9:30	B		MERIDA-MIAMI
MX 900	10:00	9:30	D	9	LOS ANGELES
AM 140	10:05	9:35	B		LA PAZ-GUAYMAS

VUELO VOL	HORARIO SCHEDULED HORAIRE	LLEGARA ARRIVES ARRIVERA	SALA LOUNGE SALLE	LLEGADAS — ARRIVALS — ARRIVEES PROCEDENCIA FROM VENANT DE	OBSERVACIONES REMARKS RENSEIGNEMENTS
MX 510	8:30	9:03	C	ZIHUATANEJO	ARRIBO
AM 131	8:40	8:57	A	LEON	ARRIBO
MX 951	8:50	8:58	C	GUADALAJARA	ARRIBO
MX 624	8:55	9:05	C	VILLAHERMOSA	
AM 400	9:00	9:30	A	ACAPULCO	DEMORADO
AM 352	9:10	9:10	A	ZIHUATANEJO	
	9:15			MONTERREY	CANCELADO
	9:15			VERACRUZ	CANCELADO
	9:35	9:30	C	MERIDA	
				GUADALAJARA	CANCELADO
		9:55	E	MOSCU-SHANN	
		11:10	C	PUERTO VALL	

CONSTANZA REY SANGUES

REPUBLICA DE COLOMBIA

PASAPORTE

American · AM Aeromexico · AR Argentinas · BA British · CU Cubana · EA Eastern · GU Aviat·
Air France · PL Aeroleon · AV Avianca · BN Braniff · EU Ecuatoriano · IA Interestatal

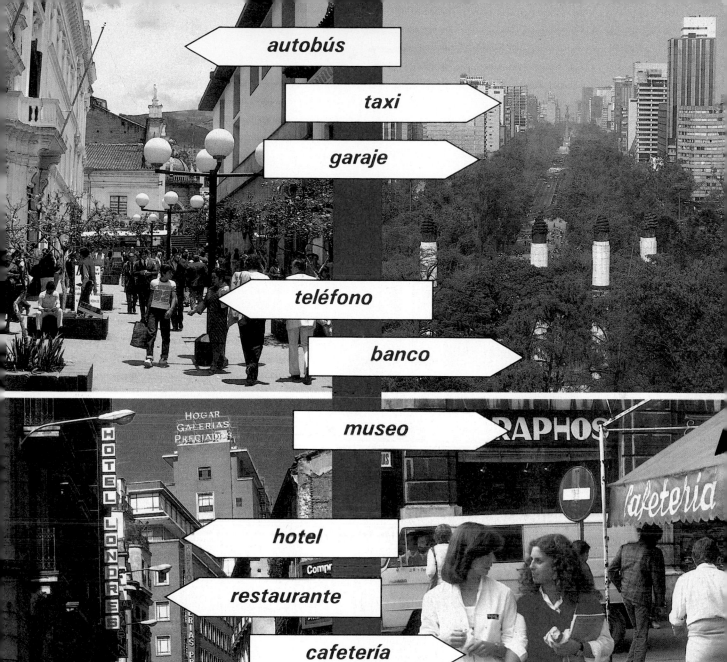

autobús

taxi

garaje

teléfono

banco

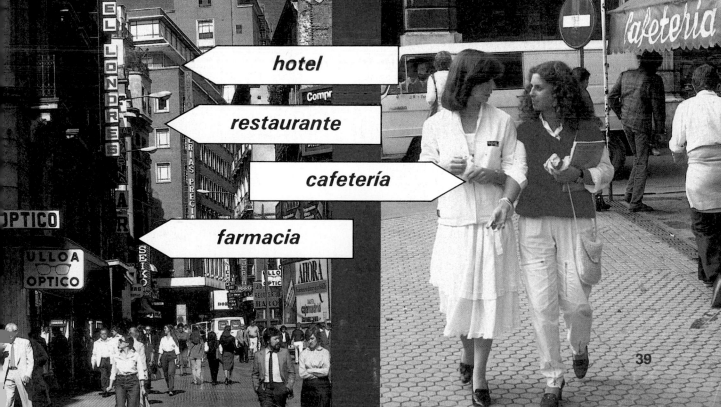

museo

hotel

restaurante

cafetería

farmacia

39

MÉXICO

¡Hola! ¿Qué tal?
Me llamo María Teresa Vargas Lira.
Pero° para° mis amigos,° me llamo Tere.
Soy de Santo Domingo de la República
Dominicana.

¡Hola!
Me llamo Ricardo Fernández.
Soy mexicano, de Oaxaca.

¿Qué tal?
Yo soy Ila Montalvo.
Soy peruana, del Cuzco, la
ciudad° imperial de los incas.

¡Hola!
Yo soy colombiano.
Me llamo Santiago Torres Castillo.
Soy de Cartagena, un puerto°
espléndido en el Caribe.

40   **pero** *but*   **para** *for*   **amigos** *friends*   **ciudad** *city*   **puerto** *port*

Hispanoamérica y España

ESTADOS UNIDOS

CUBA

REPÚBLICA DOMINICANA
Santo Domingo

Oaxaca

BELICE

GUATEMALA

HONDURAS

EL SALVADOR

NICARAGUA

COSTA RICA

PANAMÁ   Cartagena

PUERTO RICO

VENEZUELA

COLOMBIA

GUYANA

SURINAM

GUAYANA FRANCESA

ECUADOR

PERÚ

BRASIL

Cuzco

BOLIVIA

PARAGUAY

ARGENTINA

URUGUAY

Buenos Aires

CHILE

FRANCIA

ESPAÑA

PORTUGAL

Sevilla

¡Hola!
Me llamo José Antonio Linares Guzmán.
Para mis amigos, me llamo Pepe.
Soy del sur de España; soy de Sevilla.

Me llamo Marta Isabel Wilkins Pardo.
Soy de Buenos Aires.
Soy de la capital de la Argentina.

41

Los animales y el español

qui = qui = ri = quí

GALLO

muuu = muuuuuuuu

VACA

cua = cua = cua

PATO

cloc = cloc = cloc = cloc

GALLINA

meeeee = meeeee

OVEJA

croa = croa

RANA

pío = pío = pío

POLLITO

beeeeee = beeeeee

CABRA

jiiiiiiii = jiiiiiiiii

CABALLO

¿Hablas tú° español?

¿Sabes que° el español y el inglés tienen° muchas palabras° en común? Aquí tienes° varias palabras familiares.

ALIMENTOS°

- banana
- melón
- tomate
- ensalada
- chocolate
- café

DIVERSIONES°

- cine
- teatro
- discoteca
- radio
- televisión
- estéreo

CIENCIAS Y TÉCNICAS

- biología
- matemáticas
- satélite
- átomo
- computadora

DEPORTES°

- fútbol
- béisbol
- básquetbol
- volibol
- tenis
- ping pong
- esquí
- boxeo

ANIMALES

- bronco
- jaguar
- tigre
- cocodrilo
- elefante
- jirafa

MÚSICA

- piano
- banjo
- clarinete
- guitarra
- melodía
- orquesta
- sinfonía

Hablas tú *Do you speak*   **Sabes que** *Do you know that*   **tienen** *have*   **palabras** *words*
Aquí tienes *Here are*   **Alimentos** *Food*   **Diversiones** *Entertainment*   **Deportes** *Sports*

43

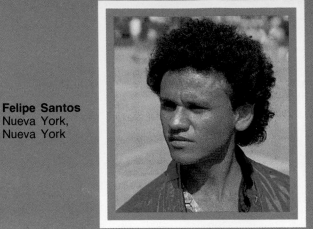

Felipe Santos
Nueva York,
Nueva York

**Ana María
Quiroga**
Orlando, Florida

LOS HISPANOHABLANTES
ENTRE NOSOTROS

La población de habla española° es muy importante en el territorio de los Estados Unidos. El mapa representa los estados donde° se concentra la mayoría° de personas de habla española.

de habla española *Spanish-speaking* **donde** *where* **mayoría** *majority*

Eduardo Gómez
Amarillo,
Texas

Teresa Herrera
Los Ángeles,
California

44

Los Alamos 9
San Luis Obispo 58
San Francisco 289

Public Library
← Biblioteca Pública

METROPOLITAN DADE COUNTY FLORIDA

700 LOMA VERDE

Influencia española en el origen de los nombres

ARIZONA Zona árida° o *arizonac*, palabra° india

COLORADO Tierra° roja°

FLORIDA Tierra descubierta° en el día de Pascua Florida°

MONTANA Montaña°

NEVADA Nevada; tierra cubierta° de nieve

NEW MEXICO O *Meshica*, otro nombre° de los indios aztecas

TEXAS Tejas,° o *techas*, palabra india

árida *dry* palabra *word* tierra *earth* roja *red*
descubierta *discovered* Pascua Florida *Easter*
Montaña *Mountain* cubierta *covered* nombre *name*
tejas *tiles*

45

Hispanoamericanos notables

Bob Martínez: *gobernador*

Nativo de Tampa, es gobernador° del estado° de la Florida desde° 1987. Es el primer gobernador hispano de este° estado.° Dedica° mucho tiempo° a su° trabajo.° Él y su esposa° luchan contra° el abuso de drogas en la comunidad. Sus pasatiempos° favoritos incluyen° el básquetbol y la pesca.°

Graciela Daniele: *coreógrafa*

Graciela Daniele, de la Argentina, es coreógrafa de fama internacional. Sus creaciones demuestran° humor y energía. Es coreógrafa del gran éxito° de Broadway «Los piratas de Penzance». Presenta «Tango Apasionado», su propia° creación, en Nueva York en 1987. Graciela se siente° muy orgullosa° de interpretar obras latinoamericanas para públicos° norteamericanos.

Katherine Davalos Ortega: *Tesorera de los Estados Unidos*

Saca° un billete° y míralo° bien. ¡Sí! En los billetes americanos aparece° la firma° de esta exitosa° mujer de Nuevo México. Ella es la Tesorera° del Gobierno° de los Estados Unidos. También tiene el honor de ser ¡la primera mujer presidenta de un banco en California! ¡Una mujer de negocios° de primera clase!°

Dra. María Cristina Penagos
Profesora de Historia

Dr. Juan José Herrera
Optometrista

Perico González
Farmacéutico

Carlos Alberto Cuadros
Arquitecto

Carmen María Aparicio
Programadora I.B.M.

Donoso Díaz
Fotógrafo

Dra. Ana María Ortiz Vilar
Pediatra

Francisca Orejuela Rey
Ingeniera

46

gobernador *governor* estado *state* desde *from* este *this* Dedica *He devotes* tiempo *time* su *his* trabajo *work* esposa *wife* luchan contra *fight against* pasatiempos *pastimes* incluyen *include* la pesca *fishing* demuestran *demonstrate* gran éxito *big hit* propia *own* se siente *feels* orgullosa *proud* públicos *audiences* Saca *Take out* billete *bill* míralo *look at it* aparece *appears* firma *signature* exitosa *successful* Tesorera *Treasurer* Gobierno *Government* mujer de negocios *businesswoman* primera clase *first-class*

Henry Cisneros:
político

Henry Cisneros, de origen mexi-
cano-norteamericano, es el alcalde°
de San Antonio, Texas. Joven° y
dinámico, trabaja° mucho por° los
habitantes de San Antonio. Cisneros es muy bien conocido° en la
comunidad hispana. Quizás° un día,
él será° el primer° candidato hispano para la presidencia de los
Estados Unidos. ¿Quién sabe?°

Lucy Pereda:
estrella de televisión

De origen cubano, Lucy Pereda es
una de las personalidades más bri-
llantes de la televisión hispana.
Empieza° su carrera como° modelo
profesional en La Habana, Cuba.
Luego,° en los Estados Unidos, su
fama crece° como comentarista°
del canal° 51 en Miami. Su contri-
bución al programa «Mundo Latino» de Univisión (la cadena° de
televisión hispana de Latinoamérica) le trae° mucha popularidad
en Latinoamérica.

   ¿Qué sigue° para la artista cubana? Conquistar° a Hollywood,
¡por supuesto!°

Gloria Molina:
política

Gloria Molina, de origen mexicano,
fue° la primera mujer° hispana en
la legislatura de California. Ahora°
es concejal° de la ciudad° de Los
Ángeles. Inteligente, simpática° y
activa, es muy° popular en su° distrito. La revista° *Ms.* la nombró°
«Mujer del Año°». Sus pasatiem-
pos° favoritos son° el esquí,° la
jardinería° y el teatro.

Actividades culturales

Actividades para cada estudiante

1. Select a Spanish-speaking country or area
   and make a poster advertising it. (Sources
   of pictures: travel brochures, travel magazines, the travel section of the Sunday
   paper)
2. Prepare a chart listing eight countries in
   which Spanish is the official language.
   For each country, give the following information: population, size, capital, unit of
   currency, principal products. (Source:
   almanac)

Actividades para la clase

1. Imagine that your class is going to six
   Latin American countries. Draw the
   route you will take. For each stop, prepare
   a display of travel brochures and list the
   things you want to do there. (Sources:
   travel agencies, travel magazines)
2. Prepare a display of stamps from Spanish-speaking countries. For each, select
   stamps representing famous people and
   places, typical animals, flowers, etc.
   (Sources: stamp catalogs and magazines)

alcalde *mayor* **Joven** *Young* **trabaja** *he works* **por** *for* **bien conocido** *well-known*
Quizás *Perhaps* **será** *will be* **primer** *first* **¿Quién sabe?** *Who knows?* **Empieza** *She begins*
como *as* **Luego** *Later* **crece** *grows* **comentarista** *news commentator* **canal** *channel* **cadena**
network **le trae** *brings her* **sigue** *follows* **Conquistar** *Conquer* **¡por supuesto!** *of course!* **fue**
was **mujer** *woman* **Ahora** *Now* **concejal** *councilwoman* **ciudad** *city* **simpática** *likeable* **muy**
very **su** *her* **revista** *magazine* **la nombró** *named her* **Año** *Year* **pasatiempos** *pastimes* **son**
are **esquí** *skiing* **jardinería** *gardening*

Unidad 2

Nosotros los hispanoamericanos

49

Lección 1 En San Antonio y en Nueva York

EN SAN ANTONIO

¡Hola!
Me llamo Anita Sánchez.

Soy de San Antonio.
Soy de origen mexicano.
Hablo inglés.
Hablo español también.
¿Y tú?
¿Un poco?
¡Ah! ¡Fantástico!

Hablo inglés: *I speak English*

¿Un poco?: *A little?*

EN NUEVA YORK

¡Hola!
Me llamo Antonio García.

No soy de origen mexicano.
Soy de Puerto Rico.
Yo también hablo español.
Pero no estudio español como tú.
Estudio mecánica en Nueva York.
Estudio mucho.
¿Y tú?

también: *also*
estudio: *I study,* como: *like*
mucho: *a lot*

CONVERSACIÓN

Antonio is talking to you about himself. Enter into a conversation with him by selecting the appropriate reply.

	(a)	(b)
1. **Hablo** inglés.	Yo también **hablo** inglés.	Yo no **hablo** inglés.
2. **Hablo** español.	Yo también **hablo** español.	Yo no **hablo** español.
3. **Estudio** mecánica.	Yo también **estudio** mecánica.	Yo no **estudio** mecánica.
4. **Estudio** mucho.	Yo también **estudio** mucho.	Yo no **estudio** mucho.

OBSERVACIÓN

Reread Antonio's statements and the *positive* replies in column (a). The words in heavy print are the *verbs*. These words tell you what action is going on. The form of the verb indicates who the subject is. The *subject* tells you who or what is doing the action. When you speak about yourself, you use the **yo** *(I)* form of the verb.

- In what letter does the **yo** form of the verbs end?

Look at the suggested *negative* answers in column (b).

- In a negative sentence, what word comes directly before the verb?

NOTA CULTURAL

Nuestra herencia hispánica
(Our Hispanic heritage)

San Francisco, El Paso, Santa Fe, Los Angeles... These familiar names reflect the importance of the Hispanic heritage in the United States. This Hispanic heritage is very much alive and flourishing today.

In our daily vocabulary we use many Spanish words such as *patio, vista, canyon, poncho, cargo, guitar, mosquito* and *barbecue*. In our diet we have beef, pork, sugar, oranges, bananas and coffee, all of which were introduced to the American continents by the Spaniards.

Above all, the vitality of our Hispanic heritage is due to the presence in the United States of many millions of citizens of Hispanic origin who are maintaining their traditions, culture and language.

Estructuras

A. Los verbos que terminan en –ar

The *infinitive* (**hablar** = *to speak*) is the basic form of the verb. When you look up a verb in the vocabulary listing at the back of this book, you will find it listed in the infinitive form. Spanish verbs are grouped according to their infinitive endings. The most common infinitive ending is **–ar**:

> **hablar** *to speak*   **estudiar** *to study*

Verbs with infinitives ending in **–ar** are called **–ar** *verbs*.

B. El presente: la forma *yo*

hablar	*to speak*	**(Yo) Hablo** inglés.	*I speak English.* *I am speaking English.*
estudiar	*to study*	**(Yo) Estudio** español.	*I study Spanish.* *I am studying Spanish.*
trabajar	*to work*	**(Yo) Trabajo** mucho.	*I work a lot.* *I am working a lot.*

ᔕ In the present tense, the **yo** form (first person singular) of the verb is formed by replacing the **–ar** ending of the infinitive with the ending **-o**.

ᔕ It is not necessary to use the pronoun **yo** *(I)* because the ending **-o** indicates who the subject is. Spanish speakers use **yo** mainly for emphasis.

VOCABULARIO PRÁCTICO   Actividades

tocar (el piano)   cantar   escuchar (discos)   estudiar

How much?

trabajar

hablar (inglés)

ACTIVIDAD 1 Antonio y José

Antonio and José do the same things. Give José's replies to Antonio's statements. The word **también** means *also*.

☞ Antonio: Estudio inglés.   José: Estudio inglés también.

1. Hablo inglés.
2. Estudio mucho.
3. Trabajo aquí.
4. Estudio español.
5. Hablo siempre.

6. Toco el piano.
7. Canto bien.
8. Escucho discos.
9. Escucho la radio.
10. Canto siempre.

C. La negación

Compare the following sentences:

Anita:	Elena:	
Soy de San Antonio.	**No** soy de San Antonio.	*I am **not** from San Antonio.*
Estudio mucho.	**No** estudio mucho.	*I do **not** study a lot.*
Toco la guitarra.	**No** toco la guitarra.	*I don't play the guitar.*

To make a Spanish sentence negative, the word **no** is placed before the verb.

ACTIVIDAD 2   ¡No!

Anita and Linda are not doing the same things. Give Linda's replies to Anita's statements.

☞ Anita: Estudio mucho.   Linda: No estudio mucho.

1. Estudio música.
2. Toco el piano.
3. Toco la guitarra.
4. Trabajo mucho.

5. Canto bien.
6. Escucho discos.
7. Escucho la radio.
8. Hablo inglés bien.

ACTIVIDAD 3   ¿Sí o no?

Say whether or not you do the following things.

☞ hablar italiano   Sí, hablo italiano.
                     (No, no hablo italiano.)

1. hablar francés
2. hablar español bien
3. estudiar español
4. estudiar inglés
5. estudiar francés
6. trabajar

7. trabajar mucho
8. escuchar discos
9. escuchar la radio
10. cantar bien
11. tocar el piano
12. tocar la guitarra

VOCABULARIO PRÁCTICO Palabras útiles (Useful words)

bien	well	Hablo español **bien**.
muy	very	Hablo inglés **muy** bien.
mal	badly, poorly	Hablo italiano **mal**.
mucho	a lot, much	Trabajo **mucho**.
un poco	a little	Toco el piano **un poco**.
también	also, too	Toco la guitarra **también**.
ahora	now	**Ahora** escucho discos.
siempre	always	**Siempre** escucho la radio.
aquí	here	No trabajo **aquí**.
pero	but	Hablo español **pero** no soy de Puerto Rico.
con	with	Canto **con** Antonio.
como	like, as	Soy de Texas, **como** Luis.
de	from, of	Soy **de** San Antonio.
en	in, on	**En** clase hablo español.
a	to, at	Elena trabaja **a** las nueve.
y	and	Estudio inglés **y** español.
o	or	Siempre estudio con Arturo **o** Marta.

NOTA: **y** becomes **e** before **i** or **hi**   Luis **y** Carmen, *but* Luis **e** Inés
o becomes **u** before **o** or **ho**   Luis **o** José, *but* Luis **u** Orlando

ACTIVIDAD 4   Presentación

Introduce yourself to your classmates. Use the following suggestions as a guide.

1. Me llamo . . .
2. Hablo . . .
3. Soy de . . .
4. En clase, trabajo (mucho, un poco).
5. Hablo español (bien, muy bien, mal).
6. Ahora no (canto, escucho discos, trabajo).
7. Trabajo siempre con . . .
8. Estudio con . . . también.

Pronunciación

a) La consonante *h*

The letter **h** is always silent.

Model word: hablo
Practice words: hace   hora   la Habana   hoy
Practice sentences: ¿Qué hora es?
¿Qué tiempo hace hoy?

b) La «jota»

Model word: José

Practice words: Juan junio julio México mexicano origen trabajo

Practice sentence: Juan es de origen mexicano.

The "jota" is the sound you make when you blow on glasses before cleaning them. The letter **j** (or "jota") is always pronounced this way in Spanish. The letter **g**, when followed by **e** or **i**, represents the "jota" sound.

Para la comunicación

Expresiones para la conversación

¡Fantástico!	*Great!*	Hace sol hoy. **¡Fantástico!**
¡Qué lástima!	*Too bad!*	Hace mal tiempo. **¡Qué lástima!**

español

muy bien

Mini-diálogos

Create new dialogs by replacing the underlined words with the words suggested in the pictures.

Pablo: Hablo español.

Linda: ¡Fantástico!

Pablo: Pero no hablo muy bien.

Linda: ¡Qué lástima!

siempre

bien

la guitarra

el piano

francés

español

mucho

aquí

Tú tienes la palabra

With a classmate, prepare a short dialog of your own. Use the conversation between Linda and Pablo as a model.

Lección 2 En el suroeste

Con Lorenzo en Santa Fe, Nuevo México

Lorenzo estudia.
Estudia mucho.
¿Estudia español Lorenzo?
¿Él? ¡No! No estudia español.
Estudia historia.
Mañana hay un examen.
¡Qué lástima!

hay: *there is*

Con María en Tucson, Arizona

María estudia música.
Toca la guitarra.
Toca el piano también.
¿Toca bien María?
¿Ella? ¡Sí! Toca muy bien.

Con Carlos y Pedro en Pueblo, Colorado

¿Estudian Carlos y Pedro?
¿Ellos? ¡No! ¡Trabajan en un rancho!
¿Trabajan mucho Carlos y Pedro?
¡Sí! Ellos trabajan mucho, pero . . .
¡no ganan mucho dinero!

ganan mucho dinero:
earn much money

Con Luisa y Sara en Merced, California

Hoy Luisa y Sara bailan.
Ellas cantan.
Escuchan discos.
¿No trabajan ellas?
¡No! . . . Hoy es domingo.

NOTA CULTURAL
Un poco de historia
(A little bit of history)

Our Hispanic heritage in the continental United States can be traced back to the year 1513 — more than one hundred years before the Pilgrim landing at Plymouth — when a Spanish expedition led by Juan Ponce de León landed in Florida. Many other expeditions followed this one, bringing explorers to this new land in search of gold and high adventure. Spanish priests accompanied the expeditions, establishing missions and spreading the Catholic faith.

Hernando de Soto discovered the Mississippi River in 1541. In 1565 Pedro Menéndez de Avilés founded Saint Augustine (Florida), which is the oldest permanent city of European origin in the United States. Santa Fe (New Mexico), the oldest seat of government, was founded in 1610 by Pedro de Peralta.

Estructuras

A. El presente: las formas _él/ella_ y _ellos/ellas_

Carlos	**(Él)** Trabaja en Puerto Rico.	*He works in Puerto Rico.*
Anita	**(Ella)** No trabaja en México.	*She doesn't work in Mexico.*
Juan y Luis	**(Ellos)** Hablan francés.	*They speak French.*
Sara y Ana	**(Ellas)** No hablan inglés.	*They don't speak English.*

The **él/ella** form (third person singular) of the **–ar** verbs ends in **-a**.
The **ellos/ellas** form (third person plural) of the **–ar** verbs ends in **-an**.

- As in the case of **yo**, Spanish speakers use the subject pronouns **él, ella, ellos** and **ellas** for emphasis, or in situations where the meaning is not clear.

- In Spanish, two pronouns correspond to the English *they:*
  Ellos refers to a group of boys or to a mixed group.
  Ellas refers to a group composed only of girls.

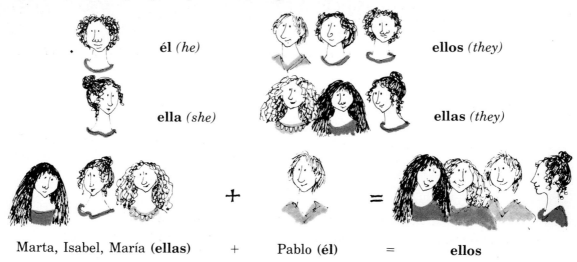

él *(he)*   **ellos** *(they)*

ella *(she)*   **ellas** *(they)*

Marta, Isabel, María **(ellas)**   +   Pablo **(él)**   =   **ellos**

ACTIVIDAD 1   Trabajos *(Jobs)*

These students have summer jobs abroad. Say which cities they are working in and which languages they are speaking.

- Tomás (París / francés)   Tomás trabaja en París. Él habla francés.

1. Ramón (Nueva York / inglés)
2. Isabel (Roma / italiano)
3. Marisol y Carmen (Buenos Aires / español)
4. Jaime y Pedro (Berlín / alemán)
5. Carlos y Juanita (Moscú / ruso)
6. Pilar y María (Tokio / japonés)

VOCABULARIO PRÁCTICO Actividades

ganar (dinero)
visitar (San Francisco)
viajar
nadar
mirar (la televisión)
bailar

ACTIVIDAD 2 María también

Lorenzo is saying what he does. Reply that María does the same things.

🎵 Lorenzo: Escucho la radio.   María escucha la radio también.

1. Estudio mucho.
2. Canto bien.
3. Bailo muy bien.
4. Miro la televisión.
5. Gano dinero.
6. Nado bien.
7. Viajo en julio.
8. Visito Los Álamos.

ACTIVIDAD 3 ¡Ellos no!

Now tell Lorenzo that Roberto and Carlos do not do the things he does.

🎵 Lorenzo: Escucho la radio.   Roberto y Carlos no escuchan la radio.

B. Preguntas con respuestas afirmativas y negativas

The following questions can be answered by **sí** or **no**.
Compare the position of the subject in the questions and the answers.

*Is **Juan** studying?*	¿Estudia **Juan?**
	Sí, **Juan** estudia.
*Does **Carmen** earn money?*	¿Gana dinero **Carmen?**
	Sí, **Carmen** gana dinero.

*Do **Luis and José** study a lot?*   ¿Estudian mucho **Luis y José**?
Sí, **Luis y José** estudian mucho.

Questions which request a simple yes or no answer are called *yes/no questions*.
In Spanish, these questions are formed in either of two ways:

| ¿ | verb | + | subject (if expressed) | + | rest of sentence | ? |

or often:

| ¿ | verb | + | rest of sentence | + | subject (if expressed) | ? |

∂⊙ In yes/no questions, the voice rises at the end of the sentence.

∂⊙ Informal yes/no questions may be formed by adding **¿verdad?**
(right?) at the end of a statement.

María habla español, **¿verdad?**   *María speaks Spanish, **right?***
*María speaks Spanish, **doesn't she?***

∂⊙ An inverted question mark (¿) signals the beginning of a question.

ACTIVIDAD 4   ¿Quién habla inglés? *(Who speaks English?)*

Imagine that you are traveling in Mexico. You need to know who speaks
English and can help you out. Ask the appropriate questions.

∂⊙ Elena   ¿Habla inglés Elena?

1. Pedro
2. Carmen
3. Felipe y Miguel
4. Luisa y Susana
5. Paco y Teresa
6. Alberto y Luis

ACTIVIDAD 5   Carmen y Pepe

Imagine that Carmen and Pepe are visiting from Mexico. You know what
Carmen does. Ask whether Pepe does the same things.

∂⊙ Carmen habla inglés.   ¿Habla Pepe inglés también?

1. Carmen canta siempre.
2. Carmen viaja mucho.
3. Carmen visita Nueva York.
4. Carmen toca la guitarra.
5. Carmen baila mal.
6. Carmen mira la televisión.
7. Carmen escucha la radio.
8. Carmen estudia inglés.

Pronunciación   El sonido de la consonante *ll*

Model word: e**ll**a
Practice words: e**ll**os   e**ll**as   Gui**ll**ermo   **ll**ueve   torti**ll**a
Practice sentences: Me **ll**amo Pepi**ll**o Vi**ll**as.
                    E**ll**a es de Sevi**ll**a.

The letters **ll** represent a sound which is like the **y** of the English "yes."

Para la comunicación

Expresiones para la conversación

Spanish speakers have different ways of answering yes/no questions.

¡**Cómo no!**
¡**Claro!**   } *Of course*
¡**Por supuesto!** }

— ¿Baila María bien?
— ¡**Por supuesto!** Baila muy bien.

¡**Tal vez!**   *Maybe*

— ¿Trabaja Luisa mañana?
— ¡**Tal vez!**

¡**Claro que no!**   *Of course not*

— ¿Mira Sara la televisión?
— ¡**Claro que no!** Estudia.

Mini-diálogos

Create new dialogs by replacing the underlined words with the information
in the pictures.

Miguel

Puerto Rico

Lorenzo: ¿Canta <u>Miguel</u> en inglés?

Anita: ¡Claro que no! Canta en español.

Lorenzo: ¿En español?

Anita: ¡Cómo no! <u>Él</u> es de <u>Puerto Rico.</u>

Isabel

México

Carlos

Ecuador

Panamá

Dolores

Colombia

Luisa

Tú tienes la palabra

With a classmate, prepare a short dialog in which you talk about a
student from a Spanish-speaking country. Use the conversation between
Lorenzo and Anita as a model.

Lección 3 En Los Ángeles

Miguel y Teresa estudian en un colegio de Los Ángeles.
Ahora hablan de un asunto muy serio: los estudios.

Miguel: ¿Estudias mucho, Teresa?
Teresa: ¡Sí!
Miguel: ¿Qué estudias tú ahora?
Teresa: Estudio inglés, matemáticas, física . . .
Miguel: ¿Física? . . . ¿Por qué estudias física?
Teresa: Deseo trabajar como ingeniera. ¿Y tú?
Miguel: Deseo trabajar en un estudio de televisión.

colegio: *high school*
asunto: *topic,*
  estudios: *studies*

Deseo: *I want*
estudio de televisión:
  TV studio

La señora Vargas es la consejera vocacional del colegio. Ella y
Teresa también hablan de los estudios.

Sra. Vargas: ¡Buenos días, Teresa!
Teresa: ¡Buenos días, Señora Vargas!
Sra. Vargas: ¿Qué estudia usted ahora?
Teresa: Estudio inglés, matemáticas, física . . .
Sra. Vargas: ¿Por qué estudia usted física?
Teresa: Deseo trabajar como ingeniera.
Sra. Vargas: ¿Y dónde desea usted trabajar?
Teresa: En México o en Venezuela, para una compañía
  internacional.
Sra. Vargas: Usted necesita estudiar idiomas . . .
Teresa: Pero hablo inglés y español.
Sra. Vargas: ¡Ah! ¡Claro!

consejera vocacional:
  Vocational Counselor

dónde: *where*
para: *for*

necesita: *you need,*
  idiomas: *languages*

CONVERSACIÓN

Imagine that María Inés, an exchange student from Mexico, is talking to you. Answer her.

1. ¿Hablas español? Sí, hablo español.
   (No, no hablo español.)
2. ¿Estudias francés?
3. ¿Estudias mucho?
4. ¿Trabajas mucho en clase?

Now imagine that el señor Portillo, a teacher from Mexico, is talking to you. Answer him.

5. ¿Habla usted español? Sí, hablo español.
   (No, no hablo español.)
6. ¿Estudia usted francés?
7. ¿Estudia usted mucho?
8. ¿Trabaja usted mucho en clase?

OBSERVACIÓN

María Inés, the student, and el señor Portillo, the teacher, ask you the same questions, but in different ways.

María Inés, like you, is a student. She talks to you in an informal way, using the **tú** *(you: familiar)* form of the verb.

- In which two letters do the verbs she uses end?

El señor Portillo talks to you in a more formal way, using the **usted** *(you:* formal) form of the verb.

- In which letter do the verbs he uses end?
- Which word comes directly after the verb?

NOTA CULTURAL

Los hispanos en los Estados Unidos

Do you think of Spanish as a foreign language? Think again! Today about nineteen million American citizens claim Hispanic ancestry. Many of them speak Spanish in the course of their daily life—at home, at work, at school. Spanish is therefore an important language of communication in our own country.

Who are the Hispanic Americans? It is impossible to generalize. Hispanic Americans live in nearly every region of the United States and come from a great variety of backgrounds. Many are recent arrivals to this country. Some can trace their ancestry to the Indians who have been living on this continent for many centuries, others to the early Spanish settlers of the sixteenth century, and still others to Africa, Asia or Europe.

Whatever their origins, the Hispanic Americans share the same language, as well as many of the same customs and values.

Estructuras

A. El presente: las formas *tú* y *usted*

When Spanish speakers talk to one another, they use either **tú** or **usted**.

Tú is used to address a child, a member of the family, a close friend or a classmate. **Tú** is the *familiar* or *informal* form of address.

> Carlos, ¡tú trabajas mucho!   *Carlos, **you** work a lot!*
> Anita, ¿hablas (tú) inglés?   *Anita, do **you** speak English?*

The **tú** form (second person singular) of the –ar verbs ends in **-as**.

 ⋙ As with the other subject pronouns you have learned, the pronoun **tú** is often omitted. It is used for emphasis or clarity.

Usted (abbreviated **Ud.**) is used to address everyone else. **Ud.** is the *polite* or *formal* form of address.

> Sr. Vargas, **Ud.** habla inglés muy bien.   *Mr. Vargas, **you** speak English very well.*
> ¿**Habla Ud.** italiano, Sra. de Molina?   *Do **you** speak Italian, Mrs. Molina?*

The **Ud.** form of the **-ar** verbs ends in **-a**.

 ⋙ In contrast to other pronouns, **Ud.** is usually *not* omitted.

 ⋙ **Ud.** is used with the third person singular form of the verb:

Ud. **trabaja** mucho.   ***You** work a lot.*
María **trabaja** mucho.   ***María** works a lot.*

You should use the **tú** form when talking to your classmates and the **Ud.** form when talking to your teacher. You will be addressed in the **tú** form in this book.

ACTIVIDAD 1   Preguntas personales

1. ¿Estudias matemáticas?
2. ¿Estudias historia?
3. ¿Estudias mucho?
4. ¿Estudias mucho en la clase de español?
5. ¿Tocas la guitarra?
6. ¿Tocas el piano?
7. ¿Cantas bien o mal?
8. ¿Miras la televisión en casa?

ACTIVIDAD 2   Diálogo: El fin de semana

Ask a classmate whether he or she does the following things during the weekend (**durante el fin de semana**).

> hablar español   Estudiante 1: ¿Hablas español durante el fin de semana?
> Estudiante 2: Sí, hablo español. (No, no hablo español.)

1. estudiar
2. trabajar
3. mirar la televisión
4. ganar mucho dinero
5. bailar
6. cantar
7. escuchar discos
8. tocar la guitarra

ACTIVIDAD 3   Diálogo: ¿Y el profesor (la profesora)?

Ask your teacher the questions of Actividad 2, using **Ud.**

> hablar español   ¿Habla Ud. español durante el fin de semana?

B. El infinitivo

The infinitive is used after certain verbs:

desear	**Deseo trabajar** como ingeniero.	*I wish to work as an engineer.*
esperar	**Espero trabajar** en Venezuela.	*I hope to work in Venezuela.*
necesitar	**Necesito hablar** bien el español.	*I need to speak Spanish well.*

> Note that where English uses two words (*to work, to speak*), Spanish uses only one (**trabajar, hablar**).

ACTIVIDAD 4   Preguntas personales

1. ¿Deseas trabajar como ingeniero (ingeniera)?
2. ¿Deseas trabajar en un estudio de televisión?
3. ¿Deseas hablar bien el español?
4. ¿Esperas ganar mucho dinero?
5. ¿Esperas estudiar en una universidad?
6. ¿Esperas viajar a México?
7. ¿Necesitas trabajar mucho en la clase de español?
8. ¿Necesitas estudiar mucho en la clase de matemáticas?

C. Preguntas para obtener información

Questions which ask for specific information rather than a simple yes or
no are called *information questions*.

¿Cómo está Ud., señor López?	*How are you, Mr. López?*
¿Dónde estudian Manuel y Teresa?	*Where do Manuel and Teresa study?*
¿Qué estudias ahora?	*What are you studying now?*

In Spanish, information questions follow this pattern:

> ¿   Question word(s)   +   verb   +   subject (if used)   +   rest of sentence   ?

- Question words such as **¿cómo?** *(how?)*, **¿dónde?** *(where?)* and **¿qué?**
  (what?) indicate the type of information which is being requested.
- The voice is high at the beginning of an information question and
  often falls or levels off at the end.

ACTIVIDAD 5   Trabajos de verano *(Summer jobs)*

Gonzalo's friends have summer jobs. María wants to know where. Gonzalo
answers. Play the roles of María and Gonzalo.

- Carlos: en San Diego   María: ¿Dónde trabaja Carlos?
                          Gonzalo: Trabaja en San Diego.

1. Miguel: en San Francisco
2. Luisa: en Nueva York
3. Raúl y Clara: en Boston
4. Pablo y Paco: en Chicago
5. Lucía y Cristina: en Los Ángeles
6. Tomás y Silvia: en Miami.

VOCABULARIO PRÁCTICO   Palabras interrogativas y palabras de respuesta

¿cómo?	how?	**¿Cómo** está Ud.?
¿cuándo?	when?	**¿Cuándo** estudian Felipe y Raúl?
cuando	when	**Cuando** es posible, estudian.
¿dónde?	where?	**¿Dónde** estudian ellos?
donde	where	Estudian **donde** trabajan.

ACTIVIDAD 6   Curiosidad

Teresa's friends are doing certain things. Manuel wants more information.
Play the two roles according to the model.

> Pedro canta. (¿cómo?)   Teresa: Pedro canta.
> Manuel: ¿Cómo canta?

1. María estudia francés. (¿por qué?)
2. Anita canta. (¿cuándo?)
3. Raúl trabaja. (¿dónde?)
4. Juanita y Carlos bailan. (¿cómo?)
5. Luis y Laura hablan inglés. (¿por qué?)
6. Alberto y Paco estudian. (¿cuándo?)

ACTIVIDAD 7   Más curiosidad (More curiosity)

Ana overhears part of Manuel and Teresa's conversation. She wants to
know whom they are talking about. Use the cues of Actividad 6 to ask
questions.

> Pedro canta.   Ana: ¿Quién canta?

¿qué?	what?	¿Qué estudia Teresa?
¿por qué? porque	why? because	¿Por qué estudia física? Porque desea trabajar como ingeniera.
¿quién? ¿quiénes?	who (singular)? who (plural)?	¿Quién desea hablar español? ¿Quiénes esperan trabajar en México?

NOTAS: 1. Note the written accents on question words.
2. **¿Quiénes?** is the plural form of **¿quién?**. It is used when the expected answer concerns more than one person. It is followed by the **ellos** form of the verb.

Pronunciación El sonido de la consonante v

a) v inicial

Model word: <u>v</u>einte

Practice words: <u>v</u>erano <u>v</u>iernes <u>v</u>endedor <u>V</u>argas <u>V</u>enezuela

Practice sentence: Señor <u>V</u>argas, hoy es <u>v</u>iernes, el <u>v</u>einte de mayo.

At the beginning of a word, the letter **v** represents the sound / **b** /, as in the English **b** of "boy."

Para la comunicación

Expresión para la conversación

To tell someone that you cannot do something, you can say:

No puedo. *I can't.* Deseo mirar la televisión, pero **no puedo.** Necesito trabajar.

Mini-diálogos

Look at the illustration and the sample conversation. Create similar conversations, replacing the underlined words with the expressions suggested in the pictures.

Ramón: ¡Hola, Clara! ¿Deseas <u>bailar</u>?

Clara: Sí, pero no puedo.

Ramón: ¿Por qué?

Clara: Porque necesito <u>trabajar</u>.

b) *v* medial

Model word: prima<u>v</u>era

Practice words: nie<u>v</u>a llue<u>v</u>e hace <u>v</u>iento no<u>v</u>iembre jue<u>v</u>es

Practice sentence: Nie<u>v</u>a y hace <u>v</u>iento en no<u>v</u>iembre.

Between two vowels, the letter **v** represents the sound / ƀ /. To produce this sound, try to make a **b**-like sound without letting your lips come together.

Tú tienes la palabra

With a classmate, prepare a short dialog of your own.
Use the conversation between Ramón and Clara as a model.

Lección 4 En Miami

Me llamo Isabel Pérez.

Mi familia es de Cuba.
En casa hablamos español.
Mi papá y mi mamá no hablan mucho inglés.
Por eso siempre hablo español con ellos.

En casa: *At home*

Por eso: *That's why*

Me gusta nadar.
¡Nado bien!
Me gusta tocar la guitarra . . .
Me gusta escuchar discos . . .
Me gusta bailar . . .
También me gusta viajar.
Un día espero visitar México.
¿Y tú? ¿Deseas visitar México?
¿Te gusta viajar?

Me gusta: *I like*

NOTA CULTURAL

Más sobre los hispanos
(More on the Hispanic people)

In the United States there are not one but several Spanish-speaking groups whose cultural characteristics are quite distinct.

The *Mexican Americans* are the oldest and the largest group of Spanish speakers in this country, totaling about twelve million people. Their history and culture are intimately linked to the development of the Southwest, where many families of Spanish and Indian origin have lived for generations. Today the Mexican Americans represent a significant percentage of the population in Texas, Arizona, New Mexico, California, Colorado and Michigan.

The *Puerto Ricans* became United States citizens in 1917. Since then, and especially since 1945, many have left the island of Puerto Rico for the large metropolitan areas of the Atlantic seaboard: New York, Boston, Newark and New Haven.

The *Cubans* are one of the more recent groups of Spanish-speaking immigrants. In the early 1960's they settled in Florida, where they now represent ten percent of the population. In Miami alone they number approximately 200,000 people. Other recent Spanish-speaking immigrants come from the Dominican Republic, Nicaragua, Guatemala, El Salvador and Honduras.

Estructuras

A. El presente: las formas *nosotros* y *ustedes*

Nosotros is used when you are talking about yourself and others.

Pedro y yo [Antonio]	**(Nosotros)** Traba**jamos** en un rancho.	*We work on a ranch.*
María y yo [Carlos]	**(Nosotros)** Habl**amos** español.	*We speak Spanish.*
Isabel y yo [Carmen]	**(Nosotras)** Necesit**amos** estudiar.	*We need to study.*

The **nosotros** form (first person plural) of the **–ar** verbs ends in **–amos**.

> The pronoun **nosotros** has a feminine form, **nosotras**. This form is used with groups composed only of females.

> The pronouns **nosotros** and **nosotras** are used only for emphasis or clarity.

Ustedes (abbreviated **Uds.**) is used by most Spanish speakers to address two or more people. **Uds.** is used with any group of people, whether they are addressed individually as **tú** or **Ud.**

tú   +   tú   =   Uds.

tú   +   Ud.   =   Uds.

Isabel y Ana, ¿desean **Uds.** bailar?	*Do **you** wish to dance?*
Señores Pérez, ¿hablan **Uds.** inglés?	*Do **you** speak English?*

The **Uds.** form (third person plural) of the **–ar** verbs ends in **-an**.

> The pronoun **Uds.** is usually not omitted.

> **Uds.** is used with the third person plural form of the verb:

Uds. visitan México.	*You are visiting México.*
Carlos y Ana visitan México también.	*Carlos and Ana are visiting México too.*

Nota: *vosotros*

In Spain, **vosotros** is used to address two or more people with whom one uses **tú**.

> Carlos y Felipe, **¿habláis** inglés **(vosotros)?** *Do **you speak** English?*
>
> Isabel y Conchita, **¿trabajáis** mucho **(vosotras)?** *Do **you work** hard?*

The **vosotros** form (second person plural) of the **–ar** verbs ends in **-áis**.

> Ð **Vosotros** has a feminine form, **vosotras**.
>
> Ð Though you will not practice the **vosotros** form, you should be able to recognize it. **Vosotros** forms will be given in all verb charts.

ACTIVIDAD 1 Diálogo

Dolores, an exchange student from Mexico, is spending the year in your school. She asks what students do in and out of class. Jim, one of your classmates, answers her. Play both roles.

> Ð hablar español   Dolores: ¿Hablan Uds. español?
>
> Jim: Sí, hablamos español.
>
> (No, no hablamos español.)

1. hablar español en clase
2. cantar en español
3. estudiar física
4. estudiar mucho
5. viajar durante *(during)* las vacaciones
6. bailar durante el fin de semana

B. Repaso: el presente de verbos que terminan en –ar

Most –ar verbs form the present tense like **hablar**:

INFINITIVE:			**hablar**	FORMATION OF PRESENT TENSE	
NUMBER	SUBJECT PRONOUN			STEM: INFINITIVE MINUS **-ar**	ENDINGS
SINGULAR	I	**yo**	**hablo**		-o
	you (informal)	**tú**	**hablas**		-as
	he	**él**			
	she	**ella**	**habla**	**habl-**	-a
	you (formal)	**Ud.**			
PLURAL	we	**nosotros(as)**	**hablamos**		-amos
	you (informal)	**vosotros(as)**	**habláis**		-áis
	they	**ellos**			
	they (feminine)	**ellas**	**hablan**		-an
	you (formal)	**Uds.**			

≫ Verbs that follow the same pattern of endings as **hablar** are called *regular –ar verbs.*

≫ The form of such verbs in Spanish has two parts:
- the *stem,* or part which does not change. (For verbs like **hablar** the stem is the infinitive minus the ending –**ar.**)
- the *ending,* or part which changes to show the subject.

ACTIVIDAD 2 España

Read the following story which tells of a trip being taken by two Mexican students, Jorge and Cristina.

1. Jorge y Cristina viajan a España.
2. Hablan español.
3. Visitan Barcelona.
4. Nadan en la playa *(beach).*
5. Escuchan música española.
6. Bailan en una discoteca.
7. No visitan Francia.
8. No hablan francés.

Now retell the story from the viewpoint of:

— Jorge and Cristina (Viajamos a . . .)
— Jorge alone (Viajo a . . .)
— a friend talking to Cristina (Viajas a . . .)
— a friend talking about Jorge (Viaja a . . .)
— a friend talking to Jorge and Cristina (Uds. viajan a . . .)

C. Me gusta

There is no Spanish verb which corresponds directly to the English "to like." Instead, Spanish speakers use the expressions:

me gusta *(it pleases me to . . .)*	**Me gusta** bailar. *I like to dance.*
¿te gusta? *(does it please you to . . .?)*	**¿Te gusta** nadar? *Do you like to swim?*

Note the negative forms:

¿No te gusta hablar español?	*Don't you like to speak Spanish?*
No me gusta hablar francés.	*I don't like to speak French.*

ACTIVIDAD 3   Diálogo: ¿Sí o no?

Ask a classmate if he or she likes to do the following things.

viajar   Estudiante 1: ¿Te gusta viajar?
Estudiante 2: Sí, me gusta viajar.
(No, no me gusta viajar.)

1. trabajar	4. cantar	7. visitar museos
2. estudiar	5. nadar	8. escuchar música popular
3. bailar	6. hablar español en clase	9. escuchar música clásica

D. Pronombres con la preposición

In the answers to the questions below, the pronouns in heavy print replace the underlined nouns. Note these pronouns.

¿Estudias con <u>Miguel y Julio?</u>	Sí, estudio con **ellos.**
¿Baila Juan con <u>Elena?</u>	Sí, baila con **ella.**
¿Trabaja Jaime para <u>el Sr. Ruiz?</u>	Sí, trabaja para **él.**

The pronouns which are used after *prepositions* like **con** *(with)* and **para** *(for)* are the same as the subject pronouns.

There are two exceptions:

mí is used instead of **yo**	— ¿Deseas trabajar para **mí?**
ti is used instead of **tú**	— ¿Para **ti?** ¡Claro!

The pronouns **mí** and **ti** combine with **con** to form:

conmigo *(with me)*	— ¿Deseas estudiar **conmigo?**
contigo *(with you)*	— ¿**Contigo?** ¡Ah, no!

ACTIVIDAD 4   Carlos

Carlos does a lot of things with his friends. His cousin Susana wants to
know precisely with whom. Answer her questions affirmatively or
negatively, as indicated.

🗩   ¿Estudia Carlos con Elena? (sí)   Sí, estudia con ella.

1. ¿Trabaja Carlos con Pedro? (no)
2. ¿Baila Carlos con Emilia? (sí)
3. ¿Nada Carlos con Enrique y José? (sí)
4. ¿Habla Carlos con Susana y Luisa? (no)
5. ¿Viaja Carlos con Silvia y Roberto? (no)
6. ¿Estudia Carlos con Carmen y Felipe? (sí)

ACTIVIDAD 5   ¿Conmigo?

Ask a classmate if he or she wants to do the following things with you.

🗩   estudiar   Estudiante 1: ¿Deseas estudiar conmigo?
                 Estudiante 2: ¿Contigo? ¡Claro!
                               (¿Contigo? ¡No!)

1. hablar español
2. trabajar
3. mirar la televisión
4. bailar
5. escuchar discos
6. viajar
7. visitar México
8. cantar

ACTIVIDAD 6   La serenata

Juan Pablo is singing a traditional serenade. María Luisa wonders
whether he is singing for the people below. Play both roles according to
the model.

🗩   Paco: no   María Luisa: ¿Cantas para Paco?
                  Juan Pablo: No, no canto para él.

1. Elena: no
2. Cristina y Luisa: no
3. Carlos y Felipe: no
4. Carmen y Rodolfo: no
5. nosotros: no
6. mí: sí

Pronunciación   El sonido de la *r* medial

Model word: pa<u>r</u>a
Practice words: pe<u>r</u>o   ene<u>r</u>o   Cla<u>r</u>a   ce<u>r</u>o   el Pe<u>r</u>ú   Ma<u>r</u>ía
Practice sentences: Ma<u>r</u>ía y Cla<u>r</u>a visitan el Pe<u>r</u>ú.
                    El dine<u>r</u>o es pa<u>r</u>a Te<u>r</u>esa.

The sound of the Spanish **r** in mid-word is very similar to the American
pronunciation of the **t**'s in "better" or the **d**'s in "ladder." Pronounce
"pot o' tea" rapidly: you will be close to producing the Spanish **"para ti."**

Para la comunicación

Expresión para la conversación

To introduce a conclusion, you may use:

por eso   *therefore, that's why*   — Me gusta estudiar con Isabel.
— ¡Ah! **Por eso** estudias siempre con ella.

Mini-diálogos

Look at the illustration and the sample conversations. Create similar
conversations, replacing the underlined words with the expressions
suggested in the pictures.

Elena

a)   Pedro: ¡Hola, Carmen!
Carmen: ¡Hola, Pedro!
Pedro: ¿Te gusta <u>trabajar</u>?
Carmen: No, no me gusta <u>trabajar</u>.
Pedro: ¡Ah! Por eso no <u>trabajas</u> ahora.

b)   Pedro: ¿<u>Trabajas</u> con <u>Elena</u>?
Carmen: ¡No, no <u>trabajo</u> con <u>ella</u>!
Pedro: ¿Deseas <u>trabajar</u> conmigo?
Carmen: ¿Contigo? ¡Por supuesto!

Luis

Ana

Juan
y
Carlos

Linda
y
Teresa

Tú tienes la palabra

With a classmate, prepare a short dialog in which you talk about things
you do or don't like to do. Use one of the conversations between Pedro and
Carmen as a model.

Variedades ¿Quién soy yo?

The following young people are our "mystery guests." They will each describe themselves, without giving their names. Read carefully what they say, looking for clues to their identities. Then match each person with his or her portrait.

A. ¿Cómo me llamo? Bueno ... es un secreto ... Soy norteamericana como Uds. ... pero con una diferencia: hablo español. Soy de origen mexicano-americano. En casa,° hablamos siempre el español ... Me gusta tocar la guitarra y me gusta nadar. ¿Nado bien? Sí, nado muy bien ... y nado todos los días° del año.° ¿Dónde? En el Océano Pacífico, ¡por supuesto!

    ¿Quién soy?

En casa: *At home*

todos los días: *every day,*
año: *year*

B. ¡Hola! ¡Me llamo Superman! ... ¡Claro que no! Me llamo _____ y vivo° en _____. Dos secretos para Uds., amigos. Yo también soy de origen mexicano-americano y también hablo español en casa ... Estudio en una escuela° bilingüe ... Estudiamos mucho. Me gusta estudiar idiomas° (¡Espero trabajar como intérprete en las Naciones Unidas en Nueva York!). No, no soy de Nueva York ... Soy de _____, una ciudad° donde hace mucho frío en el invierno y hace mucho calor en el verano.

    ¿Quién soy?

vivo: *I live*

escuela: *school*
idiomas: *foreign languages*

ciudad: *city*

C. Soy norteamericana, ¡ciento por ciento!° Pero soy también hispanohablante° ... Soy una persona de dos culturas. Mis° padres° no hablan mucho inglés pero no importa° ... Mi mamá trabaja en casa y mi papá trabaja en un restaurante cubano en la Pequeña° Habana ... ¿Dónde está° la Pequeña Habana? Ah ... ah ... La Pequeña Habana está situada en una ciudad muy grande de los Estados Unidos: una ciudad donde tal vez un millón de personas hablan español ... una ciudad donde hace calor en el verano y en el invierno ... una ciudad en la costa del° Océano Atlántico ... una ciudad extraordinaria ... ¡una ciudad fantástica ...!

    ¿Quién soy?

ciento por ciento: *100%*
hispanohablante: *Spanish-speaking,*
Mis: *My,*
padres: *parents*
no importa: *it doesn't matter*
Pequeña: *Little*
está: *is*

del: *of the*

D. ¿Qué tal, amigos? ¿Desean Uds. hablar conmigo? ¡Bueno! Yo también soy de origen hispánico pero no soy cubano ni° mexicano-americano. Soy de Puerto Rico. Pero ahora no vivo en Puerto Rico ... Vivo en una ciudad del este de los Estados Unidos. Me gusta tocar el piano. Toco el piano en una orquesta de música latina ... Me gusta también nadar ... pero no nado mucho. En la ciudad donde vivo, hace mucho frío en el invierno. ¡Qué lástima!

    ¿Quién soy yo?

ni: *nor*

Delia Sánchez
San Diego

Rubén Ávila
Chicago

Carlos Gómez
Nueva York

Rosita Hurtado
Miami

El arte de la lectura *(The art of reading)*

Cognates

When you read a new selection in Spanish, you should first read it
through to get the general meaning. Then you can go back and work out
the meanings of new words and expressions. Some of these new words may
be so unfamiliar that you will have to look them up in a dictionary. In the
passage you have just read, you would probably not be able to guess the
meanings of the words glossed in the margin.

Sometimes, though, you will not need a dictionary to find out the
meanings of unfamiliar Spanish words. You will be able to guess them
because many look like English words and have the same meanings. For
instance, you probably understood the phrase **es un secreto** even though
you had never before seen the Spanish word **secreto**. Words which look
alike and have similar meanings in two languages are called "cognates."

Cognates present certain problems:

- They are never pronounced the same in Spanish and English.
- They are often spelled differently in the two languages.
- They may not have quite the same meaning in the two languages.

Ejercicio de lectura

Make a list of ten cognates which you came across for the first time in this
reading.

a. Are there any words on your list that are spelled exactly the same way in
Spanish and English?
b. Which words are spelled differently? Describe the differences.

Unidad 3

Amigos . . . y amigas

Lección 1 En un café

Sevilla, España.
Pedro y Miguel entran en un café.
El café se llama «La Florida».
En el café, hay música de guitarra.
¿Quién toca?

se llama: *is called*
hay: *there is*

Miguel: ¡Eh, Pedro! ¿Quién toca la
guitarra?
Pedro: Es . . . un guitarrista.

Miguel: Claro, claro . . . pero ¿quién es el
guitarrista?
Pedro: Es . . . un muchacho.

muchacho: *boy*

Miguel: Bueno . . . pero ¿sabes quién es el
muchacho?
Pedro: Es . . . un estudiante.

sabes: *do you know*

Miguel: ¡Por supuesto! . . . pero ¿quién es?
Pedro: Es el amigo de . . .

amigo: *friend*

Miguel: ¡Eh, Pedro! ¡El muchacho no es
un muchacho!
Pedro: Es . . . una muchacha.
Miguel: ¡Sí! Es Alicia, la amiga de Ramón.

muchacha: *girl*

Alicia: ¡Hola, muchachos!
Pedro: ¡Hola, Alicia!
Miguel: ¡Hola!

CONVERSACIÓN

Let's talk about people.

1. ¿Quién es Miguel? ¿Un **muchacho** o una **muchacha?**

2. ¿Quién es Alicia? ¿Un **muchacho** o una **muchacha?**

3. ¿Quién eres tú? ¿Un **muchacho** o una **muchacha?**

4. ¿Quién enseña *(teaches)* la clase de español? ¿Un **señor,** una **señora** o una **señorita?**

5. ¿Quién enseña la clase de inglés? ¿Un **profesor** o una **profesora?**

6. ¿Quién enseña la clase de matemáticas? ¿Un **profesor** o una **profesora?**

OBSERVACIÓN

The words in heavy print are *nouns*.

- Does the noun **muchacho** represent a male or a female person? What about **señor? profesor?**

- Does the noun **muchacha** represent a male or a female person? What about **señora? señorita? profesora?**

Nouns are often introduced by *articles*. In the above sentences, the words which come directly before the nouns are *indefinite articles*, like the English *a, an.*

- Which indefinite article is used before **muchacho? señor? profesor?**

- Which indefinite article is used before **muchacha? señora? señorita? profesora?**

NOTA CULTURAL

Los amigos (Friends)

For young Hispanic people, *un amigo* or *una amiga* is not just an acquaintance or a casual friend. *Un amigo* or *una amiga* is a close friend, a person with whom you share your joys and troubles, a person who is always there when you need someone to talk to.

El novio or *la novia* is more than a boyfriend or a girlfriend. The relationship between *novios* implies exclusive dating. In fact, *el novio* or *la novia* is usually the person whom you intend to marry. In Hispanic society, individual dating is not encouraged by the family. A boy and a girl will go out together alone only if they have been *novios* for some time and are over seventeen years old.

Estructuras

A. El sustantivo y el artículo indefinido: masculino y femenino

Nouns are used to designate people, animals or things. Nouns have *gender* in Spanish; that is, all nouns are either *masculine* or *feminine*.

Note the forms of the *indefinite article* (in heavy print) in the chart below.

MASCULINE NOUNS		FEMININE NOUNS	
un señor	*a gentleman*	**una** señora	*a lady*
un gato	*a (male) cat*	**una** gata	*a (female) cat*
un auto	*an automobile*	**una** orquesta	*an orchestra*

Un is used before masculine nouns. **Una** is used before feminine nouns.

How can you tell whether a Spanish noun is masculine or feminine?

↦ Usually you can tell the gender of nouns designating people.

- Nouns designating male persons are generally masculine:
  un muchacho, **un** señor, **un** profesor, **un** amigo.
- Nouns designating female persons are generally feminine:
  una muchacha, **una** señora, **una** profesora, **una** amiga.

↦ Sometimes you can tell the gender of other nouns from their endings.

- Most nouns ending in **-o** are masculine:
  un piano, **un** disco (but **una** mano, *a hand*).
- Most nouns ending in **-a** are feminine:
  una guitarra, **una** discoteca, (but **un** día).

Since the gender of nouns is not always predictable and since many nouns do not end in **-o** or **-a,** it is a good idea to learn new nouns together with their *articles*. For example, think of **un disco** instead of just **disco.**

VOCABULARIO PRÁCTICO
La gente *(People)*

un **amigo**	friend	una **amiga**	friend
un **chico**	boy	una **chica**	girl
un **muchacho**	boy	una **muchacha**	girl
un **joven**	young man	una **joven**	young woman
un **novio**	boyfriend	una **novia**	girlfriend
un **hombre**	man	una **mujer**	woman
un **señor**	man, gentleman	una **señora**	lady
un niño	little boy	una niña	little girl
un **profesor**	professor, teacher	una **profesora**	professor
un **estudiante**	student	una **estudiante**	student
un **maestro**	teacher	una **maestra**	teacher
un **alumno**	student, pupil	una **alumna**	student, pupil
un bebé	baby	una bebé	baby
hay	there is / are	**Hay** un chico y una chica.	

¿Cómo se llama?	*What is he (she) called? (What's his/her name?)*
¿Cómo se llaman?	*What are they called? (What are their names?)*

NOTA: Often the terms **profesor** and **estudiante** are used at the university level, while the terms **maestro** and **alumno** are used at the secondary school level.

ACTIVIDAD 1 ¿Quién es?

Luis shows school pictures to Anita. She asks him to identify each person.
Play the two roles according to the model.

ʚɞ Carlos   Anita: ¿Quién es?
             Luis: ¡Es Carlos, un amigo!

(amigo/amiga)	(muchacho/muchacha)	(profesor/profesora)
1. José	4. Lucía	7. el Sr. Gómez
2. Felipe	5. Roberto	8. la Sra. de Miranda
3. Carmen	6. Inés	9. la Srta. Hernández

ACTIVIDAD 2 Otras preguntas (Other questions)

Now Luis is showing the pictures to Ramón. Play the two roles according
to the model. Use the cues of Actividad 1 and the following expressions:

1-3 chico/chica   4-6 alumno/alumna   7-9 hombre/mujer

ʚɞ Carlos   Ramón: Hay un chico. ¿Quién es?
             Luis: ¡Es Carlos!

B. Los artículos definidos: *el, la*

Read the sentences below, paying attention to the words in heavy print.

   El Sr. Vargas habla con **un** muchacho.   ¿Cómo se llama **el** muchacho?
   El Sr. Vargas habla con **una** muchacha.   ¿Cómo se llama **la** muchacha?

The *definite article* **el** is used before masculine nouns:

   el muchacho *(the boy)*, **el** piano *(the piano)*.

The *definite article* **la** is used before feminine nouns:

   la muchacha *(the girl)*, **la** clase *(the class)*.

The definite articles **el** and **la** are like the English article *the.*

ʚɞ When talking about a person, Spanish speakers use **el** or **la** in front
   of titles.

   El Sr. Miranda es de México, ¿verdad?
   Sí, pero **la** Sra. de Miranda es de Puerto Rico.

ACTIVIDAD 3 En el café

There are many people in the café where Alicia and Miguel are sitting.
Alicia asks who they are. Miguel answers. Play both roles according to the
model.

ʚɞ un muchacho: José   Alicia: ¿Cómo se llama el muchacho?
                        Miguel: ¿El muchacho? Se llama José.

1. una muchacha: Luisa   4. un novio: Jaime Rivera
2. un estudiante: Roberto   5. una maestra: Silvia María
3. una joven: Susana   6. un guitarrista: Salvador Ruiz

c. Ser

Here are the present tense forms of the important verb **ser** *(to be)*. Some of these forms will be familiar to you.

(yo)	**Soy** de California.	(nosotros)	**Somos** de Texas.
(tú)	**Eres** de Panamá.	(vosotros)	**Sois** de Madrid.
(él, ella, Ud.)	**Es** de Sevilla.	(ellos, ellas, Uds.)	**Son** de San Juan.

Ser is an *irregular* verb. It does not follow a predictable pattern the way the regular –ar verbs do.

☞ After **ser,** the indefinite article **(un, una)** is usually omitted before nouns designating professions.

Soy profesor.   *I am a teacher.*
Felipe **es estudiante.**   *Felipe is a student.*

ACTIVIDAD 4   El club de español

The following students belong to the Spanish club. Say which country each one is from.

☞   Silvia (Costa Rica)   Silvia es de Costa Rica.

1. Pablo (España)
2. Isabel (México)
3. Luisa (Chile)
4. Carmen y Diego (Cuba)
5. nosotros (Puerto Rico)
6. Uds. (Colombia)
7. yo (Venezuela)
8. tú (Guatemala)
9. Ud. (Bolivia)
10. Miguel y Federico (Honduras)

Pronunciación   Unión de las vocales *a a*

Model word: la‿amiga
Practice words: la‿alumna   la‿adulta   la‿americana   la‿Argentina
Practice sentences: María habla con la‿amiga de Juan.
               La‿alumna‿argentina se llama‿Alicia.

In rapid conversational Spanish, words are often linked together. When a word ending in **-a** is followed by a word beginning with **a-**, you hear only one **a.**

Para la comunicación

Mini-diálogos

Look at the illustration and the sample conversation. Create similar conversations, replacing the underlined words with the expressions in the pictures.

muchacho   muchacha

Ramón
María

José: Hay un muchacho y una muchacha.

Inés: Bueno . . . ¿Quién es el muchacho?

José: ¡Es Ramón!

Inés: ¿Y la muchacha?

José: ¡Es María!

chico   chica

Pedro
Luisa

maestro   alumno

el Sr. Vargas
Miguel

profesora   estudiante

la Srta. Vilar
Anita

hombre   mujer

el Sr. Arias
la Srta. Colón

Tú tienes la palabra

With a classmate, prepare a short dialog in which you talk about two other people you notice at school. Use the conversation between José and Inés as a model.

Lección 2 · Los amigos ideales

Un amigo es un amigo . . .
No siempre es perfecto, claro.
Sólo el amigo ideal es perfecto, ¿verdad?
Y la amiga ideal también.
Para Uds., ¿cómo es el amigo ideal? ¿Y la amiga ideal?

Sólo: *Only*

cómo es: *what is . . . like?*

el amigo ideal	sí	no	la amiga ideal	sí	no
¿Es romántico?	■	■	¿Es romántica?	■	■
¿Es tímido?	■	■	¿Es tímida?	■	■
¿Es generoso?	■	■	¿Es generosa?	■	■
¿Es paciente?	■	■	¿Es paciente?	■	■
¿Es inteligente?	■	■	¿Es inteligente?	■	■
¿Es un muchacho sincero?	■	■	¿Es una muchacha sincera?	■	■
¿Es un muchacho interesante?	■	■	¿Es una muchacha interesante?	■	■

CONVERSACIÓN

Now let's talk about your real friends, rather than the ideal model.

¿Cómo es tu mejor *(best)* amigo?

1. ¿Es **generoso**? Sí, es **generoso**.
   (No, no es **generoso**.)
2. ¿Es **simpático** *(nice)*?
3. ¿Es un muchacho **tímido**?
4. ¿Es un muchacho **sincero**?

¿Cómo es tu mejor amiga?

5. ¿Es **generosa**?
6. ¿Es **simpática**?
7. ¿Es una muchacha **tímida**?
8. ¿Es una muchacha **sincera**?

OBSERVACIÓN

Words used to describe people and things are called *adjectives*. In the Conversación, the words in heavy print are adjectives.

Questions 1-4 contain adjectives which describe a masculine noun (**amigo).**
- In what letter do these adjectives end?

Questions 5-8 contain adjectives which describe a feminine noun (**amiga).**
- In what letter do these adjectives end?

Re-read questions 3, 4, 7 and 8.
- Do the adjectives come *before* or *after* the nouns **muchacho** and **muchacha?**

NOTA CULTURAL

El grupo de amigos

Young people in Spanish-speaking countries prefer doing things together rather than individually. Thus the social life of a Hispanic teenager often revolves around a special group of friends, usually from the same school and social background.

El grupo de amigos (known as *la pandilla* in Spain) meets regularly, perhaps at a café, a park, or at the home of one of the members to listen to music, watch television or do homework. Other common activities include going to the beach, to the movies, or to a soccer game.

Taking walks is a popular activity in all Hispanic countries, especially since it is not common for teenagers to have cars. Groups of young people often walk arm in arm through the streets, singing, joking, and having a good time.

Estructuras

A. Los adjetivos: formas del singular

Compare the *adjectives* in heavy print in the following sentences.

Pablo es . . . **romántico,**　　Luisa es . . . **romántica,**
　　　　　　simpático *(nice),*　　　　　　**simpática,**
　　　　　　inteligente　　　　　　　　　**inteligente**
　　　　　　y muy **popular.**　　　　　　　y **popular** también.

The masculine form of an adjective is used to describe a masculine noun or pronoun. The feminine form of an adjective is used to describe a feminine noun or pronoun. This is called *noun-adjective agreement*. How do we form the feminine of Spanish adjectives? It depends on the masculine form.

 Adjectives which end in **-o** in the masculine end in **-a** in the feminine.

Roberto es　　　　　　　Carolina es

　generos　　　　　　　　generos
　fantástic　　　　　　　　fantástic

VOCABULARIO PRÁCTICO　La descripción de una persona

✣ Adjectives which end in **-e** or **-a** in the masculine do not change in the feminine.

Carlos es **independiente**   Marta es **independiente**
     e **individualista.**   e **individualista.**

✣ Most, but not all, adjectives which end in a consonant in the masculine do not change in the feminine.

Rubén es muy **popular.**   Beatriz es muy **popular.**

✣ The feminine form of adjectives that do not follow the above patterns will be given in the vocabulary lists.

ACTIVIDAD 1   **Los gemelos** *(Twins)*

The following sets of twins look alike. Read the brother's description and then describe the sister.

✣   Juan es guapo / Juanita   Juanita es guapa también.

1. Roberto es alto / Roberta
2. Carlos es delgado / Carla
3. Antonio es bajo / Antonia
4. Emilio es gordo / Emilia
5. Enrique es rubio / Enriqueta

6. Felipe es moreno / Felipa
7. Francisco es serio / Francisca
8. José es aburrido / Josefa
9. Julio es antipático / Julia
10. Luis es divertido / Luisa

características físicas

alto(a)	tall	≠	**bajo(a)**	short
bonito(a)	pretty	≠	**feo(a)**	plain, ugly
guapo(a)	handsome, good-looking			
delgado(a)	thin	≠	**gordo(a)**	chubby, fat
moreno(a)	dark-haired, brunette	≠	**rubio(a)**	blond

características psicológicas

bueno(a)	good	≠	**malo(a)**	bad
divertido(a)	amusing, fun	≠	**serio(a)**	serious
inteligente	intelligent	≠	**tonto(a)**	foolish, stupid
interesante	interesting	≠	**aburrido(a)**	boring
simpático(a)	nice	≠	**antipático(a)**	unpleasant

bastante	rather, quite, enough	Linda es **bastante** simpática.
demasiado	too	Jaime es **demasiado** serio.
muy	very	Javier es **muy** inteligente.

ACTIVIDAD 2 Los opuestos se atraen *(Opposites attract)*

The following people have friends who are their opposites. Describe the friends.

ᗧ Carlos es moreno / Carmen   Carmen no es morena.
Es rubia.

1. Juan es alto / Isabel
2. Pedro es rubio / Luisa
3. Paco es gordo / Juanita
4. Emilio es divertido / Dolores
5. Roberto es interesante / Ana

6. Pablo es simpático / Clara
7. Tomás es tonto / Lucía
8. Felipe es bajo / Susana
9. Pilar es inteligente / Miguel
10. Anita es guapa / Raúl

ACTIVIDAD 3 Tipos ideales

Everyone has a personal view of the ideal people. Give your own opinions by completing the following sentences.

1. Un amigo ideal es . . .   No es . . .
2. Una amiga ideal es . . .   No es . .
3. Un estudiante ideal es . . .   No es . . .
4. Una estudiante ideal es . . .   No es . . .

5. Un novio ideal es . . .   No es . . .
6. Una novia ideal es . . .   No es . . .
7. Un profesor ideal es . . .   No es . . .
8. Una profesora ideal es . . .   No es . . .

ACTIVIDAD 4 Retratos *(Portraits)*

Complete the following portraits of yourself and your worst enemy.

a) 1. Yo soy . . .
   2. Soy muy . . .
   3. Soy bastante . . .
   4. No soy demasiado . . .
   5. ¿Soy . . . ? ¡Claro!
   6. ¿Soy . . . ? ¡Claro que no!

b) 1. Mi peor enemigo(a) es . . .
   2. Es muy . . .
   3. Es bastante . . .
   4. No es demasiado . . .
   5. ¿Es . . . ? ¡Por supuesto!
   6. ¿Es . . . ? ¡No, no, no!

B. La posición de los adjetivos

Note the position of the adjectives in the answers below.

¿Es Roberto simpático?	Sí, es un muchacho **simpático.**
¿Es Emilia inteligente?	Sí, es una alumna **inteligente.**
¿Es el Sr. Ruiz muy serio?	Sí, es un profesor muy **serio.**

In Spanish, descriptive adjectives generally come *after* the noun they modify.

⋙ The adjectives **bueno** *(good)* and **malo** *(bad)* usually come before the noun, but may follow if the adjective is emphasized.

⋙ **Bueno** and **malo** become **buen** and **mal** before a masculine singular noun.

Roberto es un **buen** amigo, pero un **mal** estudiante.

ACTIVIDAD 5   Las opiniones de Consuelo

Consuelo gives her opinion of people she knows. Play her role according to the model.

⋙ Pedro: interesante   Pedro es un chico interesante.

(chico/chica)

1. Carlos: simpático
2. Alicia: bonita
3. Anita: muy seria
4. Rafael: fantástico
5. Marina: antipática

(alumno/alumna)

6. Alfonso: inteligente
7. Raúl: bueno
8. Conchita: mala
9. Victoria: buena
10. Francisco: malo

(profesor/profesora)

11. el Sr. Alonso: divertido
12. la Sra. de Vilar: buena
13. el Sr. Gómez: demasiado serio
14. la Srta. Ruiz: bastante aburrida
15. el Sr. Molina: inteligente

ACTIVIDAD 6   Diálogo: Preferencias personales

Ask a classmate whom he or she prefers. (Note: **¿Qué te gusta más . . . ?** means *Whom do you prefer?)*

⋙ un amigo: ¿tímido o divertido?   Estudiante 1: ¿Qué te gusta más, un amigo tímido o divertido?
Estudiante 2: Me gusta más un amigo tímido.
(Me gusta más un amigo divertido.)

1. un amigo: ¿generoso o interesante?
2. un amigo: ¿inteligente o simpático?
3. una amiga: ¿divertida o seria?
4. una amiga: ¿bonita o popular?
5. un profesor: ¿interesante o aburrido?
6. un jefe *(boss)*: ¿simpático o antipático?

Pronunciación   Los diptongos

Model word: bueno
Practice words: rubio serio demasiado guapo Luisa Manuel
Practice sentences: Eduardo es un estudiante muy serio.
                   El novio de Mariana viaja siempre.

When **i** or **u** (without an accent mark) comes next to another vowel, the two vowels are pronounced rapidly to form one *diphthong* or glided sound. However, when **a**, **e** or **o** come together they are pronounced separately and distinctly: **Rafael** y **Beatriz**, **Bilbao** y **Montevideo**.

Para la comunicación

Mini-diálogos

Comment on the following street scenes, using the sample exchange as a model.

Marta

Miguel: ¡Qué bonita! ¿Quién es?

Alicia: Es Marta.

Miguel: ¿Cómo es? ¿Es simpática?

Alicia: Sí, es muy simpática.

Alberto

Esteban

Rosa

Carolina

Tú tienes la palabra

With a classmate, prepare a short dialog in which you comment on another person. Use the conversation between Miguel and Alicia as a model.

Lección 3 En la fiesta

En Bogotá, Colombia.
Aquí en la fiesta, el ambiente es muy divertido.
Hay muchos chicos y muchas chicas.
No hay orquesta, pero hay discos.

ambiente: *atmosphere*

María: Pablo, aquí tengo los discos.
     ¿Tú tienes el tocadiscos?
Pablo: ¡Sí! Tengo un tocadiscos nuevo.
María: ¡Fantástico!

tengo: *I have*
tocadiscos: *record player*

Roberto: ¿Quién es la chica rubia?
Ricardo: Se llama Olga.
Roberto: Es muy guapa . . .
Ricardo: . . . y muy interesante
    también. ¡Es mi novia!
Roberto: ¡Ah! . . . bueno . . . bueno . . .
    ¡Adiós!

Rosa: ¿Quiénes son los dos muchachos altos?
Olga: Se llaman Pietro y Alberto.
Rosa: No son colombianos, ¿verdad?
Olga: ¡No! Son italianos.
Rosa: Son muy guapos.
Olga: Y son simpáticos.
Rosa: ¡Qué bueno!

Se llaman: *Their names are*

Diego: ¿Son españolas las chicas?
Carolina: ¿Qué chicas?
Diego: Las chicas morenas.
Carolina: ¡No! Son mexicanas.
Diego: ¡Qué guapas!
Carolina: ¡Sí! Son muy divertidas también.
    Pero . . .
Diego: ¿Pero qué?
Carolina: ¡Tienen novio!
Diego: ¡Caramba!

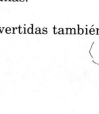

CONVERSACIÓN

Do you have many books? many records? many friends? Answer the following questions.

1. ¿Tienes muchos **discos?** Sí, tengo
   muchos discos. (No, no tengo muchos
   discos.)
2. ¿Tienes muchos **discos** buenos?
3. ¿Tienes muchas **cintas** *(tapes)?*
4. ¿Tienes muchas **cintas** interesantes?

5. ¿Tienes muchos **amigos** simpáticos?
6. ¿Tienes muchas **amigas** simpáticas?
7. ¿Hay muchos **chicos** en la clase de
   español? ¿Cuántos *(How many)?*
8. ¿Hay muchas **chicas** en la clase de
   español? ¿Cuántas?

OBSERVACIÓN

In the above questions, the nouns in heavy
print refer to several objects or several
people. These are *plural nouns*.
- In what letter do Spanish plural nouns end?

In questions 2, 4, 5 and 6, the plural nouns are
followed by *plural adjectives*.
- In what letter do these plural adjectives end?

NOTAS CULTURALES

Las fiestas

Hispanic teenagers love parties—they love giving them and going to them. Parties *(fiestas* or
reuniones) are given to celebrate a birthday, a
holiday, the end of the school year, or any special
occasion such as the departure or arrival of a
friend. They often start around nine in the evening, or even later, and are characterized by lots
of music and dancing. There is usually a buffet
with snacks, sandwiches, juice and soft drinks.
Dress is often more formal than in the United
States, for Hispanic people tend to dress up for
such occasions. Frequently parties cut across
generations with parents and even grandparents
mingling with the young people.

Las citas (Dates)

On the whole, relationships between boys and
girls are more formal in Hispanic countries than in
the United States. Traditionally, individual dating
has been discouraged, and young people go out in
mixed groups. When a boy and girl do have a
date, they usually meet at a prearranged time and
place. Most often, parents know the families of the
young people with whom their children are going
out.

Estructuras

A. *Tener*

Tener *(to have)* is an irregular verb. Note the present tense forms of this verb in the following affirmative and negative sentences.

(yo)	**Tengo** una guitarra.	**No tengo** banjo.
(tú)	**Tienes** una bicicleta.	**No tienes** coche.
(él, ella, Ud.)	**Tiene** un disco.	**No tiene** tocadiscos.
(nosotros)	**Tenemos** un amigo en España.	**No tenemos** amigos aquí.
(vosotros)	**Tenéis** un televisor.	**No tenéis** radio.
(ellos, ellas, Uds.)	**Tienen** una cinta.	**No tienen** grabadora.

VOCABULARIO PRÁCTICO Unos objetos

un objeto object

una cosa thing

un coche

una bicicleta

una moto

un disco

una cinta

un tocadiscos

una grabadora

un radio

una cámara

un televisor

una foto

un bolígrafo **un lápiz** **un cuaderno** **un libro**

➵ After the verb **tener,** the indefinite article is omitted when the
speaker is not emphasizing a specific object.

No tengo coche.   *I don't have **a** car.*

No tengo tocadiscos pero   *I don't have **a** record player, but*
    tengo **una** grabadora buena.   *I have **a** good tape recorder.*

ACTIVIDAD 1   ¿Quién tiene un tocadiscos?

Rosa María bought a new record, but she does not have a record player to
play it on. Tell her who has one.

➵   Rafael   Rafael tiene un tocadiscos.

1. Elena
2. nosotros
3. Pablo y Fernando
4. El profesor

5. Marta y yo
6. Carolina
7. yo
8. Felipe y Eva

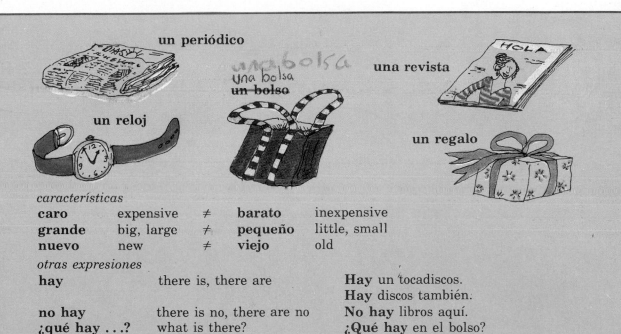

un periódico

una bolsa

un bolso

una revista

un reloj

un regalo

características

caro	expensive	≠	**barato**	inexpensive
grande	big, large	≠	**pequeño**	little, small
nuevo	new	≠	**viejo**	old

otras expresiones

hay	there is, there are	**Hay** un tocadiscos.
		Hay discos también.
no hay	there is no, there are no	**No hay** libros aquí.
¿qué hay ...?	what is there?	**¿Qué hay** en el bolso?

NOTA: **Grande** may come before or after the noun.
      When it comes *before* the noun, it is shortened to **gran** and means *great.*
      When it comes *after* the noun, it is *not* shortened, and means *large* or *big.*

    Tengo un **gran** amigo. Tiene un coche **grande.**

ACTIVIDAD 2 Diálogo: Mis cosas

Ask your classmates if they have the following things. If they answer
affirmatively, ask a second question using the adjective in parentheses
according to the model.

∑⊃ un tocadiscos (nuevo)

Estudiante 1: ¿Tienes un tocadiscos?
Estudiante 2: Sí, tengo un tocadiscos.
(No, no tengo tocadiscos.)
Estudiante 1: ¿Es nuevo?
Estudiante 2: Sí, es un tocadiscos nuevo.
(No, no es un tocadiscos nuevo.)

1. una guitarra (eléctrica)
2. un coche (nuevo)
3. una bicicleta (vieja)
4. un televisor (bueno)
5. una grabadora (pequeña)

6. un reloj (barato)
7. una cámara (cara)
8. un bolso (grande)
9. un radio (viejo)
10. un disco (español)

ACTIVIDAD 3 El regalo ideal

The ideal gift is different for different people. Complete the sentences
below according to the model. Use nouns and adjectives you have learned.

∑⊃ Para un chico de diez años *(ten years old)* . . .
Para un chico de diez años, el regalo ideal es una bicicleta.

1. Para una chica de diez años . . .
2. Para un muchacho de quince años . . .
3. Para una muchacha de quince años . . .
4. Para un joven de veinte años . . .
5. Para una joven de veinte años . . .

6. Para una persona que *(that)* no es puntual . . .
7. Para una persona que estudia mucho . . .
8. Para una persona que viaja mucho . . .
9. Para una persona enferma *(sick)* . . .
10. Para mí . . .

CASA VIVANCO   VIVANCO HNOS.
..y siempre de buen gusto!

B. Sustantivos y artículos: formas del plural

Compare the *singular* nouns and articles in the questions on the left with the *plural* nouns and articles in the questions on the right.

¿Cómo se llama **el** muchacho?	¿Cómo se llaman **los** muchachos?
¿Cómo se llama **la** muchacha?	¿Cómo se llaman **las** muchachas?
¿Cómo se llama **el** profesor?	¿Cómo se llaman **los** profesores?

Plural nouns are generally formed as follows:

by adding **-s** to singular nouns ending in a vowel: chico, chicos;
by adding **-es** to singular nouns ending in a consonant: reloj, reloj**es**.

⟩⟩ The plurals of feminine nouns such as **chicas, amigas** and **alumnas** refer to groups containing only girls.

⟩⟩ The plurals of masculine nouns such as **chicos, amigos** and **alumnos** may refer to groups containing only boys or to mixed groups.

Pedro y Carlos   Isabel y María   Silvia, Dolores, Luisa y Miguel

son amigos   son amigas   son amigos

The plural forms of the definite article are: **los, las.**

The plural forms of the indefinite article are: **unos, unas.**

⟩⟩ These forms mean *some, a few* (or *any,* in negative and interrogative sentences). They are often omitted. Compare the sentences:

Tengo **discos** buenos.   *I have good **records.***
Tengo **unos discos** de música latina.   *I have **a few records** of Latin American music.*

ACTIVIDAD 4   En la tienda *(At the store)*

A customer is looking for the following items. The salesperson says that they do not have any. Play both roles according to the model.

> una guitarra   el (la) cliente: Necesito una guitarra.
> el (la) vendedor(a): ¡Qué lástima! No tenemos guitarras.

1. un libro
2. un disco
3. una bicicleta
4. una grabadora

5. un reloj
6. un televisor
7. un bolso
8. un radio

9. una cinta
10. un bolígrafo
11. una cámara
12. un periódico

ACTIVIDAD 5   La tienda internacional *(The international boutique)*

Imagine that you are working in the international boutique at the Mexico City airport. In this shop, everything comes from abroad. Explain the origins of the following objects to the customers.

> cámara: Alemania *(Germany)*   Las cámaras son de Alemania.

1. bolso: Italia
2. reloj: Suiza *(Switzerland)*
3. bicicleta: Francia
4. periódico: España

5. libro: Chile
6. grabadora: Panamá
7. revista: Inglaterra *(England)*
8. televisor: los Estados Unidos

C. Adjetivos: formas del plural

Plural forms of adjectives are used to describe plural nouns and pronouns. Note the singular and plural forms of adjectives in the sentences below.

SINGULAR	PLURAL
Pablo es **simpático, inteligente** y **popular.**	Pablo y Paco son **simpáticos, inteligentes** y **populares.**
Isabel es **simpática, inteligente** y **popular.**	Isabel y Luisa son **simpáticas, inteligentes** y **populares.**

Plural adjectives are generally formed as follows:

> by adding **-s** to singular adjectives ending in a vowel: buenos, buenas;
> by adding **-es** to singular adjectives ending in a consonant: ideales, populares.

> *Masculine plural adjectives* are used to describe groups containing both masculine and feminine nouns.

Pedro y José   Elena y Amalia   Mauricio, Linda, Delia y Consuelo

son simpáticos   son simpáticas   son simpáticos

ACTIVIDAD 6   En otra tienda *(At another store)*

The customer of Actividad 4 is now in another store looking for the items
that were not available before. Play both roles according to the model.

   una guitarra: buena   el (la) cliente: Deseo una guitarra.
                 el (la) vendedor(a): Tenemos unas guitarras buenas.

1. un libro: divertido
2. un disco: popular
3. una bicicleta: buena
4. una grabadora: pequeña
5. un reloj: barato
6. un televisor: grande

7. un bolso: caro
8. un radio: viejo
9. una cinta: interesante
10. un bolígrafo: barato
11. una cámara: nueva
12. un periódico: español

ACTIVIDAD 7   Orgullo nacional *(National pride)*

Ramón, who is from Argentina, boasts about the people of his country.
Elena, from Mexico, tries to outdo him. Play both roles according to the
model. (Note: **más** means *more.*)

   chico: simpático   Ramón: Los chicos argentinos son simpáticos.
                   Elena: Los chicos mexicanos son más simpáticos.

1. muchacho: guapo
2. muchacha: simpática
3. estudiante: inteligente
4. profesor: serio

5. mujer: bonita
6. chica: divertida
7. hombre: interesante
8. alumno: perseverante

¿cuánto?, ¿cuánta?	how much	**¿Cuánto** dinero tienes?
¿cuántos?, ¿cuántas?	how many	**¿Cuántos** discos y **cuántas** cintas tienes?
otro, otra	other, another	**¿Tienes otro** libro?
otros, otras	other, others	Hay **otras** personas aquí.
mucho, mucha	much, a lot of	No gano **mucho** dinero.
muchos, muchas	many, a lot of	Tengo **muchos** discos, pero no tengo **muchas** cintas.
todo (el), toda (la)	all, the whole	Trabajo **todo** el verano.
todos (los), todas (las)	all *every*	**Todos** los alumnos y **todas** las alumnas estudian español.

algunas
algunos
Algun. Algun   some

NOTAS: 1. The adjectives **¿cuánto?, otro, mucho,** and **todo** agree with the noun they introduce.
2. The article **un, una** is *not* used before **otro, otra.**

ACTIVIDAD 8   Preguntas personales

1. ¿Tienes muchos amigos?
2. ¿Tienes muchas amigas?
3. ¿Cuántos chicos hay en la clase de español?
4. ¿Cuántas chicas hay en la clase?
5. ¿Cuántos profesores tienes?
6. ¿Cuántos radios tienes en casa *(at home)*? ¿Cuántos televisores?
7. ¿Tienes discos? ¿Cuántos?
8. ¿Tienes cintas? ¿Cuántas?

9. ¿Trabajas todo el día? ¿toda la semana?
10. ¿Son serios todos los profesores?
11. ¿Son interesantes todas las clases?
12. ¿Son inteligentes todos los estudiantes?
13. ¿Deseas hablar otros idiomas *(languages)*?
14. ¿Estudias con otro estudiante?

Pronunciación   Unión de las palabras

Model words: los amigos
Practice words: las alumnas   unos estudiantes   el lápiz   unas cintas
Practice sentences: Los alumnos escuchan unas cintas de español.
                    Felipe estudia con Nora.

Spanish speakers tend to link words together so that a group of words sounds like a long series of syllables. Often the last consonant of one word is pronounced with the next word. If the last sound of one word is the same as the first sound of the next word, the two are pronounced as one sound.

Para la comunicación

Mini-diálogos

In this dialog, two customs officers are talking. Create new dialogs, replacing the underlined words with the expressions suggested in the illustrations.

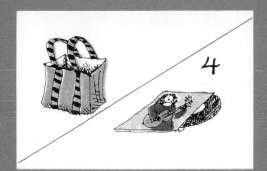

Primer aduanero: ¡Oye! ¿Qué hay en <u>el bolso</u>?

Segundo aduanero: ¡Mira! ¡Hay <u>discos</u>!

Primer aduanero: ¿Cuánt<u>os</u> <u>discos</u>?

Segundo aduanero: ¡Hay <u>cuatro discos</u>!

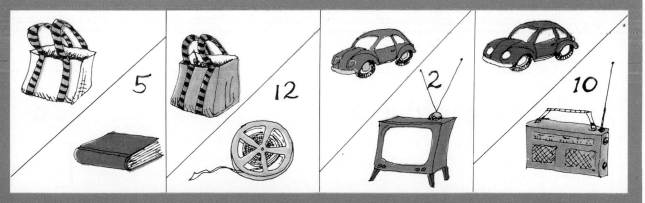

Tú tienes la palabra

With a classmate, prepare a short dialog in which the two of you comment on something you see in a car. Use the conversation between the customs officers as a model.

Lección 4 Un club internacional

Soy española. Tengo diez y seis años.
Tengo una colección muy grande de discos
de música española. Deseo intercambiar
discos con un muchacho mexicano o argentino
de diez y seis a diez y ocho años.

    Mari - Carmen Suárez
    Santa Susana, 823
    Madrid, España

Tengo diez y seis
años: *I'm sixteen*

intercambiar:
exchange

Tengo diez y siete años. Soy argentina.
Me gusta bailar, escuchar discos y
viajar. Deseo tener correspondencia
con una chica francesa o inglesa.

    Consuelo Ortega
    Avenida Santa Fe, 603
    Buenos Aires, Argentina

CONVERSACIÓN

Let's talk about your age and the age of other people you know.

1. ¿**Tienes** doce (12) años? Sí, **tengo** doce años. (No, no **tengo** doce años.)
2. ¿**Tienes** catorce (14) años?
3. ¿**Tienes** diez y seis (16) años?
4. ¿Cuántos años **tienes**?
5. ¿Cuántos años **tiene** tu mejor amigo *(your best friend)*?
6. ¿Cuántos años **tiene** tu mejor amiga?
7. ¿**Tiene** cuarenta (40) años tu papá?
8. ¿**Tiene** cuarenta años tu mamá?

OBSERVACIÓN

In the above questions, you are asked *how old* certain people *are*.
- Which verb is used?

Soy mexicano. Tengo diez y seis años. Deseo intercambiar cartas con amigos norteamericanos de quince a diez y siete años. Deseo hablar de música y de béisbol con ellos. Tienen que contestar en español porque no hablo inglés.

Pedro Borges
Paseo de las Palmas, 472
México 11, D.F., México

Soy un chico norteamericano que estudia español. Tengo ganas de visitar México. Deseo tener correspondencia con chicas mexicanas. Tienen que contestar en español porque tengo que practicar mucho. Deseo intercambiar periódicos y revistas con ellas.

Eric Brown
32 Ward Street
Newton, Massachusetts 02159
U.S.A.

cartas: *letters*

Tienen que contestar:
They must answer

Tengo ganas de: *I want to*

NOTAS CULTURALES

Los americanos

To the Spanish Americans, the word *americano* refers to any person who lives in North or South America. Thus all Latin Americans are *americanos.* To identify a person who lives in the United States, Spanish speakers use the word *norteamericano.*

Tres ciudades hispánicas

If you were asked to name three large Spanish-speaking cities, you would probably say Madrid, Buenos Aires and Mexico City. Which one do you think is largest? Madrid? No! The population of greater Mexico City is over sixteen million. The population of greater Buenos Aires is over ten million. And Madrid? It has about four million inhabitants.

Estructuras

A. Expresiones con *tener*

Note the use of **tener** in the following expressions.

tener [**trece**] **años**	*to be* [*13*] *years old*	—¿Cuántos años tienes? —**Tengo trece años.**
tener ganas de + infinitive	*to feel like*	—¿**Tienes ganas de** visitar México? —¡Por supuesto!
tener que + infinitive	*to have to*	—¿**Tienen que** estudiar mucho en clase? —Sí. Y también **tenemos que** hablar español.

There are many Spanish expressions in which **tener** does not mean *to have.*

ACTIVIDAD 1   Diálogo: ¿Cuántos años?

Ask a classmate how old certain people are.

Ɛᗝ   tu mejor amigo   Estudiante 1: ¿Cuántos años tiene tu mejor amigo?
Estudiante 2: Tiene [trece] años.

1. tu mejor amiga
2. tu papá
3. tu mamá

4. tú
5. el (la) profesor(a)
6. yo

ACTIVIDAD 2   Pretextos *(Excuses)*

Carlos asked his friends to help him paint his room. Everyone found an excuse not to come. Give each person's reasons, using **tener que.**

Ɛᗝ   Anita: estudiar   Anita tiene que estudiar.

1. yo: estudiar también
2. nosotros: trabajar
3. Pablo: hablar con el profesor

4. tú: tocar el piano
5. Uds.: escuchar cintas
6. Carmen y Elena: visitar un museo

ACTIVIDAD 3   Diálogo: Deseos *(Wishes)*

Ask your classmates if they feel like doing the following things. Create dialogs according to the model.

Ɛᗝ   estudiar   Estudiante 1: ¿Tienes ganas de estudiar?
Estudiante 2: Sí, tengo ganas de estudiar.
(No, no tengo ganas de estudiar.)

1. hablar español
2. viajar
3. visitar México
4. ganar mucho dinero

5. tener una moto
6. tener un coche
7. mirar la televisión ahora
8. cantar ahora

ACTIVIDAD 4   Diálogo: Obligaciones

Ask a classmate if he or she has to do the following things.

$\mathbb{S}$ estudiar mucho   Estudiante 1: ¿Tienes que estudiar mucho?
Estudiante 2: Sí, tengo que estudiar mucho.
(No, no tengo que estudiar mucho.)

1. hablar español en clase
2. escuchar las cintas de español
3. trabajar en casa *(at home)*
4. ser paciente
5. ser buen(a) estudiante
6. ser sincero(a) con los amigos

7. ser generoso(a)
8. ganar mucho dinero
9. estudiar todo el año
10. trabajar toda la semana
11. practicar el piano
12. practicar la guitarra

B. *Venir*

Venir *(to come)* is an irregular verb. Note the present tense forms of this verb in the sentences below.

(yo)	**Vengo** en bicicleta.
(tú)	¿**Vienes** con nosotros?
(él, ella, Ud.)	¿**Viene** Carlos a la fiesta?
(nosotros)	**Venimos** en coche.
(vosotros)	¿**Venís** a la fiesta conmigo?
(ellos, ellas, Uds.)	¿**Vienen** con Anita?

The present tense of **venir** is like that of **tener,** except in the **nosotros** and **vosotros** forms.

$\mathbb{S}$ Note the use of the interrogative expression ¿**de dónde?** *(from where?):*

¿**De dónde** vienes?   Vengo **de** la cafetería.
¿**De dónde** es Juan?   Es **de** Puerto Rico.

ACTIVIDAD 5   Unos alumnos serios

Many students are not coming to the party tonight because there is a math exam tomorrow and they have to study. Explain this according to the model.

$\mathbb{S}$ Ricardo   Ricardo no viene a la fiesta. Tiene que estudiar.

1. Eva
2. Francisco
3. Marta y Cecilia
4. ellos

5. yo
6. tú
7. nosotros
8. Uds.

VOCABULARIO PRÁCTICO El país y la nacionalidad

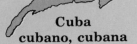
Cuba
cubano, cubana

España
español, española

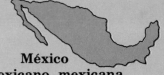
México
mexicano, mexicana

los Estados Unidos
norteamericano, norteamericana

Puerto Rico
puertorriqueño, puertorriqueña

NOTAS: 1. Adjectives of nationality are not capitalized in Spanish.
2. Adjectives of nationality that end in a consonant in the masculine, add an **-a** in the feminine.

Luis es **español.**	Juanita es **española.**
Jim es **inglés.**	Jane es **inglesa.**
Robert es **francés.**	Caroline es **francesa.**

ACTIVIDAD 6 En el aeropuerto de Montreal

Say where each of the following travelers is coming from and give his or her nationality, according to the model.

꩜ Felipe: España   Felipe viene de España. Es español.

1. Luisa: Cuba
2. Isabel: Puerto Rico
3. Pedro: México
4. Linda: los Estados Unidos
5. Inés y Ana: México

6. nosotros: Cuba
7. Federico: los Estados Unidos
8. Uds.: Puerto Rico
9. Juana: España
10. yo: los Estados Unidos

ACTIVIDAD 7 Las compras de Teresa

Teresa has won a three-week vacation trip. In each country she visits she buys local products. Describe her purchases. (Note: **comprar** means *to buy.*)

꩜ España: un libro   En España, Teresa compra un libro español.

1. España: dos discos
2. España: una guitarra
3. España: un bolso
4. México: un sombrero
5. México: una grabadora

6. México: cintas
7. Puerto Rico: libros
8. Puerto Rico: un disco
9. Puerto Rico: una cinta
10. Puerto Rico: unos periódicos

C. El pronombre relativo: *que*

Note the uses of **que** in the following sentences.

¿Cómo se llama el chico **que** baila con María?
*What is the name of the boy **who** is dancing with Maria?*

¿Quién es la muchacha **que** miras?
*Who is the girl **(whom)** you're looking at?*

Los muchachos **que** escuchan vienen conmigo.
*The boys **who** are listening are coming with me.*

Necesito el bolígrafo **que** tú tienes.
*I need the pen **(that)** you have.*

Me gusta la cinta **que** tú escuchas.
*I like the tape **(that, which)** you are listening to.*

The pronoun **que** *(who, whom, that, which)* comes *after* a noun. It can refer to people or things.

⟐ Although the pronouns *that, which* and *whom* are often omitted in English, **que** must always be used in Spanish.

ACTIVIDAD 8   En la librería *(In the bookstore)*

Manuel and Anita are in a bookstore. Anita asks Manuel what he is looking at. Play the role of Anita.

el libro   ¿Cómo se llama el libro que miras?

1. el libro español
2. el disco
3. la cinta
4. el periódico
5. la revista
6. la novela

ACTIVIDAD 9   En la fiesta internacional

Now Manuel and Anita are at an international party. Manuel asks where some of the guests are from. Play his role.

⟐   Un chico habla francés.   ¿De dónde es el chico que habla francés?

1. Una chica habla inglés.
2. Un muchacho tiene una cámara.
3. Una muchacha baila muy bien.
4. Dos chicos tocan la guitarra.
5. Dos chicas cantan.

6. Una señorita habla con Miguel.
7. Un joven escucha a Carlos.
8. Un señor tiene barba *(beard)*.
9. Una profesora habla francés.
10. Tres amigas tienen revistas españolas.

ACTIVIDAD 10   Las hermanas *(Sisters)*

Alicia asks her sister Teresa if she likes various things that she has or does. Teresa answers affirmatively. Play both roles.

Escucho un disco.   Alicia: ¿Te gusta el disco que escucho?
                    Teresa: Sí, me gusta mucho.

1. Escucho una cinta.
2. Miro un libro.
3. Canto una canción *(song)*.

4. Miro una foto.
5. Tengo un reloj.
6. Tengo una bicicleta.

Para la comunicación

Expresión para la conversación

To introduce a conclusion, you may say:

Entonces . . .   *Well, then* . . .   —No tengo discos.
                                              —**Entonces** . . . tienes que escuchar la radio.

Mini-diálogos

Create new dialogs by replacing the underlined words with the words in the pictures.

Pedro   viernes

estudiar

Alfonso: ¿Viene Pedro a la fiesta?
  Anita: ¿Cuándo es la fiesta?
Alfonso: El viernes.
  Anita: El viernes Pedro tiene que estudiar.
Alfonso: Entonces, no viene.
  Anita: ¡Claro que no!
Alfonso: ¡Qué lástima!

Pronunciación

El sonido de la consonante ñ

Model word: español

Practice words: años   señor   señora   señorita   compañero

Practice sentences: El señor Núñez viene mañana.
La señora Muñoz tiene treinta años.

The sound of the Spanish consonant **ñ** is similar to the sound of the **ni** in the English word "companion."

Luisa   martes

trabajar

Roberto y Jaime   miércoles

visitar el museo

nosotros   sábado

viajar

Carmen   jueves

estudiar para el examen

Tú tienes la palabra

With a classmate, prepare a short dialog in which you talk about a friend who cannot come to a party you have planned. Use the conversation between Alfonso and Anita as a model.

Variedades   Los secretos de la cara

Hay personas idealistas y románticas. Hay también personas realistas y muy prácticas . . . Todos somos un poco diferentes. Todos tenemos nuestra° personalidad, nuestra individualidad.

¿Cómo explicar las diferencias que hay entre° nosotros? Para algunas° personas, estas° diferencias son determinadas por° el aspecto físico de cada° uno, especialmente por la forma de la cara.° Así es que° una persona que tiene la cara ovalada no tiene las mismas° cualidades (ni° por supuesto los mismos defectos) que una persona que tiene la cara rectangular.

¿Es posible? . . . Tal vez . . . ¡Tú tienes que decidir!

nuestra: *our*

entre: *among*
algunas: *some,*
    estas: *these,*
    por: *by*
cada: *each,*
    cara: *face,*
    Así es que: *Thus*
mismas: *same*
ni: *nor*

¿Tienes la cara ovalada?

Tienes muchos amigos porque eres una persona muy simpática y generosa. Eres romántico(a) también. Te gusta escuchar música. Te gusta bailar. Te gusta viajar.

Tienes muchas ideas interesantes y originales. Tienes un temperamento artístico. Eres un poco tímido(a) y, a veces°, eres un poco . . . perezoso(a),° ¿verdad? En clase, estudias bien, pero en casa° . . . ¡no tienes muchas ganas de estudiar!

¡Tienes que ser más dinámico(a)!

a veces: *sometimes,*
    perezoso: *lazy*
en casa: *at home*

¿Tienes la cara rectangular?

Eres una persona muy dinámica. Tienes la personalidad de un líder.° Por eso eres muy respetado(a) por tus profesores y amigos. Te gusta organizar, dominar . . . y, a veces, criticar también.

Tienes muchas ambiciones y aspiraciones. Tienes ganas de ser una persona muy importante en el futuro, tal vez el presidente de una gran compañía internacional.

¡Tienes que ser más sociable en tus relaciones personales y menos° serio(a) en la vida!°

líder: *leader*

menos: *less*
vida: *life*

¿Tienes la cara cuadrada?°

Eres realista y práctico(a) ... Tienes también una gran curiosidad intelectual. Te gusta estudiar en clase y trabajar en casa. Eres muy ambicioso(a). Tienes mucho talento para las cosas mecánicas. Te gusta reparar relojes, televisores, bicicletas y otras cosas.

No eres muy generoso(a). ¡Tienes que mejorar° las relaciones con los amigos!

cuadrada: *square*

mejorar: *improve*

¿Tienes la cara redonda?°

Eres muy realista. Tienes mucho sentido° común, pero los sentimientos° no tienen gran valor° para ti.

Eres muy serio(a) y trabajas mucho. Eres un estudiante muy bueno, y también eres deportista.° Te gusta nadar. Te gusta jugar° al tenis, al volibol, al básquetbol. Te gusta organizar fiestas. Eres activo(a) en todos los aspectos de la vida. Te gusta criticar, pero no te gusta ser criticado(a). ¡No eres muy tolerante!

¡Tienes que ser más generoso(a) y paciente con tus amigos!

redonda: *round*

sentido: *sense,*
sentimientos: *feelings*
valor: *value*

deportista: *active in sports*
jugar: *to play*

¿Tienes la cara triangular?

Eres una persona muy intelectual. Te gusta mucho intercambiar° ideas. Siempre tienes ganas de expresar tu opinión y de escuchar la opinión de otras personas. Te gusta hablar de música, arte, política y especialmente de los problemas importantes de la vida. Tienes también una gran sensibilidad° y una gran imaginación. Pero eres un poco supersticioso(a), ¿verdad? Y cambias° de opinión muchas veces.°

¡Tienes que ser más disciplinado(a) y más estable en tus ideas y tus sentimientos!

intercambiar: *to exchange*

sensibilidad: *sensitivity*

cambias: *you change*
veces: *times*

El arte de la lectura

Many Spanish adjectives ending in **-oso** correspond to English adjectives ending in *-ous*.

ambici**oso**	ambit**ious**
curi**oso**	curi**ous**
gener**oso**	gener**ous**
superstici**oso**	superstit**ious**

Ejercicio

Give the English equivalents of the following Spanish adjectives. Then complete the sentences below with the appropriate Spanish forms of the adjectives.

   delicioso   famoso   religioso   vigoroso

1. Julio Iglesias es un cantante *(singer)* __.
2. En general, los atletas son personas __.
3. La Nochebuena *(Christmas Eve)* es una fiesta __.
4. ¡Qué hamburguesa tan __!

VISTA

El mundo de los estudios

2

LA EDUCACIÓN SECUNDARIA

En la mayoría de los países hispánicos, cuando un joven termina la escuela° primaria tiene en general tres posibilidades de estudios: el bachillerato clásico,* la escuela normal y la escuela comercial o técnica.

Mira° el diagrama comparativo:

TIPO DE ESTUDIOS	TIEMPO° DE ESTUDIOS	TÍTULO	ACTIVIDAD FUTURA
Bachillerato clásico	5–6 años	Bachiller	Aprender° y practicar una profesión
Escuela normal	4–5 años	Maestro(a)	Enseñar° en la escuela primaria
Escuela comercial o técnica	2–3 años	Técnico(a) o secretaria(o)	Trabajar como técnico(a) o secretaria(o)

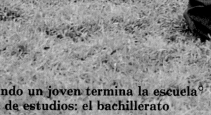

*El bachillerato clásico es un sistema de educación aproximado° al sistema de educación «high school» de los Estados Unidos.

escuela *school*   **Mira** *Look at*   **tiempo** *length of time*   **Aprender** *To learn*   **Enseñar** *To teach*
aproximado *close*

LA VIDA ESCOLAR°

Me llamo Carlos Arturo López y soy de Guatemala. Tengo quince años y soy estudiante del tercer° año de bachillerato en el colegio° San Sebastián. Espero ser un buen médico, como mi papá. En las vacaciones espero visitar los Estados Unidos con unos amigos norteamericanos. En mi colegio hay un programa de intercambio° de estudiantes.

Me llamo Carmen García y soy peruana. Estudio en El Sagrado Corazón. Es un colegio de monjas° y la disciplina es muy importante. Aquí el uniforme es obligatorio.° ¡En mi clase somos veinte chicas idénticas! Aquí, muchos colegios son sólo° para chicas o sólo para chicos. Por eso no hablo con mis amigos en el colegio. Sólo hablo con chicas. ¡Qué aburrido!

Yo soy Lupita Rodríguez, mexicana de Guadalajara. Estudio en una escuela normal. ¡En mi clase somos cincuenta y dos estudiantes! Es muy difícil estudiar así,° pero me gusta más que° trabajar siempre en casa, como mi mamá. Es muy importante estudiar para ser mejor.° Yo espero ser maestra y enseñar a otros chicos como yo, aquí en México.

Me llamo Rolando Santana y soy de Colombia. Tengo diez y siete años y espero ser mecánico. Es mi primer° año de estudios en el SENA (Servicio Nacional de Aprendizaje).° El SENA es una institución pública dedicada a la educación técnica y vocacional. Aquí los estudios no son sólo teoría.° La práctica también es muy importante. Por eso, parte de mis estudios es el trabajo.

---

la vida escolar *school life*   **tercer** *third*   **colegio** *school*   **intercambio** *exchange*
monjas *nuns*   **obligatorio** *required*   **sólo** *only*   **así** *like that*   **más que** *more than*
mejor *better*   **primer** *first*   **Aprendizaje** *Apprenticeship*   **teoría** *theory*

UN DÍA DE CLASES

El horario° de clases de María Lucía Palomo, alumna del Colegio Santa Teresita

HORARIO

Grado: 4° año Año Escolar: 1988

María Lucía Palomo Colegio Santa Teresita

No.	Período	Lunes	Martes	Miércoles	Jueves	Viernes
1	8:05-9:00	Castellano*	Castellano	Castellano	Castellano	Castellano
2	9:05-10:00	Matemáticas	Matemáticas	Matemáticas	Matemáticas	
3	10:05-11:00	Ciencias Físico-Químicas	Ciencias Físico-Químicas		Ciencias Físico-Químicas	
4	11:05-12:00	Economía	Arte y Dibujo	Economía	Economía	Arte y Dibujo
5	2:05-3:00	Inglés	Inglés	Inglés	Inglés	Período de estudio
6	3:05-4:00	Educación Física	Psicología	Psicología	Educación Física	Psicología
7	4:05-5:00	Biología	Período de estudio	Biología	Biología	Biología

*Castellano = la lengua española

horario *schedule*

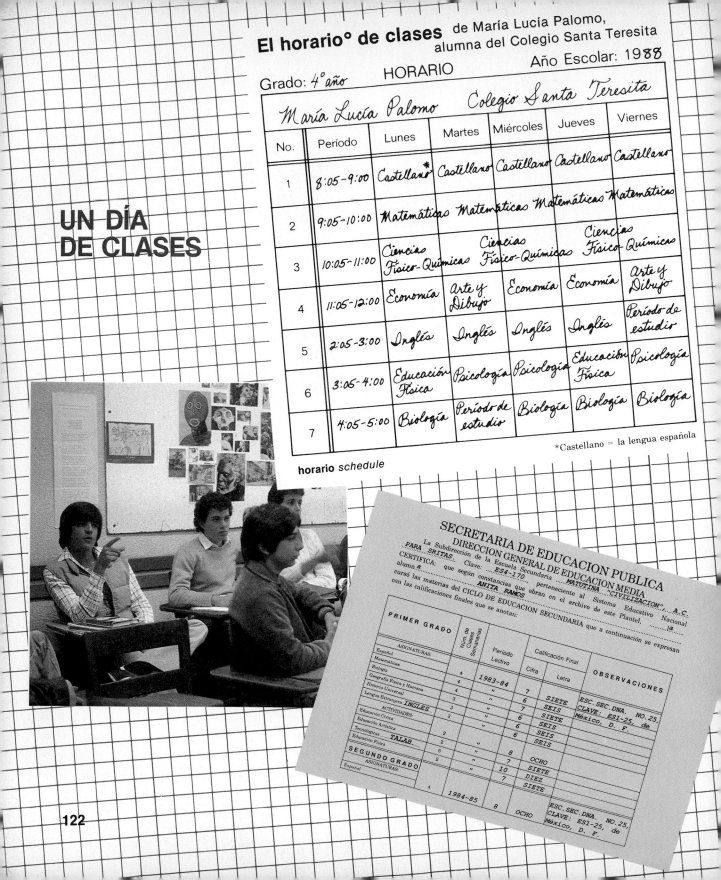

MENÚ DE LA SEMANA
Colegio Cristóbal Colón

LUNES

    hamburguesa
    ensalada de tomate
    pastel° de limón y merengue
    leche°

MARTES

    espaguetis a la italiana con salsa°
    vegetales mixtos
    melón
    leche

MIÉRCOLES

    tacos a la mexicana con tomate y lechuga°
    ensalada de frutas
    torta° de chocolate
    leche

JUEVES

    pizza
    ensalada de vegetales
    banana
    leche

VIERNES

    sopa de vegetales
    sándwich de atún°
    pera
    leche

pastel *pie* **leche** *milk* **salsa** *sauce* **lechuga** *lettuce* **torta** *cake* **atún** *tuna*

¿Quién enseña° qué?

Cuando estás en clase, siempre escuchas al profesor o a la profesora, ¿verdad?

Aquí tienes varios profesores que enseñan diferentes asignaturas.° ¿Sabes° de qué° asignatura habla cada° profesor?

1. Simón Bolívar libertó° a cinco países de la dominación española: Colombia, Venezuela, Ecuador, Perú y Bolivia.

2. Hoy estudiamos la estructura de una molécula de agua.° En una molécula de agua hay un átomo de oxígeno y dos átomos de hidrógeno. La fórmula química° es H_2O.

3. Para° multiplicar dos fracciones, Uds. tienen que multiplicar los numeradores para obtener° el numerador del producto, y multiplicar los denominadores para obtener el denominador del producto. Por ejemplo: $2/3 \times 2/3 = 4/9$.

4. «The cat is black.» En esta° frase,° «is» es el verbo, «black» es el adjetivo.

5. En algunas° plantas y animales hay solamente° una célula. Pero en otros hay millones de células. En todas las células hay proteínas.

6. Bolivia es un país que está° en el centro de Sudamérica. La capital es La Paz. Tiene muchos recursos° naturales, como el estaño.°

7. El volibol es un excelente deporte° para las chicas y los chicos. Es muy popular. Requiere disciplina y precisión.

8. Hay tres clases de instrumentos: de cuerdas° (el piano, la guitarra); de viento° (el oboe, la flauta); y de percusión (el triángulo, el tambor°).

Asignatura	Número
Geografía	
Inglés	
Música	
Biología	
Matemáticas	
Historia	
Química°	
Educación física	

RESPUESTAS: Geografía 6, Inglés 4, Música 8, Biología 5, Matemáticas 3, Historia 1, Química 2, Educación física 7

enseña teaches   **asignaturas** subjects   **Sabes** Do you know   **de qué** about which   **cada** each
libertó liberated   **agua** water   **química** chemical   **Para** In order to   **obtener** obtain   **esta** this
frase sentence   **algunas** some   **solamente** only   **está** is located   **recursos** resources
estaño tin   **deporte** sport   **cuerdas** string   **viento** wind   **tambor** drum   **Química** Chemistry

MEDIDAS DE LONGITUD

1 kilómetro = 1.000 metros
1 metro = 10 decímetros
1 decímetro = 10 centímetros
1 centímetro = 10 milímetros

100 km/h
MAXIMA

MIS LIBROS

Problema 1

El señor Ramírez tiene un terreno° de 200 metros de largo por 100 metros de ancho.° ¿Cuál° es el área del terreno?

a. 200 metros cuadrados°   b. 300 metros cuadrados
c. 20.000 metros cuadrados

Problema 2

María Teresa viaja de San Francisco a Chicago en coche. La distancia entre San Francisco y Chicago es de 4.492 kilómetros. Ella viaja cada° día 6 horas a 90 kilómetros por hora. ¿En cuánto tiempo (aproximado) llega° María Teresa a Chicago?

a. 10 días   b. 8.5 días   c. 7 días

Problema 3

Una rana° salta° 30 centímetros; más tarde° salta 70 centímetros. ¿Cuánto salta en total?

a. 1 metro   b. 90 centímetros   c. 2 metros

Problema 4

Tomás pesa° 65 kilogramos; José pesa 70 kilogramos. ¿Cuánto pesan los dos chicos?

a. 125 kilogramos   b. 135 kilogramos   c. 145 kilogramos

RESPUESTAS: 1:c, 2:b, 3:a, 4:b

MI LIBRO DE MATEMÁTICAS

MI LIBRO DE GEOGRAFÍA

Población de algunos países de Sudamérica

PAÍS	CAPITAL	POBLACIÓN
la Argentina	Buenos Aires	31.000.000
Bolivia	La Paz	6.000.000
Chile	Santiago	12.000.000
Colombia	Bogotá	30.000.000
el Ecuador	Quito	9.000.000
el Paraguay	Asunción	4.000.000
el Perú	Lima	20.000.000
el Uruguay	Montevideo	3.000.000
Venezuela	Caracas	18.000.000

terreno field   **ancho** width   **Cuál** What   **cuadrados** square   **cada** each   **llega** arrives
rana frog   **salta** jumps   **más tarde** later   **pesa** weighs

LOS ANIMALES
DEL MUNDO HISPÁNICO

quetzal

cocodrilo

papagayo

piraña

chinchilla

perezoso

iguana

llama

armadillo

boa

cóndor

jaguar

flamenco

alpaca

puma

pingüino

Eclipse lunar

Total

Parcial

Rayos
solares

MI LIBRO
DE CIENCIAS NATURALES

Plutón

Neptuno

Saturno

Urano

Tierra

Venus

Mercurio

Sol

Marte

Júpiter

ALGUNOS ELEMENTOS

Nombre	Símbolo	Protones	Electrones	Neutrones
Oxígeno	O	8	8	8
Silicio	Si	14	14	14
Aluminio	Al	13	13	14
Hierro	Fe	26	26	30
Calcio	Ca	20	20	20
Sodio	Na	11	11	12
Potasio	K	19	19	20
Magnesio	Mg	12	12	12
Hidrógeno	H	1	1	0

MI LIBRO
DE QUÍMICA

Una molécula de agua: H_2O

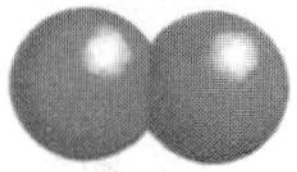

Una molécula de oxígeno: O_2

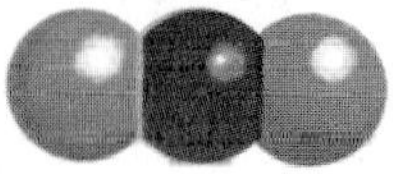

Una molécula de bióxido de carbono: CO_2

¿EN QUÉ TRABAJAS DESPUÉS DE° LA ESCUELA TÉCNICA?

SU FUTURO está en la MECANICA DE MOTO-CICLETAS

BAJO LICENCIA DEL ESTADO DE LA FLORIDA (USA)

OTROS CURSOS DE EXITO QUE PUEDE ESTUDIAR CON LOS ESPECIALISTAS

- RADIO - TV COLOR
- SECRETARIADO COMERCIAL Y BILINGÜE
- INGLES (Incluye cassettes)
- ENFERMERIA (Curso completo)
- MECANICA DENTAL
- MECANICA AUTOMOTRIZ
- DETECTIVISMO INVESTIGADOR PRIVADO
- ELECTRICIDAD (INSTALADOR Y TECNICO)
- MAESTRA DE KINDER
- ELECTRONICA - RADIO - TV COLOR
- CERAMICA (Industrial - artesanal artística)
- FOTOGRAFIA (BLANCO Y NEGRO Y COLOR)

CURSOS
PROGRAMACION DE COMPUTADORAS

CENTRO DE ENTRENAMIENTO DE COMPUTACION OFRECE

Al estudiantado y público en general la oportunidad de tecnificarse en programación

RPG II - COBOL - BASIC

Cine Aguerri 2c. Abajo y 2½c. al Lago. Managua.
Telfs: 24170 y 26685 Apdo. No. 1591

¿QUÉ ESTUDIAS DESPUÉS DEL BACHILLERATO?

¿DESEA ESTUDIAR CIENCIAS DE LA COMUNICACION?

ESTUDIE EN
LA UNIVERSIDAD RAFAEL LANDIVAR

INFORMACION EN EL CAMPUS CENTRAL
(VISTA HERMOSA III, ZONA 16)
O EN LOS TELEFONOS: 692151 - 692621 - 692751.

UNIVERSIDAD LEONARDO DA VINCI
AVISA
QUE LA MATRICULA ESTA ABIERTA

Para los alumnos de nuevo ingreso y reingreso, las clases del nuevo ciclo se inician el

LUNES 11 DE ABRIL

CARRERAS

LICENCIATURA EN ADMINISTRACION DE EMPRESAS
LICENCIATURA EN RELACIONES PUBLICAS Y PUBLICIDAD
TECNICO UNIVERSITARIO EN COMERCIALIZACION
TECNICO UNIVERSITARIO EN ADMINISTRACION DE EMPRESAS
TECNICO UNIVERSITARIO EN RELACIONES PUBLICAS Y PUBLICIDAD.

Solicite mayor información en:
ADMINISTRACION ACADEMICA
De 8:00 a.m. a 12:00 m. y de 2:30 p.m. a 6:30 p.m.

TELEFONOS: 23-6034 y 23-6421

Actividades culturales

Actividades para cada estudiante

1. *Get a Hispanic pen pal and exchange letters. Share your letters with the class.*
2. *Find out more about the educational system in a particular Hispanic country and prepare a report. (Source: encyclopedia) In your report, point out the major similarities and the major differences between the Hispanic country's system and the U.S. system.*

Actividades para la clase

1. *Choose several employment ads from Hispanic newspapers and prepare a bulletin board exhibit. Note under each ad what type of school one would attend in order to qualify for the job.*
2. *Prepare a class calendar that shows Hispanic holidays, birthdays of Hispanic historical figures, and important Hispanic historical events.*

Unidad 4

Y ahora . . . ¡México!

Lección 1 Un día de clases

Carlos, Anita, Felipe y otros amigos estudian en el Colegio Americano de Puebla, México. Es un colegio bilingüe.

En la clase

Carlos mira un libro.
Anita mira una revista norteamericana.
Felipe mira a Anita . . . y a otras chicas
    que estudian.

En el laboratorio de lenguas

Ramón escucha una cinta.
Manuel escucha a la profesora de inglés.
¿Y Luisa?
¿A quién escucha?
¿A Manuel? ¿A la profesora de inglés?
¡No! Ella escucha al nuevo estudiante
    norteamericano.

A quién: *To whom*

En la cafetería

Juanita habla con Inés y Gloria.
¿De qué hablan ellas?
¿De la clase de matemáticas?
¿Del examen de inglés?
¿Del fin de semana?
¿De las próximas vacaciones?
¿De los chicos?
¡No! Ellas hablan de un asunto más
    importante . . .
Hablan del nuevo profesor de español.
Es muy estricto, pero interesante . . . y
    muy guapo también.

próximas: *next*

asunto: *topic,* más:
    more

NOTAS CULTURALES

Las escuelas

Un colegio is not a college, but a high school. Depending on the country and the type of institution, secondary schools have different names: *el colegio, el instituto, el liceo,* etc.

In Mexico, as in most Hispanic countries, there are many private high schools, most of which are Catholic. In these private schools students generally wear uniforms: boys are expected to wear ties, while girls often wear white blouses and dark skirts. Typically these schools are not coeducational.

Puebla

Puebla, the fifth largest city in Mexico, is situated in the Sierra Madre foothills between Mexico City and the port of Veracruz. On May 5, 1862, the Mexican Army defeated the French in a battle at Puebla. Today, *el cinco de mayo* is a national holiday, and it is also celebrated by many Mexican Americans in the United States. Cities like Austin and Los Angeles host large *cinco de mayo* celebrations that include music, lectures, poetry and dancing.

Estructuras

A. La *a* personal

Compare the sentences on the left with those on the right.

Pedro visita un monumento.	María visita **a** un amigo.
Ricardo mira los coches.	Luisa mira **a** los chicos.
Isabel escucha un disco.	Juan escucha **a** un guitarrista.

After most verbs, nouns designating persons are preceded by the personal **a**.

❧ Note the use of the interrogative forms ¿**a quién?** and ¿**a quiénes?**

—¿**A quién** invitas a la fiesta?   ***Whom*** *are you inviting to the party?*
—Invito a Pedro.

—¿**A quiénes** miras?   ***Whom*** *are you looking at?*
—Miro a las chicas.

❧ **Ser** and **tener** are two verbs that do not take the personal **a.**

Nosotros somos estudiantes.
Manuel tiene amigos en México.

VOCABULARIO PRÁCTICO   Verbos en *-ar*

buscar	comprar	esperar	invitar
to look for	to buy	to wait for	to invite

enseñar	enseñar	llegar	llevar
to teach	to point out, to show	to arrive	to take, to carry (something)

ACTIVIDAD 1   Unos turistas en México

Elena and Luis are visiting Mexico. Elena points out various people and things to Luis. Play the role of Elena.

los monumentos   Mira los monumentos.
las muchachas   Mira a las muchachas.

1. los cafés
2. las mujeres
3. los chicos
4. los turistas norteamericanos

5. las bicicletas
6. los hombres
7. los estudiantes
8. los coches

ACTIVIDAD 2   La llegada a Puebla (*Arrival in Puebla*)

Upon their arrival in Puebla, each of the following people has something to do. Report on these activities, using the personal **a** when necessary.

Alberto: buscar (una amiga)   Alberto busca a una amiga.

1. Miguel: buscar (un amigo)
2. Maura: buscar (un restaurante)
3. Felipe: esperar (un amigo)
4. Antonio: esperar (una amiga)

5. Manuel: esperar (un taxi)
6. José: comprar (un mapa)
7. Silvia: tomar (un autobús)
8. Luisa: sacar (fotos)

llevar	**tomar**	**tomar**	**sacar** fotos
to take (someone)	to take (a taxi)	to have (something to eat or drink)	to take pictures

NOTAS: 1. In English, many verbs are used with prepositions: *to look **for**, to point **out**, to wait **for**, to look **at**, to listen **to**.* In Spanish, the corresponding verbs usually consist of one word: **buscar, enseñar, esperar, mirar, escuchar.**

2. Spanish has many verbs which mean *to take:*

Llevar means *to take* in the sense of to take along or carry.
   Llevo a un amigo a la fiesta. *I am **taking** a friend **(along)** to the party.*

Tomar means *to take* in the sense of taking a taxi.
   Tomo el autobús a las cinco. *I am **taking** the bus at five.*

Sacar is used in the expression **sacar fotos,** *to take pictures.*
   Saco fotos en la fiesta. *I am **taking** pictures at the party.*

ACTIVIDAD 3   De viaje *(On a trip)*

Say whether or not you like to do the following things when you are traveling.

⊙ sacar fotos   Cuando viajo, (no) me gusta sacar fotos.

1. tomar taxis
2. tomar el autobús
3. llevar maletas *(suitcases)*
4. llevar una cámara

5. comprar postales *(postcards)*
6. comprar recuerdos *(souvenirs)*
7. esperar un autobús
8. esperar un taxi

B. Contracciones: *al* y *del*

Note the contraction of the definite article **el** with the prepositions **a** *(at, to)* and **de** *(of, from, about)*.

	a + el = **al**	de + el = **del**
el restaurante	Juan llega **al** restaurante.	Isabel viene **del** restaurante.
el muchacho	Maribel escucha **al** muchacho.	Felipe habla **del** muchacho.
el profesor	Invitamos **al** profesor.	Busco el libro **del** profesor.

The definite article **el** contracts with **a** to form **al,** and with **de** to form **del.**

⊙ **Los, la** and **las** do not contract with **a** or **de.**
Invito **a la** chica mexicana, **a los** amigos de Pedro y **a las** amigas de Eva.
Busco las fotos **de la** muchacha, **de los** chicos y **de las** chicas.

ACTIVIDAD 4   Citas

These persons have appointments at various places. Say that they are arriving at these places.

⊙ Pedro: el restaurante   Pedro llega al restaurante.

1. Isabel: el club
2. el Sr. Vargas: el hotel
3. nosotros: el museo
4. tú: el aeropuerto *(airport)*

5. Consuelo y Victoria: el café
6. Roberto: el colegio
7. Uds.: el laboratorio
8. Ud.: el hospital

ACTIVIDAD 5   Invitaciones

Manuela invites many people to her birthday party. Say whom.

⊙ el amigo de Andrés   Invita al amigo de Andrés.

1. la amiga de Roberto
2. el profesor de piano
3. el novio de Carmen
4. la novia de Felipe

5. los chicos de la clase
6. las chicas de la clase
7. el director de la escuela
8. la profesora de español

ACTIVIDAD 6   Las fotos de Carmen

Carmen has a new camera and is taking pictures of everyone and
everything. Say what the subject of each picture is, according to the model.

🔊 el museo   Carmen saca una foto del museo.

1. el hotel «San Miguel»
2. el restaurante «El Patio»
3. el colegio
4. los chicos de la clase
5. la profesora de francés
6. el Sr. Estrada

7. el amigo de Carlota
8. la amiga de Luis
9. la Sra. de Ortiz
10. las chicas francesas
11. la bicicleta de Rolando
12. el coche de Paco

Pronunciación   El sonido de la consonante *d*

a) *d* inicial

Model word: d̠isco

Practice words: d̠ía d̠ónd̠e d̠e d̠inero D̠iana D̠aniel

Practice sentence: ¿D̠ónd̠e está el d̠inero?

At the beginning of a word, and after **l** and **n**, the letter **d** represents a sound similar to the English **d** sound of "day." The difference is that in pronouncing the Spanish **d**, your tongue should touch the back of your upper front teeth.

Para la comunicación

Expresión para la conversación

When you don't quite understand something that was said, you may use the following expression to ask the other person to repeat the phrase:

¿Cómo?   *What?*   —El señor López llega el cuatro de julio
                                              a las diez menos cuarto . . .
                                         —**¿Cómo?**

Mini-diálogos

Create new dialogs, replacing the underlined words with the words in the illustrations.

el cine

María

Alejandro: ¿A quién invitas al cine?

  Esteban: Invito a María.

Alejandro: ¿Cómo?

  Esteban: Invito a María.

Alejandro: ¿A María? ¿Quién es María?

  Esteban: Es una amiga.

b) *d* medial

Model word: to<u>d</u>o

Practice words: ra<u>d</u>io   graba<u>d</u>ora   na<u>d</u>ar   sába<u>d</u>o

Practice sentences: A<u>d</u>ela y Alfre<u>d</u>o son de los Esta<u>d</u>os Uni<u>d</u>os.
Eduar<u>d</u>o es un estu<u>d</u>iante muy <u>d</u>iverti<u>d</u>o.

Between vowels and after consonants other than **l** and **n**, the sound of the letter **d** is close to the **th** of the English word "that."

el teatro — Luisa
el club — Paco
el restaurante — Pablo
el café — Juan
el concierto — Silvia
la fiesta — Mónica

Tú tienes la palabra

With a classmate, prepare a short dialog in which you talk about someone you are inviting out. Use the conversation between Alejandro and Esteban as a model.

Lección 2 Un fin de semana

Estamos en Cuernavaca, México . . .
Rebeca y sus amigos estudian mucho en la escuela. Pero hoy no.
Es sábado y no están en clase.
¿Adónde van los chicos?

Rebeca va a la piscina.
Va a nadar.

Cristóbal va al centro.
Va a comprar discos.

Federico y Mariana van a una fiesta.
Van a escuchar música mexicana.
También van a bailar.

Y ¿dónde está Alberto?
¿Está en la piscina?
¿Está en el centro?
¿Está en la fiesta?
¡No! Está en casa.
Está en casa porque está enfermo.
¡Pobre Alberto! ¡Qué lástima!

CONVERSACIÓN

Now let's talk about you.

A. Ahora . . .
1. ¿**Estás** en clase? Sí, **estoy** en clase.
   (No, no **estoy** en clase.)
2. ¿**Estás** en el laboratorio de lenguas?
3. ¿**Estás** en la cafetería?

B. Durante la semana *(During the week)* . . .
4. ¿**Vas** a la escuela? Sí, **voy** . . .
   (No, no **voy** . . .)
5. ¿**Vas** al cine?
6. ¿**Vas** al teatro?

C. El próximo fin de semana *(Next weekend)* . . .
7. ¿**Vas a** estudiar? Sí, **voy a** . . .
   (No, no **voy a** . . .)
8. ¿**Vas a** nadar?
9. ¿**Vas a** bailar?

OBSERVACIÓN

Reread the questions under A. In them, you are asked where you *are presently located*.
• Which verb is used?

In the questions under B, you are asked if *you go to* certain places during the week.
• Which verb do you use to say *I go*?

In the questions under C, you are asked about future plans.
• Which expression do you use to say *I am going to* do something?
• Which verb form follows **voy a**?

NOTAS CULTURALES

La música

Hispanic people, especially the young, have a deep love for music. Not only do they enjoy listening to records and cassettes, but they often participate actively—singing along and dancing.

The Mexicans trace their great feeling for music to the Indian cultures that existed centuries before the Spanish conquest. The Indians believed that music was a divine gift from the god Quetzalcóatl, the plumed serpent.

Cuernavaca

Cuernavaca, a former Aztec city, was the winter residence of the conqueror of Mexico, Hernán Cortés, as well as of later Mexican rulers. Located in the foothills south of Mexico City, it is known for its beautiful gardens and fine murals by Diego Rivera, one of the best-known Mexican artists.

Estructuras

A. *Estar*

Estar *(to be, to be located)* is an irregular verb. Note the present tense forms of this verb in the following sentences.

(yo)	**Estoy** en Veracruz.	(nosotros)	**Estamos** en la piscina.
(tú)	**Estás** en México.	(vosotros)	**Estáis** en la fiesta.
(él, ella, Ud.)	**Está** en Cuernavaca.	(ellos, ellas, Uds.)	**Están** en el centro.

> **Estar** and **ser** both mean *to be,* but they are used differently.
> **Estar** indicates *location:* where someone or something is.
> **Ser** indicates *origin:* where someone or something is from.

Rafael **está** en México.	*Rafael **is** in Mexico.*
Pero no **es** de México.	*But he **is** not from Mexico.*
Es de Arizona.	*He **is** from Arizona.*

VOCABULARIO PRÁCTICO Lugares

una escuela · una iglesia · la ciudad · una piscina · un museo · un cine · un hotel · una tienda · un café · un restaurante · una plaza · una calle

ACTIVIDAD 1 Vacaciones

The following people are studying languages and have gone abroad for
their vacations to learn to speak better. Express this according to the model.

> Anita: español, en México   Anita estudia español.
> Está en México.

1. Bob: español, en España
2. Teresa: español, en México
3. Nancy y Jim: italiano, en Italia
4. Uds.: francés, en Francia
5. nosotros: inglés, en el Canadá
6. tú: español, en Panamá
7. Ud.: inglés, en los Estados Unidos
8. los amigos de Raúl: español, en Puerto Rico

ACTIVIDAD 2 ¿Cerca o lejos?

Say whether your school is near or far from the following places.

> el centro   La escuela está cerca (lejos) del centro.

1. la playa
2. una piscina pública
3. una iglesia
4. la ciudad
5. un cine
6. el teatro
7. unas tiendas
8. un museo
9. un hotel
10. un restaurante mexicano

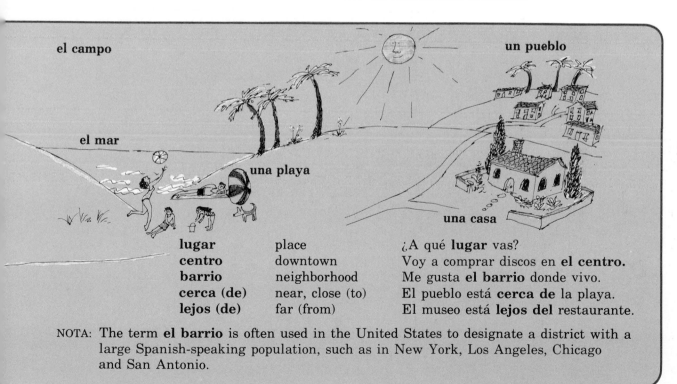

lugar	place	¿A qué **lugar** vas?
centro	downtown	Voy a comprar discos en **el centro.**
barrio	neighborhood	Me gusta **el barrio** donde vivo.
cerca (de)	near, close (to)	El pueblo está **cerca de** la playa.
lejos (de)	far (from)	El museo está **lejos del** restaurante.

NOTA: The term **el barrio** is often used in the United States to designate a district with a
large Spanish-speaking population, such as in New York, Los Angeles, Chicago
and San Antonio.

B. Ir

Ir *(to go)* is an irregular verb. Note the present tense forms of this verb in the following sentences.

(yo)	**Voy** a Cuernavaca.	(nosotros)	**Vamos** al centro.
(tú)	**Vas** a la piscina.	(vosotros)	**Vais** al campo.
(él, ella, Ud.)	**Va** al cine.	(ellos, ellas, Uds.)	**Van** a la plaza.

ACTIVIDAD 3   De vuelta a casa *(Going back home)*

You are among a group of exchange students from Latin America who are going home for Christmas vacation. Say where each is going.

Teresa: a Puerto Rico   Teresa va a Puerto Rico.

1. Elena: a Panamá
2. Lucía: a Costa Rica
3. Luis y Felipe: a Chile
4. yo: a Colombia
5. nosotros: a Nicaragua
6. tú: a Guatemala
7. Ud.: a Venezuela
8. Uds.: a la República Dominicana

¡FELIZ NAVIDAD!

ACTIVIDAD 4   Diálogo: Los fines de semana

Ask your classmates whether they go to the following places a lot on the weekends.

el teatro   Estudiante 1: ¿Vas mucho al teatro?
Estudiante 2: Sí, voy mucho al teatro.
(No, no voy mucho al teatro.)

1. el cine
2. la playa
3. la piscina
4. el campo
5. el centro
6. los restaurantes
7. la casa de un amigo
8. la casa de una amiga
9. el mar

ACTIVIDAD 5   La ciudad natal *(The hometown)*

The following Mexican people live in the United States. When they are in Mexico, they go to their hometowns. Express this according to the model.

Pedro: Monterrey   Cuando está en México, Pedro va a Monterrey.

1. Marisela: Veracruz
2. yo: Puebla
3. el Sr. Hurtado: Guadalajara
4. Ud.: Cuernavaca
5. Pablo y César: Chihuahua
6. tú: San Luis Potosí
7. Eva y Sofía: Oaxaca
8. nosotros: Mérida

¿dónde?	where	¿**Dónde** estás?	*Where are you?*
¿adónde?	where (to)	¿**Adónde** vas?	*Where are you going?*
¿de dónde?	where (from)	¿**De dónde** vienes?	*Where are you coming **from?***
en	in, at	Estamos **en** México.	*We are **in** Mexico.*
a	in, to	Vamos **a** Acapulco.	*We are going **to** Acapulco.*
de	from, of, about	Venimos **de** Puebla.	*We are coming **from** Puebla.*
en casa	at home	María está **en casa**.	*Maria is **at home.***
en casa de	at . . .'s house	Estoy **en casa de** María.	*I am **at** Maria's (house).*
a casa	home	Voy **a casa**.	*I am going **home.***
a la casa de	to . . .'s house	Van **a la casa de** Olga.	*They are going **to** Olga's (house).*
allí	there	Olga está **allí** ahora.	*Olga is **there** now.*

ACTIVIDAD 6 ¿Y tú?

Luis talks about himself to Teresa and would like some information about her. Play the role of Luis, using **¿dónde?, ¿adónde?,** and **¿de dónde?,** as appropriate.

🔷 Soy de Puerto Rico.　　Luis: Soy de Puerto Rico. ¿Y tú? ¿De dónde eres?

1. Trabajo en un hospital.
2. Vengo de un pueblo pequeño.
3. El sábado, voy al campo.
4. El verano próximo *(next)*, voy a España.
5. Estudio inglés en una escuela bilingüe.
6. Por la tarde *(In the afternoon)*, voy a casa.
7. El domingo, voy a la casa de un amigo.

C. El futuro próximo con *ir*

    Mañana **voy a visitar** un museo.   *Tomorrow I **am going to visit** a museum.*
    Carlos **va a viajar** en junio.   *Carlos **is going to travel** in June.*

To express an action which is going to happen in the near future you may use the construction:

ir a + infinitive

> The construction **ir a** + infinitive corresponds to the English construction *to be going to* + infinitive.

ACTIVIDAD 7   Diálogo: **Planes para las vacaciones**

Ask your friends whether they are going to do any of these things during the summer vacation.

> trabajar   Estudiante 1: ¿Vas a trabajar?
>   Estudiante 2: Sí, voy a trabajar.
>   (No, no voy a trabajar.)

1. viajar
2. visitar España
3. hablar español
4. sacar fotos
5. estudiar matemáticas
6. ir al campo
7. ir al mar
8. trabajar en un restaurante
9. trabajar en una tienda
10. ganar dinero
11. visitar México
12. comprar una bicicleta

Pronunciación   El sonido de las consonantes s, c, z

Model words: ca**s**a pla**z**a **c**inta
Practice words: televi**s**or **s**erio die**z** tre**c**e Jo**s**é Ro**s**a
Practice sentences: Do**c**e y tre**s s**on quin**c**e.
                     Jo**s**é y Lui**s**a **s**on simpático**s**.
                     Ro**s**ita Lópe**z** e**s** de **Z**arago**z**a.
                     El die**z** de mar**z**o, voy a vi**s**itar el mu**s**eo.

In Spanish, the letter **s** usually represents the sound /s/ in the English "sing."
The letter **z** also represents the sound /s/ (and never /z/).
The letter **c** before **e** and **i** also represents the /s/ sound.

Para la comunicación

Mini-diálogos

Create new dialogs, replacing the underlined words with the words in the
illustrations.

PLAYA

nadar

Enrique: ¡Vamos a <u>la playa</u>!

Jaime: ¡Qué buena idea!

Enrique: ¡Vamos a <u>nadar</u>!

Jaime: ¡Vamos!

PISCINA

mirar a las chicas

TEATRO

escuchar un concierto

CAFÉ

tomar un chocolate

CAMPO

sacar fotos

Tú tienes la palabra

With a classmate, prepare a short dialog about something you plan to do.
Use the conversation between Enrique and Jaime as a model.

Lección 3 Correspondencia

Laura y Lucía son mexicanas. Lucía es de Guadalajara. Laura es de Chicago. Las dos chicas son primas. Intercambian correspondencia con mucha frecuencia.

primas: *cousins*
  Intercambian: *They exchange*

Querida: *Dear*

Sabes: *Do you know*

30 de diciembre

Querida Laura:

¿Sabes dónde estoy? Hoy estoy en Puerto Vallarta con una amiga. Se llama Felicia. Es de Guadalajara también. Es una chica muy simpática.

Estamos en la playa. Felicia está nadando ahora. Yo no. No estoy nadando. Estoy tomando el sol. Hace muy buen tiempo, por supuesto. ¡Estoy muy contenta aquí en la playa!

Abrazos de tu prima,
Lucía

Srta. Laura Rosales

1107 North Avenue

Chicago, Illinois
  60622

U.S.A.

está nadando: *is swimming*

tomando el sol: *sunbathing*

Abrazos: *Hugs*
  tu: *your*

6 de enero

Querida Lucía:

¡Qué suerte tienes! Cuando tú estás en la playa, yo estoy en clase. Tú, muy contenta, tomando el sol, y yo aquí, estudiando. ¡No es justo! Ahora estoy estudiando para un examen de francés. Estoy muy nerviosa porque el profesor es muy estricto.

¿Dices que en Puerto Vallarta hace muy buen tiempo? Aquí en Chicago hace muy mal tiempo.

Un abrazo de tu triste prima,
Laura

Srta. Lucía Álvarez

Hotel Colonial

Calle México No. 100

Puerto Vallarta, México

¡Qué suerte tienes!: *How lucky you are!*

justo: *fair*

Dices: *Do you say*

triste: *sad*

CONVERSACIÓN

Let's talk about you.

1. **¿Eres** moreno(a)? Sí, soy . . .
   (No, no soy . . .)
2. **¿Eres** alto(a)?
3. **¿Eres** inteligente?

4. **¿Estás** contento(a) ahora? Sí, estoy . . .
   (No, no estoy . . .)
5. **¿Estás** enfermo(a) *(sick)* ahora?
6. **¿Estás** nervioso(a) ahora?

7. **¿Estás hablando** español? Sí, estoy
   hablando . . . (No, no estoy hablando. . .)
8. **¿Estás mirando** la televisión?
9. **¿Estás estudiando** matemáticas?

OBSERVACIÓN

Questions 1-3 ask about your general characteristics: what type of person *you are.*
- Which verb is used: **ser** or **estar**?

Questions 4-6 ask how *you are feeling now.*
- Which verb is used: **ser** or **estar**?

Questions 7-9 ask about what *you are doing* right now. The verbs in these questions are made up of two words.
- Is the first word a form of **ser** or a form of **estar**?
- In what four letters does the second word end?

NOTAS CULTURALES

Las relaciones mexicano-norteamericanas

Mexico is the only Spanish-speaking country which shares a common border with the United States. In the course of this century, many

Mexicans have immigrated to the United States. For the most part, they have settled in southern California, Texas and the Southwest, but many have moved further north as far as Chicago

A large proportion of the Mexican Americans have kept their culture, their traditions and their language. They have also maintained very close ties to Mexico where they may still have friends and relatives.

Guadalajara y Puerto Vallarta

Guadalajara, the second-largest city in Mexico, is located in a rich agricultural and mining area in the western part of the country. The university and many public buildings are decorated with the work of José Clemente Orozco, a famous Mexican artist who was born in that region.

Puerto Vallarta is a seaport over three hundred miles west of Guadalajara. Its Pacific Ocean beaches make it a popular winter resort area.

Estructuras

A. *Ser* y *estar*

Although **ser** and **estar** both correspond to the English verb *to be*, their meanings and uses are quite different. They cannot be substituted for each other.

Ser is used to tell *who* the subject is or *what* the subject is really like. It can be used with nouns, adjectives, and expressions indicating:

1) origin:	Luisa **es** de Manzanillo.
	Pablo **es** mexicano.
2) profession:	Carlos **es** mecánico.
	La Srta. Ortiz **es** profesora.
3) basic characteristics:	José **es** inteligente.
	Lucía **es** una chica muy bonita.

Estar is used to tell *where* the subject is and *how* the subject feels. It is used to indicate:

1) location:	Luisa no **está** aquí.
	Guadalajara **está** en México.
2) conditions which may change:	
(physical)	¿Cómo **está** Ud.? **Estoy** bien.
(emotional)	**Estamos** contentos hoy.

ACTIVIDAD 1　La convención internacional de la juventud
(The International Youth Convention)

The following teenagers are attending this year's convention in Puebla, Mexico. Say where they are and where they come from.

∑ Felipe: Panamá　　Felipe está en Puebla. Él es de Panamá.

1. June: Nueva York
2. Albert: Montreal
3. Antonio: Sevilla
4. Lidia y Telma: Buenos Aires

5. yo: Londres
6. tú: Berlín
7. nosotros: San Antonio
8. Uds.: Rio de Janeiro

ACTIVIDAD 2　La gripe *(The flu)*

Several students are not in class today. They are sick. Explain this according to the model.

∑ Teresa　　Teresa no está en clase. Está enferma.

1. Pablo
2. yo
3. Luisa y Carmen

4. Uds.
5. nosotros
6. ellas

7. Conchita
8. Isabel y Manuel
9. tú

VOCABULARIO PRÁCTICO   Otros adjetivos

alegre

contento

cansado

FÍSICA
INGLÉS

enfermo

triste

ACTIVIDAD 3   ¿Alegre o triste?

Say whether you are happy or sad in the following situations.

> Cuando voy a una fiesta . . .   Cuando voy a una fiesta, estoy alegre (triste).

1. Cuando estoy con mis amigos . . .
2. Cuando estoy de vacaciones . . .
3. Cuando estoy en la clase de español . . .
4. Cuando estoy enfermo(a) . . .
5. Cuando hay un examen . . .

6. Cuando el profesor está enfermo . . .
7. Cuando mis amigos están enfermos . . .
8. Cuando saco una buena nota (*When I get a good grade*) . . .
9. Cuando saco una mala nota . . .
10. Cuando escucho música latina . . .

ACTIVIDAD 4   Diálogo: ¿Cómo estás?

Ask your classmates how they feel right now.

> alegre   Estudiante 1: ¿Estás alegre ahora?
> Estudiante 2: Sí, estoy alegre.
> (No, no estoy alegre.)

1. triste
2. enfermo(a)
3. cansado(a)
4. contento(a)

5. nervioso(a)
6. muy alegre
7. de buen humor (*in a good mood*)
8. de mal humor

B. *Estar* + el participio presente

To emphasize that an action is in progress, you may use the *present progressive* form. Note the forms of the verb in the sentences below:

Ahora Pedro **está sacando** fotos.   *Pedro **is taking** pictures now.*
Isabel y Carlos **están visitando** un museo.   *Isabel and Carlos **are visiting** a museum.*

The present progressive is formed as follows:

present tense of **estar**   +   present participle

∑⟩ The present participle of **–ar** verbs is formed by replacing the ending **–ar** with **–ando.**

tomar	tom**ando**	mirar	mir**ando**
visitar	visit**ando**	estudiar	estudi**ando**
escuchar	escuch**ando**	hablar	habl**ando**

∑⟩ In the present progressive construction, **estar** changes to agree with the subject. The present participle does not change.

∑⟩ The Spanish construction **estar** + present participle corresponds to the English construction *to be doing (something) right now,* but is much less frequently used.

ACTIVIDAD 5   En Guadalajara

The following tourists are not in their hotel. Say whom or what they are visiting.

∑⟩ Paquita: el museo   Paquita no está en el hotel.
                             Está visitando el museo.

1. Guillermo: la catedral
2. Alicia: el teatro
3. nosotros: la universidad
4. yo: las tiendas
5. Carmen: el Hospicio Cabañas
6. Uds.: a un artista
7. Ud.: a unos amigos
8. tú: a Lucía

ACTIVIDAD 6   Diversiones *(Leisure activities)*

The following people are engaging in their favorite activities. Say what each one is doing.

∑⟩ Pablo: sacar fotos   Pablo está sacando fotos.

1. Laura: nadar
2. yo: tocar la guitarra
3. Inés: escuchar discos
4. nosotros: mirar la televisión
5. Ud.: hablar con amigos
6. Rafael y Luisa: bailar
7. Uds.: visitar un museo
8. Pedro: comprar unos libros
9. tú: tocar el piano
10. Ricardo y Ana: cantar

ACTIVIDAD 7 Preguntas personales

1. ¿Está trabajando tu padre *(your father)* ahora? ¿Está mirando la televisión? ¿Está tomando café?
2. ¿Está trabajando tu mamá ahora? ¿Está mirando la televisión? ¿Está visitando a unas amigas?
3. ¿Estás estudiando ahora? ¿Estás escuchando al (a la) profesor(a)? ¿Estás tomando notas?
4. ¿Está hablando español el (la) profesor(a) ahora? ¿Está hablando con los alumnos?
5. ¿Están estudiando los estudiantes ahora? ¿Están escuchando la radio? ¿Están organizando una fiesta?

Pronunciación La acentuación de las sílabas

In Spanish, as in English, some syllables are stressed more than others.
Here are three simple rules to let you know which syllable to stress:

a) If a word ends in a vowel, or in the letters **n** or **s,** the stress falls on the *next to last* syllable.

Practice words: <u>cam</u>po <u>ci</u>ne <u>pue</u>blo <u>ca</u>sa <u>ca</u>lle
<u>pla</u>ya <u>ha</u>blan <u>bus</u>can <u>com</u>pras <u>le</u>jos a<u>le</u>gre
can<u>sa</u>do en<u>fer</u>mo restau<u>ran</u>te

Para la comunicación

Expresiones para la conversación

To express amazement or doubt, you may use the expressions:

¡No me digas! *You don't say!*   —¡Pedro está viajando en África!
                                      —**¡No me digas!**

¿Cierto?   *Really? Are you sure?*   —¡El examen es para hoy!
                                          —**¿Cierto?**

Mini-diálogos

Create new dialogs, replacing the underlined words with the words in the
illustrations. Make the necessary changes.

Felipe   Puerto Rico

nadar en el mar

Yolanda: ¿Dónde <u>está</u> <u>Felipe</u>?

Rodolfo: No <u>está</u> aquí. <u>Está</u> en <u>Puerto Rico</u>.

Yolanda: ¿Cierto? ¿En <u>Puerto Rico</u>? ¡No me digas!

Rodolfo: ¡Sí! ¡<u>Está</u> <u>nadando</u> en <u>el</u> <u>mar</u>!

b) If a word ends in a consonant (except **n** or **s**), the stress falls on the *last* syllable.

Practice words: ho<u>tel</u> ciu<u>dad</u> invi<u>tar</u> ense<u>ñar</u> profe<u>sor</u>
televi<u>sor</u> mu<u>jer</u> us<u>ted</u> ver<u>dad</u>

c) If a word contains an accent mark, the syllable with the accented vowel is stressed.

Practice words: ca<u>fé</u> televi<u>sión</u> auto<u>bús</u> per<u>dón</u>
me<u>cá</u>nica <u>mú</u>sica sim<u>pá</u>tica anti<u>pá</u>ticos <u>Mé</u>xico

Clara — México

visitar a unos amigos

Carlos y Luis — Chile

visitar a un amigo

Elena y Susana — España

visitar museos

Pedro — Guatemala

sacar fotos

Tú tienes la palabra

With a classmate, prepare a short dialog about someone who is away on a trip. Use the conversation between Yolanda and Rodolfo as a model.

Lección 4 ¿Eres un(a) buen(a) turista?

Te gusta viajar, ¿verdad?
Un día, tal vez, vas a visitar México . . . o Guatemala, Bolivia,
España u otros países hispánicos. ¿Qué tipo de turista eres? ¿Eres
un(a) turista bien preparado(a)?

preparado: prepared

Bueno. Vamos a ver. Aquí hay cinco preguntas. Tienes que contestar
cada pregunta con una de las tres respuestas posibles: A, B o C.

Vamos a ver: Let's see
contestar cada
*   pregunta: answer*
*   each question,*
respuestas: answers

1. Cuando viajas, ¿llevas tu cámara?
    A. Sí, la llevo siempre.
    B. Sí, generalmente la llevo.
    C. No, no la llevo.

2. Cuando visitas una ciudad, ¿compras el mapa de la ciudad?
    A. Sí, lo compro siempre.
    B. Sí, lo compro si es muy barato.
    C. No, no lo compro.

3. Cuando visitas una ciudad, ¿visitas los monumentos principales?
    A. Sí, los visito siempre.
    B. Sí, los visito, pero sólo si tengo bastante tiempo.
    C. No, no los visito.

sólo: only, tiempo:
*   time*

4. Cuando visitas un museo o un lugar histórico, ¿escuchas las
   explicaciones del guía?
    A. Sí, las escucho siempre.
    B. Sí, las escucho, pero sólo si el guía es simpático.
    C. No, no las escucho.

guía: guide

5. Si un amigo tiene un libro sobre un país que deseas visitar, ¿vas a
   mirarlo?
    A. Sí, voy a mirarlo.
    B. Sí, voy a mirarlo si tengo tiempo.
    C. No, no voy a mirarlo.

sobre: about

INTERPRETACIÓN

Ahora analiza tus respuestas. Cada respuesta A representa dos puntos, cada respuesta B, un punto, y cada respuesta C, cero puntos. Suma los puntos. ¿Cuántos tienes?

7-10 puntos: Eres un(a) turista bien preparado(a). Pero eres muy serio(a). No tienes que ser tan serio(a) cuando viajas.

3-6 puntos: Eres un(a) turista muy bueno(a). Te gusta viajar.

0-2 puntos: Eres una persona que no aprecia los viajes. ¡No tienes que gastar dinero en viajes! ¿Para qué? ¡Quédate en casa y mira la televisión!

Suma: *Add*

tan: *so*

gastar: *spend,* ¿Para qué? *What for?*
Quédate: *Stay*

CONVERSACIÓN

What do you take along when you go on a trip?

Cuando viajas . . .
1. ¿llevas **el radio?**   Sí, **lo** llevo.   No, no **lo** llevo.
2. ¿llevas **la cámara?**   Sí, **la** llevo.   No, no **la** llevo.
3. ¿llevas **los discos?**   Sí, **los** llevo.   No, no **los** llevo.
4. ¿llevas **las cintas?**   Sí, **las** llevo.   No, no **las** llevo.

OBSERVACIÓN

In the above questions, the nouns in heavy print are *directly* acted upon by the verb. These nouns are the *direct objects* of the verb. In the answers, the nouns are replaced by *direct object pronouns*.

- Which direct object pronoun replaces a masculine singular noun? a feminine singular noun? a masculine plural noun?

- a feminine plural noun?
- Do these direct object pronouns come *before* or *after* the verb?

NOTA CULTURAL
El turismo en México

Mexico has an endless variety of natural and cultural attractions to offer the millions of American tourists who cross its borders every year. It also has a long history which dates back many centuries before the arrival of the Spaniards in 1519.

Mexican history is inscribed in many monuments, such as the pyramids of San Juan Teotihuacán. These are probably the most spectacular ruins in Mexico, located about thirty-five miles north of Mexico City. There you can admire the Pyramids of the Sun and the Moon, and the temple of the god Quetzalcóatl. On the Yucatán peninsula you can visit the Mayan temples at Chichén Itzá and Uxmal.

Estructuras

A. Los pronombres lo, la, los, las

Note the form and the position of the pronouns in heavy print.

¿El museo?	**Lo** visito mañana.
¿La playa?	No **la** visito.
¿Los amigos de Luis?	**Los** invitamos a la fiesta.
¿Las amigas de Luis?	No **las** invitamos.

⟐ In Spanish, the *direct object pronoun* usually comes right *before* the verb.

⟐ The pronouns **lo, la, los** and **las** may refer to *people or things.*

¿Buscas **el museo?**	Sí, **lo** busco.	*Yes, I am looking for it.*
¿Buscas a **Miguel?**	Sí, **lo** busco.	*Yes, I am looking for him.*

ACTIVIDAD 1 La maleta *(The suitcase)*

Roberto is packing his suitcase for a trip. His mother asks whether he is taking certain things. Play both roles according to the model.

⟐ la cámara   la mamá: ¿Llevas la cámara?
                     Roberto: Sí, la llevo.

1. el radio
2. el mapa
3. la raqueta de tenis
4. la grabadora
5. los discos
6. los libros
7. las fotos
8. el reloj

ACTIVIDAD 2 Invitaciones

María Mercedes is drawing up a guest list for a party. Juan Carlos asks her whom she is inviting. Play both roles.

⟐ Miguel: sí   Juan Carlos: ¿Invitas a Miguel?
                  María Mercedes: Sí, lo invito.
   Raquel: no   Juan Carlos: ¿Invitas a Raquel?
                  María Mercedes: No, no la invito.

1. Elena: sí
2. Carmen: no
3. el profesor de francés: sí
4. la profesora de español: sí
5. Jaime y Felipe: sí
6. Isabel y Teresa: no
7. Carlos y Antonio: no
8. Ángela, Estela y Roberto: sí

ACTIVIDAD 3   El viaje a la ciudad de México

A group of tourists is visting Mexico City. A tourist asks the guide whether they will visit certain places. Play both roles according to the model.

℞ la catedral: sí   un(a) turista: ¿Visitamos la catedral?
                               el guía *(guide)*: Sí, la visitamos.
     la universidad: no   un(a) turista: ¿Visitamos la universidad?
                                  el guía: No, no la visitamos.

1. el Palacio Nacional: sí
2. el Paseo de la Reforma: sí
3. las ruinas aztecas: no
4. la plaza Garibaldi: sí
5. el Museo Nacional de Antropología: sí
6. los murales de Orozco: no
7. el mercado de la Merced: no
8. el parque Chapultepec: sí

VOCABULARIO PRÁCTICO   Transportes

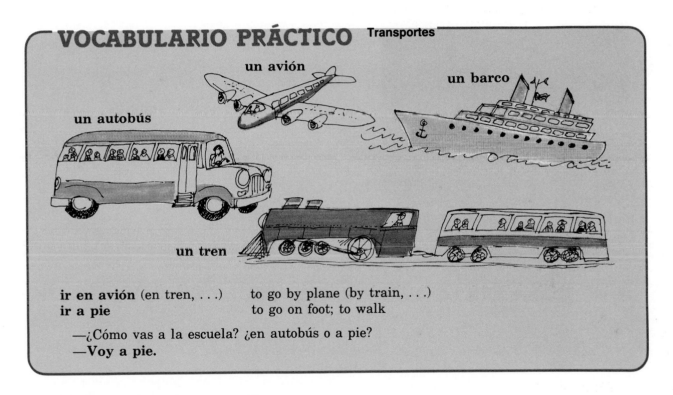

un avión

un barco

un autobús

un tren

ir en avión (en tren, . . .)   to go by plane (by train, . . .)
ir a pie   to go on foot; to walk

—¿Cómo vas a la escuela? ¿en autobús o a pie?
—Voy a pie.

ACTIVIDAD 4   Preguntas personales

1. ¿Cómo vas a la escuela? ¿en auto? ¿en autobús? ¿en bicicleta? ¿a pie?
2. ¿Cómo vas a la casa de tu mejor amigo?
3. ¿Cómo vas a la casa de tu mejor amiga?
4. Cuando vas a España, ¿tomas el avión? ¿el barco? ¿el tren?
5. Cuando vas a México, ¿tomas el avión? ¿el autobús? ¿el tren?

B. Los pronombres con el infinitivo

Compare the position of the direct object pronouns in the answers to the questions below:

¿Vas a visitar a Carmen?	Sí, voy a visitar**la**.
	(Sí, **la** voy a visitar.)
¿Desean ellas invitar a Mario?	Sí, desean invitar**lo**.
	(Sí, **lo** desean invitar.)
¿Tienes que comprar los periódicos?	Sí, tengo que comprar**los**.
	(Sí, **los** tengo que comprar.)

In infinitive constructions, the direct object pronoun may come
—after the infinitive, and attached to it, or
—before the first verb.

↪ The above pattern is also used with the present progressive:

¿Estás escuchando al profesor?	Sí, estoy escuchándo**lo**.
	(Sí, **lo** estoy escuchando.)

ACTIVIDAD 5 En la tienda

Juan is going to buy all the things the salesperson suggests. Play the two roles according to the model.

↪ el cuaderno el (la) vendedor(a): ¿Desea Ud. el cuaderno?
  Juan: Sí, voy a comprarlo.

1. el bolígrafo	4. los discos	7. la revista
2. el mapa	5. la cámara	8. el lápiz
3. los libros	6. las cintas	9. el reloj

ACTIVIDAD 6 Mañana

Luisa asks Roberto if he is doing certain things today. He answers that he is going to do them tomorrow. Play both roles according to the model.

↪ estudiar la lección Luisa: ¿Vas a estudiar la lección?
  Roberto: Hoy no. Voy a estudiarla mañana.

1. invitar a David	5. escuchar el disco nuevo
2. visitar a Manuela	6. escuchar las cintas de inglés
3. buscar el tocadiscos	7. sacar fotos
4. comprar la bicicleta	8. tocar la guitarra

ACTIVIDAD 7 Preguntas personales

1. ¿Te gusta mirar la televisión? ¿escuchar discos?
2. ¿Te gusta visitar a los amigos? ¿a las amigas?
3. ¿Te gusta visitar los museos? ¿las tiendas?
4. ¿Te gusta tomar el avión? ¿el barco?
5. ¿Te gusta escuchar al (a la) profesor(a)? ¿estudiar las lecciones del libro de español?

si	if	Miro la televisión **si** hace mal tiempo.
casi	almost	**Casi** todos van a estar aquí.
más	more, most	¡Necesito ganar **más** dinero!
cada	each, every	**Cada** verano nadamos en el mar.
sólo	only	Alfredo tiene **sólo** quince años.
solo(a)	alone, single	¿Quién es la muchacha que está **sola**?
todos(as)	all, everybody	¿Vienen **todos** conmigo?
mismo(a)	same	¿Compras el **mismo** periódico todos los días?

ACTIVIDAD 8   Más preguntas personales

1. ¿Viajas cada verano si tienes dinero? ¿adónde?
2. ¿Viajas solo(a) o con tu familia? ¿Te gusta más viajar solo(a)?
3. ¿Compras regalos para tus amigos en tu viaje? ¿Compras el mismo regalo para todos?
4. Cuando organizas una fiesta, ¿invitas a todos tus amigos?
5. ¿Vas al cine sólo los sábados? ¿Vas siempre con los mismos amigos?
6. ¿Vas casi siempre al mismo cine? ¿a la misma heladería *(ice cream parlor)*?

Pronunciación Los acentos

Accent marks in Spanish have three functions.

a) The accent mark indicates that a syllable is stressed as an exception to the regular pattern.

Practice words: joven jóvenes; francés francesa; inglés ingleses; expresión expresiones

b) When a strong vowel (**a, e, o**) is found before or after a weak vowel (**i, u**), an accent mark over the **i** or the **u** indicates that the two vowels are pronounced separately.

Practice words: día María Raúl frío país

c) The accent mark is used to distinguish between words which have the same pronunciation but different meanings.

Practice words: el *(the)* él *(he)*; cuando *(when)* ¿cuándo? *(when?)*; que *(that; who, which)* ¿qué? *(what?)*

Para la comunicación

Mini-diálogos

Create new dialogs, replacing the underlined words with the expressions
suggested in the illustrations, and making the necessary changes.

a) Ramón: ¿Tienes el libro?

   Isabel: Creo que no lo tengo.

   Ramón: Entonces, tienes que buscarlo.

   Isabel: ¿Por qué? No lo necesito.

b) Ramón: ¡Mira el libro! ¡Qué bueno!

   Isabel: ¿Lo compras?

   Ramón: Creo que no voy a comprarlo.

Tú tienes la palabra

With a classmate, prepare a short dialog about some common object. Use
one of the conversations between Ramón and Isabel as a model.

Variedades Otros países ... otras lenguas

Hablas inglés, ¿verdad?
Pero ¿hablas como los ingleses?
¡Claro que no! Hablas como los norteamericanos.

Los norteamericanos, los canadienses, los ingleses, los irlandeses, los australianos, los habitantes de Sudáfrica, todos hablan inglés ... con un acento diferente.

Es lo mismo° para los hispanos. Todos hablan español, pero de una manera un poco diferente. Un mexicano no habla exactamente como un puertorriqueño, ni° como un argentino, ni como un panameño, ni como un español. ... Pronuncia con un acento mexicano y de vez en cuando° usa una palabra o una expresión típicamente° mexicana.

Afortunadamente,° las diferencias no son muy importantes. Aquí están algunas° diferencias.

lo mismo: *the same*

ni: *nor*

de vez en cuando:
  from time to time
típicamente: *typically*
Afortunadamente:
  Fortunately
algunas: *some*

generalmente:	el auto
en España:	el coche
en Puerto Rico:	el carro
en México:	el coche o el carro

generalmente:	el autobús
en Puerto Rico y en Cuba:	la guagua
en México:	el camión
en la Argentina:	el ómnibus
en Colombia:	el bus

generalmente:	la estación de servicio
en México y en España:	la gasolinera

generalmente:	la finca
en la Argentina:	la chacra

163

Juego:° ¿De qué país son?

Juego: *Game*

Unos chicos van a hablar de los planes del fin de semana. Los chicos son de países diferentes. Puedes adivinar° la nacionalidad de cada uno. No es muy difícil. Cada chico usa una palabra° especial que revela su° origen. ¡Escucha!

Puedes adivinar: *You can guess*
palabra: *word*, su: *his*

Carlos

El sábado, voy a ir a la playa con mis amigos. Voy a nadar y a jugar° al volibol. ¿Y el domingo? Voy a ir al campo con la familia. Vamos a visitar al tío° Esteban. Tiene una chacra donde pasamos todos los domingos. ¡Qué aburrido!

jugar: *play*

tío: *uncle*

Carlos es de   ■ España
                ■ Puerto Rico
                ■ la Argentina

Isabel

Yo también, voy a ir a la playa. Pero no voy a nadar. Me gusta más tomar el sol, hablar con mis amigas . . . y mirar a los chicos. ¿Y después? Voy a tomar la guagua e ir de compras para comprar discos.

Isabel es de   ■ México
               ■ la Argentina
               ■ Puerto Rico

Ramón

No voy a pasar el fin de semana en la playa ni en el campo. ¡No! Yo tengo que trabajar para ganar un poco de dinero. Trabajo como mecánico en una gasolinera. Reparo los carros y las motos.

Ramón es de   ■ México
               ■ España
               ■ Chile

Enrique

Voy a ir al cine, pero, ¿con quién? Con Manuel o con Francisco. Manuel es un chico simpático pero no tiene máquina. Francisco no es muy simpático pero tiene carro. ¡Qué problema!

Enrique es de   ■ la Argentina
               ■ España
               ■ Puerto Rico

Mónica

Voy a pasar el sábado con mis amigas en las tiendas. ¿Cómo vamos a ir al centro? ¡En ómnibus, por supuesto!

Mónica es de   ■ España
               ■ la Argentina
               ■ Puerto Rico

El arte de la lectura

Enriching your vocabulary: recognizing *-ar* verbs

Many Spanish verbs ending in **-ar** closely resemble English verbs. Some have the same stem:

usar	*to use*
visitar	*to visit*

Others have a slightly different stem:

reparar	*to repair*
revelar	*to reveal*
pronunciar	*to pronounce*

Ejercicio

Determine which of the following Spanish verbs have the same stems as their English cognates and which have slightly different stems.

aceptar	comparar	comunicar
observar	practicar	preparar

Mi familia y yo

167

Lección 1

Olivia Ortiz, puertorriqueña de Nueva York

¡Hola amigos!

Me llamo Olivia Ortiz.

Soy de Puerto Rico, pero ahora no vivo en Puerto Rico. Vivo con mi familia en Nueva York. Tengo una hermana, Claudia, dos hermanos, José y Rubén . . . y un perro, Atila. Todos vivimos en un apartamento muy pequeño, pero bastante confortable. ¿Me gusta vivir en Nueva York?

Depende: hay días buenos y hay días malos.

vivo: *I live*

hermana: *sister,* hermanos: *brothers*
perro: *dog*
vivir: *to live*

Depende: *That depends*

Lo que no me gusta:

- Asistir a la clase de francés. . .
  El profesor se llama Sr. Moreau. Es francés y es muy simpático . . . pero no comprendo cuando él habla francés . . . ¡o inglés!

- Comer en la cafetería de la escuela. . .
  Cada día como en la cafetería, y cada día comemos las mismas cosas: papas o espaguetis. ¡Qué horror!

- Leer el periódico. . .
  . . . cuando el periódico habla de accidentes o de crímenes. ¡Me disgusta la violencia! ¡Qué terrible!

- Vivir en Nueva York en el invierno. . .
  Me gusta vivir en Nueva York, pero en el invierno, ¡no! Hace frío, y llueve. Y cuando no llueve, nieva.

¿Por qué no vivimos en Puerto Rico en el invierno y en Nueva York en el verano?

Lo que: *What*

Asistir a: *To attend*
se llama: *is called*
comprendo: *I understand*
Comer: *To eat*

papas: *potatoes*

Leer: *To read*
Me disgusta: *I really dislike*

Lo que me gusta:

- Asistir a los conciertos. . .
  Soy aficionada a la música clásica. Los sábados, asisto a menudo a los conciertos con Anita, mi mejor amiga.

- Comer en los restaurantes puertorriqueños. . .
  Hay un restaurante puertorriqueño muy bueno en el barrio donde vivimos. Los domingos, siempre comemos allí.

- Leer. . .
  Leo mucho: poesía, literatura inglesa, literatura española, dramas, novelas . . . ¡y por supuesto todas las mañanas leo el horóscopo!

- Vivir en Puerto Rico. . .
  Me gusta nadar y tomar el sol. En Puerto Rico, es posible ir a la playa todos los días. Es magnífico, ¿no?

aficionada a: fond of
Los sábados: On Saturdays, a menudo: often
mi mejor: my best

todas las mañanas: every morning
tomar el sol: sunbathe
todos los días: every day

CONVERSACIÓN

Vamos a hablar de las personas en la vida *(life)* de Olivia.

1. ¿Cómo se llama la hermana *(sister)* **de** Olivia?
2. ¿Cómo se llaman los hermanos *(brothers)* **de** Olivia?
3. ¿Cómo se llama el profesor de francés **de** Olivia?
4. ¿Cómo se llama la mejor amiga **de** Olivia?

OBSERVACIÓN

Reread the first question.
- How do you say *Olivia's sister* in Spanish?
- Which word comes first, **Olivia** or **hermana?**
- Which word links these two words?

NOTA CULTURAL

Nueva York y los hispanohablantes°

¿Sabes° que la población° hispanohablante de Nueva York es una de las más grandes° del mundo°?

Entre° los grupos que hablan español, los puertorriqueños son la mayoría.° Tal vez un millón de puertorriqueños—¡o tal vez más!—viven en Nueva York. Muchos de los puertorriqueños que viven allá tienen parientes° en Puerto Rico y mantienen contacto con ellos. Por eso muchos jóvenes visitan Puerto Rico, la «Isla Encantada,»° durante° las vacaciones.

También hay otras personas que hablan español en Nueva York, como los cubanos, los panameños, los dominicanos, los venezolanos . . .

Si visitas Nueva York, ¡vas a tener la oportunidad de oír°—y hasta° de hablar—español!

hispanohablantes *Spanish speakers* **Sabes** *Do you know*
población *population* **más grandes** *largest* **mundo** *world*
Entre *Among* **mayoría** *majority* **allá** *there* **parientes**
relatives **Isla Encantada** *Enchanted Isle* **durante**
during **oír** *to hear* **hasta** *even*

Estructuras

A. Verbos regulares que terminan en –er y en –ir

Many of the verbs you have been using have infinitives ending in **–ar**.
There are also verbs with infinitives ending in **–er** and **–ir**. Many (but not all) **–er** and **–ir** verbs are conjugated like **aprender** *(to learn)* or like **vivir** *(to live)*. Such verbs are called *regular –er and –ir verbs*.

INFINITIVE	aprender	vivir
PRESENT TENSE		
(yo)	Aprend**o** español.	Viv**o** en Buenos Aires.
(tú)	Aprend**es** español también.	Viv**es** en Lima.
(él, ella, Ud.)	Aprend**e** inglés.	Viv**e** en Nueva York.
(nosotros)	Aprend**emos** portugués.	Viv**imos** en Lisboa.
(vosotros)	Aprend**éis** francés.	Viv**ís** en París.
(ellos, ellas, Uds.)	Aprend**en** italiano.	Viv**en** en Roma.

> The endings of **–er** and **–ir** verbs are the same, except in the **nosotros** and **vosotros** forms:

–er verb				–emos	–éis	
	–o	–es	–e			–en
–ir verb				–imos	–ís	

> The present participle of most regular **–er** and **–ir** verbs is formed by replacing **–er** and **–ir** with **-iendo**.

aprend**er** *(to learn)*   ¿Qué estás aprend**iendo** hoy en clase?
escrib**ir** *(to write)*   ¿A quién está escrib**iendo** ahora Luisa?

VOCABULARIO PRÁCTICO
Verbos que terminan en *-er* y en *-ir*

verbos en –er

aprender	to learn	**¿Aprendes** francés o español?
beber	to drink	¿Qué **bebe** Carlos? ¿Una Coca-Cola?
comer	to eat	**Comemos** mucho.
comprender	to understand	**¿Comprenden** Uds. cuando el profesor habla español?
creer	to believe, to think	**Creo** que Amalia es de la Argentina.
leer	to read	¿Qué **leen** Uds.?
vender	to sell	**Vendo** mi tocadiscos porque necesito dinero.

TODOS LEEN LOS CLASIFICADOS
DIARIO LAS AMERICAS

ACTIVIDAD 1   Los hábitos (*Habits*)

Guillermo and his friends always eat at the same place or with the same
people. Each one also has the habit of drinking the same thing. Express
this according to the model.

⊗   Guillermo: en la cafetería / Coca-Cola   Guillermo siempre come en la cafetería.
                                                          Siempre bebe Coca-Cola.

1. María: en un restaurante / café   5. Uds.: en la cafetería / café
2. nosotros: en casa / chocolate   6. el Sr. García: en la oficina / té (*tea*)
3. tú: en la casa de Arturo / Pepsi-Cola   7. Paco y Delia: conmigo / Pepsi-Cola
4. Juanito: en McDonald's / Coca-Cola   8. yo: con mis amigos / limonada

ACTIVIDAD 2   Correspondencia

For Christmas, the following people write many letters (**cartas**). Express
this according to the model.

⊗   Amparo   Amparo escribe muchas cartas para Navidad.

1. Alicia   3. tú   5. ellas   7. yo
2. nosotros   4. mis amigos 6. Uds.   8. mi mamá

ACTIVIDAD 3   Diálogo

Ask your classmates whether they do any of these things.

⊗   aprender francés   Estudiante 1: ¿Aprendes francés?
                                     Estudiante 2: ¡Claro! Aprendo francés.
                                               (¡No! No aprendo francés.)

1. aprender español   6. escribir cartas en español
2. aprender italiano   7. vivir en una gran ciudad
3. beber café   8. vivir cerca del mar
4. leer revistas en español   9. creer en el horóscopo
5. comer en la cafetería   10. comprender portugués

verbos en –ir

asistir a	to attend, to go to	No **asistimos a** la universidad.
escribir	to write	**¿Escribes** poesía?
vivir	to live	¿Dónde **vive** Miguel? ¿En Sevilla o en Toledo?

VOCABULARIO PRÁCTICO La lectura *(Reading)*

un cuento   story

una carta   letter

una novela   novel

una tarjeta
card, postcard

ACTIVIDAD 4   Preguntas personales

1. ¿Te gusta leer? ¿Lees mucho? ¿Lees novelas? ¿Lees novelas policíacas *(detective)*? ¿Lees cuentos de ciencia-ficción?
2. ¿Lees el periódico? ¿Lees la página de los deportes *(sports)*? ¿las noticias *(news)*? ¿el horóscopo? ¿las historietas cómicas *(comics)*?
3. ¿Qué revista lee tu papá? ¿tu mamá?
4. ¿Comes a menudo *(often)* con tus amigos?
5. ¿Comen Uds. a menudo en la cafetería? ¿Comen Uds. a veces *(sometimes)* en un restaurante mexicano? ¿en un restaurante chino?
6. ¿Te gusta escribir? ¿Escribes cartas a veces? ¿Escribes composiciones para la clase de español? ¿para otras clases?
7. ¿Vives en una ciudad o en un pueblo? ¿en una casa o en un apartamento? ¿Vives cerca de la escuela o lejos de la escuela?
8. ¿Escribes muchas tarjetas de Navidad?

VOCABULARIO PRÁCTICO   Expresiones de tiempo *(Expressions of time)*

ahora	now	**Ahora** estoy en clase.
después	later	**Después** voy a visitar a un amigo.
antes	before	**Antes** voy a llamarlo por teléfono.
a veces	sometimes	En el verano, voy a la playa **a veces.**
a menudo	often	No miro la televisión **a menudo.**
siempre	always	**Siempre** hablamos español en clase.
de vez en cuando	once in a while	Voy al cine **de vez en cuando.**

ACTIVIDAD 5   El momento perfecto

Speak about yourself, completing each sentence with an expression of time.

1. ____ estoy en clase.
2. ____ estoy hablando español.
3. ____ voy a comer en la cafetería.
4. ____ hablamos español en clase.
5. Voy al restaurante ____.
6. Leo el periódico ____.
7. Asisto a los conciertos ____.
8. Bebo Coca-Cola ____.

B. *Ver*

Note the present tense forms of the verb **ver** *(to see)* below.

(yo)	**Veo** la calle.	(nosotros)	**Vemos** el mar.
(tú)	**Ves** la iglesia.	(vosotros)	**Veis** el pueblo.
(él, ella, Ud.)	**Ve** la plaza.	(ellos, ellas, Uds.)	**Ven** el museo.

The present tense of **ver** is like that of the regular **–er** verbs, with the exception of the **yo** form: **veo.**

Note the use of **ver** with the expressions **¡A ver!, ¡Vamos a ver!** *(Let's see!).*

Ver para creer.

REFRÁN

ACTIVIDAD 6   Turistas en San Juan

The following people are visiting Old San Juan, founded in 1521. Say what each one sees.

Josefina: la Plaza Colón   Josefina ve la Plaza Colón.

1. yo: El Morro
2. nosotros: El Morro también
3. Alberto: la iglesia de San José
4. tú: la Fortaleza
5. Jaime y Beatriz: la Casa Blanca
6. Ud.: la Catedral de San Juan Bautista

C. El uso de *de* para indicar posesión

Note the use of **de** in these questions.

¿Dónde está la casa **de Olivia?**	*Where is **Olivia's** house?*
¿Quién es la hermana **de Paco?**	*Who is **Paco's** sister?*
¿Es el coche **del profesor?**	*Is that the **teacher's** car?*

To indicate possession or relationship, Spanish speakers use the construction:

noun + **de** + noun

To remember the word order, think of **de** as meaning *of* or *which belongs to.*

⚗ Note also the use of **de** in the expressions **¿De quién?** and **¿De quiénes?**

 ¿De quién es?   *Whose is it?*

 ¿De quién es la guitarra?   *Whose guitar is it?*
  Es la guitarra **de Carlos.**   *It's **Carlos'** guitar.*

 ¿De quiénes son las bicicletas? *Whose bicycles are those?*
  Son las bicicletas **de las chicas.** *They're **the girls'** bicycles.*

ACTIVIDAD 7 ¿De quién es?

Roberto has the bad habit of borrowing things all the time. Identify the owners of the various objects Roberto has.

⚗ el radio: Carlos   Tiene el radio de Carlos.

1. el reloj: Inés
2. el tocadiscos: Ramón
3. la guitarra: Luis
4. los discos: la profesora
5. la grabadora: Pepe
6. la cámara: el novio de Sara

7. las cintas: los amigos de Luis
8. los libros: las amigas de Pilar
9. el coche: el señor Gómez

Pronunciación El sonido de la consonante *b*

a) *b* inicial

Model word: b̲ueno
Practice words: b̲usco b̲olso b̲arco b̲onito b̲arato b̲olígrafo
Practice sentences: Las b̲ananas son b̲uenas, pero no son b̲aratas.
      B̲eatriz y Alb̲erto están en B̲ilbao.

At the beginning of a word, and after **l** and **n,** the letter **b** is pronounced like the **b** of the English word "boy."

b) *b* medial

Model word: escrib̲e
Practice words: autobús trab̲ajar cub̲ano grab̲adora Esteb̲an
Practice sentences: Isab̲el trab̲aja y escrib̲e.
      Rob̲erto b̲usca una grab̲adora muy b̲arata.
      Esteb̲an le escrib̲e a su ab̲uelo.

Between vowels and after consonants other than **l** and **n,** the letter **b** represents the sound /ƀ/. You have already practiced this sound in words like **primavera** and **noviembre.**

Note that the two pronunciations of **b** are the same as the two pronunciations of **v**: bien, viene; escribe, vive. For the /ƀ/ sound the lips do not come together.

Para la comunicación

Mini-diálogos

Create new dialogs by replacing the underlined expressions with the words
in the pictures. Make any other needed changes.

Alicia

estudiante   (Madrid)

Martín: ¿Qué lees?

Rosa: Leo una carta de <u>Alicia</u>.

Martín: ¿No viv<u>e</u> aquí?

Rosa: No. <u>Es</u> <u>estudiante</u> en <u>Madrid</u>.

Martín: ¡Qué suerte tien<u>e</u>!

la Srta. Baudillo

arquitecta   (Bogotá)

el Sr. López

profesor   (México)

Juan y Carlos

fotógrafos   (Lima)

Ana y Carmen

periodistas   (Santiago)

Tú tienes la palabra

With a classmate, prepare a short dialog in which you talk about someone
who lives in another city. Use the conversation between Martín and Rosa
as a model.

Lección 2 Las fotos de Amalia

¡Hola!
Me llamo Amalia Santana.
Tengo diez y seis años.
Soy de España.
Tengo una familia muy simpática.
Aquí tengo fotos de mi familia.

Mi padre

Mi padre trabaja para una compañía
de textiles.
Es vendedor viajero.
Tiene que hacer muchos viajes.
En la foto está preparando el café.
Es un esposo muy moderno: él hace
muchas cosas cuando está en casa.

padre: *father*

vendedor viajero:
*traveling sales-
person*
hacer viajes: *to take
trips*
esposo: *husband,*
hace cosas: *does
things*

Mi mamá

Mi mamá es una persona muy activa.
Trabaja en un salón de belleza.
También trabaja mucho en casa.
¡Las mujeres hispánicas tienen mucho
que hacer!

belleza: *beauty*

mucho que hacer: *a
lot to do*

Mis hermanos

Tengo dos hermanos.
Mi hermano mayor se llama Juan Carlos
y tiene veinte y tres años.
Trabaja en una agencia de viajes.
Mi hermano menor se llama Miguel y
tiene catorce años. Hace muchas cosas:
toca la guitarra, saca fotos, va al cine,
organiza fiestas . . . pero no hace sus
tareas.
¡Mi hermano no es un alumno serio!

hermanos: *brothers*
mayor: *older*

menor: *younger*

no hace sus tareas:
*doesn't do his
homework*

Mis abuelos

Mis abuelos viven con nosotros.
Son muy simpáticos.

abuelos: *grandparents*

Mi perro

Se llama Pluto.
Claro, no es una persona . . .
pero es mi perro . . . ¡y mi mejor amigo!

perro: *dog*

CONVERSACIÓN

Ahora, vamos a hablar de tu familia.

1. ¿Es simpática **tu** familia?
   Sí, **mi** familia . . . (No, **mi** familia . . .)
2. ¿Trabaja mucho **tu** padre?
3. ¿Trabaja mucho **tu** madre?
4. ¿Habla español **tu** mejor amigo?
5. ¿Habla español **tu** mejor amiga?
6. ¿Hablan español **tus** padres *(parents)*?
   Sí, **mis** padres . . . (No, **mis** padres . . .)
7. ¿Son simpáticos **tus** amigos?
8. ¿Son generosos **tus** padres?
9. ¿Son estrictos **tus** profesores?
10. ¿Son muy viejos **tus** abuelos *(grandparents)*?

OBSERVACIÓN

Another way of indicating *relationship* (and *possession*) is to use possessive adjectives. In the questions and answers to the left, the words in heavy print are *possessive adjectives*. The questions concern your friends and your family.

- Which Spanish possessive adjective corresponds to *your* before a singular noun (questions 1-5)? before a plural noun (questions 6-10)?

- In the answers, which Spanish possessive adjective corresponds to *my* before a singular noun? before a plural noun?

NOTA CULTURAL
La familia hispánica

Cuando un joven hispánico habla de su familia, no habla solamente° de sus padres° y de sus hermanos.° Habla también de sus abuelos,° de sus tíos,° de sus primos° y de otros parientes° . . . Incluye° a todas las personas emparentadas° por la sangre° o por el matrimonio. Todos son parientes. Todos son miembros de la misma familia.

En muchas familias, los abuelos viven con sus hijos° y sus nietos° en la misma casa, o si no, en otra casa que está cerca. Las familias hispanas casi siempre son muy grandes . . . ¡y también muy unidas!°

solamente *only* **sus padres** *his parents* **hermanos** *brothers and sisters* **abuelos** *grandparents* **tíos** *aunts and uncles* **primos** *cousins* **parientes** *relatives* **Incluye** *He includes* **emparentadas** *related* **sangre** *blood* **hijos** *children* **nietos** *grandchildren* **unidas** *united*

Estructuras

A. Los adjetivos posesivos: *mi* y *tu*

The *possessive adjectives* **mi** *(my)* and **tu** *(your)* correspond to the subject pronouns **yo** and **tú** and have the following forms:

	BEFORE A SINGULAR NOUN		BEFORE A PLURAL NOUN	
(yo)	**mi**	**mi** mamá	**mis**	**mis** hermanos
(tú)	**tu**	**tu** padre	**tus**	**tus** hermanas

The form to use depends on whether the noun that follows is singular or plural.

> Vivo con **mi** padre, **mi** madre y **mis** hermanos.
> ¿Dónde están **tus** amigas y **tu** amigo?

ACTIVIDAD 1   La maleta de Luisa

Luisa is packing for a trip. Roberto asks her where some of her belongings are. Luisa answers that they are already in the suitcase. Play both roles according to the model.

⟴   el bolso   Roberto: ¿Dónde está tu bolso?
                     Luisa: ¿Mi bolso? Está en la maleta.

1. los discos
2. el libro de español
3. el diccionario
4. las revistas
5. la cámara
6. los periódicos
7. las fotos
8. el pasaporte

el hermano	brother	la hermana	sister
el hijo	son	la hija	daughter
el padre el papá }	father	la madre la mamá }	mother
el esposo	husband	la esposa	wife
los padres	parents		
el abuelo	grandfather	la abuela	grandmother
el primo	cousin	la prima	cousin
el tío	uncle	la tía	aunt
los parientes	relatives		

mayor   older   Tengo una hermana **mayor** . . .
menor   younger   y tres hermanas **menores**.

ACTIVIDAD 2   Preguntas personales

1. ¿Es grande tu familia? ¿Es pequeña?
2. ¿Cuántos hermanos tienes? ¿Son mayores o menores? ¿Cómo se llaman?
3. ¿Cuántas hermanas tienes? ¿Son mayores o menores? ¿Cómo se llaman?
4. ¿Tienes muchas fotos de tu familia?
5. ¿Tienes primos? ¿Son simpáticos? ¿Los visitas a menudo?
6. ¿Tienes abuelos? ¿Los visitas? ¿Cuándo?
7. ¿Tienes parientes en otros países? ¿Dónde?

ACTIVIDAD 3   Diálogo: Los nombres, por favor

Ask your classmates the names of the persons below.

⊃O   el padre   Estudiante 1: ¿Cómo se llama tu padre?
Estudiante 2: Mi padre se llama . . .

1. la madre
2. el mejor amigo *(best friend)*
3. la mejor amiga
4. los hermanos
5. las hermanas
6. los primos
7. las primas
8. el (la) profesor(a) de inglés
9. el (la) dentista
10. el (la) doctor(a)

B. Sustantivo + *de* + sustantivo

Compare the word order in the Spanish expressions in heavy print and their English equivalents.

Estamos en clase.	Es una **clase de español.**
	*It's a **Spanish class.***
Mi mamá es profesora.	Es **profesora de música.**
	*She is a **music teacher.***
Mi papá trabaja en una agencia.	Es una **agencia de viajes.**
	*It is a **travel agency.***
Voy a un partido.	Es un **partido de béisbol.**
	*It's a **baseball game.***

Expressions like **profesora de música** consist of two nouns: **profesora** and **música.** The main noun (**profesora**) comes *first*. The noun that describes the type of **profesora** (**música**) plays the role of an adjective: it comes *second* and is preceded by **de.**

ACTIVIDAD 4   Preferencias

People in the left column like music. Say what type of records they listen to. People in the right column like sports. Say what type of games (**partidos**) they go to.

Fernando: jazz
  Fernando escucha un disco de jazz.

Inés: fútbol
  Inés va a un partido de fútbol.

1. Amalia: música clásica
2. Roberto: rock
3. Antonio: Beethoven
4. Ana: música popular
5. Mario: música latina

 6. Silvia: básquetbol
 7. Ricardo: tenis
 8. Laura: béisbol
 9. Dolores: volibol
10. Miguel: hockey

ACTIVIDAD 5   Preguntas personales

1. ¿Tienes una raqueta de tenis? ¿una raqueta de ping pong? ¿un libro de español?
2. ¿Tienes discos de música clásica? ¿de música popular? ¿de jazz? ¿de rock?
3. ¿Te gusta ir a los partidos de fútbol? ¿a los partidos de béisbol?
4. ¿Qué programas escuchas en la radio? ¿Escuchas programas de música clásica? ¿de música popular?

 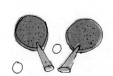 

C. Hacer

Note the present tense forms of **hacer** (to do, to make) in the following sentences.

(yo)	**Hago** mucho en clase.	(nosotros)	**Hacemos** mucho en casa.
(tú)	**Haces** poco.	(vosotros)	**Hacéis** planes.
(él, ella, Ud.)	**Hace** la tarea.	(ellos, ellas, Uds.)	**Hacen** un viaje.

⋙ **Hacer** has regular **–er** endings. The **yo** form is irregular: **hago**.

⋙ The present participle is regular: ¿Qué estás **haciendo?**

⋙ **Hacer** is used in many expressions:

hacer las tareas, la tarea	to do homework, the assignment
hacer un viaje	to go on a trip
hacer la maleta	to pack a suitcase

REFRÁN

La práctica hace al maestro.

ACTIVIDAD 6   Viajeros (Travelers)

These people have decided to spend the summer abroad. Say where each one is going.

⋙ Natalia: México   Natalia hace un viaje a México.

1. Pablo: Francia
2. Rebeca: Portugal
3. Paulina: Bolivia
4. nosotros: la Argentina
5. tú: Colombia
6. Ud.: Costa Rica
7. Uds.: Puerto Rico
8. mis amigos: Guatemala
9. yo: España

ACTIVIDAD 7   Preguntas personales

1. ¿Haces muchos viajes? Si, Sí ¿Adónde?
2. ¿Vas a hacer un viaje a España el verano próximo (next)?
3. ¿Haces siempre las tareas?
4. ¿Haces muchos errores en tus tareas?
5. ¿Haces muchos planes? para el fin de semana?

VOCABULARIO PRÁCTICO Los animales domésticos

un gato

un papagayo

un mono

un perro

un pájaro

un pez

ACTIVIDAD 8   Diálogo: ¿Tienes animales?

Ask your classmates whether they have any of the following pets. If so,
ask their names.

un gato   Estudiante 1: ¿Tienes un gato?
Estudiante 2: Sí, tengo un gato.
Estudiante 1: ¿Cómo se llama tu gato?
Estudiante 2: Mi gato se llama _____.

1. un perro
2. un pájaro
3. un canario

4. un papagayo
5. un hámster
6. un pez

7. un pez de color (*goldfish*)
8. un mono
9. un armadillo

Pronunciación   El sonido «erre»

Model word: perro
Practice words: guitarra   terrible   horrible   horror   aburrido
radio   restaurante   reloj   Ramón   Raúl   Rita
Practice sentences: Roberto repara la guitarra.

Erre con erre cigarro,
Erre con erre barril,
Rápido corren los carros,
Por la línea del ferrocarril.

The trilled "erre" sound is written **rr** in the middle of a word and **r** at the
beginning of a word. The Spanish "erre" sound is produced by tapping or
"trilling" the tongue two or more times against the gum ridge behind your
teeth. Say the English nonsense word "petter-o" as quickly as you can: you
will be very close to producing the Spanish word **"perro."**

Para la comunicación

Mini-diálogos

Create new conversations, replacing the underlined words with words suggested by the pictures.

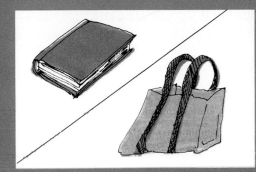

a) Julia: ¿Dónde está <u>mi libro</u>?

Rodrigo: ¿<u>Tu libro</u>? Está en tu <u>bolso</u>.

Julia: ¡Claro!

b) Rodrigo: ¿Dónde está <u>mi libro</u>?

Julia: ¿<u>Tu libro</u>?

Rodrigo: ¡Sí! ¡<u>Mi libro</u>!

Julia: ¡Perdón! Est<u>á</u> en mi <u>bolso</u>.

Tú tienes la palabra

With a classmate, prepare a short dialog in which you talk about some object you are looking for. Use one of the conversations between Julia and Rodrigo as a model.

Lección 3 El edificio de apartamentos

Mira el edificio de apartamentos.
Está en la Castellana, un barrio elegante
de Caracas.
Tiene siete pisos.

En el primer piso vive la familia Vargas.

En el segundo piso, vive la familia
Martínez: el señor Martínez, su señora y
sus dos hijos.

En el tercer piso, vive la Srta. López. La
Srta. López no está casada pero tiene una
familia muy grande. En su apartamento
viven su perro, sus tres gatos, sus dos
papagayos y su mono, Coco. Mi padre dice
que la Srta. López está un poco loca. Yo
digo que es una señorita muy original.

En el cuarto piso, vive la familia Miranda.
El señor Miranda y su esposa no tienen
niños.

En el quinto piso, vive mi amigo Pedro
Gómez con su hermana Patricia, sus
padres y su abuela.

En el sexto piso, vive un muchacho
extraordinario, muy inteligente y muy
simpático. Este muchacho alegre y
simpático soy yo, José Antonio del Río.
Nuestro apartamento no es grandísimo.
No es muy moderno. Pero es confortable
. . . ¡y es nuestro apartamento!

edificio: *building*

pisos: *floors*

primer: *first*

segundo: *second*

tercer: *third*
casada: *married*

dice: *says*
loca: *crazy*
digo: *say*

cuarto: *fourth*

quinto: *fifth*

sexto: *sixth*

CONVERSACIÓN

Vamos a hablar de tu mejor amigo.

1. ¿Cómo se llama **su** padre?
   Su padre se llama . . .
2. ¿Cómo se llama **su** madre?
3. ¿Cómo se llaman **sus** hermanos?
4. ¿Cómo se llaman **sus** hermanas?

Ahora, vamos a hablar de tu mejor amiga.

5. ¿Cómo se llama **su** padre?
   Su padre se llama . . .
6. ¿Cómo se llama **su** madre?
7. ¿Cómo se llaman **sus** hermanos?
8. ¿Cómo se llaman **sus** hermanas?

OBSERVACIÓN

These questions ask about your friends' families. Reread the questions about your best male friend.

• What is the Spanish word that means *his* when the noun that follows is singular (questions 1, 2)? when the noun is plural (questions 3, 4)?

Now reread the questions about your best female friend.

• What is the Spanish word that means *her* when the noun that follows is singular (questions 5, 6)? when the noun is plural (questions 7, 8)?

NOTAS CULTURALES

Viviendo° en apartamentos

No hay muchas casas individuales en las ciudades hispánicas. La mayoría° de la gente vive en apartamentos. En España los edificios de apartamentos generalmente no son muy altos. Pero en Latinoamérica los edificios modernos tienen diez, veinte o treinta pisos . . . como en los Estados Unidos.

En los países hispánicos, los pisos no están numerados° como en los países norteamericanos. El primer piso hispánico corresponde al segundo piso norteamericano. En español, el primer piso norteamericano se llama la *planta baja*.

Viviendo *Living* **mayoría** *majority* **numerados** *numbered*

Caracas

Caracas es la capital de Venezuela. Tiene una población de cuatro millones de habitantes, y por eso es una de las ciudades más grandes° de Latinoamérica. Es una ciudad muy moderna, pero tiene barrios viejos muy pintorescos.° Es también una ciudad importante en la historia: la independencia de Venezuela fue proclamada° allí en 1811 (mil ochocientos once).

más grandes *biggest* **pintorescos** *picturesque* **fue proclamada** *was proclaimed*

Estructuras

A. *Decir*

Decir *(to say, to tell)* is an irregular verb. Note the present tense forms of
this verb in the following sentences.

(yo)	**Digo** que soy simpático.	(nosotros)	**Decimos** que él es guapo.
(tú)	**Dices** que estudias mucho.	(vosotros)	**Decís** que Ana estudia.
(él)		(ellos)	
(ella)	**Dice** la verdad *(truth)*.	(ellas)	**Dicen** la verdad.
(Ud.)		(Uds.)	

The present participle of **decir** is irregular: **diciendo.**

Decir is often followed by the construction: **que** + clause.

Dicen **que** hablas español muy bien.   *They say **(that)** you speak Spanish very well.*
Jaime dice **que** estás loco.   *Jaime says **(that)** you are crazy.*

Note also the construction: **Dice que sí (no).**   *He says yes (no).*

ACTIVIDAD 1   ¿Son las chicas más inteligentes que los chicos?

Are girls more intelligent than boys? Everyone has a different opinion on
that topic. Express these opinions using **decir que.**

Carmen: sí   Carmen dice que sí.

1. Ricardo: no
2. Teresa: es la verdad *(truth)*
3. Irene y Pilar: es obvio
4. Paco y Roberto: es una idea tonta

5. nosotros: no es la verdad
6. tú: es imposible
7. Ud.: no es posible
8. ellos: es una observación justa

ACTIVIDAD 2   Preguntas personales

1. ¿Dices siempre la verdad *(truth)*?
2. ¿Dices mentiras *(lies)* a veces?
3. ¿Dicen tus amigos que eres simpático(a)?
4. ¿Dice el (la) profesor(a) que hablas bien el español?

VOCABULARIO PRÁCTICO   Adjetivos

adjetivos numerales ordinales

primero	first	**cuarto**	fourth	**séptimo**	seventh	**décimo**	tenth
segundo	second	**quinto**	fifth	**octavo**	eighth		
tercero	third	**sexto**	sixth	**noveno**	ninth		

otros adjetivos

próximo	next	¿Cuándo llega el **próximo** autobús?
último	last	Diciembre es el **último** mes del año.

NOTAS: 1. Ordinal numbers are used to rank persons or objects and to put them in a given order. They are adjectives and agree in gender and number with the nouns they describe.

Vivo en la **tercera** casa. *I live in the **third** house.*

Enero y febrero son los **primeros** meses del año. *January and February are the **first** months of the year.*

2. Before a masculine singular noun, the final **-o** of **primero** and **tercero** is dropped.

Marzo es el **tercer** mes del año. *March is the **third** month of the year.*

ACTIVIDAD 3   La carrera de bicicletas *(The bicycle race)*

Several friends are having a bicycle race. Give their order of arrival at the finishing line.

🔁 Elena: 7   Elena es la séptima.

1. Raúl: 10
2. Luisa: 5
3. Dolores: 2
4. Federico: 9
5. Alfredo: 1

6. Anita: 3
7. Susana: 6
8. Pablo: 4
9. Claudia: 7
10. Ricardo: 8

B. El adjetivo posesivo: *su*

Like **mi** and **tu,** the possessive adjective **su** has two forms.

	BEFORE A SINGULAR NOUN	BEFORE A PLURAL NOUN	
(él, ella, Ud.) (ellos, ellas, Uds.)	**su**	**sus**	Pedro vive con **su** hermana y **sus** padres. Mis amigos están con **su** tío y **sus** primos.

ᴤ The form to use depends on whether the noun that follows is singular or plural.

ᴤ Since **su** and **sus** may refer to all third person subjects and subject pronouns, they have several different English meanings.

la casa de Carlos	**su** casa	*his* house
la casa de María	**su** casa	*her* house
la casa de Ana y Paco	**su** casa	*their* house
la casa de Ud.	**su** casa	*your* house
los discos de Carlos	**sus** discos	*his* records
los discos de María	**sus** discos	*her* records
los discos de Ana y Paco	**sus** discos	*their* records
los discos de Uds.	**sus** discos	*your* records

ᴤ Because **su** and **sus** have several meanings, you may substitute the following construction for clarification:

$$\text{noun} + \textbf{de} + \begin{cases} \textbf{él} & \textbf{ellos} \\ \textbf{ella} & \text{or} \quad \textbf{ellas} \\ \textbf{Ud.} & \textbf{Uds.} \end{cases}$$

¿Vamos en el coche de Carlos? Sí, vamos en **su** coche.
  Sí, vamos en **el coche de él.**

¿Vamos en el coche de las chicas? Sí, vamos en **su** coche.
  Sí, vamos en **el coche de ellas.**

REFRÁN

Mi casa es su casa.

ACTIVIDAD 4   Una venta en el garaje de Luisa *(Luisa's garage sale)*

Luisa is selling several things that belong to her friends. Paco wants to
know what things she is selling. Play both roles according to the model.

〰️   la bicicleta: Ricardo   Paco: ¿Vendes la bicicleta de Ricardo?
                                   Luisa: Sí, vendo su bicicleta.

1. la bicicleta: Isabel
2. los discos: Enrique
3. los discos: Silvia
4. el tocadiscos: Rafael

5. el coche: Pedro y Felipe
6. el piano: Elena y Carmen
7. la guitarra: Federico
8. los libros: Ana y Eduardo

ACTIVIDAD 5   En el restaurante

The following people are eating with friends or family. Express this
according to the model.

〰️   Arturo: los amigos   Arturo come con sus amigos.

1. Ricardo: el padre
2. Elena: la madre
3. Eduardo: los primos
4. Benjamín: las primas

5. el Sr. Gómez: la esposa
6. la Srta. Martínez: la mejor amiga
7. el Sr. Ortega y su esposa: los hijos
8. la Sra. de Díaz: el esposo y las hijas

C. El adjetivo posesivo: *nuestro*

The possessive adjective **nuestro** *(our)* has four forms:

		SINGULAR	PLURAL	
(nosotros)	masculine	**nuestro**	**nuestros**	**Nuestro** profesor y **nuestros** amigos están aquí.
	feminine	**nuestra**	**nuestras**	**Nuestra** profesora y **nuestras** amigas están aquí.

〰️   The form to use depends not only on the *number* (singular or plural)
      of the noun that follows, but also on its *gender* (masculine or
      feminine).

ACTIVIDAD 6   Bienvenida

Carmen and Federico are at the airport welcoming June, an exchange
student from San Francisco. On the way home they point out various
things. Play the role of Carmen and Federico according to the model.

〰️   el coche   Aquí está nuestro coche.

1. el barrio
2. la escuela
3. el restaurante favorito
4. las tiendas favoritas

5. la casa
6. el perro
7. los amigos
8. las amigas

VOCABULARIO PRÁCTICO La casa

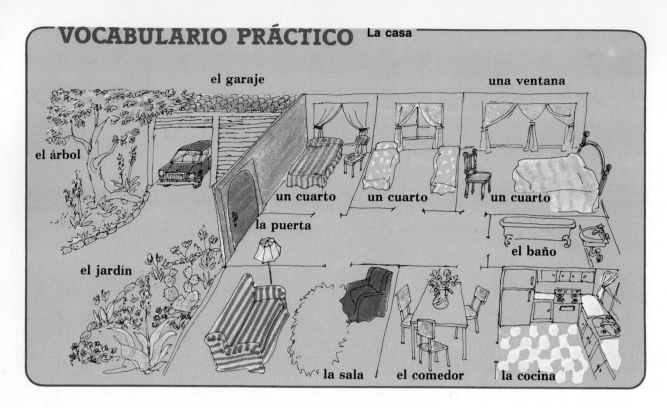

el garaje

una ventana

el árbol

un cuarto   un cuarto   un cuarto

la puerta

el baño

el jardín

la sala   el comedor   la cocina

ACTIVIDAD 7   Preguntas personales

1. ¿Vives en una casa o en un apartamento?
2. Si vives en un apartamento, ¿en qué piso está?
3. ¿Cuántos pisos tiene tu casa (tu apartamento)?
4. ¿Cuántos cuartos tiene tu casa (tu apartamento)?
5. ¿Cuántos baños tiene tu casa (tu apartamento)?
6. ¿Cuántas ventanas tiene tu cuarto?
7. ¿Hay un jardín? ¿Hay árboles? ¿Cuántos?
8. ¿Hay un garaje?

Pronunciación   El sonido de la consonante *g* antes de *a, o, u*

a) *g* inicial
Model word: gato
Practice words: garaje gordo guapo grande ganas Guillermo
Practice sentences: Guillermo es guapo.
            El domingo, Gabriela va al cine con el grupo.

At the beginning of a word, and after **l** and **n**, the letter **g** (before **a, o,** or **u**)
is pronounced like the **g** of the English word "go."

b) *g* medial

Model word: ami*g*o

Practice words: ha*g*o   di*g*o   lle*g*o   me *g*usta   conmi*g*o

Practice sentences: Me *g*usta *g*anar dinero.
　　　　　　　　　　Mis ami*g*os lle*g*an al cine conmi*g*o.

Between vowels and after consonants other than **l** and **n**, the letter **g** (before **a, o,** or **u**) represents the sound /ɡ/ which is similar to the **g** of the English "sugar" when spoken quickly.

Para la comunicación

Expresiones para la conversación

To express surprise or astonishment, you can say:

¡Caramba!　　*Wow! Hey! What!*
¡Dios mío!　　*Gosh!*

Mini-diálogos

Create new dialogs, replacing the underlined words with the expressions suggested in the pictures.

Miguel

Vicente: ¿Qué busca <u>Miguel</u>?
　Teresa: Creo que está buscando <u>sus</u> <u>libros</u>. <u>Los</u>
　　　　　　tienes, ¿verdad?
Vicente: ¡Caramba! ¡Yo no <u>los</u> tengo!

Jaime

Linda

Aurelio

Maribel

Tú tienes la palabra

With a classmate, prepare a short dialog about some missing object. Use the conversation between Teresa and Vicente as a model.

Lección 4   ¿Eres servicial?

Eres una persona simpática, ¿verdad? Pero . . . ¿eres servicial también?
Una persona servicial es una persona que ayuda a otros. Es generosa y
amable con todos. ¿Eres este tipo de persona? ¿Qué haces tú en los
siguientes casos?

1. Tu padre está trabajando en el jardín. ¿Lo ayudas?
   - Sí, lo ayudo.
   - No, no lo ayudo.

2. Tu mamá está preparando una gran comida para una reunión
   familiar. ¿La ayudas?
   - Sí, la ayudo.
   - No, no la ayudo.

3. Tus hermanitas están haciendo una tarea muy difícil. ¿Las
   ayudas?
   - Sí, las ayudo.
   - No, no las ayudo.

4. Unos amigos están en casa enfermos. ¿Los vas a visitar?
   - Sí, los voy a visitar.
   - No, no los voy a visitar.

5. Tu abuelo está enfermo en el hospital. ¿Le mandas una tarjeta?
   - Sí, le mando una tarjeta.
   - No, no le mando una tarjeta.

6. En el autobús no hay asiento para una señora mayor. ¿Le das tu
   asiento?
   - Sí, le doy mi asiento.
   - No, no le doy mi asiento.

7. Tus compañeros de clase están organizando una fiesta. No tienen
   tocadiscos. ¿Les prestas tu tocadiscos?
   - Sí, les presto mi tocadiscos.
   - No, no les presto mi tocadiscos.

8. Unas amigas tienen problemas con sus padres. ¿Les das buenos
   consejos?
   - Sí, les doy buenos consejos.
   - No, no les doy buenos consejos.

servicial: *helpful*
ayuda: *helps*
amable: *kind,*
   este: *this*
siguientes: *following,*
   casos: *cases*

comida: *meal*
familiar: *family*

mandas: *send*

asiento: *seat,*
   das: *you give*

prestas: *you loan*

consejos: *advice*

INTERPRETACIÓN

Cada respuesta afirmativa vale un punto y cada respuesta negativa vale cero. Suma todos tus puntos. ¿Cuántos tienes?

7-8 puntos: Eres realmente excepcional. ¡Eres un(a) santo(a)!

5-6 puntos: Eres muy servicial y muy generoso(a). Probablemente tienes muchos amigos.

3-4 puntos: En general eres generoso(a). A veces eres un poco egoísta. ¡Eres como la mayoría de la gente!

1-2 puntos: La generosidad no es tu cualidad principal. ¡Tienes que ser más servicial con la familia y los amigos!

0 puntos: ¿Eres realmente tan indiferente y egoísta?

respuesta: *answer*, vale: *is worth*, punto: *point*
Suma: *Add*
realmente: *really*

mayoría: *majority*
cualidad: *quality*

tan: *so*

CONVERSACIÓN

Vamos a hablar de tu mejor amigo . . .

1. **¿Lo** invitas a tu casa?
   Sí, lo . . . (No, no lo . . .)
2. **¿Le** hablas de tus problemas personales?
   Sí, le . . . (No, no le . . .)

Vamos a hablar de tu mejor amiga . . .

3. **¿La** invitas a tu casa?
   Sí, la . . . (No, no la . . .)
4. **¿Le** hablas de tus problemas personales?
   Sí, le . . . (No, no le . . .)

Ahora vamos a hablar de tus primos . . .

5. **¿Los** visitas a menudo?
   Sí, los . . . (No, no los . . .)
6. **¿Les** escribes a menudo?
   Sí, les . . . (No, no les . . .)

Finalmente, vamos a hablar de tus primas . . .

7. **¿Las** visitas a menudo?
   Sí, las . . . (No, no las . . .)
8. **¿Les** escribes a menudo?
   Sí, les . . . (No, no les . . .)

OBSERVACIÓN

When you say *I invite Jane* or *I visit Jane,* Jane is the *direct* object of the verb. On the other hand, when you say *I speak to Jane* (about my problems) or *I write* (letters) *to Jane,* Jane is the *indirect* object of the verb.

Reread questions 1, 3, 5 and 7. The pronouns in heavy print replace *direct objects.*

• What is the masculine singular form of the direct object pronoun? the feminine singular form? the masculine plural form? the feminine plural form?

Now reread questions 2, 4, 6 and 8. The pronouns in heavy print replace *indirect objects.*

• What is the masculine singular form of the indirect object pronoun? Is it the same as the feminine singular form?

• What is the plural form of the indirect object pronoun?

NOTA CULTURAL
La familia unida

En los países hispánicos, las reuniones familiares° son muy frecuentes. A veces toda la familia se reúne° en la casa de un pariente los fines de semana. También se reúne para celebrar los días de fiesta y las fechas importantes, como el Día de la Madre y la Navidad. Hay una gran comida familiar° para celebrar estas° ocasiones felices.°

En la familia hispánica las diversiones incluyen° a todos. A menudo hijos y padres van juntos° al cine, al teatro, al museo, al campo, a la playa. Cuando hacen un viaje, lo hacen juntos. Así,° ¡la familia hispánica permanece° muy unida!°

familiares *family*   **se reúne** *gets together*   **comida familiar** *family meal*   **estas** *these*   **felices** *happy*   **incluyen** *include* **juntos** *together*   **Así** *Thus*   **permanece** *stays*   **unida** *united*

Estructuras

A. Repaso: los adjetivos posesivos

The chart below contains all the forms of the possessive adjectives:

	SINGULAR	PLURAL	
(yo)	**mi**	**mis**	¿Dónde están **mis** discos y **mi** cámara?
(tú)	**tu**	**tus**	**Tu** amiga es muy simpática.
(él) (ella) (Ud.)	**su**	**sus**	Miguel llega con **sus** amigos.
(nosotros)	**nuestro, nuestra**	**nuestros, nuestras**	**Nuestra** abuela vive con nosotros.
(vosotros)	**vuestro, vuestra**	**vuestros, vuestras**	¿Dónde están **vuestros** amigos?
(ellos) (ellas) (Uds.)	**su**	**sus**	Mis primos no tienen **sus** discos.

El mundo del deporte es nuestro mundo. adidas

ACTIVIDAD 1   ¡Hasta luego!

The following persons are taking a trip to South America, and various people are seeing them off. Say with whom each one is arriving at the airport.

⟩⟩ Marina: el novio, las amigas   Marina llega al aeropuerto con su novio y sus amigas.

1. Roberto: los amigos
2. Anita: el padre
3. Rita: los hermanos
4. el Sr. Gómez: la esposa
5. la Sra. de Argías: el esposo
6. Miguel y Felipe: el primo
7. Teresa y María: las primas
8. tú: el padre, la madre, las hermanas
9. nosotros: el tío, las primas
10. yo: los amigos, la abuela
11. los hermanos de Carmen: los amigos
12. la hija del Sr. Vargas: el novio, el padre

B. Repaso: los pronombres *lo, la, los, las*

Review the direct object pronouns in the chart below:

		SINGULAR			PLURAL	
masculine	**lo**	¿Miguel? No **lo** invito.	**los**	¿Mis amigos?	Sí, **los** invito.
feminine	**la**	¿María? No **la** busco.	**las**	¿Mis cintas?	Sí, **las** busco.

🖙 When the verb is followed by an infinitive, the direct object pronoun is usually attached to that infinitive. (It may come before the first verb.)

¿Vas a invitar a María?   Sí, voy a invitar**la**.
(Sí, **la** voy a invitar.)

¿Tienes que hacer las tareas?   Sí, tengo que hacer**las**.
(Sí, **las** tengo que hacer.)

VOCABULARIO PRÁCTICO   Verbos que usan objetos directos

ayudar	to help	¿**Ayudas** a tus amigos? Sí, los **ayudo**.
buscar	to look for	¿**Buscas** a Pepe? No, no lo **busco**.
esperar	to wait for	¿**Esperas** a Juana? Sí, la **espero**.
llamar	to call	¿**Llamas** por teléfono a tus primas?
(por teléfono)	(on the phone)	Sí, las **llamo**.
necesitar	to need	¿**Necesitas** tu cámara? Sí, la **necesito**.

ACTIVIDAD 2   Un viaje

Imagine you are going on a trip to South America. Here are some items.
Which ones do you need to take along?

🖙 ¿tu tocadiscos?   Sí, lo necesito.
                  (No, no lo necesito.)

1. ¿tu cámara?   3. ¿tu bolso?   5. ¿tus discos?   7. ¿tus libros de español?
2. ¿tu grabadora?   4. ¿tu bicicleta?   6. ¿tus cintas?   8. ¿tu bolígrafo y tu lápiz?

ACTIVIDAD 3   El teléfono

Ask your classmates whether they often call the following people.

🖙 tu mejor amigo   Estudiante 1: ¿Llamas por teléfono a tu mejor amigo a menudo?
                        Estudiante 2: Sí, lo llamo a menudo.
                                  (No, no lo llamo a menudo.)

1. tu profesor   3. tus amigos   5. tus abuelos   7. tu papá
2. tus primos   4. tu mamá   6. tu doctor   8. tus tíos

ACTIVIDAD 4   El cumpleaños de Carolina

Enrique wants to know whom Carolina is going to invite to her birthday party. She answers him. Play both roles according to the model.

> tus primos   Enrique: ¿Vas a invitar a tus primos?
> Carolina: Sí, voy a invitarlos. Siempre los invito.

1. María
2. Roberto
3. tus abuelos

4. Paco y Marina
5. el profesor de matemáticas
6. las primas de Eduardo

ACTIVIDAD 5   Una buena razón *(A good reason)*

Federico asks Claudia if she does the following things, but Claudia doesn't like to do anything. Play both roles according to the model.

> visitar el museo   Federico: ¿Visitas el museo?
> Claudia: No, no lo visito.
> Federico: ¿Por qué no?
> Claudia: Porque no me gusta visitarlo.

1. hacer las tareas
2. llevar a tu hermana menor al cine
3. leer la revista
4. escuchar las cintas de inglés

5. organizar una fiesta
6. preparar el café
7. ayudar a tu mamá
8. llamar a tus primos

C. *Dar*

Note the present tense forms of the verb **dar** *(to give)* in the following sentences.

(yo)	**Doy** muchas fiestas en mi casa.	(nosotros)	**Damos** muchos consejos *(advice)*.
(tú)	¿**Das** muchas fiestas?	(vosotros)	¿**Dais** buenos consejos?
(él) (ella) (Ud.)	¿**Da** Paco fiestas en su casa?	(ellos) (ellas) (Uds.)	**Dan** malos consejos.

> **Dar** has regular **–ar** endings except in the **yo** form: **doy.**
> The present participle is regular: ¿Qué están **dando** Uds.?

ACTIVIDAD 6   Consejos *(Advice)*

Say what type of advice the following people give.

> Pedro: buenos   Pedro da buenos consejos.

1. yo: magníficos
2. Esteban: tontos
3. nosotros: buenos
4. Ud.: malos

5. tú: excelentes
6. mis padres: útiles *(useful)*
7. Uds.: serios
8. la profesora: importantes

D. Los pronombres *le, les*

Note the form and the position of the pronouns in heavy print.

Tengo un amigo en Chile.	**Le** escribo a veces.	*I sometimes write (**to**) **him**.*
Tengo una amiga aquí.	No **le** escribo.	*I don't write (**to**) **her**.*
Tengo dos hermanos.	**Les** presto mis discos.	*I lend **them** my records.*
		*(I lend my records **to them**.)*
Tengo dos primas.	No **les** presto mi radio.	*I don't lend **them** my radio.*
		*(I don't lend my radio **to them**.)*

The pronouns **le** and **les** may refer to either males or females.

The position of the *indirect object pronouns* is the same as that of the direct object pronouns.

Usually the indirect object pronoun comes directly *before* the verb.

When used with an infinitive, the indirect object pronoun usually comes *after* the infinitive and is attached to it. (It may come *before* the first verb.)

¿A Manuel? ¡Claro! Ahora voy a escribir**le**.
(¿A Manuel? ¡Claro! Ahora **le** voy a escribir.)

🐾 **Le** and **les** are used even when the indirect object noun is expressed.

Le presto mi guitarra **a María**.   *I am lending my guitar **to María**.*
Les escribo **a mis primos**.   *I am writing **to my cousins**.*

VOCABULARIO PRÁCTICO   Verbos que usan objetos indirectos

comprar (algo) a (alguien)
to buy (something) for (someone)

Le **compramos** una cinta a José.

mandar (algo) a (alguien)
to send (something) to (someone)

Les **mando** una carta a mis padres.

prestar (algo) a (alguien)
to lend (something) to (someone)

Le **presto** mi radio a Juanita.

ACTIVIDAD 7   Diálogo: Los problemas

Everyone has little problems. Ask your classmates whether they talk about them with the following people.

🐾   tu mejor amigo   Estudiante 1: ¿Le hablas de tus problemas a tu mejor amigo?
                      Estudiante 2: Sí, le hablo de mis problemas.
                                   (No, no le hablo de mis problemas.)

1. tu mejor amiga
2. tu papá
3. tu mamá
4. tus hermanos
5. tus profesores
6. tus primos
7. tu abuela
8. tu familia

ACTIVIDAD 8   Diálogo: La correspondencia

Ask your classmates to whom they write when they are away on summer vacation.

🗫   tu mejor amigo   Estudiante 1: ¿Le escribes a tu mejor amigo?
                           Estudiante 2: Sí, le escribo.
                                        (No, no le escribo.)

1. tus padres   4. tus tíos   7. tu primo(a) favorito(a)
2. tus abuelos   5. tus amigos favoritos   8. tu perro
3. tus hermanos   6. tu profesor(a) de español

ACTIVIDAD 9   Regalos de Navidad

Paco is thinking about what to get the following people for Christmas.
Express his thoughts, according to the model.

🗫   María: una cinta   ¿Qué le doy a María? . . . Voy a darle una cinta.

1. mamá: un bolso   4. sus abuelos: unas fotos
2. papá: un libro   5. su hermana menor: un sombrero
3. Pedro: un libro también   6. sus primas: un disco

ACTIVIDAD 10   Preguntas personales

1. ¿Le prestas tu bicicleta a tu hermano? ¿a tu hermana? ¿a tu papá?
2. ¿Les prestas tus discos a tus hermanos? ¿a tus amigos?
3. ¿Qué le vas a dar a tu papá para su cumpleaños? ¿una cámara? ¿un reloj? ¿un radio?
4. ¿Te gusta mandar tarjetas de Navidad?
5. ¿Les mandas tarjetas de Navidad a tus amigos? ¿a tus primos? ¿a tus abuelos? ¿a tus profesores?

Pronunciación   El sonido de la consonante *l*

Model word: Fe<u>l</u>ipe
Practice words: <u>l</u>e <u>l</u>es <u>l</u>o <u>l</u>as <u>l</u>eo <u>l</u>ápiz <u>l</u>unes
                abue<u>l</u>a sa<u>l</u>a ma<u>l</u>eta bai<u>l</u>o miérco<u>l</u>es
                árbo<u>l</u> so<u>l</u> españo<u>l</u> hote<u>l</u> abri<u>l</u> Isabe<u>l</u>
Practice sentences: E<u>l</u> <u>l</u>unes, Manue<u>l</u> va a<u>l</u> Hote<u>l</u> P<u>l</u>aza.
                    E<u>l</u> <u>a</u>lumno hab<u>l</u>a españo<u>l</u>.
                    <u>L</u>e doy a <u>L</u>uisa <u>l</u>a ma<u>l</u>eta.
                    <u>L</u>eo e<u>l</u> <u>l</u>ibro de Isabe<u>l</u>.

The sound of the Spanish l is similar to the sound of the l in the English word "leaf." In pronouncing the Spanish l, only the tip of the tongue touches the upper gum ridge.

Para la comunicación

Expresiones para la conversación

To express admiration, you can use one of the following adjectives with a noun and **tan**:

estupendo	¡Qué chico **tan estupendo**!
fabuloso	¡Qué chica **tan fabulosa**!
magnífico	¡Qué regalo **tan magnífico**!
fantástico	¡Qué profesor **tan fantástico**!

Mini-diálogos

Create new dialogs by replacing the underlined words with the words suggested by the pictures.

Miguel

Marta: ¿Qué compras?
Tomás: Compro un tocadiscos.
Marta: ¿Para quién?
Tomás: Para Miguel.
Marta: ¿Y por qué le compras un tocadiscos?
Tomás: Porque mañana es su cumpleaños.
Marta: ¡Qué regalo tan fabuloso!

tu primo

tu prima

tus hermanas

tu hermano

Manuela

Tú tienes la palabra

With a classmate, prepare a short dialog about a present you are buying for a friend. Use the conversation between Marta and Tomás as a model.

Variedades

La historia de las cosas que comemos

En 1492 (mil cuatrocientos noventa y dos), cuando Cristóbal Colón llega a América, los españoles descubren ° no sólo un continente nuevo. También descubren otros pueblos, ° otras civilizaciones y . . . otros productos. Al mismo tiempo, los españoles introducen en América cosas que se usan° en España.

    Los siguientes productos tal vez no son tus favoritos. Pero los comes a veces, ¿verdad?

    Ahora, adivina° su origen. ¿De dónde crees que son originalmente:

1. la piña? ¿De Hawai? ¿de Florida?

2. el maní? ¿De Georgia? ¿de África?

3. la papa? ¿De Irlanda? ¿de Francia?

4. el tomate? ¿De Italia? ¿de California?

5. la banana? ¿Del Ecuador? ¿de Panamá?

6. el café? ¿Del Brasil? ¿de Colombia?

Éstas° son las respuestas° correctas:

1. Es cierto que casi todas las piñas que venden los supermercados° son de Hawai, pero los cultivadores° originales de las piñas son los indios de Cuba y Puerto Rico.
2. Es cierto que hay una variedad de maní que viene de Georgia, pero los cultivadores originales del maní son los indios de Bolivia, Perú y Ecuador.
3. Es cierto que las papas son muy populares en Irlanda, pero los cultivadores originales de las papas también son los indios de Bolivia, Perú y Ecuador.
4. Es cierto que los italianos preparan una deliciosa salsa° de tomate, pero los cultivadores originales del tomate son los indios de México.
5. Es cierto que el Ecuador es el mayor° productor° de bananas del mundo,° pero las bananas son de origen africano. Llegaron° a América porque los españoles las introdujeron.°
6. Es cierto que el Brasil es el mayor productor de café del mundo, pero el café también es de origen africano. Y también llegó° a América porque los españoles lo introdujeron.

descubren: *discover*
pueblos: *people*

se usan: *are used*

adivina: *guess*

Éstas: *These*,
respuestas: *answers*

supermercados:
supermarkets,
cultivadores:
cultivators

salsa: *sauce*

mayor: *largest*,
productor: *producer*,
mundo: *world*
Llegaron: *They came*,
introdujeron:
introduced

llegó: *it came*

Adjetivos de nacionalidad

Adjectives of nationality are derived from the names of countries. These adjectives, however, do not all have the same endings.

The following list of adjectives of nationality covers all the Spanish-speaking countries. Can you match these adjectives with the corresponding countries?

argentino	mexicano
boliviano	nicaragüense
colombiano	norteamericano
costarricense	panameño
cubano	paraguayo
chileno	peruano
dominicano	puertorriqueño
ecuatoriano	salvadoreño
español	uruguayo
guatemalteco	venezolano
hondureño	

Now can you match the following adjectives of nationality with their countries?

alemán	indio
australiano	irlandés
belga	israelí
brasileño	neozelandés
canadiense	ruso
chino	senegalés
egipcio	sueco
griego	turco
húngaro	

VISTA
El mundo de los deportes

3

DEPORTES DE VERANO

 tenis

 natación

 windsurf

 esquí acuático

 vela

DEPORTES DE INVIERNO

 esquí

 patinaje

 hockey

EL BÉISBOL
es más popular en: México, Puerto Rico, Cuba, Venezuela, La República Dominicana, Nicaragua

Si el fútbol es número uno en Sudamérica y España, el béisbol es rey° en los países del Caribe; el deporte tiene equipos muy populares, especialmente en Venezuela y en la República Dominicana. Hay muchos jugadores° de origen hispánico en las grandes ligas de béisbol en los Estados Unidos.

El mundo° hispánico

mundo *world* **deportes** *sports* **tan** *as* **rey** *king*
jugadores *players*

EL VOLIBOL
es más popular en: México, Cuba, Colombia, Bolivia

Este deporte y pasatiempo° cada día es más y más popular por todas partes.° Muchos profesores de educación física dicen que es excelente para los jóvenes, especialmente para las chicas. Hay varios grupos profesionales de chicas, pero en muchos barrios y parques, grupos mixtos de muchachos y muchachas lo juegan° simplemente como un pasatiempo.

EL ESQUÍ
es más popular en: Chile, Argentina, España

Cuando la gente en los Estados Unidos habla del esquí, habla de Colorado, de Vermont, de los Alpes y del Japón. Pero en Sudamérica, las montañas de los Andes son fantásticas para este deporte. Los grandes centros de esquí como Las Leñas (Argentina) y Portillo (Chile) atraen° a miles° de esquiadores° cada año. En España, los Pirineos y la Sierra Nevada son regiones muy populares para el esquí.

y los deportes°

En los países hispánicos los deportes son tan populares como° en los Estados Unidos, pero hay una gran variedad de deportes en diferentes países.

EL CICLISMO
es más popular en: Venezuela, México, Uruguay, Colombia, Chile, Costa Rica, Guatemala, Cuba

Éste es un deporte que tiene millones de aficionados en España y en América Latina. En España el evento principal es la «Vuelta». Es una carrera° de ciclismo que dura° dos o tres semanas durante el verano. Los competidores cruzan° ríos° y montañas con buen tiempo o con mal tiempo. La llegada° de los ciclistas es un evento nacional. También hay una «Vuelta» muy famosa en Colombia.

---

pasatiempo *pastime* **por todas partes** *everywhere* **juegan** *play* **atraen** *attract* **miles** *thousands* **esquiadores** *skiers* **tan . . . como** *as . . . as* **carrera** *race* **dura** *lasts* **cruzan** *cross* **ríos** *rivers* **llegada** *arrival*

EL FÚTBOL°
es más popular en: España, México, Chile, Uruguay, Argentina

Es el deporte° número uno en Sudamérica. En muchas ciudades grandes y pequeñas hay equipos° de fútbol y cada equipo tiene muchísimos aficionados.° Los partidos° nacionales tienen gran importancia en cada país, pero el gran evento es la Copa Mundial,° cada cuatro años. En 1986 unos quinientos millones de personas vieron° por televisión el partido final de la Copa Mundial. Este° partido se jugó° en México.

EL JAI ALAI
es más popular en: España, México, Cuba, Venezuela

Es un juego° de origen vasco° que quiere decir° «fiesta alegre». Es uno de los deportes más peligrosos° y rápidos; la pelota° viaja a velocidades de más de doscientos kilómetros por hora; por eso las canchas° tienen tres paredes° de catorce metros de altura° y son de cemento sólido. Hoy los mejores° jugadores de jai alai vienen a los Estados Unidos a jugar en las canchas de Florida y de Connecticut.

fútbol *soccer*   deporte *sport*   equipos *teams*   aficionados *fans*   partidos *matches*
Copa Mundial *World Cup*   vieron *saw*   Este *This*   se jugó *was played*   juego *game*   vasco *Basque*
quiere decir *means*   peligrosos *dangerous*   pelota *ball*   canchas *courts*   paredes *walls*
altura *height*   mejores *best*

LA CORRIDA DE TOROS
es más popular en: España, México, Colombia, Perú

Unos dicen que es un arte y otros dicen que es un deporte. Unos dicen que es un acto de barbarie° y otros que es un acto simbólico en que se oponen° la fuerza° bruta de un animal con la valentía° y la gracia del hombre. Se practica esta actividad en España, México, Colombia y a veces en el Perú y Guatemala.

EL TENIS
es más popular en: Argentina, México, Perú, Chile

El tenis se juega° hoy más que antes en el mundo hispánico. La popularidad de este° deporte es debida° en gran parte al notable éxito° de tenistas hispánicos. Todos conocen a jugadores° como Martín Jaite y Gabriela Sabatini (Argentina), Andrés Gómez (Ecuador) y Emilio Sánchez (España). Hoy estos campeones° se distinguen° en los principales torneos° internacionales, siguiendo las huellas° de tenistas como Pancho González (México) y Pancho Segura (Ecuador), campeones de la generación anterior.°

barbarie *savagery*   **se oponen** *are opposed*   **fuerza** *force*   **valentía** *courage*   **se juega** *is played*
este *this*   **debida** *due*   **éxito** *success*   **jugadores** *players*   **campeones** *champions*
se distinguen *distinguish themselves*   **torneos** *tournaments*
siguiendo las huellas *following in the footsteps*   **anterior** *previous*

¿QUÉ SABES DEL FÚTBOL?

¿Cuál es el deporte que llena° más estadios en el mundo, que tiene más jugadores profesionales y aficionados y que paga° más dinero a los equipos profesionales?

¡El fútbol! . . . y el fútbol es rey en los países hispánicos. En los Estados Unidos este deporte es cada día más popular. ¿Qué sabes tú del fútbol? Vamos a ver . . .

sí   no

- ▪ ▪ 1. Un equipo de fútbol tiene once jugadores.
- ▪ ▪ 2. La duración de un partido es de dos partes de cuarenta y cinco minutos cada una.
- ▪ ▪ 3. Para° ser buen jugador es necesario ser alto.
- ▪ ▪ 4. El juego consiste en hacer entrar° la pelota en la portería° del equipo contrario.
- ▪ ▪ 5. Los jugadores toman la pelota con las manos.°
- ▪ ▪ 6. El fútbol es un deporte de origen hispánico.
- ▪ ▪ 7. Un gol vale° dos puntos.
- ▪ ▪ 8. En el fútbol los jugadores usan cascos.°
- ▪ ▪ 9. En general, un campo de fútbol es más grande que° un campo de fútbol americano.
- ▪ ▪ 10. En los Estados Unidos hay equipos profesionales de fútbol.

llena *fills*   **paga** *pays*   **Para** *In order*   **hacer entrar** *making enter*   **portería** *goal area*
manos *hands*   **vale** *is worth*   **cascos** *helmets*   **más grande que** *bigger than*

EL FÚTBOL

EL VOCABULARIO

campo	field
línea	line
puerta, portería	goal

camiseta

pelota, balón

calzoneta

botines

rodilleras

medias

canilleras

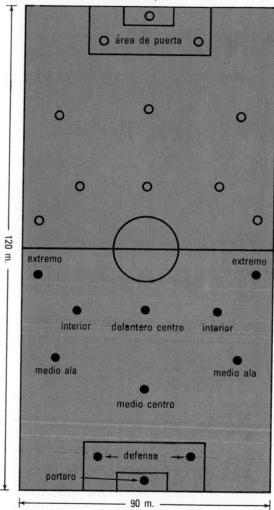

campo de fútbol

línea de puerta

área de puerta

120 m.

extremo — extremo

interior — delantero centro — interior

medio ala — medio ala

medio centro

← defensa →

portero

90 m.

las posiciones

GOLF
Severiano Ballesteros
España

Severiano Ballesteros, de origen español, es uno de los mejores° jugadores de golf en el mundo. ¿Cómo empezó° su interés en el golf? Cuando era° niño, Seve aprendió° como jugar al golf con palos° y piedritas° que encontraba° en la playa de Pedreña, su pueblo natal.°

A los dieciséis años, Seve se hizo° profesional. Ahora Seve ha obtenido° el título de campeón por todo el mundo.° ¡Y todo empezó con los juegos de un niño!

NATACIÓN

Gabriela Gaja
México

Gabriela Gaja es una nadadora° mexicana. A la edad° de quince años, ella participó° en los Juegos Panamericanos de Indianápolis. Desde entonces,° Gaby ha participado en muchas competencias internacionales y ha ganado° muchas medallas. Ella nada aproximadamente 14 kilómetros todos los días. Su pasatiempo° favorito es coleccionar° billetes y monedas° de diferentes países. Su deseo:° ¡ganar una medalla en los próximos° Juegos Olímpicos!

JUEGOS SOBRE SILLAS DE RUEDAS

Cecilia Vázquez
México

Cecilia es una niña minusválida° que depende de una silla de ruedas.° Su esfuerzo,° dedicación, energía y actitud positiva le traen° la admiración y respeto de muchísimas personas. A la edad de ocho años, ella participó° en los XIV (catorce) Juegos Sobre Sillas de Ruedas en la Ciudad de México. Cecilia fue° la estrella° de los Juegos: ¡ganó° ocho medallas!

mejores *best* **empezó** *did . . .begin* **era** *was* **aprendió** *learned* **palos** *sticks* **piedritas** *small stones* **que encontraba** *that he found* **pueblo natal** *hometown* **se hizo** *became* **ha obtenido** *has obtained* **por todo el mundo** *throughout the world* **nadadora** *swimmer* **edad** *age* **participó** *participated* **Desde entonces** *Since then* **ha participado** *has participated* **ha ganado** *has won* **pasatiempo** *pastime* **coleccionar** *collect* **monedas** *coins* **deseo** *wish* **próximos** *next* **minusválida** *handicapped* **silla de ruedas** *wheelchair* **esfuerzo** *effort* **le traen** *bring her* **participó** *participated* **fue** *was* **estrella** *star* **ganó** *she won*

TENIS
Gabriela Sabatini
Argentina

A los seis años, Gabriela empezó° a jugar al tenis. A los dieciséis años fue° la participante más joven en los juegos semifinales de Wimbledon. Hoy ha competido° con éxito° contra las mejores jugadoras de tenis en el mundo, como Martina Navratilova. Gabriela se dedica únicamente° a este deporte y piensa que algún día° ella será° la campeona mundial de tenis. Trabaja mucho para mantenerse en forma y le pone mucha atención a su dieta, pero admite que tiene una pequeña debilidad:° ¡le encanta el helado!° También le gusta mucho jugar juegos electrónicos y escuchar música moderna.

FÚTBOL
Diego Maradona
Argentina

En el mundo de fútbol,° Diego Armando Maradona es «El Rey».° En 1986, él fue la superestrella° del campeonato Mundial de Fútbol en México, en que su equipo, el equipo nacional argentino, ganó la copa.

Diego es de tamaño° pequeño. Sin embargo,° cuando está en el campo° de fútbol, es un jugador° formidable. ¿Por qué? Porque es un jugador sumamente° rápido.° ¡Es el jugador más rápido del mundo! ¡Y también es el más famoso!

BÉISBOL
George Bell
República Dominicana

El talentoso beisbolista juega con el equipo Blue Jays de Toronto. En 1987, la Asociación de Escritores de Béisbol en América lo nombró° el Jugador Más Valioso° de la Liga° Americana. Es el primer dominicano en recibir° este premio.° Bell, en solamente° cinco temporadas° con los Blue Jays, bateó 139 jonrones.° También fue elegido° para jugar en el Juego de las Estrellas° y recibió el premio «Silver Slugger». En la República Dominicana, es más que una estrella de béisbol. ¡Es un héroe nacional!

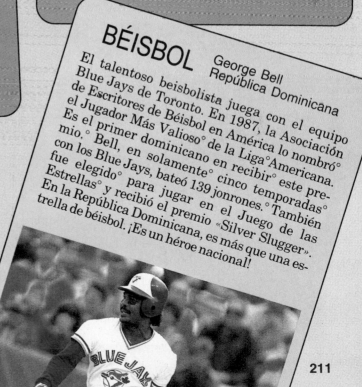

empezó *began* fue *she was* ha competido *has competed* con éxito *successfully* únicamente *solely* algún día *some day* será *will be* debilidad *weakness* helado *ice cream* fútbol *soccer* El Rey *The King* superestrella *superstar* tamaño *size* Sin embargo *Nonetheless* campo *field* jugador *player* sumamente *extremely* rápido *fast* lo nombró *named him* Jugador Más Valioso *Most Valuable Player* Liga *League* recibir *to receive* premio *award* solamente *only* temporadas *seasons* bateó *hit* jonrones *homeruns* elegido *elected* Juego de las Estrellas *All-Star Game*

211

Los deportes y tu personalidad

Nuestra preferencia por cierto° deporte dice mucho de nuestra personalidad.
Por ejemplo, un deporte de equipo°—el fútbol, el básquetbol, el volibol—atrae°
a personas que prefieren formar parte de un grupo. Un deporte individual—el
correr,° el tenis, el esquí—atrae a personas que prefieren realizar° un objetivo
personal. ¿Qué deportes practicas tú? ¿Cuál es tu deporte favorito? . . .
Primero decide qué tipo de persona eres; después ve° cuál es tu deporte.

SI TÚ ERES . . .	TU DEPORTE ES . . .	PORQUE . . .
• independiente y enérgico(a)	el correr	En las carreras tú compites contigo mismo.°
• inteligente y perseverante	el tenis	Juegas al tenis para ganar, y para ganar necesitas tener buenas tácticas.
• sociable	el ciclismo, la natación,° el esquí	El objetivo de estos deportes no es sólo ganar° sino° también hacer ejercicio con otra gente.
• agresivo(a)	el fútbol	Tienes que pegarle° a la pelota, pero ¡primero tienes que llegar a ella!
• seguro(a) de ti mismo°	el básquetbol	No puedes esperar; tienes que saber° qué hacer con la pelota.
• perfeccionista	el volibol	Éste es un deporte que requiere disciplina y precisión.

cierto *a certain* **equipo** *team* **atrae** *appeals* **correr** *running* **realizar** *to attain* **ve** *see*
contigo mismo *with yourself* **natación** *swimming* **ganar** *to win* **sino** *but* **pegarle** *kick*
seguro de ti mismo *sure of yourself* **saber** *know*

El radio deportivo°

Tú estás solo en un desierto . . .
Tienes sólo un radio transistor.
Enciendes° el radio y . . . ¡caramba! ¡Una transmisión en
español! ¡El radio está completamente loco!° En cada
estación sólo se habla de deportes. Tu única° posibilidad de
pasar el tiempo es adivinar° qué deporte corresponde a
las siguientes palabras:

1. Y ahora Gutiérrez toma la pelota, corre° en zig-zag y . . .
    Goooooooooooooool, Goooooooooooooooool de la Argentina . . . Dos del
    Uruguay, tres de la Argentina . . .

2. Santos lanza° . . . González conecta° una línea que se va . . . se va . . .
    se va . . . ¡y se fue!° ¡Jonrón para los Piratas!

3. Estamos en el último juego° del torneo° de dobles femeninos. Juanita
    Torres sirve una pelota° rapidísima . . . ¡Otro incojible!°
    ¡Cuarenta / quince!

4. Corona se aproxima° al final de las veinte y seis millas. Sólo le restan
    unas veinte yardas . . . ¡Llega el primero en dos horas ocho minutos y
    diez segundos! ¡Un nuevo record mundial!

5. El piloto Carlos Perea toma mal la curva: sólo hay humo° en la
    pista° . . . ¡Accidente en la pista! . . . ¡Una ambulancia, una
    ambulancia! . . .

6. Carmen Rey está a ocho bajo par, pero tiene un put difícil a quince
    pies del hoyo° diez y ocho. Prepara el golpe.° La pelota rueda° . . .
    se acerca° . . . ¡cae° en el hoyo! ¡Rey es la campeona!

RESPUESTAS: 1. fútbol 2. béisbol 3. tenis 4. maratón 5. carrera° de autos 6. golf

Actividades culturales

Actividades para cada estudiante

1. *Make a list of ten baseball players with
    Hispanic names in the American and the
    National League. (Sources: newspapers,
    sports magazines)*
2. *List the Hispanic medal winners in the
    last four Summer Olympic Games.
    (Source: almanac)*

Actividades para la clase

1. *Look in newspapers and magazines for
    articles about Hispanic sports figures,
    and prepare a display.*
2. *Prepare a display that compares el fútbol
    and el fútbol americano. Indicate field
    size, team size, equipment, and scoring.*

---

deportivo *of sports*   **Enciendes** *You turn on*   **loco** *crazy*   **única** *only*   **adivinar** *guess*   **corre** *runs*
lanza *pitches*   **conecta** *hits*   **¡y se fue!** *and it's gone!*   **juego** *game*   **torneo** *tournament*
pelota *ball*   **incojible** *ace*   **se aproxima** *nears*   **humo** *smoke*   **pista** *track*   **hoyo** *hole*   **golpe** *shot*
rueda *rolls*   **se acerca** *approaches*   **cae** *falls*   **carrera** *race*

Unidad 6

Nuestras diversiones

Lección 1 El problema del dinero

¿Cuánto dinero te dan tus padres? ¿Te dan mucho? ¿Te dan poco?
¿Qué haces con tu dinero?

El problema del dinero es un problema universal. Todos los jóvenes
del mundo tienen este problema. Hoy, cinco jóvenes hispanos nos van
a hablar de este importante problema.

mundo: *world,*
este: *this*

Carlos (Es del Uruguay y tiene quince años.)

Mis padres me dan cincuenta pesos cada semana. Con eso compro
discos y revistas, y voy al cine de vez en cuando.

eso: *that*

María Victoria (Es la hermana de Carlos y tiene trece años.)

A mi hermano mis padres le dan cincuenta pesos cada semana. Pero
a mí me dan sólo treinta. No es mucho y . . . ¡no es justo! ¡Yo también
tengo gastos! ¡Yo también necesito comprar discos y revistas! ¡Yo
también tengo ganas de ir al cine! . . . Pero no voy nunca . . . ¡No
tengo suficiente dinero!

gastos: *expenses*

Elena (Es de México y tiene diez y seis años.)

A mí mi papá no me da nada. De vez en cuando mi mamá me da tres
mil pesos . . . ¡especialmente cuando saco buenas notas en clase!
Afortunadamente tengo amigos generosos. Me invitan al cine, a los
conciertos, a tomar café . . . ¡Y yo no pago nada, por supuesto!

nada: *nothing*
tres mil: *three*
  thousand, **saco:** *get,*
  notas: *grades*
Afortunadamente:
  Fortunately
pago: *pay*

Guillermo (Es de Bolivia y tiene quince años.)

Mis padres me dan ochocientos pesos cada semana. ¿Crees que es
mucho? Realmente es muy poco. Tengo muchas amigas . . . y cuando
invito a una chica al café, claro, tengo que pagar por ella. ¡Después no
tengo dinero el resto de la semana!

ochocientos: *eight*
  hundred
pagar: *to pay*

Esteban (Es de San Francisco y tiene diez y nueve años.)

¡Yo nunca pido dinero! ¡No me gusta pedir nada! . . . No necesito el
dinero de mis padres. Trabajo en una estación de servicio. Soy
mecánico y gano mucho. El dinero que gano no lo gasto. Lo ahorro
para comprar una moto . . . una Kawasaki 500.

nunca: *never,* **pido:**
  ask for
gasto: *spend,* **ahorro:**
  save

CONVERSACIÓN

Ahora vamos a hablar de ti.

1. ¿**Te** dan mucho dinero tus padres?
   Sí, **me** dan . . . (No, no **me** dan . . .)
2. ¿**Te** dan dinero tus abuelos?
3. ¿**Te** dan dinero tus tíos?
4. ¿**Te** prestan sus discos tus amigos?
5. ¿**Te** prestan sus libros tus amigos?
6. ¿**Te** prestan sus revistas tus amigos?

OBSERVACIÓN

The questions to the left are addressed to you personally.

• Which object pronoun is used?

In the answers you refer to yourself.

• Which object pronoun do you use?

NOTAS CULTURALES

Una cuestión de caballeros°

Hace unos años,° en los países hispánicos, si un grupo de amigos iba° al cine, al café o al restaurante, los chicos pagaban° los gastos° de las chicas. Hoy ya no° es así.° Si un grupo sale,° cada persona paga sus gastos. Un chico sólo paga cuando invita a una chica a salir en una cita. Es una cuestión de caballeros . . . y ¡a las chicas les encanta° salir con un caballero!

Una cuestión de caballeros *A matter of being a gentleman* **Hace unos años** *A few years ago* **iba** *went* **pagaban** *paid* **gastos** *expenses* **ya no** *no longer* **así** *like this* **sale** *goes out* **a las chicas les encanta** *the girls are delighted*

¡Hay pesos y pesos!

El peso es la unidad monetaria° en varios países de Latinoamérica, pero su valor° no es el mismo en cada uno de esos° países. A continuación° se encuentra° una lista de países con sus unidades monetarias.

unidad monetaria *monetary unit* **valor** *value* **esos** *those* **A continuación** *Below* **se encuentra** *is (found)*

EL PAÍS	LA UNIDAD MONETARIA
Bolivia	el peso boliviano
Chile	el peso chileno
Colombia	el peso colombiano
la República Dominicana	el peso dominicano
México	el peso mexicano
el Uruguay	el peso uruguayo

Estructuras

A. Los pronombres *me, te, nos*

Note the uses of the object pronouns in heavy print.

— ¿**Me** invitas al cine?	*Are you inviting **me** to the movies?*
— ¡Por supuesto **te** invito!	*Of course I am inviting **you.***
— ¿**Te** dan dinero tus padres?	*Do your parents give **you** (= **to you**) money?*
— Sí, pero no **me** dan mucho.	*Yes, but they don't give **me** (= **to me**) much.*
— ¿**Nos** llamas por teléfono, Luisa?	*Are you phoning **us**, Luisa?*
— ¿**Nos** prestas tu coche?	*Are you lending **us** (= **to us**) your car?*

> **Me** *(me, to me)*, **te** *(you, to you)* and **nos** *(us, to us)* may refer to nouns that are direct or indirect objects. These pronouns do not have separate direct and indirect forms like the pronouns you have already learned.

> The position of **me, te** and **nos** is the same as that of the other object pronouns:
>
> • Usually the pronouns come directly *before* the verb.
> • When used with an infinitive, the pronouns usually come *after* the infinitive and are attached to it. (They may come *before* the first verb.)

Voy a invitar**te** al cine.	¿Vas a prestar**me** tu bicicleta?
(**Te** voy a invitar al cine.)	(¿**Me** vas a prestar tu bicicleta?)

> The object pronouns corresponding to **Ud.** and **Uds.** are the same as the third person object pronouns.

(usted)	**lo, la**	*(you)*	Srta. López, ¡no **la** comprendo!
	le	*(to you)*	Sr. Alonso, **le** vendo mi coche.
(ustedes)	**los, las**	*(you)*	Carlos y Felipe, **los** invito a mi fiesta.
	les	*(to you)*	¿**Les** vendo mis discos a Uds.?

VOCABULARIO PRÁCTICO   El dinero

un consejo	(piece of) advice	¿Te dan buenos **consejos** tus amigos?
el dinero	money	¿Tienes **dinero** para ir al cine?
un gasto	expense	No tengo dinero porque tengo muchos **gastos.**
el trabajo	work, job	¿Tienes **trabajo** de verano?
ganar	to earn (money)	Trabajo mucho pero no **gano** mucho.
pagar (por)	to pay for	¿Tienen los chicos que **pagar** por las chicas cuando van al cine?

For emphasis Spanish speakers may use the expressions **a mí, a ti,** and **a nosotros(as)** with the pronouns **me, te,** and **nos:**

A mí, mis padres no **me** dan dinero.

ACTIVIDAD 1   Diálogo: La vida de tus compañeros *(The life of your classmates)*

Ask your classmates about their relationships with the people in parentheses. You may use the expression **a menudo** in your questions and answers.

escribir (tus primos)   Estudiante 1: ¿Te escriben a menudo tus primos?
Estudiante 2: Sí, me escriben a menudo.
(No, no me escriben a menudo.)

1. escribir (tus abuelos; tu mejor amigo; tus tíos)
2. invitar (tus primos; tu mejor amiga; los chicos de la clase)
3. llamar por teléfono (tu mejor amiga; tu mejor amigo; tus primos)

4. comprender (tu mejor amigo; tus padres; tus profesores)
5. ayudar con tus tareas (tus profesores; tu mamá; tus hermanos)
6. hablar de sus problemas (los chicos de la clase; tus primos; tu mejor amigo)

ACTIVIDAD 2   Diálogo: ¡Favores!

Ask your classmates if they intend to do the following things for you. Use **me** in the questions and **te** in the answers.

invitar al cine   Estudiante 1: ¿Vas a invitarme al cine?
Estudiante 2: Sí, voy a invitarte al cine.
(No, no voy a invitarte al cine.)

1. invitar a tu casa
2. llamar por teléfono
3. ayudar con la tarea

4. hablar de tus planes
5. prestar tus discos
6. prestar tu bicicleta

gastar	to spend (money)	¿Cuánto **gastas** cuando vas al cine?
≠ ahorrar	to save (money)	Betsy está **ahorrando** para ir a España.
ser rico	to be rich	Los amigos de Gloria **son ricos.**
≠ ser pobre	to be poor	Mis amigos **son pobres.**
demasiado(a)	too much	En clase tenemos **demasiado** trabajo . . . y
demasiados(as)	too many	**demasiados** exámenes.

NOTA: Like **mucho, demasiado** agrees with the noun which follows.

ACTIVIDAD 3 La fiesta de cumpleaños de Carlos

Carlos is having a birthday party. His friends are asking him whether
they are being invited. He says yes. Play both roles according to the model.

∞ Luisa y Elena Luisa y Elena: ¿Nos invitas a tu cumpleaños?
                          Carlos: ¡Claro, las invito!

1. Enrique
2. Mónica
3. Pablo y Paco

4. Sara y María
5. Felipe y Miguel
6. Tomás y Carmen

ACTIVIDAD 4 Preguntas personales

1. ¿Tienes trabajo? ¿Cuánto ganas?
2. ¿Ahorras dinero? ¿Estás ahorrando para hacer un viaje? ¿para comprar una
   bicicleta? ¿un tocadiscos? ¿una grabadora? ¿una calculadora?
3. ¿Gastas mucho dinero cuando vas al cine? ¿a la playa? ¿a un concierto?
4. ¿Eres muy generoso(a)? Y tus padres, ¿son generosos?
5. ¿Son ricos tus amigos? ¿Son generosos?
6. ¿Cuánto pagas por una Coca-Cola en la cafetería? ¿Cuánto por un sándwich?
7. ¿Tienes demasiado trabajo en esta clase? ¿demasiadas tareas?

B. Palabras afirmativas y negativas

The words in columns A and B are opposites. Note the use of these words
in the sentences below.

A	B	
siempre *(always)*	**nunca** *(never)*	—¿**Siempre** vas al cine los sábados? —No, **no** voy **nunca.**
alguien *(someone, anyone)*	**nadie** *(no one, not anyone)*	—¿Estás con **alguien**? —No, **no** estoy con **nadie.**
algo *(something, anything)*	**nada** *(nothing, not anything)*	—¿Le dices **algo** al profesor? —No, **no** le digo **nada.**
alguno *(some, any)*	**ninguno** *(no, not any, none)*	—¿Tienes **algunas** amigas en México? —No, **no** tengo **ninguna** amiga en México.

∞ The negative words **nunca, nadie, nada** and **ninguno** may come
before or after the verb. When they come after the verb, **no** is used
before the verb.

Nunca vamos al cine. ⎫
No vamos **nunca** al cine. ⎬ *We **never** go to the movies.*

⟑ **Alguno** and **ninguno** agree with the nouns they describe.
Before a masculine singular noun, they become **algún** and **ningún**.

No tengo **ningún** amigo en España.   *I don't have **any** friends in Spain.*
Algún día voy a visitar México.   *Some day I am going to visit Mexico.*

ACTIVIDAD 5   Diálogo: Esta noche *(Tonight)*

Ask your classmates about their plans for tonight. Use **alguien** in
sentences 1-5 and **algo** in sentences 6-10. Your classmates may answer
affirmatively or negatively.

⟑ invitar a   Estudiante 1: ¿Vas a invitar a alguien a la fiesta?
    la fiesta   Estudiante 2: Sí, voy a invitar a alguien a la fiesta.
                       (No, no voy a invitar a nadie a la fiesta.)

1. visitar
2. ver
3. invitar al cine
4. llevar al teatro
5. llamar por teléfono

6. hacer
7. leer
8. escribir
9. comprar
10. buscar

ACTIVIDAD 6   ¡No!

Today Felipe is in a very contrary mood. He says no to every one of
Isabel's questions. Play both roles according to the model.

⟑ hacer algo   Isabel: ¿Haces algo, Felipe?
                  Felipe: ¡No, no hago nada!

1. escribir algo
2. leer algo
3. comprar algo para tus amigos
4. invitar a alguien al cine
5. hablar de tus problemas con alguien
6. ir siempre al cine los domingos

7. trabajar siempre en clase
8. decir siempre la verdad *(truth)*
9. tener alguna amiga en España
10. tener algún disco bueno
11. desear ir a algún café
12. necesitar algún consejo

C. *Pedir* (e → i)

Note the forms of the verb **pedir** *(to ask for)*.
Pay attention to the vowel of the stem of the verb.

INFINITIVE:	pedir		
PRESENT:			
(yo)	Pido cuatro pesos.	(nosotros)	Pedimos tu coche.
(tú)	Pides cinco pesos.	(vosotros)	Pedís un favor.
(él, ella, Ud.)	Pide dinero.	(ellos, ellas, Uds.)	Piden consejos.
PRESENT PARTICIPLE: pidiendo			

🔊 The verb **pedir** has regular –ir endings. Note, however, that the vowel **e** of the stem (**ped-**) changes to **i** in the **yo, tú, él** and **ellos** forms, and in the present participle. **Pedir** is called a *stem-changing verb*.

🔊 Although both **pedir** and **preguntar** may mean *to ask* in English, their uses are different:

- **Pedir** means *to ask for, to request, to order (something).*

  ¿Le **pides** el coche a tu papá?   *Do you **ask** your father **for** the car?*
  No, no le **pido** nunca el coche.   *No, I never **ask** him **for** the car.*

- **Preguntar** means *to ask (a question), to inquire (about something).*

  Cuando no comprendo   *When I don't understand*
    le **pregunto** al profesor.   *I **ask** the teacher.*

ACTIVIDAD 7 Regalos de cumpleaños

Say what the following people are asking for as birthday presents. Follow the model.

🔊 Isabel (un radio)   Isabel pide un radio.

1. Carlos (una guitarra eléctrica)
2. Manuela (una bicicleta)
3. Jaime (discos)
4. nosotros (un reloj)
5. Paco y Roberto (una moto)
6. yo (una calculadora)
7. tú (una cámara de cine)
8. María y Pilar (una raqueta de tenis)

ACTIVIDAD 8 Diálogo: ¿Qué pides? ¿Qué preguntas?

Ask your classmates whether they request (1-5) or ask (6-10) the following things of their family and friends. Use the indirect object pronouns **le** and **les** in your questions and answers.

🔊 pedir: dinero a tu mamá   Estudiante 1: ¿Le pides dinero a tu mamá?
                                      Estudiante 2: Sí, le pido dinero.
                                                (No, no le pido nunca dinero.)

🔊 preguntar: a tus padres si ganan mucho
                                      Estudiante 1: ¿Les preguntas a tus padres si ganan mucho?
                                      Estudiante 2: Sí, les pregunto si ganan mucho.
                                                (No, no les pregunto nunca si ganan mucho.)

1. dinero a tus padres
2. el coche a tu papá
3. consejos a tu mejor amiga
4. sus discos a tus amigas
5. buenas notas *(grades)* a tus profesores
6. a tus padres si gastan mucho
7. a tus amigos si son ricos
8. a tus amigas si ahorran su dinero
9. a tus primos si necesitan dinero
10. a tus profesores si van a dar un examen difícil

Pronunciación El sonido de la consonante *p* inicial

Model word: p̲oco

Practice words: p̲ago p̲ido p̲obre p̲erdón p̲reguntar P̲aco

Practice sentences: P̲aco le p̲ide un p̲eso a su p̲apá.

¿P̲or qué está P̲ablo siempre en la p̲laza?

En P̲anamá, no p̲ago con p̲esos.

In English, the sound / p / at the beginning of a word is pronounced with a puff of air. Hold your hand by your mouth as you say the English word "poke" and you should feel the air. Now say the English word "spoke": there is almost no puff of air. In Spanish, the sound / p / is always pronounced *without* a puff of air, even at the beginning of a word.

Para la comunicación

Expresiones para la composición	
regularmente	*regularly*
a menudo	*often*
a veces	*sometimes*
raras veces	*rarely, seldom*

Mini-composición   Mi problema con el dinero

Escribe un pequeño párrafo, explicando cómo resuelves el problema del dinero. Usa las preguntas como guía para la composición, y usa las expresiones para la composición.

Presupuesto de la semana

	pesetas
Transporte	30
Cine	70
Revistas	35
Café	50
Sellos	20
Teléfono	20
total	225

- ¿Te dan dinero regularmente tus padres? ¿Cuánto?
- ¿Les pides dinero a tus abuelos?
- ¿Recibes dinero cuando ayudas a tu papá o a tu mamá?
- ¿Tienes trabajo? ¿Cuánto ganas?
- ¿Recibes dinero cuando sacas buenas notas *(grades)* en clase?
- ¿Vas al cine a menudo? ¿a los conciertos?
- ¿Compras discos? ¿periódicos? ¿revistas?
- ¿Tienes amigos generosos? ¿Te invitan al cine? ¿al teatro? ¿a la heladería *(ice cream parlor)*?

> **Regularmente** mi mamá me da dinero. Cada semana, recibo dos dólares.
> **A veces** mis abuelos me dan cinco o diez dólares . . .

223

Lección 2　Los deportes

¿Te gustan los deportes? . . . ¿Qué deporte te gusta más? . . . Cuatro jóvenes hispánicos (dos muchachos y dos muchachas) contestan:

Josefina

Me gusta nadar . . . Nado bastante bien . . . ¡Soy la campeona de mi escuela! También me gusta el tenis . . . Juego un poco, pero no juego muy bien.

Enrique

Me gusta el fútbol. Es mi deporte favorito. ¡Qué deporte! ¡Es sensacional! ¡Estupendo! ¡Fabuloso! . . . Juego al fútbol en la escuela. Tenemos un equipo tremendo . . . Con suerte, vamos a ser los campeones interescolares.

Benjamín

A mí también me gusta el fútbol . . . Soy un gran aficionado. Los domingos siempre asisto a los partidos de fútbol. Mi equipo favorito es el Real Madrid. ¡Son formidables! ¡Qué agilidad! ¡Viva el Real Madrid!

¿Me preguntas si juego al fútbol? ¿Yo? Bueno . . . no . . . No tengo tiempo para practicar. Me gusta más ver los partidos. Es más emocionante.

Ana María

A mí me gusta el boxeo . . . Me gusta el karate . . . Me gusta el judo . . . ¡Sí! Me gustan los deportes violentos . . . pero sólo verlos en la televisión.

En realidad, no soy una persona violenta y no practico deportes violentos . . . Yo juego al volibol. También me gustan el tenis y la natación.

Te gustan: *Do you like,* **deportes:** *sports*
contestan: *answer*

campeona: *champion*
Juego: *I play*

fútbol: *soccer*

equipo: *team*

interescolares: *interscholastic*

aficionado: *fan,* **Los domingos:** *On Sundays*
partidos: *games,* **equipo:** *team*
Viva: *Long live*

Me gusta más: *I prefer*
emocionante: *exciting*

boxeo: *boxing*

practico: *take part in*

natación: *swimming*

CONVERSACIÓN

Vamos a hablar de los deportes *(sports)*.

1. ¿**Te gusta** el tenis?
   Sí, **me gusta**. . . (No, **no me gusta** . . .)
2. ¿**Te gusta** el karate?
3. ¿**Te gusta** el volibol?

4. ¿**Te gustan** los deportes?
   Sí, **me gustan** . . . (No, **no me gustan** . . .)
5. ¿**Te gustan** los deportes violentos?
6. ¿**Te gustan** los partidos *(games)* de béisbol?

OBSERVACIÓN

Reread the above questions.

- What is the Spanish expression which corresponds to *do you like* when the question concerns a *single* activity such as tennis, karate, or volleyball?

- What expression is used when the question concerns *several* activities, such as sports or baseball games?

When you ask a Spanish speaker ¿**Te gusta el tenis?** or ¿**Te gusta el karate?** you are asking whether this person likes tennis or karate *in general*.

- Which word comes before **tenis** and **karate?**

- Does English use the definite article in constructions of this sort?

NOTA CULTURAL

¡Fútbol!

Hay fútbol y fútbol. El fútbol que juegan° los hispanohablantes no es como el fútbol norteamericano. En los Estados Unidos, el fútbol hispanoamericano se llama *soccer*.

En todas partes° donde hay espacios° abiertos,° los jóvenes hispánicos juegan al fútbol: en el estadio,° en la escuela, pero también en el campo, en la playa, en la calle. Los domingos, millones de aficionados° aplauden a sus equipos° favoritos: el Real Madrid en España, el Peñarol en el Uruguay, el Boca Juniors en la Argentina . . .

¡De veras, el fútbol es rey° en el mundo° hispánico!

juegan *play* **en todas partes** *everywhere* **espacios** *spaces* **abiertos** *open* **estadio** *stadium* **aficionados** *fans* **equipos** *teams* **rey** *king* **mundo** *world*

Estructuras

VOCABULARIO PRÁCTICO Los deportes *(Sports)*

Deportes individuales

el esquí

el tenis

la gimnasia

la natación

Deportes de equipo

el básquetbol

el béisbol

el fútbol

el volibol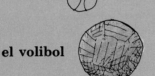

el fútbol americano

un equipo	team	Nuestra escuela tiene un **equipo** de fútbol muy bueno.
un(a) jugador(a)	player	Hay once **jugadores** en un equipo de fútbol.
un partido	game, match	¿Vas a asistir al **partido** de béisbol mañana?
un(a) atleta	athlete	¿Hay muchos **atletas** buenos en tu escuela?
un aficionado(a) a	a fan (of)	Soy **aficionado** al fútbol. Mi hermana es **aficionada** al tenis.
deportista	active in sports, athletic	Carlos no es **deportista,** pero tiene dos hermanas que son muy **deportistas.**
deportivo(a)	(concerning) sports	¿Lees las revistas **deportivas?**
jugar (u → ue) a	to play (a sport)	**¿Juegas** bien al ping pong?

ACTIVIDAD 1 Preguntas personales

1. ¿Eres deportista? ¿Qué deportes practicas? ¿el tenis? ¿el básquetbol?
   ¿el esquí? ¿la natación?
2. ¿Eres aficionado(a) al béisbol? ¿al volibol? ¿a la gimnasia?
3. ¿Hay en tu escuela un equipo de fútbol? ¿de fútbol americano?
   ¿de básquetbol? ¿Son buenos los equipos?
4. ¿Miras los partidos de tenis en la televisión? ¿los partidos de béisbol?

ACTIVIDAD 2 Un sondeo de opinión *(Opinion poll)*

Vote for the best sports, the best athletes, the best teams. The results of
this class survey may be presented as percentages or in tabular form.

1. El mejor deporte individual es . . .
2. El mejor deporte de equipo es . . .
3. El mejor jugador de béisbol es . . .
4. El mejor jugador de básquetbol es . . .
5. El mejor jugador de tenis es . . .
6. La mejor jugadora de tenis es . . .
7. El mejor equipo de béisbol es . . .
8. El mejor equipo de básquetbol es . . .
9. El mejor equipo de fútbol americano es . . .

A. *Jugar* (u → ue)

Note the forms of the stem-changing verb **jugar** *(to play)*.
Pay special attention to the stem vowels.

INFINITIVE:	jugar		
PRESENT:			
(yo)	**Ju**ego al fútbol.	(nosotros)	Jugamos al béisbol.
(tú)	**Ju**egas al básquetbol.	(vosotros)	Jugáis al ping pong.
(él, ella, Ud.)	**Ju**ega al volibol.	(ellos, ellas, Uds.)	**Ju**egan al tenis.
PRESENT PARTICIPLE:	jugando		

↪ The **u** of the stem (**jug-**) becomes **ue** in the **yo, tú, él** and **ellos** forms
of the present tense. Like all other stem-changing verbs, the endings
of **jugar** are regular.

↪ With the name of a sport, **jugar** is followed by the preposition **a**.

ACTIVIDAD 3 Hay buenos y malos jugadores

Roberto, the captain of the soccer team, wants your opinion of the players.
Express your opinion of each player according to the model.

↪ Alejandro: muy bien   Alejandro juega muy bien.

1. Lorenzo: mal
2. Gabriel: estupendamente
3. mis hermanos: bastante bien
4. Luis y yo: bien
5. Federico: muy mal
6. Alberto: muy bien
7. Roberto: bien, a veces
8. tú: muy mal
9. yo: bastante bien

B. El uso del artículo definido en el sentido general

Note the use of the definite article (**el, la, los, las**) in the following sentences.

El tenis es un deporte sensacional.

*Tennis (**in general**) is a sensational sport.*

No me gusta **la** violencia.

*I don't like violence (**in general**).*

Los hispanohablantes son aficionados al fútbol.

*Hispanic people (**in general**) are soccer fans.*

¿Son **las** chicas más deportistas que **los** chicos?

*Are girls (**in general**) more active in sports than boys (**in general**)?*

⇨ In Spanish, the definite article is used to introduce nouns used in a general sense. This is not the case in English.

ACTIVIDAD 4   Tu opinión de los deportes

Give your general opinion of the sports in column A, using one of the adjectives in column B. Your opinions may be positive or negative. (Note: The words marked with an asterisk (*) are feminine; all others are masculine.)

A		B	
tenis	ping pong	divertido	sano *(healthy)*
fútbol	esquí	aburrido	fácil *(easy)*
béisbol	natación*	violento	difícil
volibol	golf	artístico	peligroso *(dangerous)*
boxeo	gimnasia*	sensacional	espectacular
judo	fútbol americano		
karate	básquetbol		

⇨ tenis   El tenis (no) es un deporte sensacional (fácil, ...).

ACTIVIDAD 5   Otras opiniones personales

Give your general opinion of the following, according to the model.

⇨ música popular: ¿estupenda?   La música popular es estupenda.
(La música popular no es estupenda.)

1. música clásica: ¿divertida?
2. deportes de equipo: ¿violentos?
3. violencia: ¿terrible?
4. programas deportivos: ¿interesantes?
5. televisión: ¿una diversión intelectual?
6. dinero: ¿útil? *(useful)*
7. español: ¿difícil?
8. francés: ¿útil?
9. atletas: ¿personas interesantes?
10. chicos norteamericanos: ¿buenos atletas?
11. chicas norteamericanas: ¿buenas atletas?

ACTIVIDAD 6   Generalizaciones

Express your general opinion about the following topics. You may want to use adjectives such as **interesante, fantástico, fabuloso, estupendo, divertido, tonto, aburrido.** Your sentences may be affirmative or negative. (The feminine nouns are indicated by an asterisk.)

⟩⟩   violencia*   ¡La violencia (no) es tonta!

1. ciencia ficción*
2. novelas históricas*
3. novelas románticas*
4. historietas* *(comic strips)*
5. revistas deportivas*
6. comedias musicales*
7. jazz
8. rock
9. karate
10. deportes violentos

C. *Gustar*

Note the forms of **gustar** in the following questions and answers:

—¿**Te gusta** el tenis?   ***Do you like** tennis?*
—Sí, **me gusta** el tenis.   *Yes, **I like** tennis.*

—¿**Te gustan** los deportes violentos?   ***Do you like** violent sports?*
—No, **no me gustan** los deportes violentos.   *No, **I don't like** violent sports.*

⟩⟩   The expressions **me gusta (el tenis), me gustan (los deportes)** are equivalent to the English expression *I like (tennis, sports).* Word for word, however, these expressions mean:

(Tennis) pleases me (is pleasing to me).
(Sports) please me (are pleasing to me).

⟩⟩   In the expression **me gusta(n), te gusta(n)** . . . **me** and **te** are object pronouns. The verb **gustar** does not agree with these pronouns, but with the following noun which is the subject.

⟩⟩   The expression **me gusta(n) más** means *I like better, I prefer.*

Me gusta el fútbol pero **me gusta más** el volibol.

⟩⟩   When speaking to people whom you address as **Ud.** or **Uds.,** the pronouns to use are **le** and **les.**

¿**Le gusta** el tenis, Sra. de González?   ***Do you like** tennis . . . ?*
¿**Les gusta** el fútbol a Uds.?   ***Do you like** soccer . . . ?*

⟩⟩   When speaking for yourself and others, the pronoun to use is **nos.**

A Jaime y a mí **nos gusta** la natación.   *. . . we like swimming.*

ACTIVIDAD 7   Diálogo: Preferencias personales

Ask your classmates what they prefer, according to the model.

🗫   ¿el cine o el teatro?   Estudiante 1: ¿Qué te gusta más, el cine o el teatro?
                                Estudiante 2: Me gusta más el cine.
                                            (Me gusta más el teatro.)

1. ¿nadar o jugar al volibol?
2. ¿mirar la televisión o escuchar discos?
3. ¿el béisbol o el fútbol americano?
4. ¿el tenis o el ping pong?
5. ¿la televisión o el cine?
6. ¿la música clásica o la música popular?
7. ¿los deportes individuales o los deportes de equipo?
8. ¿los partidos de básquetbol o los partidos de béisbol?
9. ¿los chicos deportistas o los chicos intelectuales?
10. ¿los profesores estrictos o los profesores tolerantes?

Pronunciación Los sonidos de las consonantes *g, j*

Model word: ju̲e̲go

Practice words: ju̲gador   ju̲gadora   gimnasia   gano   gasto
            algo   alguno

Practice sentences: José Jiménez viaja con Juan González.
            ¿Juega bien Benjamín?
            ¿Quién es el mejor jugador, Jorge o Jaime?

Remember: The "jota" sound is represented by: **j** in all positions
                                            g (before **e** and **i**).
        The / g / sound is represented by: **g** (before **a, o, u** and consonants).

Para la comunicación

Mini-composición   Mi deporte favorito

Prepara un pequeño párrafo describiendo tu deporte favorito. Usa las preguntas como guía para la composición. Usa también la expresión para la composición.

- ¿Cuál (What) es tu deporte favorito?
- ¿Es un deporte individual o un deporte de equipo? Si es un deporte de equipo, ¿cuántos jugadores hay en un equipo? ¿Hay un equipo en tu escuela? ¿Cómo se llama?
- ¿Es un deporte muy popular en los Estados Unidos? ¿en los países hispánicos?
- ¿Qué necesitas para practicar este deporte? ¿una raqueta? ¿una pelota *(ball)*? ¿un balón *(inflated ball)*?
- ¿Dónde lo practicas? ¿en tu escuela? ¿en el gimnasio? ¿en un estadio? ¿en el campo?
- ¿Cuándo lo practicas? ¿en el verano? ¿en el invierno? ¿en el otoño? ¿en la primavera? ¿en todas las estaciones?
- ¿Es un deporte para las muchachas y los muchachos?
- ¿Quiénes son los mejores atletas norteamericanos que lo practican? ¿y las mejores atletas?

∑ Mi deporte favorito es el béisbol. . . . **En mi opinión,** los mejores atletas norteamericanos que lo practican son. . . .

Lección 3   Las diversiones y tú

¿Hay una relación entre nuestra personalidad y las diversiones que preferimos? Vamos a ver.

entre: *between*
diversiones: *pastimes*

Para cada pregunta, escoge una respuesta (A, B, o C) y descubre tu personalidad.

escoge: *choose,*
respuesta: *answer,*
descubre: *discover*

1. ¿Qué tipo de música prefieres?
   - ■ A. Prefiero la música clásica.
   - ■ B. Prefiero la música popular.
   - ■ C. Prefiero las comedias musicales.

prefieres: *do you prefer*

2. ¿Qué tipo de películas prefieres?
   - ■ A. Prefiero los dramas psicológicos.
   - ■ B. Prefiero las películas de aventuras.
   - ■ C. Prefiero las películas románticas.

películas: *films*

3. ¿Qué programas de televisión prefieres?
   - ■ A. Prefiero los programas científicos.
   - ■ B. Prefiero los programas deportivos.
   - ■ C. Prefiero los programas de variedades musicales.

4. ¿Qué prefieres leer en un periódico?
   - ■ A. Prefiero leer la página editorial.
   - ■ B. Prefiero leer la página deportiva.
   - ■ C. Prefiero leer el horóscopo.

página: *page*

5. De las tres siguientes actividades, ¿cuál quieres hacer este fin de semana?
   - ■ A. Quiero ir a un museo.
   - ■ B. Quiero ir al estadio.
   - ■ C. Quiero ir al campo con mis amigos.

cuál: *which,*
quieres: *do you want*
este: *this*
estadio: *stadium*

6. De las tres siguientes actividades, ¿cuál quieres hacer durante las vacaciones?
   - ■ A. Quiero estudiar una lengua extranjera.
   - ■ B. Quiero trabajar para ganar dinero.
   - ■ C. Quiero hacer un viaje a otro país.

lengua extranjera: *foreign language*

INTERPRETACIÓN

Ahora, suma el número de respuestas A, B y C.

Si tienes cuatro respuestas A (o más), eres un ratón de biblioteca.
Tienes una curiosidad intelectual muy grande.

Si tienes cuatro respuestas B (o más), tienes mucho sentido práctico.
Eres una persona dinámica y realista.

Si tienes cuatro respuestas C (o más), eres romántico(a) e idealista.

Si tienes menos de cuatro respuestas A, B o C, eres una persona
equilibrada, pero no tienes una personalidad muy fuerte.

suma: *add*

ratón de biblioteca:
*"bookworm" (lit.:
library mouse)*
sentido: *sense*

menos de: *less than*
equilibrada:
well-balanced,
fuerte: *strong*

CONVERSACIÓN

Vamos a hablar de las preferencias de la clase.

1. ¿**Prefieren** Uds. estudiar francés o español?
   Preferimos . . .
2. ¿**Prefieren** Uds. hablar español o inglés
   en clase?
3. ¿**Prefieren** Uds. ir al cine o al teatro?
4. ¿**Prefieren** Uds. vivir en una ciudad o en el
   campo?

OBSERVACIÓN

The questions and answers to the left use the
verb **preferir** *(to prefer)*.

- Does the stem of **preferir** change in the
  Uds. form? What is the change?
- Does it change in the **nosotros** form?

NOTA CULTURAL

El cine

¿Vas a menudo al cine? El cine es una de las
diversiones favoritas de la juventud° hispánica.

¿Qué ven los jóvenes hispánicos en el cine?
Puede° ser una película° mexicana, española o
argentina. España, Argentina y México son países
que producen muchas películas. También puede
ser una película norteamericana. Las películas
norteamericanas son muy populares en el mundo°
hispánico. Claro, tienen que ser en español. A
veces° las películas norteamericanas tienen
subtítulos. Otras veces están dobladas.°

Estos° son los títulos en español de algunas
películas norteamericanas muy famosas. ¿Puedes°
identificarlas?

juventud *youth*   **Puede** *It may*   **película** *film*   **mundo** *world*
veces *times*   **dobladas** *dubbed*   **Estos** *These*   **Puedes** *Can*
you

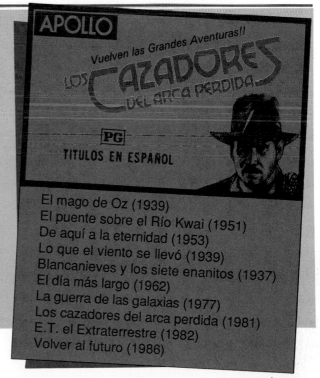

APOLLO

Vuelven las Grandes Aventuras!!

LOS CAZADORES DEL ARCA PERDIDA

PG

TÍTULOS EN ESPAÑOL

El mago de Oz (1939)
El puente sobre el Río Kwai (1951)
De aquí a la eternidad (1953)
Lo que el viento se llevó (1939)
Blancanieves y los siete enanitos (1937)
El día más largo (1962)
La guerra de las galaxias (1977)
Los cazadores del arca perdida (1981)
E.T. el Extraterrestre (1982)
Volver al futuro (1986)

Estructuras

VOCABULARIO PRÁCTICO Las diversiones

las diversiones	pastimes
el cine	
una película	film, movie
una película romántica	love movie
una película de aventuras	adventure movie
una película del oeste	western
una película policíaca	police or detective movie
el teatro	
una comedia musical	musical comedy
una obra de teatro	play
la televisión	
las noticias	news
un programa	program
un programa de variedades	variety show

un(a) comediante

un actor   una actriz

un(a) cantante

ACTIVIDAD 1   ¿Eres aficionado(a) al cine?

Give an example of each of the following.

>> una película de horror   «Frankenstein» es una película de horror.

1. una película de aventuras
2. una película romántica
3. una película policíaca
4. una película del oeste

5. un actor norteamericano muy bueno
6. una actriz norteamericana muy buena
7. un actor extranjero *(foreign)*
8. una actriz extranjera

ACTIVIDAD 2   Tus diversiones

What we do often depends on where we are, what time it is, and how we
feel. What would you do at the following times?

>> Cuando estoy alegre . . .   Cuando estoy alegre, voy a ver una comedia.

1. Cuando estoy solo(a) en casa . . .
2. Cuando estoy en casa con mis amigos . . .
3. Cuando estoy con mi mejor amiga . . .

4. Cuando estoy con mi mejor amigo . . .
5. Cuando estoy triste . . .
6. A las siete de la noche . . .

A. ¿Cuál?

The question word **¿cuál?** *(which, what)* has the following forms:

SINGULAR	**¿cuál?**	**¿Cuál** es tu película favorita?
PLURAL	**¿cuáles?**	**¿Cuáles** son tus libros favoritos?

> **¿Cuál?** is used instead of **¿qué?** before **ser** when a choice is asked for.

ACTIVIDAD 3 Diálogo: Tus favoritos

Ask a classmate about his or her favorites.

> el programa de televisión   Estudiante 1: ¿Cuál es tu programa de televisión favorito?
>   Estudiante 2: Mi programa favorito es *(Family Ties)*.

1. la película
2. los deportes
3. la comedia musical
4. los discos
5. las revistas
6. el día de la semana
7. el actor
8. la actriz
9. el comediante
10. la comediante
11. el cantante
12. la cantante

B. Pensar, querer, preferir (e → ie)

The verbs **pensar** *(to think)*, **querer** *(to want)* and **preferir** *(to prefer)* are stem-changing verbs. Note their forms in the chart below.

VOTA por el México que quieres.

INFINITIVE:	pensar	querer	preferir
PRESENT:			
(yo)	pienso	quiero	prefiero
(tú)	piensas	quieres	prefieres
(él) (ella) (Ud.)	piensa	quiere	prefiere
(nosotros)	pensamos	queremos	preferimos
(vosotros)	pensáis	queréis	preferís
(ellos) (ellas) (Uds.)	piensan	quieren	prefieren
PRESENT PARTICIPLE:	pensando	queriendo	prefiriendo

> All the verb forms have regular endings.
> The **e** of the stem becomes **ie** in the **yo, tú, él** and **ellos** forms of the present tense.

ACTIVIDAD 4   Un sondeo de opinión *(An opinion poll)*

A youth magazine wants to know what forms of entertainment teenagers prefer. Give the answers of the following people.

∑⊃   Susana: las comedias   Susana prefiere las comedias.

1. Tomás y Rafael: los conciertos
2. los amigos de Rafael: las obras de teatro
3. Carmen: los programas de variedades
4. yo: las películas del oeste
5. tú: los dramas psicológicos
6. Uds.: las películas policíacas
7. Enrique y Luisa: las películas de horror
8. nosotros: las comedias musicales

VOCABULARIO PRÁCTICO   Verbos con cambios (e → ie)

verbos que terminan en –ar:

empezar	to begin	¿Cuándo **empieza** el verano?
empezar a	to begin to	¿Cuándo **empieza a** tocar la orquesta?
pensar	to think	¿Qué **piensas?**
pensar en	to think about	María, **en** qué **piensas?**
pensar de	to think of, about	¿Qué **piensas de** John Travolta?
pensar que	to think that	**Pienso que** John Travolta tiene mucho talento.
pensar + infinitive	to plan to	**¿Piensas ir** al cine mañana?

verbos que terminan en –er:

entender	to understand	**¿Entiendes** la película?
perder	to lose	**¿Pierdes** tus libros a menudo?
perder el tiempo	to waste time	Juan **pierde el tiempo** mirando la televisión.
querer	to want	**¿Quieres** mucho dinero?
querer a	to like, to love (someone)	**¿Quiere** Paco **a** María?
querer + infinitive	to want to	**¿Quieres ir** al cine con nosotros?
querer decir	to mean	¿Qué **quiere decir** la palabra «obra»?

verbos que terminan en –ir:

preferir	to prefer	**¿Prefieres** el teatro o el cine?
sentir	to feel	**¿Sientes** mucha emoción cuando ves películas románticas?

ACTIVIDAD 5 Viajes

Several students are discussing where they plan to go during vacation and which cities they want to visit. Express this according to the model.

⧉ Ramón: Puerto Rico / San Juan   Ramón piensa ir a Puerto Rico.
Quiere visitar San Juan.

1. Isabel y Teresa: Francia / París
2. nosotros: Italia / Roma
3. Pablo: la Argentina / Buenos Aires
4. tú: el Japón / Tokio
5. Uds.: Venezuela / Caracas
6. nosotros: España / Barcelona
7. Enrique: Chile / Santiago
8. Pilar y Elena: el Canadá / Quebec
9. yo: Alemania / Berlín
10. ella: Costa Rica / San José

ACTIVIDAD 6 Diálogo: ¿Cómo son tus compañeros?

Ask your classmates questions, according to the model.

⧉ entender: español   Estudiante 1: ¿Entiendes español?
Estudiante 2: Sí, entiendo español.
(No, no entiendo español.)

entender:
1. francés
2. inglés
3. italiano
4. al profesor

perder a menudo:
5. el tiempo
6. tus cosas

empezar a:
7. estudiar español
8. pensar en español

sentir admiración por:
9. los artistas de cine
10. los deportistas profesionales
11. los cantantes

en el futuro, pensar:
12. ser actor (actriz)
13. hacer una película
14. escribir una novela

ACTIVIDAD 7 Entrevista con el representante de la clase

Use the questions in the preceding activity to interview a class representative. This representative will answer for the group.

⧉ entender español   Estudiante 1: ¿Entienden Uds. español?
Estudiante 2: Sí, entendemos español.
(No, no entendemos español.)

ACTIVIDAD 8   Creación

See how many logical sentences you can build in five minutes, using elements of columns A, B and C. The sentences may be affirmative or negative.

A	B	C	
yo	pensar	el tiempo	ir al teatro
mi mejor amigo(a)	entender	español	ver una película
nosotros	querer	inglés	
las personas inteligentes	perder		

Ɔ   Mi mejor amigo no entiende español.

C. *Encontrar, poder, dormir* (o → ue)

Encontrar *(to find, to meet)*, **poder** *(can, to be able)*, and **dormir** *(to sleep)* are stem-changing verbs. Note their forms in the chart below.

INFINITIVE:	encontrar	poder	dormir
PRESENT:			
(yo)	encuentro	puedo	duermo
(tú)	encuentras	puedes	duermes
(él) (ella) (Ud.)	encuentra	puede	duerme
(nosotros)	encontramos	podemos	dormimos
(vosotros)	encontráis	podéis	dormís
(ellos) (ellas) (Uds.)	encuentran	pueden	duermen
PRESENT PARTICIPLE:	encontrando	pudiendo	durmiendo

Ɔ   All the verb forms have regular endings.

Ɔ   The **o** of the stem becomes **ue** in the **yo, tú, él** and **ellos** forms of the present tense.

ACTIVIDAD 9   ¡Imposible!

It is Sunday and there are many things the following young people would like to do ... but there is a big exam coming up and they have to study. Say that they can't do what they want to do.

Ɔ   Pablo: ir al cine   Pablo quiere ir al cine pero no puede.

1. Manuela: bailar
2. yo: ver una película
3. tú: jugar al tenis
4. Alfonso: visitar a sus amigos
5. mis primos: invitar a un amigo
6. nosotros: dormir

ACTIVIDAD 10   No pueden hacer nada

Say that the following people will not be able to do certain things if they
don't find what they need.

✍ Elena: sus libros / estudiar   Si Elena no encuentra sus libros no puede estudiar.

1. María: su cámara / sacar fotos
2. Esteban: su raqueta de tenis / jugar
3. nosotros: la pelota *(ball)* / jugar
4. ellas: a Miguel / hablarle
5. yo: la carta / contestarla
6. ellos: el tocadiscos / bailar

7. Uds.: el dinero / ir al cine
8. María: su bolso / comprar discos
9. nosotros: nuestros trajes de baño
   (swimsuits) / nadar
10. tú: a Tomás / invitarlo al estadio
    (stadium)

VOCABULARIO PRÁCTICO   Verbos con cambios (o → ue)

verbos que terminan en –ar

contar	to count	Emilio **cuenta** su dinero.
	to tell, to relate	Paco nos **cuenta** algo divertido.
costar	to cost	¿Cuánto **cuesta** ir al cine?
encontrar	to find (something that is lost)	No **encuentro** mis discos. ¿Los tienes tú?
	to meet, to run into	Inés **encuentra** a sus amigos a menudo.
recordar	to remember	No **recuerdo** cuándo empieza la película.

verbos que terminan en –er

poder	can, to be able to, may	Pepe, ¿**puedes** prestarme tu guitarra?
		Sr. Vargas, ¿**puedo** ayudarlo?
volver	to return, to go back	**Volvemos** a casa a las tres.

verbos que terminan en –ir

dormir	to sleep	Los niños **duermen** ahora.

REFRÁN

Querer es poder.

ACTIVIDAD 11 Preguntas personales

1. ¿A qué hora vuelves a casa cuando vas a una fiesta por la noche *(at night)*? ¿Y a qué hora vuelves a casa cuando sales de la escuela?
2. ¿Te gusta contar chistes *(jokes)*? ¿A quiénes les cuentas chistes?
3. ¿Recuerdas algún chiste?
4. ¿Recuerdas los nombres *(names)* de tus profesores del año pasado *(last year)*?
5. ¿Duermes bien o mal? ¿En tu casa duermen todos bien? ¿Quiénes duermen bien? ¿Quiénes duermen mal?
6. ¿Cuánto cuesta ir al cine?
7. ¿Cuánto cuesta una raqueta de tenis? ¿una bicicleta?

ACTIVIDAD 12 Creación

See how many logical sentences you can build in five minutes, using elements of columns A, B, and C. The sentences may be affirmative or negative.

A	B	C	
yo	contar	a casa	mal
tú	recordar	en casa	chistes *(jokes)*
Carlos	volver	a la una	cosas muy divertidas
nosotros	dormir	a las siete	dónde está el cine
mis amigos			el nombre *(name)*
			de la película

∑⑳ No recuerdo los chistes.

Pronunciación Los diptongos *ie, ue*

Model words: qu**ie**re pu**e**do
Practice words: pref**ie**re emp**ie**zo ent**ie**nden p**ie**nsas
d**ue**rmes c**ue**stan c**ue**nto v**ue**lve rec**ue**rdan
Practice sentences: ¿D**ue**rmes b**ie**n cuando ll**ue**ve o hace v**ie**nto?
No p**ie**rdo el t**ie**mpo cuando j**ue**go al tenis.
Man**ue**l enc**ue**ntra a Cons**ue**lo en P**ue**bla.
Pronounce the vowels **ie** and **ue** together in one syllable.

Para la comunicación

Mini-composición   **El cine**

Describe a tu actor (actriz) favorito(a). Usa las preguntas como guía para la composición. Usa también la expresión para la composición.

- ¿Cómo se llama?
- ¿Es norteamericano(a) o extranjero(a)?
- ¿Es joven o viejo(a)? ¿Cuántos años tiene?
- ¿Es guapo (bonita)? ¿rubio(a) o moreno(a)? ¿alto(a)? ¿delgado(a)?
- ¿En qué tipo de películas trabaja generalmente? ¿en películas del oeste? ¿películas románticas? ¿comedias musicales?
- ¿Canta él (ella) también?
- ¿Cómo se llama su última *(last)* película?
- ¿Cuál es su mejor película?

Su última película se llama ____, pero **a fin de cuentas** no es su mejor película. Su mejor película es ____.

Lección 4   Los sábados por la noche

Para nosotros los jóvenes, la noche del sábado es una noche muy especial. No tenemos que estudiar. No tenemos que hacer las tareas. No tenemos que aprender verbos irregulares y otras tonterías . . . Bueno, entonces ¿qué hacemos los sábados por la noche? Depende. No todos tenemos los mismos gustos ni . . . ¡los mismos padres!

Rafael (quince años, de los Estados Unidos)

¿Qué hago los sábados? Casi siempre voy al cine con una chica. Conozco a muchas chicas simpáticas . . . ¿A quién voy a invitar el próximo sábado? ¿A Carmen? . . . ¿a Anita? . . . ¿a Silvia?

Tomás (diez y seis años, de Costa Rica)

Yo también conozco a muchas chicas simpáticas, pero no salgo con ellas. Salgo con mis amigos . . . Hay muchas cosas que podemos hacer juntos . . . Cuando tenemos bastante dinero, vamos al cine o a una cafetería. Si no, vamos a la casa de otro amigo y escuchamos discos.

Carolina (quince años, del Perú)

Yo no salgo mucho. Mis padres son muy estrictos. Casi nunca me dan permiso para salir de noche. Así es que me quedo en casa mirando la televisión. Realmente no hago mucho los sábados por la noche.

María Luisa (diez y seis años, de México)

Yo no salgo tampoco. Mis padres no me permiten salir de noche. Por suerte, de vez en cuando me dan permiso para dar una fiesta. Invito a algunos amigos, ponemos discos y bailamos hasta las tres de la mañana . . . Es más divertido que mirar la televisión, ¿verdad?

Mario Lorenzo (diez años, hermano de María Luisa)

¿Qué hago los sábados por la noche?
Duermo . . . ¡como todas las noches!
Excepto cuando mi hermana invita a sus
amigos. ¡Hacen mucho ruido y es
absolutamente imposible dormir!

ruido: *noise*

CONVERSACIÓN

Vamos a hablar de tu vida *(life)*.

1. ¿Sale**s** a menudo los sábados por la noche?
   Sí, sal**go** . . . (No, no sal**go** . . .)
2. ¿Sale**s** a menudo los domingos?
3. ¿Sale**s** solo(a) o con tus amigos?
4. ¿Pone**s** los libros en tu cuarto?
   Sí, pon**go** . . . (No, no pon**go** . . .)
5. ¿Pone**s** tus fotos en un álbum?
6. ¿Pone**s** tu dinero en el banco?

OBSERVACIÓN

In the questions and answers to the left you have
been using the verbs **salir** *(to go out)*
and **poner** *(to put)*. Compare the **yo** and **tú**
forms of these verbs.

- Is the ending of the **tú** form regular?
- In which two letters does the **yo** form end?

NOTA CULTURAL
Amigos de la familia

En los países hispánicos, ser amigo de alguien°
es ser amigo de toda su familia.

Las familias hispánicas son muy hospitalarias.°
Si un buen amigo de los hijos visita la casa, siempre
es bienvenido.° Regularmente le ofrecen° algo de
comer° y todos charlan animadamente.° Si un joven
visita la casa de un amigo muy a menudo, los
hermanos de su amigo lo pueden llegar a considerar°
su amigo también. Juntos salen a pasear,° a la
playa, al campo, al café o al cine.

En realidad, los amigos de los hijos son amigos
de toda la familia.

alguien *someone* **hospitalarias** *hospitable* **bienvenido**
welcome **ofrecen** *they offer* **algo de comer** *something to
eat* **todos charlan animadamente** *everybody engages in
lively conversation* **llegar a considerar** *come to consider*
salen a pasear *they go out*

Estructuras

A. El artículo definido con los días de la semana

Note the use of the definite article in the question and answer below.

—¿Vas al cine **el sábado**?   *Are you going to the movies **(on) Saturday?***

—No, no voy nunca al cine **los sábados**.   *No, I never go to the movies **on Saturdays**.*

The definite article is regularly used before days of the week, except after **ser**.

Hoy es **lunes**.   Mañana es **martes**.

VOCABULARIO PRÁCTICO   Expresiones con los días de la semana

el lunes	(on) Monday
el próximo martes	next Tuesday
el miércoles pasado	last Wednesday
el jueves por la mañana	(on) Thursday morning
el viernes por la tarde	(on) Friday afternoon
el sábado por la noche	(on) Saturday night, evening
los domingos	(on) Sundays
los sábados por la noche	(on) Saturday nights
todos los días	every day

ACTIVIDAD 1   El horario

Complete the schedule of your weekly activities, as appropriate.

Miro la televisión . . .   Miro la televisión todos los días.

1. Tengo clases de inglés . . .
2. Tengo clases de español . . .
3. Tengo clases de matemáticas . . .

4. Practico deportes . . .
5. Voy al cine . . .
6. Visito a mis amigos . . .

B. Salir, poner, traer, oír

The verbs **salir** *(to go out, to leave)*, **poner** *(to put)*, **traer** *(to bring)* and **oír** *(to hear)* have the ending **-go** in the **yo** form of the present. Note the forms in the chart below.

INFINITIVE:	**salir**	**poner**	**traer**	**oír**
PRESENT:				
(yo)	sal**go**	pon**go**	trai**go**	oi**go**
(tú)	sales	pones	traes	oyes
(él)				
(ella)	sale	pone	trae	oye
(Ud.)				
(nosotros)	salimos	ponemos	traemos	oímos
(vosotros)	salís	ponéis	traéis	oís
(ellos)				
(ellas)	salen	ponen	traen	oyen
(Uds.)				
PRESENT PARTICIPLE:	saliendo	poniendo	trayendo	oyendo

𝕊⫶ The endings of these verbs are regular.

ACTIVIDAD 2   Diálogo: ¿Qué hacen tus compañeros?

Ask your classmates whether they do the following things.

𝕊⫶ salir los sábados por la noche

Estudiante 1: ¿Sales los sábados por la noche?
Estudiante 2: Sí, salgo los sábados por la noche.
(No, no salgo los sábados por la noche.)

salir:

1. mucho
2. con tus amigos a menudo
3. los domingos
4. con amigos hispánicos

poner:

5. tus libros en un bolso
6. tu dinero en el banco
7. tus fotos en un álbum
8. azúcar *(sugar)* en el café

traer:

9. revistas a la escuela
10. muchos libros a la clase
11. regalos para tus compañeros
12. regalos para tu profesor(a)

oír:

13. música ahora
14. cosas interesantes en clase
15. tonterías *(nonsense)*
16. chistes *(jokes)* buenos en la escuela

C. Conocer (c → zc)

Note the forms of **conocer** *(to know)* in the chart below.

INFINITIVE:	**conocer**		
PRESENT:			
(yo)	Conozco a tus amigos.	(nosotros)	Conocemos a Clara.
(tú)	Conoces a María.	(vosotros)	Conocéis San Juan.
(él, ella, Ud.)	Conoce a Paco.	(ellos, ellas, Uds.)	Conocen México.
PRESENT PARTICIPLE: conociendo			

ꙅꙅ In the present tense, many verbs ending in **-cer** and in **-cir** end in **-zco** in the **yo** form. The other forms of the present are regular.

ꙅꙅ **Conocer** means *to know* in the sense of being acquainted with people and places.

—¿**Conoces** a María? —No, no la **conozco,** pero **conozco** a su hermana.
—¿**Conoces** México? —No, pero **conozco** San Juan.

ACTIVIDAD 3 Diálogo: ¿Los conocen?

Ask your classmates whether they know the following people and places.

ꙅꙅ el profesor de francés Estudiante 1: ¿Conoces al profesor de francés?
 Estudiante 2: Sí, lo conozco.
  (No, no lo conozco.)

1. el (la) director(a) de la escuela
2. el padre de tu mejor amigo
3. la mamá de tu mejor amiga
4. los hermanos de tu mejor amigo
5. los amigos de tus amigos
6. tus vecinos *(neighbors)*
7. el presidente de los Estados Unidos
8. la ciudad de Nueva York
9. la ciudad de Los Ángeles
10. la ciudad de San Antonio

VOCABULARIO PRÁCTICO Verbos con cambios (c → zc)

conocer	to know	**Conozco** la Argentina.
obedecer	to obey	No **obedezco** siempre a mis padres.
ofrecer	to offer	Te **ofrezco** mi ayuda *(help)*.
conducir	to drive	**Conduzco** un coche francés.
traducir	to translate	**Traduzco** una carta de un amigo italiano.

ACTIVIDAD 4   Preguntas personales

1. ¿Obedeces a tu mamá siempre? ¿a tu papá? ¿a tus profesores?
2. ¿Les ofreces algo de beber a tus amigos cuando vienen a tu casa? ¿algo de comer?
3. Cuando lees algo en español, ¿traduces muchas palabras?
4. ¿Traduces cartas en español para tus amigos?
5. ¿Conduce bien tu papá? ¿tu mamá?
6. ¿Qué tipo de coche conducen tus padres?

ACTIVIDAD 5   Creación

See how many logical sentences you can build in five minutes, using elements of columns A, B, C and D. The sentences may be affirmative or negative.

A	B	C	D
yo	conducir	el coche	de Pedro
tú	conocer	un libro	de matemáticas
Carlos	traducir	el tocadiscos	en la mesa *(table)*
mis hermanos	poner	música	en mi cuarto
	traer	ruido *(noise)*	de mis amigos
	oír	los padres	en la discoteca
		el profesor	en francés
		las fotos	

Yo oigo música en la discoteca.

Pronunciación
El sonido de la consonante *d*

Model words: d̲ía sába̲do
Practice words: d̲omingo d̲ormir d̲eportes d̲inero condu̲cir
trad̲uce pasa̲do to̲dos po̲der obe̲dece
Practice sentences: A̲dela no pue̲de trad̲ucir mi carta.
El d̲omingo por la tar̲de escucho la radio.
A̲dela d̲esea condu̲cir el coche d̲e su pa̲dre.

Remember that in the beginning of a word, and after **n** and **l,** the letter **d**
is like the **d** of the English "day." In other positions, the letter **d** is
pronounced / d̲ / like the **th** of the English "they."

Para la comunicación

> **Expresiones para la composición**
>
> **generalmente**
> **por lo general** } *generally*
> **en general**

Mini-composición   Fiestas

Describe las fiestas que das o que quieres dar. Puedes usar las
respuestas *(answers)* de las preguntas siguientes.

- ¿Das muchas fiestas?
- ¿Cuándo das fiestas?
- ¿Dónde das fiestas? ¿en la sala? ¿en el sótano *(basement)?* ¿o en el jardín?
- ¿A quiénes invitas? ¿A cuántas personas como máximo?
- ¿Sirves Coca-Cola? ¿limonada? ¿jugos *(juices)* de frutas?
- ¿Pones discos? ¿Qué tipo de música?
- ¿Bailan tus amigos?
- ¿Hacen mucho ruido *(noise)* tus amigos?
- ¿Quién limpia *(cleans up)* la mañana siguiente?

⟿ No doy muchas fiestas. Cuando doy fiestas, las doy **generalmente** el
sábado por la noche...

Variedades El correo del corazón

¿Con quién hablas tú cuando tienes un problema personal . . . o sentimental? ¿Con tu mejor amigo . . . o tu mejor amiga . . . o tal vez con tu mamá?

Puedes también escribirle a Perlita Paz, una consejera° de Caracas. Ella tiene soluciones para cada problema. Perlita Paz tiene una correspondencia extensa con muchachos y muchachas . . . Cada semana, les contesta° en su columna «El correo° del corazón».°

consejera: *advisor*

contesta: *she answers,*
correo: *mail,*
corazón: *heart*

Estimada consejera:

Soy un estudiante de intercambio° de los Estados Unidos. Ahora asisto al colegio Andrés Bello de Caracas. Me gustan mucho mis profesores y mis nuevos amigos. Especialmente me gusta una muchacha que es muy simpática y muy atractiva. Quiero invitarla al cine o llevarla a almorzar° a un restaurante bonito.

Pero hay un problema: sus padres. Cada vez° que llamo por teléfono a Carmen (así se llama mi amiga), me contesta su mamá, y me dice que su hija no está en casa. Yo creo que ella no me está diciendo la verdad,° porque Carmen siempre me dice que ella nunca sale, excepto para ir al colegio.

¿Qué puedo hacer en esta° situación? Necesito buenos consejos.

Desesperado,
Jim Newman

intercambio: *exchange*

almorzar: *to have lunch*
vez: *time*

verdad: *truth*

esta: *this*

Querido° Jim:

Seguramente° eres un muchacho norteamericano muy simpático, pero aquí, no estás en los Estados Unidos; estás en Venezuela. Tenemos nuestro modo° de vivir que no es como el norteamericano. Aquí los padres de una muchacha no le dan permiso para salir sola con un muchacho, especialmente cuando no lo conocen. ¡Tienes que aceptar esta situación!

Perlita Paz

Querido: *Dear*
Seguramente: *Surely*

modo: *style*

Estimada consejera:

Tengo quince años y soy del signo de Libra. Conozco a un muchacho muy simpático. Se llama Jorge y es del signo de Acuario. Ése es el problema. El horóscopo dice que los Acuarios son muy excéntricos y a mí, no me gustan las personas excéntricas.

¿Puede Ud. darme su opinión sincera sobre° mi problema?

Preocupada,°
Silvia Ortiz

sobre: *about*
Preocupada: *Worried*

Querida Silvia:

¿En qué tienes más fe?° ¿En el horóscopo o en tus sentimientos? ¡Tú tienes que decidir!

Perlita Paz

fe: *faith*

Estimada consejera:

Tengo diez y ocho años y trabajo como secretaria para una agencia de viajes. Mi novio tiene veinte años y trabaja como mecánico.

El problema es que tiene una moto nueva y ahora pasa más tiempo con su moto que° conmigo.

¿Puedo hacer algo para cambiar° esta situación?

Abandonada,
Luisa Morales

que: *than*
cambiar: *to change*

Querida Luisa:

Una moto es un objeto . . . y tú eres una persona. Si tu novio no puede entender la diferencia, ¡tienes que buscar a otro más atento!°

Perlita Paz

atento: *attentive*

Estimada consejera:

Tengo diez y seis años. Tengo muchos amigos que me comprenden. Y mis padres son fantásticos porque también me comprenden. Pero tengo un problema del que no puedo hablarles. Voy a contarle a Ud. este° problema.

En la escuela hay una muchacha que me gusta mucho y creo que ella me encuentra° simpático. En clase me mira a menudo, pero nunca me habla.

¿Por qué no me habla? ¿Por qué no me da la oportunidad que necesito para decirle que me gusta mucho?

Perplejo,°
Luis Ernesto López Paredes

este: *this*

me encuentra: *she finds me*

Perplejo: *Perplexed*

Querido Luis Ernesto:

¿Quién es más tímido? ¿Tú o ella? Si tu interés en ella es realmente muy grande, tienes que hablarle a esa° muchacha. . . Si no dices nada, tal vez ella va a perder la paciencia.

Perlita Paz

esa: *that*

Estimada consejera:

Soy una muchacha de diez y seis años. Salgo a menudo con un grupo de amigos, y hay un muchacho en particular que me gusta mucho. Creo que es muy simpático y atractivo.

Mi problema es mi hermana. Ella también cree que es muy atractivo. Tiene sólo doce años, pero pienso que ella está secretamente enamorada de° él. Cuando lo invito a mi casa, ella habla con él constantemente. Y él, como es muy atento,° no la ignora. Muchas veces° la invita a la heladería.° Yo no soy una persona celosa,° pero no puedo aceptar esta situación. Necesito su opinión y su ayuda,° Sra. Consejera.

Furiosa,
María Mercedes Lima

enamorada de: *in love with*
atento: *considerate*
veces: *times,*
heladería: *ice cream parlor*
celosa: *jealous*
ayuda: *help*

Querida María Mercedes:

¿Cuál es realmente tu problema? ¿Tu hermana? ¡No, no es ella! ¿Recuerdas el refrán° que dice, «Donde hay amor, hay celos» ?°

Sí, María Mercedes, creo que tú estás celosa. Pero es un sentimiento normal . . . como los sentimientos de tu hermana. Tienes que aceptarlos . . . y estar alegre de tener un amigo atento con todos.

Perlita Paz

refrán: *proverb,*
celos: *jealousy*

El arte de la lectura

Enriching your vocabulary: cognates in -ción

Many Spanish nouns ending in **-ción** correspond to English nouns ending in *-tion*. These Spanish nouns are feminine. In the plural they end in **-ciones.**

(una) situa**ción**   *situation*
(una) solu**ción**   *solution*

Ejercicio

Complete the following cognates. Then fit them into the sentences below.

comunica ___, na ___, imagina ___, investiga ___, inven ___

1. Generalmente, los artistas tienen una gran _____.
2. México es una _____ hispánica.
3. El teléfono es un modo (*means*) de _____.
4. La policía hace una _____.
5. El avión es una _____ de los hermanos Wright.

Unidad 7

Los secretos de una buena presentación

253

Lección 1 Modas para los jóvenes

Aquí están Carmen, Luisa, Inés, Juanita y Bárbara . . . cinco modelos
que hoy presentan los últimos estilos de la moda para jóvenes.

estilos: *styles,*
moda: *fashion*

Carmen   Luisa   Inés   Juanita   Bárbara

¡Mira a Carmen!
Tiene sólo diez y siete años. ¡Es la más joven de las modelos!
Ahora, compara a Carmen con las otras modelos.
  ¿Es Carmen más alta que Luisa?
  ¿Es más delgada que Inés?
  ¿Es más (o menos) elegante que Juanita?
  ¿Es más (o menos) bonita que Bárbara?

¡Mira a todas las modelos!
De las cinco, ¿quién es
  . . . la más alta?
  . . . la más baja?
  . . . la más delgada?
  . . . la más elegante?
  . . . la más bonita?

Mira: *Look*
la más joven: *the
  youngest*

más alta que: *taller
  than*
delgada: *thin*

bonita: *pretty*

la más alta: *the
  tallest*

CONVERSACIÓN

Vamos a hablar de ti y de tu mejor amiga.

1. ¿Eres **más** alto(a) o **menos** alto(a) **que** ella? Soy **más** alto(a) **que** ella.
   (Soy **menos** alto(a) **que** ella.)
2. ¿Eres **más** delgado(a) o **menos** delgado(a) **que** ella?
3. ¿Eres **más** independiente o **menos** independiente **que** ella?
4. ¿Eres **más** tímido(a) o **menos** tímido(a) **que** ella?
5. ¿Eres **más** generoso(a) o **menos** generoso(a) **que** ella?
6. ¿Eres **más** individualista o **menos** individualista **que** ella?

OBSERVACIÓN

In the above questions and answers, you are using adjectives to compare yourself with another person.

- What are the two words which may be used *before* the adjective?
- Which word comes *after* the adjective (and before the word **ella**)?

NOTA CULTURAL

La elegancia hispánica

Para los jóvenes hispánicos es importante vestirse° bien y ser elegante. Vestirse bien quiere decir principalmente° vestirse con buen gusto.° Esto° requiere no usar° estilos exagerados o colores fuertes° que no combinan.° Vestirse bien significa también ponerse ropa° apropiada, según° el lugar o la ocasión. Los jóvenes hispanos se visten° más informalmente e imitan las modas° de los Estados Unidos y Europa cuando van a fiestas, discotecas y algunas escuelas. Sin embargo muchos todavía usan uniforme para ir a la escuela: pantalones,° camisa° y suéter para ellos, falda,° blusa° y suéter para ellas. Para ocasiones especiales los jóvenes se ponen ropa más formal. La elegancia hispánica no es simplemente un modo° de vestirse o de presentarse.° Es un modo de vivir.

vestirse *to dress* **principalmente** *principally* **gusto** *taste* **Esto** *This* **usar** *wearing* **fuertes** *bright* **no combinan** *do not go well together* **ponerse ropa** *to put on clothes* **según** *depending on* **se visten** *dress* **modas** *styles* **pantalones** *pants* **camisa** *shirt* **falda** *skirt* **blusa** *blouse* **modo** *way* **presentarse** *present oneself*

Estructuras

A. Repaso: los adjetivos

Note the forms of the adjectives in the sentences below:

Pablo es **alto** y **elegante**.	Carlos y Felipe son **altos** y **elegantes**.
Manuela es **alta** y **elegante**.	Silvia y Ana son **altas** y **elegantes**.

☞ If an adjective ends in **-o** in the masculine, the feminine form ends in **-a**. Most adjectives ending in other letters have identical masculine and feminine forms.

☞ The plural of most adjectives is formed by adding **-s** to the singular form if it ends in a vowel, or **-es** if it ends in a consonant.

☞ Adjectives agree with the noun they describe in gender and number.

VOCABULARIO PRÁCTICO   El aspecto exterior de una persona

El aspecto general   Eres . . .

¿alto o bajo?   ¿delgado o gordo?   ¿fuerte o débil?   ¿ joven o vieja?

¿elegante o informal?   ¿bonita, linda o fea?   ¿guapo o feo?

ACTIVIDAD 1 Personas y personajes famosos

Describe these famous persons and characters using adjectives listed in the **Vocabulario práctico** under *El aspecto general*. For each person, create three sentences. These may be affirmative or negative and you may use adverbs like **muy, bastante** and **poco.**

▷ Chevy Chase es bastante guapo.
Chevy Chase no es muy alto.
Chevy Chase no es gordo.

1. Whitney Houston
2. Tom Cruise
3. Carlitos (*Charlie Brown*)
4. King Kong

5. Blancanieves (*Snow White*)
6. los Siete Enanitos (*Seven Dwarfs*)
7. Robert Redford y Paul Newman
8. Papá Noel (*Santa Claus*)

La cara Tienes . . .	**el pelo** (hair) ¿**liso** (straight) o **rizado** (curly)? ¿**largo** o **corto**? **la frente** (forehead) ¿**estrecha** (narrow) o **ancha** (wide)? **los ojos** (eyes) ¿**pequeños** o **grandes**? **las orejas** (ears) ¿**pequeñas** o **grandes**? **la nariz** (nose) ¿**pequeña** o **grande**? **la boca** (mouth) ¿**pequeña** o **grande**? **los dientes** (teeth) ¿**pequeños** o **grandes**?

¿Tienes el pelo . . . **negro** *(black)?* ¿**rubio** *(blond)?* ¿**castaño** *(brown)?*
¿Tienes los ojos . . . **azules** *(blue)?* ¿**verdes** *(green)?* ¿**de color café** *(brown)?*

NOTAS: 1. **Largo** means *long;* **grande** means *large, big.*
2. In Spanish, the definite article is often used before parts of the body. In English, we use the possessive adjective.
Tengo **el** pelo corto. *My hair is short. (I have short hair.)*

ACTIVIDAD 2   Caras

Describe the faces of the following persons using the words listed in the
Vocabulario práctico under *La cara*. For each person, create at least
three sentences.

∽ Bill Cosby tiene el pelo corto.
　Bill Cosby tiene los ojos negros.
　Bill Cosby tiene el pelo negro.

1. Drácula
2. Cybill Shepherd
3. mi padre
4. mi mamá

5. mi profesor(a)
6. mi mejor amigo
7. mi mejor amiga
8. yo

ACTIVIDAD 3   Un juego: ¿Quién es?

Choose a person who fits one of the following descriptions. Create six
sentences describing this person as accurately as possible. When you are
finished, read your sentences to your classmates who will try to guess who
is the person you have chosen.

1. un actor famoso
2. una actriz famosa
3. un cantante famoso
4. una cantante famosa

5. un personaje (*character*) histórico
6. un(a) deportista famoso(a)
7. un(a) profesor(a)
8. un(a) político(a)

B. La forma comparativa

To make comparisons, you use the *comparative* form of the adjective. Note
the following sentences.

Soy **más** alto **que** mi hermana.
Mis hermanas son **más** independientes
　que yo.
Carmen es **menos** generosa **que**
　Josefina.
Soy **tan** inteligente **como** Uds.

*I am taller **than** my sister.*
*My sisters are **more** independent
　than I.*
*Carmen is **less** generous **than**
　Josefina.*
*I am **as** intelligent **as** you.*

∽ To express comparisons with adjectives, Spanish speakers use these
　constructions:

+ **más**			*more*		
− **menos** }	+ adjetivo +	**que**	*less* }	+ *adjective* +	*than*
= **tan**	+ adjetivo +	**como**	*as*	+ *adjective* +	*as*

∽ In comparative constructions, the adjective agrees in gender and
　number with the noun or pronoun to which it refers.

ACTIVIDAD 4   Comparando precios *(Comparing prices)*

Imagine that you paid twenty-five dollars for a pocket calculator. Say whether the following objects are more expensive, less expensive, or as expensive as your calculator.

> ✍ una raqueta de tenis: $25   La raqueta de tenis es tan cara como la calculadora.
> una raqueta de tenis: $45   La raqueta de tenis es más cara que la calculadora.
> una raqueta de tenis: $10   La raqueta de tenis es menos cara que la calculadora.

1. un reloj: $30
2. un radio: $45
3. una cámara: $80
4. una revista: $1
5. un disco: $6

6. una maleta: $25
7. un bolso: $25
8. un libro: $10
9. un televisor: $150
10. una cinta: $4

VOCABULARIO PRÁCTICO   Adjetivos con comparativos irregulares

ADJETIVO	COMPARATIVO		
bueno	**mejor**	*better*	Carlos es **mejor** que yo en los deportes.
malo	**peor**	*worse*	Mis amigos son **peores** que yo en matemáticas.
grande	**mayor**	*older*	Soy **mayor** que mi hermano,
	más grande	*larger, bigger*	pero no soy **más grande** que él.
pequeño	**menor**	*younger*	Elena es **menor** que Alicia, y es **más**
	más pequeño	*smaller*	**pequeña** que ella.

NOTA: **Mayor** and **menor** are almost always used to refer to a person's age. They do not refer to physical size.

ACTIVIDAD 5   Diálogo: Tu compañero(a)

Ask the student next to you to compare himself or herself to his or her best male friend.

> ✍ alto   Estudiante 1: ¿Eres más alto(a) que tu mejor amigo?
> Estudiante 2: Sí, soy más alto(a) que él.
> (No, soy menos alto(a) que él.)
> (Soy tan alto(a) como él.)

1. delgado(a)
2. independiente
3. pequeño
4. grande
5. individualista

6. generoso(a)
7. fuerte
8. bueno(a) en español
9. bueno(a) en los deportes
10. buen(a) estudiante

ACTIVIDAD 6   Puntos de vista *(Points of view)*

Using the adjectives given, compare the following according to your own
personal point of view.

🖎 útil *(useful)*: el español / el inglés   El español es más útil que el inglés.
(El español es menos útil que el inglés.)
(El español es tan útil como el inglés.)

útil:

1. el francés / el español
2. las matemáticas / la filosofía
3. un reloj / una calculadora
4. un coche / una bicicleta

interesante:

5. el cine / la televisión
6. el béisbol / el fútbol
7. las películas románticas / las películas de aventuras
8. Nueva York / Los Ángeles
9. México / España

simpáticos:

10. los chicos / las chicas
11. los amigos intelectuales / los amigos deportistas
12. las personas divertidas / las personas generosas

ACTIVIDAD 7   Preguntas personales

1. ¿Tienes hermanos? ¿Cuántos? ¿Son mayores o menores que tú?
2. ¿Tienes hermanas? ¿Cuántas? ¿Son mayores o menores que tú?
3. ¿Eres mayor o menor que tu mejor amigo? ¿que tu mejor amiga?
4. ¿Quién es mayor, tu papá o tu mamá?

C. La forma superlativa

To compare a person or object with a group, you use the *superlative* form
of the adjective. Note the following sentences.

Diego es **el** chico **más** popular de la clase.   *Diego is **the most** popular boy in the class.*

Manuela es **la** chica **más** bonita de la escuela.   *Manuela is **the prettiest** girl in the school.*

¿Quiénes son **los** actores **más** guapos del mundo?   *Who are **the most** handsome actors in the world?*

In Spanish, the superlative is expressed with the following construction:

$$\text{definite article (el, la, los, las)} + \text{(noun)} + \left\{\begin{array}{l}\textbf{más}\\\textbf{menos}\end{array}\right\} + \text{adjective} + \textbf{de}$$

- In a superlative construction, the word **de** expresses the idea of *in*.
- **Mejor, peor, mayor** and **menor** are also used in superlative constructions. These words usually come before the noun:

¿Quién es **la mejor** actriz del mundo?
¿Quiénes son **los mejores** jugadores de tenis?

EL LIBRO ES EL REGALO MAS GRANDE Y MAS ECONOMICO

PLAZA & JANES P & J EDITORES

ACTIVIDAD 8   Un voto

Imagine you are preparing a special yearbook spread about your Spanish
class. Vote for each of the suggested categories. (You may want to add
other categories!)

- el chico: divertido   El chico más divertido de la clase es . . .

el chico:
1. serio
2. elegante
3. bueno en español
4. bueno en inglés

la chica:
5. seria
6. elegante
7. buena en español
8. buena en inglés

los dos chicos:
9. simpáticos
10. generosos
11. populares

las dos chicas:
12. simpáticas
13. generosas
14. populares

ACTIVIDAD 9   Un sondeo de opinión *(An opinion poll)*

In a group of people, you can find the best and also the worst. Again as a class you are going to participate in an opinion poll to determine the best and the worst in the following categories. Cast your votes according to the model.

⚜ el actor: popular   El actor más popular es . . .
                          El actor menos popular es . . .

el actor:	el cantante:	el atleta:
1. guapo	5. bueno	9. bueno
2. bueno	6. popular	10. simpático

la actriz:	la cantante:	la atleta:
3. guapa	7. buena	11. buena
4. buena	8. popular	12. simpática

ACTIVIDAD 10   Otro sondeo de opinión

Now the opinion poll has to do with these things:

el programa de televisión:
1. apasionante *(thrilling)*
2. divertido *(entertaining)*

la canción *(song)*:
5. bonita
6. popular

el deporte:
3. apasionante
4. violento

la película:
7. aburrida
8. interesante

Pronunciación   El sonido de la consonante z

Model word: azul
Practice words: nariz rizado actriz empezar
Practice sentences: No conozco a Gonzalo Pérez.
                     El diez de marzo voy a Zaragoza con Lorenzo López.
                     Los zapatos de Constanza son azules.

Remember: The letter **z** in Spanish always represents the sound / s / as in the English "yes."

Para la comunicación

Mini-composición   Los otros y yo

Escribe un párrafo comparándote con dos de las siguientes personas.
Si quieres, puedes usar los adjetivos entre paréntesis.

(guapo / alto / delgado / elegante / joven / fuerte /
débil / inteligente / divertido / serio / simpático)

Usa la expresión para la composición.

Las personas:
King Kong
Peter Pan
Drácula
Carlitos *(Charlie Brown)*
Blancanieves *(Snow White)*
Jane Fonda
Bill Cosby
Cybill Shepherd

Soy más fuerte que Carlitos; **sin embargo** no soy tan fuerte como King Kong . . .

Lección 2 La ropa es un problema

¿Qué camisa voy a comprar? Bueno . . . ¿la azul o la verde? ¿o la amarilla?. . . ¿y por qué no la roja? . . . ¿o tal vez la blanca? ¿o la negra?

¡Qué problemas!

Escoger ropa es un problema para todos los chicos y todas las chicas del mundo . . .

camisa: *shirt,*
  la azul: *the blue one*
amarilla: *yellow,*
  roja: *red,*
  blanca: *white*
Escoger: *Choosing*

En «El Pacífico», una tienda grande en Buenos Aires

Adela: ¡Mira, Pilar, ese bolso! Es elegante, ¿verdad?
Pilar: ¿Qué bolso? ¿El blanco o el negro?
Adela: ¡El negro! Es muy bonito, ¿verdad?
Pilar: ¡No! No me gusta. Es demasiado grande. No es práctico.

ese: *that*

En «Los Gobelinos», un almacén en Santiago de Chile

Ana María: ¡Mamá! ¡Mira esa falda!
Sra. de Suárez: ¿La roja o la verde?
Ana María: ¡La roja! Es muy bonita.
Sra. de Suárez: ¿Esa falda? ¡Qué horror! ¡Es demasiado corta!
Ana María: ¡Pero mamá, está de moda!
Sra. de Suárez: ¡A mí no me gusta la moda de las faldas cortas!
Ana María: Pero mamá . . .

almacén: *department store*

falda: *skirt*

corta: *short*
de moda: *in fashion*

En «La Chouette», una tienda muy elegante en Bogotá

Sonia: Marina, mira esos zapatos. Son muy bonitos, ¿verdad?
Marina: ¡Chica! ¡Son fabulosos!
Sonia: Vamos a preguntar cuánto cuestan . . . Perdón, señorita, ¿cuánto cuestan aquellos zapatos?

esos zapatos: *those shoes*

aquellos: *those*

Srta.: Los rojos . . . vamos a ver . . .
cuestan . . . dos mil pesos.

Sonia: ¡Dos mil pesos! ¡Dios mío! Me
gusta el color . . . me gusta el
estilo . . . pero ¡no me gusta el
precio!

estilo: *style*
precio: *price*

CONVERSACIÓN

Vamos a ver qué piensas de esta *(this)* clase.

1. ¿Te gusta **esta** clase? Sí, me gusta **esta** clase.
   (No, no me gusta **esta** clase.)
2. ¿Comprendes **esta** lección?
3. ¿Te gusta **este** libro?
4. ¿Te gusta **este** asiento *(seat)*?
5. ¿Tienes amigos en la clase? ¿Son buenos
   alumnos **estos** chicos?
6. ¿Tienes amigas en la clase? ¿Son buenas
   alumnas **estas** chicas?

OBSERVACIÓN

In these questions and answers, the words
in heavy print are used to point out specific
people and objects. They are called
demonstrative adjectives.

- What is the form of this demonstrative
  adjective before a *masculine singular* noun?
  before a *feminine singular* noun? before a
  masculine plural noun? before a *feminine
  plural* noun?

NOTA CULTURAL

La ropa

¿Qué significa la ropa° para ti? En una encuesta°
en la ciudad de México, el 95% (noventa y cinco
por ciento) de los jóvenes piensa que la ropa refleja
la personalidad. Por eso los jóvenes hispanos tratan
de seleccionar° su ropa de acuerdo con° sus gustos.°
Ellos prefieren vestirse a la moda, pero también es
importante sentirse cómodos° con la ropa que llevan.
La mayoría° usa ropa informal en situaciones cotidianas.° Los blue-jeans son el uniforme universal
de los jóvenes en la playa, en el campo o en las
calles de la ciudad.

La selección de la ropa es a veces° un problema.
Por eso algunos jóvenes prefieren ir de compras°
con sus hermanos o amigos. En los países hispánicos, los padres les dan dinero a sus hijos para
comprar la ropa porque la mayoría de los jóvenes
no ganan su propio° dinero.

ropa *clothes* **encuesta** *poll* **tratan de seleccionar** *try to choose*
de acuerdo con *in keeping with* **sus gustos** *their likes*
cómodos *comfortable* **mayoría** *majority* **cotidianas** *everyday*
a veces *sometimes* **ir de compras** *go shopping* **propio** *own*

Estructuras

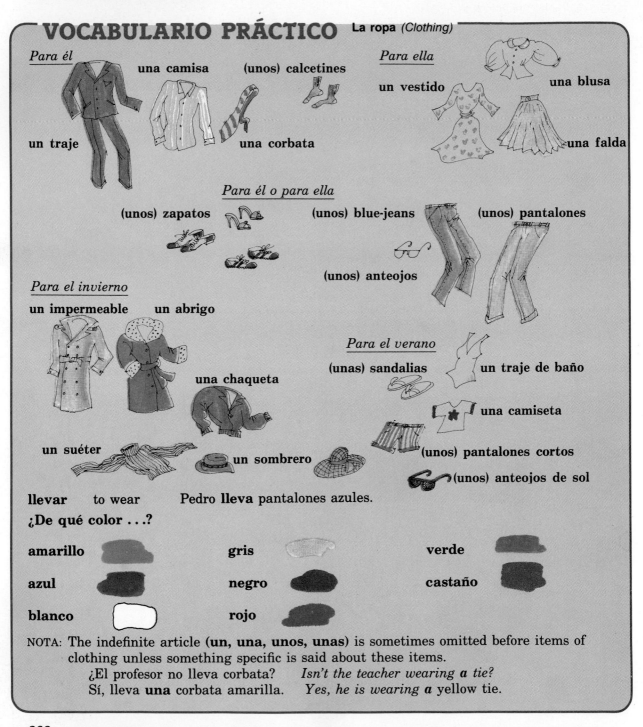

VOCABULARIO PRÁCTICO La ropa (Clothing)

Para él

un traje

una camisa

(unos) calcetines

una corbata

Para ella

un vestido

una blusa

una falda

Para él o para ella

(unos) zapatos

(unos) blue-jeans

(unos) pantalones

(unos) anteojos

Para el invierno

un impermeable   un abrigo

una chaqueta

un suéter   un sombrero

Para el verano

(unas) sandalias   un traje de baño

una camiseta

(unos) pantalones cortos

(unos) anteojos de sol

llevar   to wear   Pedro **lleva** pantalones azules.

¿De qué color ...?

amarillo   gris   verde

azul   negro   castaño

blanco   rojo

NOTA: The indefinite article (**un, una, unos, unas**) is sometimes omitted before items of clothing unless something specific is said about these items.

¿El profesor no lleva corbata?   *Isn't the teacher wearing a tie?*
Sí, lleva **una** corbata amarilla.   *Yes, he is wearing **a** yellow tie.*

ACTIVIDAD 1   Colores

Describe the colors of the clothes that
the following people are wearing.

⟐   mi mamá   Hoy mi mamá lleva una
                  falda azul, un suéter rojo
                  y unos zapatos negros.

1. yo
2. mi padre
3. el (la) profesor(a)
4. el (la) chico(a) a mi derecha *(right)*
5. el (la) chico(a) a mi izquierda *(left)*
6. mi mejor amigo
7. mi mejor amiga
8. la secretaria de la escuela

write introduction
finish + write statement (questions)

3er PISO NIÑOS Y NIÑAS
BEBES
CALZADO JUGUETES
CUNAS · MUEBLES

2o PISO   MODAS
SOMBRERERIA
CORSETERIA · LENCERIA
CALZADO

1er PISO SASTRERIA
TRAJES · CALZADO
ARTICULOS DE VIAJE
DEPORTES · FOTOS
Salón de Belleza

PLANTA BAJA   REGALOS
ARTICULOS PARA CABALLEROS
PERFUMERIA ·

OPTICA · RELOJERIA

BAJO PISO   H O G A R
ELECTRICOS · DISCOS
CRISTALERIA · LOZA · PELTRE
MUEBLES DE COCINA

ACTIVIDAD 2   Ropa para cualquier ocasión
(Clothes for any occasion)

What you wear often depends on the occasion, the place where you are
going, and so on. Say what you generally wear on the following occasions.

list at least 2
articles of clothing

Don't have to
say colors?

⟐   Cuando voy a un concierto de rock . . .
     Cuando voy a un concierto de rock, llevo blue-jeans y sandalias.

1. Cuando voy a una fiesta . . .
2. Cuando voy a un restaurante elegante . . .
3. Cuando voy a la playa . . .   ← *Beach*
4. Cuando voy al campo . . .
5. Cuando voy a un partido de fútbol americano . . .
6. Cuando llueve . . .
7. Cuando nieva . . .
8. Cuando hace mucho calor . . .
9. Cuando hace mucho frío . . .
10. Cuando estoy en casa . . . *home*

voy means – I go

When I am at home

El hábito
no hace
al monje.

ACTIVIDAD 3   Preguntas personales

1. ¿Cuál es tu color favorito?
2. ¿Lees revistas de modas *(fashion)*? ¿Cuáles?
3. ¿Usas anteojos?
4. ¿Usas anteojos de sol? ¿Cuándo?
5. ¿Quieres ser modelo?
6. ¿Vas a la moda? *(Do you dress fashionably?)*
7. ¿Cuál es más elegante para una chica, llevar pantalones o llevar falda?
8. ¿Cuáles son más elegantes, los vestidos cortos o los vestidos largos?

A. Los adjetivos demostrativos

There are three groups of demonstrative adjectives in Spanish. Note the
forms of these adjectives in the chart below:

		this / these	*that / those*	
SINGULAR	masculine	**este** chico	**ese** chico	**aquel** chico
	feminine	**esta** chica	**esa** chica	**aquella** chica
PLURAL	masculine	**estos** chicos	**esos** chicos	**aquellos** chicos
	feminine	**estas** chicas	**esas** chicas	**aquellas** chicas

☞ Demonstrative adjectives always come before the noun.
They agree with it in gender and number, like all other adjectives.

☞ The choice of which demonstrative adjective to use depends on the
location of the object or person with relation to the speaker. Look at
the illustrations:
1. ¡**Esta** blusa es muy bonita!
2. ¡**Esa** blusa es muy bonita también!
3. ¡**Aquella** blusa no es bonita!

- **Este** *(this)* is used by the speaker to point out people or things
  which are near him or her.

- **Ese** *(that)* is used to point out people or things that are near the person
  being spoken to.

- **Aquel** *(that ... over there)* is used to point out people or things which
  are far from both the speaker and the person being spoken to.

ACTIVIDAD 4   ¿Cómo se llaman . . .?

Pedro has taken his girlfriend Marta to the cafeteria where he usually
goes. On the way to their table they pass other people. Marta wants to
know their names. Play Marta's role according to the model.

⟱   el chico   Marta: ¿Cómo se llama aquel chico?

1. la chica
2. el estudiante
3. las estudiantes
4. los muchachos

5. las muchachas
6. el profesor
7. la profesora
8. los señores

ACTIVIDAD 5   En «Galerías Preciados»

Imagine you are in the Spanish department store, «Galerías
Preciados». A customer is looking at various items and wants the
salesperson to bring over some other items. Play both roles, according to
the model.

⟱   un bolso: Cliente: Señorita, quiero ver ese bolso, por favor.
                   Empleada: ¿Este bolso?

1. una corbata
2. un vestido
3. unos zapatos
4. unos calcetines
5. un abrigo

6. un impermeable
7. un sombrero
8. una chaqueta
9. un suéter
10. una camisa

B. El uso del adjetivo como sustantivo

Note the use of the definite article and adjective in the answers to the
following questions.

—¿Te gusta el suéter blanco?   *Do you like the white sweater?*
—No, prefiero **el rojo.**   *No, I prefer **the red one.***

—¿Te gusta la camisa verde?   *Do you like the green shirt?*
—Sí, pero prefiero **la azul.**   *Yes, but I prefer **the blue one.***

—¿Y las faldas?   *And the skirts?*
—**Las cortas,** por supuesto.   ***The short ones,** of course.*
  Son más bonitas.   *They are prettier.*

To avoid repeating a noun, Spanish speakers often use this construction:

> definite article
> **(el, la, los, las)** + adjective
> The equivalent English construction is:
> *the* + adjective + *one (ones)*

ACTIVIDAD 6   Obsesión

Arturo thinks that red is very fashionable. Whenever he goes shopping with his sister Luisa, he declares his preference for that color. Play both roles according to the model.

Ɑ   la camisa verde   Luisa: ¿Vas a comprar la camisa verde?
                        Arturo: No, prefiero la roja.

1. la chaqueta blanca
2. el traje azul
3. los calcetines negros
4. la camisa blanca

5. los anteojos azules
6. las corbatas verdes
7. los pantalones blancos
8. los zapatos amarillos

ACTIVIDAD 7   Diálogo: Las preferencias de tus compañeros

Ask the classmates next to you what their preferences are.

Ɑ   los zapatos: negros o rojos   Estudiante 1: ¿Prefieres los zapatos negros o los rojos?
                                    Estudiante 2: Prefiero los negros.
                                    (Prefiero los rojos.)

1. las faldas: cortas o largas
2. los pantalones: anchos o estrechos
3. las películas: policíacas o románticas
4. los restaurantes: italianos o franceses
5. los coches: norteamericanos o europeos

6. la moda (fashion): norteamericana o europea
7. las tiendas: grandes o pequeñas
8. las corbatas: anchas o estrechas

VOCABULARIO PRÁCTICO   Los números de 100 a 1.000.000

100 cien (ciento)	400 cuatrocientos(as)	900 novecientos(as)
101 ciento uno(a)	500 quinientos(as)	1.000 mil
102 ciento dos	600 seiscientos(as)	1.500 mil quinientos(as)
200 doscientos(as)	700 setecientos(as)	2.000 dos mil
300 trescientos(as)	800 ochocientos(as)	1.000.000 un millón

NOTAS: 1. **Ciento** is used before numbers under 100.
          Cien dólares **más** (plus) **ciento** veinte dólares son doscientos veinte dólares.
2. The word **y** is not used after **ciento**:
     La bicicleta cuesta **ciento cincuenta** dólares.
3. Numbers above one thousand are always expressed with **mil.**
     ¿Dónde vas a estar en el año **mil novecientos noventa**?
4. Periods, not commas, are used in Spanish to mark off thousands.
5. The hundreds from two to nine hundred have masculine and feminine forms. They agree with the nouns they introduce.
     Doscient**os** pes**os**   Doscient**as** peset**as**.
6. **Un millón** is followed by **de** before nouns.
     Miguel espera tener **un millón de** dólares.

ACTIVIDAD 8   En la tienda de ropa

The customer in a clothing store is asking the salesperson what the prices
of various items are. Play both roles, according to the model.

ᗡᗭ   el sombrero: 350   Cliente: Por favor, ¿cuánto cuesta este sombrero?
                      Vendedor: ¿Ese sombrero? Cuesta trescientos cincuenta pesos.

1. la camisa blanca: 300   4. el abrigo: 2.000   7. el impermeable: 1.000
2. los pantalones: 800   5. la falda azul: 600   8. el traje de baño: 250
3. los pantalones cortos: 500   6. los zapatos negros: 700   9. los zapatos blancos: 550

Pronunciación   Los sonidos de las consonantes *l, ll*

Model words: mil millón
Practice words: aquel sandalias calcetines pantalones débil liso
                 amarillo llevo ella calle llega llaman
Practice sentences: Las sandalias blancas son de Isabel.
                     Luisa lleva una blusa azul.
                     Guillermo lleva pantalones amarillos.
                     ¿Cómo se llama la calle donde está el Hotel Sevilla?

Remember: When you pronounce the Spanish l, imitate the l of the English
           "leaf" and touch the tip of your tongue to your upper front teeth.
           The Spanish ll is pronounced like the y of the English "yes."

Para la comunicación

Expresión para la composición

por eso   *therefore*

Mini-composición   Invitación

Imagina que vas a los siguientes funciones *(functions)*. Describe la ropa que
vas a llevar. Usa la expresión para la composición.

- la boda *(wedding)* de tu prima
- una fiesta de disfraces *(costume party)*
- una fiesta en la playa

ᗡᗭ   Esta boda va a ser elegante. **Por eso,** debo *(I should)* llevar
un vestido nuevo . . .

Lección 3 ¡El pobre señor Ochoa!

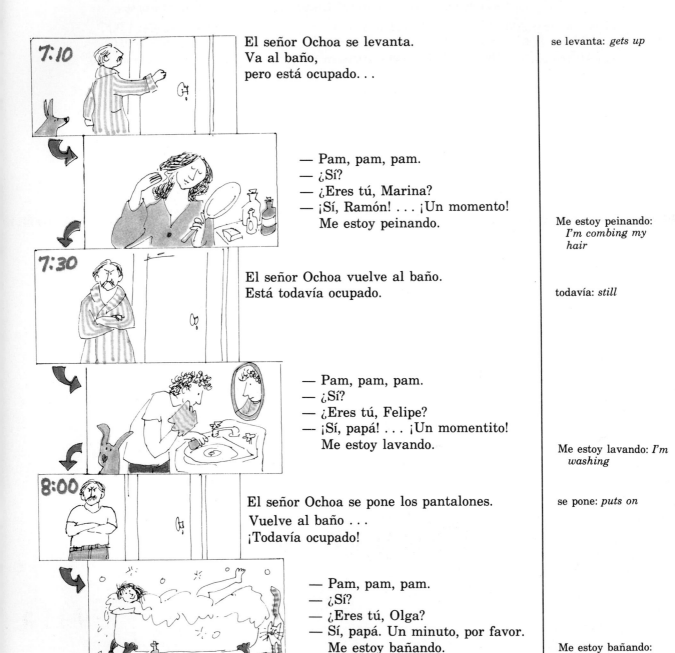

7:10

El señor Ochoa se levanta.
Va al baño,
pero está ocupado...

se levanta: *gets up*

— Pam, pam, pam.
— ¿Sí?
— ¿Eres tú, Marina?
— ¡Sí, Ramón! ... ¡Un momento!
  Me estoy peinando.

Me estoy peinando:
*I'm combing my
hair*

7:30

El señor Ochoa vuelve al baño.
Está todavía ocupado.

todavía: *still*

— Pam, pam, pam.
— ¿Sí?
— ¿Eres tú, Felipe?
— ¡Sí, papá! ... ¡Un momentito!
  Me estoy lavando.

Me estoy lavando: *I'm
washing*

8:00

El señor Ochoa se pone los pantalones.
Vuelve al baño ...
¡Todavía ocupado!

se pone: *puts on*

— Pam, pam, pam.
— ¿Sí?
— ¿Eres tú, Olga?
— Sí, papá. Un minuto, por favor.
  Me estoy bañando.

Me estoy bañando:
I'm taking a bath

El señor Ochoa se pone la camisa.
Vuelve al baño.
¡Está ocupado!

— Pam, pam, pam.
— ¿Sí?
— ¿Eres tú, Anita?
— ¡Sí, papá! . . . ¡Un momentito,
  por favor!
  Me estoy lavando el pelo.

Finalmente, el baño está libre.
Con mucha prisa, el señor Ochoa se lava,
se afeita, se peina.

Después, va al comedor.
La familia está tomando café.

— ¿Quieres café, Ramón?
— Sí, claro . . . pero . . . ¿qué hora es,
  Marina?
— Son las nueve menos cuarto, Ramón.
— ¡Las nueve menos cuarto!
  ¡Dios mío! ¡No tengo tiempo
  para tomar café!
  ¡Adiós, Marina! ¡Adiós, chicos!

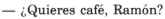

. . . Y el señor Ochoa se va de la casa . . . sin tomar café.
¡El pobre señor Ochoa!

Me estoy lavando el
pelo: *I'm washing
my hair*

libre: *free*
prisa: *haste*
se afeita: *shaves*

tiempo: *time*

se va de : *leaves,*
sin : *without*

Vamos a hablar de tu dinero. ¿Cómo lo gastas?

1. ¿**Te** compras libros?
   Sí, **me** compro . . . (No, no **me** compro . . .)
2. ¿**Te** compras discos?
3. ¿**Te** compras revistas?
4. ¿**Te** compras ropa?
5. ¿**Te** compras dulces *(candy)*?

OBSERVACIÓN

In the above *questions* you are asked about things you buy for yourself.

- What object pronoun is used to express the idea of *for yourself*?
- Do this pronoun and the subject of the question (**tú**) refer to the same person?

Now reread the sample *answers*.

- What object pronoun expresses the idea of *for myself*?
- Do this pronoun and the subject of the answer (**yo**) refer to the same person?

NOTA CULTURAL

Los ruidos españoles

¿Qué ruido° hace una persona cuando llama a la puerta?° ¡Depende!° Si la persona es norteamericana, hace «knock, knock». Si la persona es francesa, hace «toc, toc, toc». Si la persona es alemana, hace «klopf, klopf».

Pero si es española, hace «pam, pam, pam».

ruido *sound*   **llama a la puerta** *knocks on the door*
Depende *It depends*

Éstos son otros ruidos españoles:

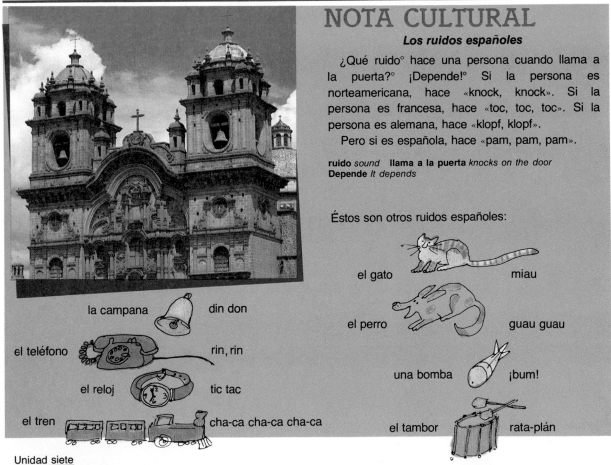

la campana — din don

el teléfono — rin, rin

el reloj — tic tac

el tren — cha-ca cha-ca cha-ca

el gato — miau

el perro — guau guau

una bomba — ¡bum!

el tambor — rata-plán

Estructuras

A. Los pronombres reflexivos

Read the illustrated sentences below, noting the different pronouns used in situations A and B.

A   B

Inés tiene un coche.

Inés **lo** lava.   Después, Inés **se** lava.

Manuel tiene una amiga muy elegante.

Manuel **la** mira.   Después, Manuel **se** mira en el espejo.

Pedro tiene dos hermanas.

Pedro **les** compra   Después, Pedro **se** compra
dos sándwiches.   un sándwich.

- In sentences A, Inés, Manuel and Pedro perform an action on or for something or someone else:

  Inés washes her car, Manuel looks at a friend, Pedro buys sandwiches for his sisters.

  The pronouns **lo, la, les** represent persons or objects which are *different* from the subject.

- In sentences B, Inés, Manuel and Pedro are performing actions on or for *themselves:*

  Inés washes *herself,* Manuel looks at *himself* in the mirror, Pedro buys *himself* a sandwich.

  The pronoun **se** represents the same person as the subject. **Se** is called a *reflexive pronoun* because it indicates that the action is reflected back to the subject.

- Verbs which use a reflexive pronoun (**se lava, se mira, se compra**) are called *reflexive verbs.*

The following chart shows the reflexive pronouns and the present tense forms of **lavarse** *(to wash oneself)*.

SUBJECT PRONOUN	REFLEXIVE PRONOUN	lavarse	*to wash oneself*
(yo)	**me**	**me lavo**	*I wash myself*
(tú)	**te**	**te lavas**	*you wash yourself*
(él) (ella) (Ud.)	**se**	**se lava**	*he washes himself* *she washes herself* *you wash yourself*
(nosotros)	**nos**	**nos lavamos**	*we wash ourselves*
(vosotros)	**os**	**os laváis**	*you wash yourselves*
(ellos) (ellas) (Uds.)	**se**	**se lavan**	*they wash themselves* *you wash yourselves*

꩜ Except for **se** (the third person reflexive pronoun), reflexive pronouns have the same forms as object pronouns.

꩜ The reflexive pronouns **me, te,** . . . often correspond to the English pronouns *myself, yourself,* . . .

꩜ Like object pronouns, reflexive pronouns usually come *before* the verb.

꩜ In a dictionary or vocabulary listing, reflexive verbs are indicated with **se** attached to the infinitive: **lavarse, mirarse, comprarse.**

ACTIVIDAD 1   Después del partido de básquetbol

After the basketball game, some of the players wash up while others go directly home. Say who is washing up and who is not.

꩜ Paco (no)   Paco no se lava.

1. Roberto (sí)
2. Luis y Pedro (no)
3. Clara (sí)
4. Elena y Carmen (sí)
5. yo (no)
6. tú (no)
7. nosotros (sí)
8. Uds. (no)

ACTIVIDAD 2　El espejo *(The mirror)*

There is a large mirror in the school hall. Some students look at themselves in it and admire themselves. Express this according to the model.

⊃　Enrique (no)　　Enrique no se mira en el espejo.
　　　　　　　　　　No se admira.

1. Elena (sí)
2. Eduardo y Tomás (sí)
3. Mónica (sí)
4. Luisa e Inés (no)
5. yo (sí)
6. tú (no)
7. Ud. (sí)
8. nosotros (no)

ACTIVIDAD 3　Con cinco dólares

There are many ways of spending five dollars. Say what the following people are buying for themselves.

　　　Ricardo: un disco　　Ricardo se compra un disco.

1. yo: un sombrero
2. tú: una caja *(box)* de chocolates
3. el Sr. Vargas: una corbata
4. la Sra. de Durán: un bolso
5. Pedro y Felipe: unos anteojos de sol
6. Elena: unas revistas de modas
7. María y Luisa: unos dulces *(candy)*
8. nosotros: unos sombreros de sol
9. Uds.: un álbum para fotos
10. mis amigos: unos libros

ACTIVIDAD 4　El costo de la vida *(The cost of living)*

Say what the following people buy themselves with certain amounts of money. Use elements from A, B and C to form logical sentences.

A	B	C	
45 centavos	yo	un coche	un traje de baño
1 dólar	tú	una guitarra	un disco
5 dólares	mi mejor amigo	una tarjeta	un tocadiscos
10 dólares	mis padres	un periódico	una entrada de
100 dólares		una revista	cine　*(movie ticket)*
5.000 dólares		un sombrero	

⊃　Con un dólar, te compras una revista (o cuatro periódicos, o cinco
　　tarjetas, o un periódico y cuatro tarjetas . . .).

B. **Los verbos reflexivos: el arreglo personal** *(Personal care)*

Compare the reflexive and non-reflexive uses of the verbs in the following pairs of sentences.

Mi papá **lava** el coche.	*My father **is washing** the car.*
Se lava.	*He **is washing** (himself).*
Clara **pone** la blusa en la mesa.	*Clara **puts** the blouse on the table.*
Se pone la blusa.	*She **puts** the blouse **on** (herself).*
Peino mi perro.	*I **am combing** my dog.*
Me peino.	*I **am combing** my hair.*

> In Spanish, verbs relating to personal care are used reflexively when the subject performs the action on or for himself / herself.

> In English, the reflexive pronouns *(myself, yourself, . . .)* are usually not expressed, although they are implied.

VOCABULARIO PRÁCTICO   El arreglo personal

bañarse
to take a bath

Me baño cada mañana.

lavarse
to wash (oneself)

¿Cuándo **te lavas?**

peinarse
to comb (one's hair)

Manuel **se peina.**

ACTIVIDAD 5   El baile *(The dance)*

Everyone is getting dressed for the school dance. Say what each of the following people is putting on, using the verb **ponerse.**

⟡   Susana: una falda azul   Susana se pone una falda azul.

1. Ricardo: una camisa roja
2. nosotros: unos zapatos negros
3. mi hermano: una chaqueta elegante
4. Uds.: unos pantalones blancos
5. yo: un suéter amarillo
6. tú: una corbata gris
7. mis primos: unos pantalones azules
8. Ana: un vestido verde
9. Guillermo: un traje negro

ponerse
to put (something) on
   (oneself)

Isabel **se pone** los zapatos.

quitarse
to take (something) off
   (oneself)

Me quito el suéter.

vestirse (e → i)
to dress (oneself),
   to get dressed

¡**Te vistes** con mucha elegancia, María!

NOTA: Spanish speakers use the *definite article* before articles of clothing when it is clear who the possessor is. (In English, the possessive adjective is used.)

   Me pongo **el** suéter.   *I'm putting on **my** sweater.*
   El profesor se quita **el** sombrero.   *The teacher is taking off **his** hat.*

ACTIVIDAD 6 La ropa adecuada *(The right clothes)*

Which of the following items of clothing would you put on for the occasions mentioned below?

un suéter / blue-jeans / una camiseta / pantalones cortos / un vestido (traje) elegante / un impermeable / anteojos de sol / un traje de baño / una chaqueta de esquí

☙ Cuando voy a la playa . . .   Cuando voy a la playa, me pongo una camiseta y pantalones cortos.

1. Cuando voy a la piscina . . .
2. Cuando hace mucho sol . . .
3. Cuando hace frío . . .
4. Cuando llueve . . .
5. Cuando nado . . .

6. Cuando esquío . . .
7. Cuando voy a un restaurante . . .
8. Cuando voy a la casa de mis amigos . . .
9. Cuando tengo una cita . . .
10. Cuando voy al baile de mi escuela . . .

ACTIVIDAD 7 Diálogo: Todas las mañanas *(Every morning)*

There are things we do every morning, and others we don't do. Ask your classmates whether they do the following.

☙ ponerse ropa elegante   Estudiante 1: ¿Te pones ropa elegante todas las mañanas?
                                   Estudiante 2: Sí, me pongo ropa elegante.
                                   (No, no me pongo ropa elegante.)

1. ponerse perfume
2. mirarse en el espejo *(mirror)*
3. peinarse
4. lavarse

5. lavarse el pelo
6. vestirse
7. quitarse los pijamas
8. bañarse

Pronunciación El sonido de la consonante *ch*

Model word: mucho
Practice words: ochenta ancho estrecho noche chico muchacha
Practice sentences: ¿Quién es el muchacho chileno?
                     Marisol Ochoa come mucho chocolate.
                     China, china
                     Capuchina
                     En esta mano
                     Está la china.

In Spanish, **ch** is always pronounced like the **ch** of the English word "chicken."

Para la comunicación

Mini-composición   Los problemas del Sr. Ochoa

Imagina que tú eres el Sr. Ochoa. Ahora estás en la oficina *(office)*.
Escribe un pequeño párrafo contando a tus colegas *(colleagues)* los
problemas de la mañana.

Usa la expresión para la composición.

♫ Me levanto a las siete. A las siete y diez, voy al baño. Está ocupado.
A las siete y media el baño **todavía** está ocupado . . .

Lección 4 · Una persona pulcra

Una persona pulcra es limpia y elegante. Su presentación es siempre impecable. Para ella, la apariencia personal es muy importante.

pulcra: *perfectly dressed*, limpia: *clean*

¿Y para ti? ¿Es absolutamente necesario hacer las siguientes cosas para ser una persona pulcra?

siguientes: *following*

sí   no

1. Bañarse todas las mañanas . . .
2. Bañarse todas las noches . . .
3. Lavarse las manos antes de comer . . .
4. Lavarse el pelo todos los días . . .
5. Cortarse el pelo frecuentemente . . .
6. Ponerse perfume o colonia . . .
7. Mirarse en el espejo frecuentemente . . .
8. Cambiarse de ropa varias veces al día . . .
9. Comprarse un traje de baño nuevo cada verano . . .
10. Ponerse un traje o un vestido elegante cuando vas a una fiesta . . .

Lavarse las manos: *To wash one's hands*

Cortarse: *To cut*
colonia: *cologne*
espejo: *mirror*
Cambiarse: *To change*, veces: *times*

CONVERSACIÓN

Vamos a hablar de las cosas que vas a comprarte el verano próximo.

1. ¿Vas a compra**rte** unos anteojos de sol?

    Sí, voy a comprar**me** . . . (No, no voy a comprar**me** . . .)

2. ¿Vas a compra**rte** un traje de baño nuevo?

3. ¿Vas a compra**rte** unos pantalones cortos?

4. ¿Vas a compra**rte** unos blue-jeans nuevos?

5. ¿Vas a compra**rte** unas sandalias?

OBSERVACIÓN

In the above questions and answers you were talking about things you were going to buy for yourself.

- What is the position of the reflexive pronoun with respect to the infinitive?
- Is it the same position as that of other object pronouns?

NOTA CULTURAL

La apariencia personal

Hay un viejo refrán° español que dice: «El hábito no hace al monje»,° pero un joven mal vestido es mal visto° por la familia y por la sociedad.

La ropa no tiene que ser cara. Con ropa limpia° y apropiada, se logra° una buena apariencia. Por ejemplo,° las chicas pueden ir en pantalones al trabajo o a la iglesia, pero aún° no se acepta el uso de los pantalones cortos en la calle. Mucha gente piensa que los pantalones cortos son para los turistas o para usar en la playa. También es mal visto si los muchachos usan estilos exagerados o colores fuertes° que no combinan.°

Si un día vas a un país hispánico, recuerda° lo que dice este refrán: «Una persona bien vestida,° es en todas partes° bien recibida».°

refrán *proverb* **monje** *monk* **mal visto** *looked on with disapproval* **limpia** *clean* **se logra** *one achieves* **Por ejemplo** *For example* **aún** *still* **fuertes** *bright* **no combinan** *do not go well together* **recuerda** *remember* **vestida** *dressed* **en todas partes** *everywhere* **recibida** *received*

Estructuras

A. El uso del artículo con las partes del cuerpo

Note the use of the definite article in the following sentences.

Tengo **el** pelo corto.	*My hair is short. (I have short hair.)*
Me lavo **las** manos.	*I am washing **my** hands.*
Inés se corta **el** pelo.	*Inés is cutting **her** hair.*

Spanish speakers use the definite article **el, la, los, las** before parts of the body, when it is clear whose body is referred to.

VOCABULARIO PRÁCTICO El cuerpo *(The body)*

el pie izquierdo
el pie derecho
la pierna
la rodilla
la espalda
la cabeza
el brazo
la mano
los dedos

ACTIVIDAD 1 Después de acampar

The following people are back from a camping trip. They are now washing up. Express this according to the model.

⟩⟩ Elena: el pelo   Elena se lava el pelo.

1. Roberto: la cara
2. Inés: las manos
3. Felipe y Carlos: los pies
4. nosotros: las piernas
5. tú: los brazos
6. yo: la espalda

ACTIVIDAD 2 El uso del cuerpo

Tell which parts of the body you use to perform the following activities.

⟩⟩ Para mirar. . .   Para mirar, uso los ojos.

1. Para bailar . . .
2. Para escribir . . .
3. Para jugar al básquetbol . . .
4. Para jugar al volibol . . .
5. Para jugar al fútbol . . .
6. Para nadar . . .
7. Para tocar la guitarra . . .
8. Para cantar . . .

B. Verbos reflexivos: otros usos

Read each pair of sentences carefully. The same verbs are used with and without a reflexive pronoun. Note the differences of meaning in the English equivalents.

Elena **va** al cine.	*Elena is going to the movies.*
Se va de la casa a la una.	*She leaves home at one o'clock.*
Duermo bien de noche.	*I sleep well at night.*
Por eso no **me duermo** en la clase.	*Therefore I don't fall asleep in class.*
Llamo a Carlos.	*I am calling Carlos.*
Me llamo Isabel.	*My name is Isabel. (I call myself, or I am called Isabel.)*

Many Spanish verbs can be used with reflexive pronouns.

⟩⟩ Reflexive pronouns are used in Spanish to show that the action indicated by the verb reflects on the subject. In English, reflexive pronouns are not always expressed.

⟩⟩ With certain Spanish verbs, the use of a reflexive pronoun changes the meaning of the verb.

VOCABULARIO PRÁCTICO

Actividades de todos los días

acostarse (o → ue) to go to bed	Los sábados **me acuesto** a las doce de la noche.
divertirse (e → ie) to enjoy oneself, to have fun	**Nos divertimos** mucho en esta clase.
dormirse (o → ue) to fall asleep	Cuando me acuesto, **me duermo** inmediatamente.
irse to go away, to leave	**¿Te vas** a México?
levantarse to get up	Los domingos **me levanto** a las diez.
quedarse to stay, remain	Paco **se queda** en casa porque está enfermo.
sentarse (e → ie) to sit down	**¿Te sientas** en el comedor para comer?
sentirse (e → ie) to feel	¿Por qué **se sienten** Uds. tristes hoy?

REFRÁN

Aunque la mona
se vista de seda,
mona se
queda.

286

ACTIVIDAD 3   ¿Cómo se sienten?

Say how the following people are feeling today.

🙂 Manuel: cansado   Hoy Manuel se siente cansado.

1. Isabel: triste
2. tú: muy bien
3. yo: así, así
4. Uds.: nerviosos

5. nosotros: muy mal
6. ellas: un poco mal
7. Esteban: alegre
8. la Srta. Pérez: enferma

ACTIVIDAD 4   Preguntas personales

1. ¿A qué hora te acuestas los lunes? ¿los sábados? ¿los domingos?
2. ¿A qué hora te levantas los lunes? ¿los sábados? ¿los domingos?
3. ¿A qué hora te vas a la escuela?
4. ¿A qué hora se va tu papá al trabajo? ¿y tu mamá?
5. ¿Ahora te sientes bien o mal? ¿Cansado(a) o descansado(a) *(rested)?*
   ¿alegre o triste? ¿nervioso(a) o tranquilo(a) *(calm)?*
6. ¿Te sientes nervioso(a) antes de un examen? ¿Se siente nervioso(a) tu
   mejor amigo(a)?

ACTIVIDAD 5   Diálogo: Actividades

Ask your classmates whether they do the following things.

🙂 divertirse (con tus amigos)   Estudiante 1: ¿Te diviertes con tus amigos?
Estudiante 2: Sí, me divierto con mis amigos.
(No, no me divierto con mis amigos.)

divertirse

1. en casa
2. durante el fin de semana
3. en la clase de español

dormirse

4. mirando la televisión
5. en la clase de inglés
6. en la clase de matemáticas

sentirse

7. mal ahora
8. mal durante un examen
9. cansado(a) ahora

quedarse en casa

10. durante el fin de semana
11. durante las vacaciones
12. todos los domingos

ACTIVIDAD 6   Creación

You have five minutes to create as many logical sentences as you can, using an element from each column. Your sentences may be affirmative or negative.

A	B	C	
Pepe	acostarse	a las siete	bien
nosotros(as)	dormirse	a las diez	triste(s)
mis amigos(as)	irse	en casa	cansado(a)(s)
	quedarse	en la clase	un poco nervioso(a)(s)
	sentarse	hoy a México	en una silla (chair)
	sentirse	de la playa	en la cama (bed)

∽ Pepe se acuesta a las diez.

C. El infinitivo de los verbos reflexivos

Note the position of the reflexive pronouns in the answers to the following questions.

¿Te lavas ahora, Miguel?	No, voy a lavar**me** después.
	(No, **me** voy a lavar después.)
¿Por qué no va Elena al cine?	Porque tiene que quedar**se** en casa.
	(Porque **se** tiene que quedar en casa.)

∽ Reflexive pronouns, like other object pronouns, are usually placed *after* the infinitive and are attached to it. (They may also come *before* the *first* verb.)

ACTIVIDAD 7   La gripe (The flu)

Paco is in bed with a severe flu. In your opinion, is he going to do any of the following things tomorrow?

∽ levantarse   Sí, va a levantarse.
    (No, no va a levantarse.) .

1. bañarse
2. lavarse la cara
3. quedarse en casa
4. quedarse en la cama (bed)
5. divertirse
6. sentirse cansado
7. sentirse bien
8. dormirse temprano (early)

ACTIVIDAD 8   Diálogo: Los sábados

Ask your classmates whether they like to do the following things on Saturdays.

∽ levantarse temprano (early)   Estudiante 1: ¿Te gusta levantarte temprano?
    Estudiante 2: Sí, (No, no) me gusta levantarme temprano.

1. levantarse tarde (late)
2. quedarse en casa
3. divertirse con unos amigos
4. irse al campo
5. acostarse temprano
6. acostarse tarde

Pronunciación   El sonido de la consonante v

Model words: v̲erde lav̲ar
Practice words: v̲estido v̲estirse v̲iejo v̲olv̲er v̲olibol
me div̲ierto te lev̲antas nos v̲estimos llev̲o jov̲en
Practice sentences: Me̲ v̲oy a las nuev̲e.
Ev̲a llev̲a un v̲estido nuev̲o.
El̲ v̲iernes, V̲íctor v̲a a V̲alencia.
¡V̲amos a v̲isitar a V̲icente V̲elásquez!

Remember: At the beginning of a word, or after **n** or **l**, the letter **v**
is pronounced like the **b** of the English "boy."
In all other positions, the letter **v** represents the sound /ƀ/,
in which the lips do not come together.

Para la comunicación

Expresión para la composición

por ejemplo   *for instance, for example*

Mini-composición   Mis sentimientos

Nuestros sentimientos *(feelings)* cambian *(change)* durante el día.
Escribe un pequeño párrafo describiendo tus sentimientos. Puedes usar
las siguientes expresiones:

- Me siento de buen humor . . .
- Me siento de mal humor . . .
- Me siento alegre . . .
- Me siento cansado(a) . . .
- Me siento libre *(free)* . . .
- Me siento triste . . .

Generalmente me siento de buen humor. **Por ejemplo,** me siento
alegre cuando me levanto y hace sol. . . .

Variedades ¿Cómo mantenerte en buena salud?

Para mantenerte° en buena forma física necesitas quemar° las calorías superfluas.° ¿Cómo hacerlo? Hay una solución muy fácil: ¡practica un deporte!
Pero, ¿qué tipo de deporte?
Depende de° tu condición física . . . y de tu personalidad.

150 calorías

Caminar

Puedes ir a pie a la escuela, al centro, al cine, a la playa . . . Caminar° es un ejercicio que no necesita ninguna aptitud física en particular . . . ¡y que no cuesta nada! Es excelente para las piernas, los músculos de la espalda, y el corazón.° También calma la tensión nerviosa.
. . . Y cuando caminas por° media hora, quemas ciento cincuenta calorías.

400 calorías

Correr

Si piensas que caminar es un deporte demasiado fácil, puedes correr° . . . Es un ejercicio realmente vigoroso que necesita mucha energía. Practicando° ese deporte, ejercitas° los músculos de las piernas, del abdomen y de la espalda, y mejoras° las funciones cardiovasculares. Correr no es necesariamente un deporte solitario. Puedes practicarlo solo o con tus amigos.
. . . Y cuando corres por media hora, quemas cuatrocientas calorías. También pierdes peso.°

300 calorías

La natación

La natación° es el deporte ideal. Cuando nadas, ejercitas no sólo las piernas y los brazos, sino° todos los músculos del cuerpo. La natación ayuda° al corazón y aumenta° la capacidad de los pulmones.° La natación es un deporte social que puedes practicar con tus amigos.
. . . Y cuando nadas por media hora, quemas trescientas calorías.

Glosario (margen):

mantenerte: *to keep yourself*, quemar: *to burn*
superfluas: *extra*

Depende de: *It depends on*

Caminar: *Walking*

corazón: *heart*

por: *for*

correr: *run*
Practicando: *By practicing*, ejercitas: *you exercise*
mejoras: *you improve*

peso: *weight*

La natación: *Swimming*
sino: *but*
ayuda: *helps*, aumenta: *increases*, pulmones: *lungs*

300 calorías

El ciclismo

¡Otro deporte excelente! Como nadar y correr, el ciclismo° mejora tu resistencia y tu energía, y usa todos los músculos. Puedes escoger° tu propio° ritmo,° rápido o lento.°

. . . Y cuando lo practicas por media hora, quemas trescientas calorías.

210 calorías

El tenis

Cuando juegas al tenis, usas todos los músculos del cuerpo y mejoras tu concentración y tu sentido° del equilibrio. El tenis es también un deporte intelectual: no sólo tienes que usar las manos, los brazos y las piernas, ¡tienes que usar la cabeza!

. . . Y cuando juegas al tenis por media hora, quemas doscientas diez calorías.

300 calorías

El esquí

El esquí es un deporte que necesita mucha agilidad y concentración. Tonifica° los músculos de los brazos y de las piernas. Pero, ¡cuidado!° El esquí puede ser un deporte peligroso.° ¡No te rompas° un brazo o una pierna!

. . . Y cuando esquías por media hora, quemas trescientas calorías.

el ciclismo: *bicycling*

escoger: *choose,* propio: *own,* ritmo: *rhythm,* lento: *slowly*

sentido: *sense*

Tonifica: *It tones.* ¡cuidado!: *be careful!* peligroso: *dangerous,* no te rompas: *don't break*

150 calorías

El juego de bolos

El juego de bolos° es otro deporte que necesita mucha concentración intelectual. Es un deporte excelente para calmar la tensión nerviosa, pero no es el deporte ideal para perder peso.°

... Y cuando lo practicas por media hora, quemas ciento cincuenta calorías.

El juego de bolos: *Candlepin bowling*

perder peso: *lose weight*

El arte de la lectura

Enriching your vocabulary: adverbs in *—mente*

Many Spanish adverbs end in **-mente**. This ending usually corresponds to the English ending **-ly**.

realmente   *really*
necesariamente   *necessarily*

Most of the adverbs in **-mente** are formed as follows:

feminine singular form of the adjective   +   **-mente**

sincero	**sincera**	¡No hablas **sinceramente**!
rápido	**rápida**	Juan trabaja **rápidamente**.
fácil *(easy)*	**fácil**	No aprendo **fácilmente**.

Ejercicio

Say that the following people act according to their characters.

⅀ Pablo es un chico alegre. Canta *alegremente*.

1. Mi hermano está loco. Está _____ enamorado de Carmen.
2. Tomás es tonto. Se expresa _____ .
3. Rafael es serio. Trabaja _____ .
4. Silvia es inteligente. Se expresa _____ .
5. Emilia y Luisa son francas. Hablan _____ .
6. Felipe y Carlos son sinceros. Hablan _____ .

VISTA

El mundo de las diversiones

4

LOS pasatiempos favoritos

¿Qué haces tú cuando tienes tiempo libre?°
Éstos son los pasatiempos° de algunos chicos hispanos.

**Johnny González,
Nueva York**
En los veranos tengo mucho tiempo
libre; entonces voy con mis
hermanos a tocar la conga y los
tambores° al Parque Central. ¡Es
increíble! A veces hay unas cien
personas que se reúnen° a bailar o a
escucharnos.

**Esteban Herrera,
Lima, Perú**
Yo paso todo mi tiempo libre
practicando el windsurf en el club
Waikiki de Lima. Es un deporte
difícil . . . ¡pero apasionante!° Las
olas° son fantásticas, y me divierto
mucho.

294   tiempo libre *free time*   pasatiempos *pastimes*   tambores *drums*   se reúnen *gather*
apasionante *exciting*   olas *waves*

José María Ordóñez, Cádiz, España

Como buen español, dedico parte de mi tiempo libre a jugar al ajedrez,° a jugar al fútbol los sábados y a charlar° con mis amigos en el café de la esquina.°

Felipe Pérez, Monterrey, México

A mí me gusta leer. Por eso, paso mi tiempo libre en casa. Me gustan las revistas y las novelas. Pero me gustan más los cuentos de ciencia-ficción. Las grandes aventuras del espacio son fascinantes, ¿verdad?

Margarita MacKenzie, Valparaíso, Chile

A mí me gustan el aire puro, el sol y las montañas. En agosto siempre voy a esquiar con un grupo de chicos. En Chile tenemos los mejores lugares para esquiar. Otra cosa que me gusta mucho es tocar la guitarra. Yo llevo mi guitarra a todas partes.°

ajedrez *chess*   charlar *chat*   esquina *corner*   a todas partes *everywhere*

**Lupita Cabrera,
San Diego, California**
Mi pasatiempo favorito es ir al zoológico
con mis amigos y mirar los animales. Yo
creo que los animales también se divierten
mucho con nosotros.

**Alicia Durán,
Bogotá, Colombia**
Para muchos chicos bogotanos, el pasatiempo
favorito es ir al cine. ¿Por qué? . . . ¡porque en
Bogotá llueve mucho! A mí me encantan° las
películas mexicanas. Yo voy todos los domingos
por la tarde al cine con mis amigos.

° **me encantan** / *love*

GALERÍA de ESTRELLAS

Edward James Olmos
actor méxico-americano de cine y televisión

Sus raíces° son de México y Los Ángeles. Entre sus pasiones se encuentran el béisbol y la música. Hoy es popularmente conocido° como el teniente° Castillo en la serie de televisión *Miami Vice*. Empezó° a actuar en teatros pequeños en Los Ángeles. Sus películas° *Zoot Suit* y *La Balada de Gregorio Cortez* han tenido° mucho éxito.° Eduardo tiene todavía otra pasión: ayudar a la gente de su comunidad. Dedica casi todo su tiempo libre° a trabajos sociales y caritativos.° Sus proyectos incluyen prestarle ayuda a inmigrantes mexicanos y darles pláticas° a jóvenes contra la drogadicción.

Lisa Lisa
cantante de rock puertorriqueña

Su nombre verdadero° es Lisa Velez. Es de Puerto Rico, pero ahora vive en Nueva York. Ella es una destacada° cantante de rock. Con su conjunto° musical, "Lisa Lisa and the Cult Jam" tiene ya muchos éxitos° musicales. Lisa es una chica muy determinada quien, en poco tiempo, logró° su deseo: ¡conquistar° el corazón° de Norteamérica!

Linda Ronstadt
cantante mexicana

Nativa de Tucson, Arizona, Linda Rondstadt es conocida por millones de jóvenes norteamericanos. Ella canta pop, jazz, rock y ahora . . . ¡rancheras° mexicanas! En su álbum *Canciones de mi padre*, Linda canta las canciones que le cantaba° su padre cuando era° chica. Para Linda, este disco es una celebración de sus raíces° mexicanas.

La voz° dinámica de Linda junto con la música de los mariachis es una verdadera° fiesta musical, ¡estilo° mexicano!

El Canal de las Estrellas

raíces *roots*	**conocido** *known*	**teniente** *lieutenant*	**Empezó** *He began*	**películas** *movies*
han tenido *have had*	**éxito** *success*	**tiempo libre** *free time*	**caritativos** *charitable*	
darles pláticas *give talks*	**verdadero** *real*	**destacada** *outstanding*	**conjunto** *group*	**éxitos**
successes	**logró** *accomplished*	**conquistar** *win over*	**corazón** *heart*	**rancheras** *cowboy*
songs	**cantaba** *sang*	**era** *she was*	**raíces** *roots*	**voz** *voice*	**verdadera** *true*	**estilo** *style*

Rubén Blades
cantante y abogado panameño

El carismático° cantante de salsa° es de Panamá y llegó° a los Estados Unidos en 1974. Él compone° sus propias canciones y es ganador de varios premios Grammy.

Rubén no es solamente un cantante famoso. También tiene el título de abogado.° Se interesa° en temas políticos y sociales, especialmente en los problemas de Latinoamérica.

Recientemente volvió a su país para organizar unos voluntarios para mejorar° las condiciones en un barrio muy pobre de Panamá. En una ocasión, un reportero le preguntó° si le interesaría° ser presidente de Panamá. Rubén contestó:° ¿Y por qué no?

Gloria Estefan
cantante cubana

La joven cubana es la cantante principal del grupo de rock "Miami Sound Machine." Gloria escribe casi todas las canciones para el grupo. Sus éxitos° más populares son "Conga," "Bad Boy" y "Words Get in the Way." Gloria y el Miami Sound Machine adaptan su música para el público norteamericano pero siempre conservando° la influencia latina. Recientemente, la ciudad de Miami nombró° una calle en honor del grupo popular.

Elizabeth Peña
actriz cubana

Ella hizo el papel° de Rosie Morales, la cuñada° de Ritchie Valens en la película *La Bamba*. Ahora hace el papel de Dora en la serie de televisión *I Married Dora*. Elizabeth empezó° su carrera de actriz en Hollywood con la película *Down and Out in Beverly Hills*. Generalmente interpreta a personajes° hispanos. De origen cubano, Elizabeth llegó° a los Estados Unidos a la edad de ocho años. Sus padres son su mayor influencia artística: ¡ellos también son actores!

LA PELÍCULA DE HOY

por silviano hernandez

---

carismático *charismatic*   **salsa** *salsa (popular Latin-American dance music)*   **llegó** *arrived*   **compone** *composes*   **abogado** *lawyer*   **Se interesa** *He is interested in*   **para mejorar** *to improve*   **le preguntó** *asked him*   **si le interesaría** *if it would interest him*   **contestó** *replied*   **éxitos** *successes*   **siempre conservando** *always maintaining*   **nombró** *named*   **hizo el papel** *played the part*   **cuñada** *sister-in-law*   **empezó** *began*   **personajes** *characters*   **llegó** *arrived*

¿Qué sabes tú de la música hispánica?

La música en los países hispánicos es extraordinaria. ¿Por qué? . . . porque es la mezcla° del alma° de tres continentes: América, África y Europa. Por ejemplo, en los instrumentos, los tambores son de origen africano; las maracas y las flautas de origen indio; la guitarra, el arpa y el piano de origen europeo.

Éstos son algunos instrumentos usados en algunas composiciones hispánicas. ¿Sabes qué palabra corresponde a cada instrumento?

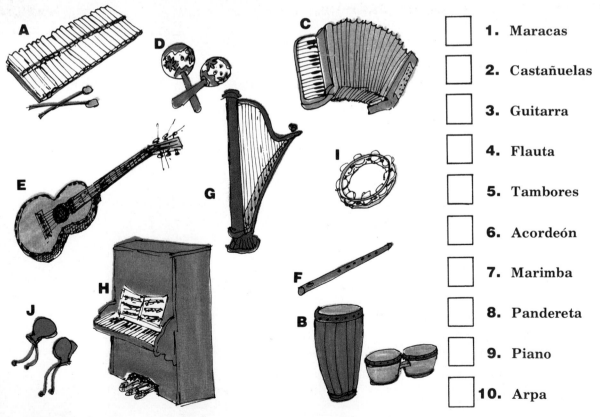

1. Maracas
2. Castañuelas
3. Guitarra
4. Flauta
5. Tambores
6. Acordeón
7. Marimba
8. Pandereta
9. Piano
10. Arpa

RESPUESTAS: 1-D, 2-J, 3-E, 4-F, 5-B, 6-C, 7-A, 8-I, 9-H, 10-G

EL PRÍNCIPE DE LA
CANCIÓN

Julio Iglesias . . . ¿Quién no conoce la voz romántica de España? Simpático, guapo, Julio Iglesias canta canciones de amor con mucho sentimiento y con una voz extraordinaria.

Julio Iglesias es español, pero tiene millones de admiradores por todo el mundo.° Personas de todas partes° y de todas las edades° compran sus discos.

Julio Iglesias es nativo de Madrid. Cuando joven juega al fútbol en un equipo profesional. Luego se dedica al Derecho.° Pero un accidente automovilístico cambia° el curso de su vida. En el hospital un amigo le regala° una guitarra y . . . ¡comienza su carrera de cantante!

Hoy sus discos tienen un éxito fenomenal. Se venden por millones . . . ¡casi 100 millones en total! Julio Iglesias canta en muchos idiomas°: español (¡por supuesto!), francés, portugués, italiano, alemán . . . Y pronto° va a tener su primer álbum donde canta totalmente en inglés.

Muchos lo llaman «el príncipe español de la canción». En realidad, es el cantante hispánico más popular de todos los tiempos° . . . ¡una superestrella de la música popular!

por todo el mundo *all over the world*
de todas partes *everywhere*   **edades** *ages*
Derecho *Law*   **cambia** *changes*
regala *gives*   **éxito** *success*
idiomas *languages*   **pronto** *soon*
todos los tiempos *all time*

CELEBRACIONES Y FIESTAS EN EL MUNDO HISPÁNICO

¡Música y baile° en el Parque Central!

NUEVA YORK, ESTADOS UNIDOS — Los organiza-dores del Día de San Juan invitan a todos los hispanohablantes a celebrar este día. La gran fiesta es este domingo, empezando a las diez de la mañana, en el Parque Central de la ciudad. El veinte y cuatro de junio es el Día de San Juan, el santo patrón° de San Juan, la capital de Puerto Rico. No importa° si bailas bien o mal. ¡Éste es un día para bailar en el parque!

¡Adiós, Sr. del Mal Humor!

MAZATLÁN, MÉXICO — Son muy famosos el Carnaval de Río de Janeiro y el Mardi Gras de Nueva Orleáns. Pero el carnaval de este puerto mexicano es uno de los más alegres. Además,° los tamales, los tacos, las enchiladas y los chiles rellenos son más irresistibles en las calles llenas de° flores,° confeti y serpentinas.° Como siempre, el Carnaval de Mazatlán comienza con el solemne entierro° del Sr. del Mal Humor. Este gran muñeco° que representa el mal humor, es enterrado° todos los años en las aguas° del Océano Pacífico. ¡Viva el Carnaval! ¡Viva el buen humor!

¡30.000 personas en una aventura diferente!

PAMPLONA, ESPAÑA — Esta ciudad del norte de España va a recibir la visita de treinta mil personas la próxima semana. Vienen jóvenes de todas partes de España y del mundo entero.° Todos van a participar en una aventura diferente: el tradicional «encierro».° El siete de julio, Día de San Fermín, a las siete de la mañana, los toros° de la corrida° de la tarde salen libres° por las calles que van del corral a la Plaza de Toros. Los jóvenes esperan con impaciencia el momento para correr° delante de° los toros.

baile *dance*   **santo patrón** *patron saint*   **No importa** *It doesn't matter*   **Además** *Besides*
llenas de *filled with*   **flores** *flowers*   **serpentinas** *streamers*   **entierro** *burial*   **muñeco** *dummy*
enterrado *buried*   **aguas** *waters*   **mundo entero** *entire world*   **encierro** *enclosure*   **toros** *bulls*
corrida *fight*   **libres** *free*   **correr** *run*   **delante de** *in front of*

GUITARRA

La guitarra es uno de los instrumentos favoritos de los jóvenes hispanos modernos. Pero la guitarra es un instrumento muy viejo. Los árabes la llevan a España desde° el Oriente, y en España, durante muchos siglos,° tiene cambios° en forma y expresión.

Hay muchos tipos de guitarras. Algunas son de madera,° otras son de metal. Hay guitarras acústicas y hay guitarras eléctricas. Una guitarra casi siempre tiene seis cuerdas.° Pero también hay guitarras de cuatro, ocho y doce cuerdas. La variedad es infinita. Para seleccionar una guitarra, primero debemos preguntarnos: ¿vamos a usarla para tocar música de rock? . . . ¿música clásica? . . . ¿música folklórica? . . .

La guitarra folklórica es de madera y tiene seis cuerdas de acero.° Es la guitarra que tocan los artistas como Paul Simon, John Denver y Joan Baez.

La guitarra clásica también es de madera y tiene seis cuerdas. Pero tiene un tono suave,° dulce° y delicado. Es la guitarra de la música seria, la guitarra de los artistas como Andrés Segovia, Narciso Yepes y Liona Boyd.

La guitarra flamenca tiene un tono muy brillante, para expresar la pasión del flamenco, la música típica del sur de España.

La guitarra eléctrica es la más popular. Si quieres expresar tus emociones creando° sonidos° y vibraciones electrónicas, ésta es tu guitarra. Es la guitarra para el «rock».

No digas° «Quiero una guitarra», si no sabes qué guitarra quieres.

Actividades culturales

Actividades para cada estudiante

1. Get a Spanish newspaper, such as El Diario, and look at the movie section. Make a list of ten North American movies that you can identify, and give their Spanish and English titles.

2. Prepare a brief report on Andrés Segovia (Source: encyclopedia), on Pablo Casals (Source: encyclopedia), or on Plácido Domingo (Sources: recent magazine and newspaper articles).

3. Prepare a brief report on flamenco music, on the mariachi (Mexican street band), or on the tuna (student music group). (Sources: encyclopedia, book on music)

4. Prepare a brief report on Latin-American dance styles: for example, the rumba, conga, tango, mambo, salsa, cha-cha-cha, and jarabe tapatío. (Sources: encyclopedia, book on folk dancing, book on Latin America)

Actividades para la clase

1. Prepare a bulletin board exhibit of Hispanic actors and actresses. Use pictures from Hispanic magazines such as Buenhogar, Estrellas, Semana, or ¡Hola!

2. Using pictures from Hispanic magazines, prepare a bulletin board exhibit of Hispanic festivals and Hispanic folk dancing.

---

desde *from*   **siglos** *centuries*   **cambios** *changes*   **madera** *wood*   **cuerdas** *strings*
acero *steel*   **suave** *soft*   **dulce** *sweet*   **creando** *by creating*   **sonidos** *sounds*   **No digas** *Don't say*

Unidad 8

La vida y sus sorpresas

305

¡Estas cosas ocurren siempre!

—¿Qué hace Pedro? ¿Juega al tenis?

—¡Ahora no! ¡Acaba de jugar . . . y ahora tiene un ojo morado!

Acaba de: *He has just*
ojo morado: *black eye*

—¿Qué hace Anita? ¿Esquía?

—¡Ahora no! ¡Acaba de esquiar . . . y ahora tiene una pierna rota!

rota: *broken*

—¿Qué hacen Manuela y Paco? ¿Bailan?

—¡Ahora no! ¡Acaban de bailar . . . y ahora están muy cansados!

—¿Qué mira Carlos? ¿La televisión?

—¡Ahora no! ¡Acaba de mirarla . . . y
ahora tiene un fuerte dolor de cabeza!

dolor de cabeza:
headache

—¿Qué escucha María? ¿Un concierto de
rock?

—¡Ahora no! ¡Acaba de escucharlo . . . y
ahora no oye nada!

—¿Qué hace el Sr. Montero? ¿Saca el
coche del garaje?

Saca: *Is he taking out*

—¡Ahora no! ¡Acaba de sacarlo . . . y de
estrellarlo contra un árbol!

estrellar: *to smash,*
contra: *against*

Lección uno
307

CONVERSACIÓN

Vamos a hablar de las cosas que vas a hacer inmediatamente **después de** *(after)* la clase de español.

1. ¿**Vas a** ir a otra clase?
   Sí, **voy a** ir . . . (No, no **voy a** ir . . .)
2. ¿**Vas a** ver a tus amigos?
3. ¿**Vas a** ir a casa?
4. ¿**Vas a** mirar la televisión?
5. ¿**Vas a** comer un sándwich?

Ahora vamos a hablar de las cosas que acabas de hacer **recientemente.**

6. ¿**Acabas de** venir de otra clase?
   Sí, **acabo de** venir de . . .
   (No, no **acabo de** venir de . . .)
7. ¿**Acabas de** llegar a la escuela?
8. ¿**Acabas de** hablar con tus amigos?
9. ¿**Acabas de** comer algo?
10. ¿**Acabas de** beber una Coca-Cola?

OBSERVACIÓN

In questions 1-5, you are asked about things you *are going* to do.
- Which expression is used for *are you going?*
- Is the verb which follows an infinitive?

In questions 6-10, you are asked about things you *have just* done.
- Which expression is used for *have you just?*
- Is the verb which follows an infinitive?

NOTA CULTURAL

El esquí, ¿un deporte hispánico?

¿Cómo imaginas Sudamérica? ¿Como un continente plano° donde hace siempre calor? La realidad es diferente. Claro, hay llanos° muy vastos, pero hay también montañas muy altas. En julio y agosto, que son meses de invierno en Sudamérica, hay mucha nieve° en aquellas montañas.

Así es que° hay muchos lugares ideales para esquiar en las montañas de los Andes, especialmente en Chile y en la Argentina. Muchos jóvenes van a esquiar en las «canchas° de esquí» de Portillo (Chile) o de Las Leñas (Argentina).

El esquí es también un deporte muy popular en España. Durante° las vacaciones de invierno, los jóvenes van a los Pirineos° y a la Sierra Nevada para practicar° su deporte favorito. Hoy una joven española, Blanca Fernández-Ochoa, figura entre° los campeones° del esquí mundial.°

plano *flat* **llanos** *plains* **nieve** *snow* **Así es que** *That is why*
canchas *resorts* **Durante** *During* **Pirineos** *Pyrenees*
para practicar *to engage in* **entre** *among* **campeones**
champions **mundial** *world*

Estructuras

A. El pasado inmediato: *acabar de* + infinitivo

Compare the following sentences.

Acabo de hablar español.
*I **have just** spoken Spanish.*

Dolores **acaba de** salir.
*Dolores **has just** gone out.*

Acabamos de volver a casa.
*We **have just** come back home.*

Voy a hablar inglés.
*I **am going** to speak English.*

Va a comprar una revista.
*She **is going** to buy a magazine.*

Vamos a mirar la televisión.
*We **are going** to watch television.*

To express an event which has just taken place, you may use the following construction:

> (present tense of) **acabar de** + infinitive

- **Acabar** is a regular **-ar** verb which agrees with the subject. By itself, it means *to finish, to end:* ¿Puedes **acabar** el trabajo a las seis?

- Remember, to express an event which is going to take place in the near future, Spanish speakers use the construction:

> (present tense of) **ir a** + infinitive

Lo que comienza mal, acaba mal.

ACTIVIDAD 1   ¿Por qué están cansados?

Algunos alumnos se están durmiendo en la clase de ciencias. Explícale al profesor por qué están cansados.

- Ramón: jugar al fútbol   Ramón acaba de jugar al fútbol.

1. Elena: jugar al tenis
2. Paco: jugar al volibol
3. yo: nadar
4. tú: correr *(run)* dos millas
5. Uds.: correr cinco millas
6. nosotros: tomar un examen muy difícil
7. Manuel y Carlos: hacer sus tareas
8. Carmen y Dolores: jugar al básquetbol

VOCABULARIO PRÁCTICO   La escuela

un examen (los exámenes)

contestar	to answer	Carmen **contesta** la pregunta del profesor.
tomar	to take (an exam)	Voy a **tomar** el examen de francés.
salir bien (en)	to pass (an exam)	¿**Sales bien** en los exámenes de inglés?
salir mal (en)	to flunk (an exam)	Sí, pero siempre **salgo mal** en los exámenes de matemáticas.

una nota	grade	
sacar	to get (a grade)	Pedro **saca** una buena nota en historia.
recibir	to receive	**Recibe** una mala nota en ciencias.

una tarea	assignment	
las tareas	homework	Tengo muchas **tareas** para mañana.
el fin	end	Espero el **fin** de la clase.

fácil ≠ difícil	easy ≠ difficult	La tarea de español no es **difícil**.
útil ≠ inútil	useful ≠ useless	¿Es **útil** estudiar francés?
feliz (felices)	happy	Carlos es un estudiante **feliz**.
enojado	upset, angry	Juan está **enojado**: acaba de sacar una «F».

ACTIVIDAD 2 ¡Qué pena! *(What a pity!)*

Carlos no tiene suerte: quiere hacer algo con Laura, y ella le dice que acaba
de hacerlo con Rafael. Haz los papeles de Carlos y Laura según el modelo.

⟩⟩ jugar al tenis   Carlos: ¿Quieres jugar al tenis conmigo?
Laura: ¡Qué pena! Acabo de jugar al tenis con Rafael.

1. jugar al ping pong
2. visitar el museo
3. escuchar discos
4. mirar la televisión
5. bailar
6. tomar café
7. asistir a un concierto
8. hacer las tareas
9. nadar

ACTIVIDAD 3   Creación

Vamos a ver cuántas oraciones lógicas puedes crear en cinco minutos. Usa
un elemento de las columnas A, B, C y D.

A	B	C	D
yo			trabajar
Enrique	alegre(s)	ir a	jugar al fútbol
nosotros	triste(s) estar cansado(a)(s)	porque acabar de	hacer un viaje
mis amigos	enojado(a)(s)		perder el partido de volibol
			sacar una buena (mala) nota
			tener un accidente
			encontrar a unos amigos

⟩⟩ Enrique está enojado porque acaba de sacar una mala nota.
Nosotros estamos alegres porque vamos a hacer un viaje.

B. La duración de una acción: *hace* + el presente

Read carefully each of the following pairs of sentences. The first sentence in each group describes an activity or situation occurring now. The second sentence describes an activity or situation which began at some time in the past and which is still going on. Pay attention to the forms of the verbs, both in Spanish and in English.

Estudio español.	*I study (am studying) Spanish.*
Hace seis meses que **estudio** español.	*I have been studying Spanish for six months.*
Carlos **vive** en México.	*Carlos lives (is living) in Mexico.*
Hace tres años que Carlos **vive** en México.	*Carlos has been living in Mexico for three years.*

To express the duration of an action or a situation which began in the past and is still going on, you may use the construction:

> **hace** + period of time + **que** + (subject) + verb in the present

Note also the interrogative expression:

> **¿Cuánto tiempo hace que** (+ verb in the present)?

¿Cuánto tiempo hace que estudias español?	*(For) How long have you been studying Spanish?*

ACTIVIDAD 4   El Instituto de Estudios Profesionales

En el Instituto de Estudios Profesionales hay muchos estudiantes. Di *(Say)* cuánto tiempo hace que estudian, y qué estudian, las siguientes personas.

Arturo: dos años / inglés   Hace dos años que Arturo estudia inglés.

1. Guillermo: tres años / la mecánica
2. Manuela: seis meses / italiano
3. Rafael: diez semanas / inglés
4. yo: un año / la fotografía
5. tú: cuatro meses / el piano
6. nosotros: un año / la decoración interior
7. Paco y Marisol: dos años / japonés
8. Uds.: seis semanas / la guitarra

ACTIVIDAD 5   Diálogo: ¿Cuánto tiempo hace que . . .?

Pregúntales a tus compañeros si hacen las siguientes cosas. Si contestan afirmativamente, pregúntales también cuánto tiempo hace que las hacen.

   tocar la guitarra   Estudiante 1: ¿Tocas la guitarra?
                               Estudiante 2: Sí, toco la guitarra. (No, no toco la guitarra.)
                               Estudiante 1: ¿Cuánto tiempo hace que tocas la guitarra?
                               Estudiante 2: Hace (seis meses) que toco la guitarra.

1. estudiar español
2. jugar al tenis
3. tocar el piano
4. tener un radio
5. tener una bicicleta
6. sacar buenas notas
7. hablar francés
8. asistir a esta escuela
9. estar cansado(a)
10. esperar la visita de tu novio(a)

Pronunciación Las vocales

Model word: difícil
Practice words: comediante pantalones camiseta impermeable
Practice sentences: El mecánico trabaja en la estación de servicio.
                      El examen de matemáticas es muy difícil.
                      ¡Este artículo es maravilloso!

In English, the vowels in unstressed syllables are often pronounced "uh": comedian, difficult. In Spanish, the vowels in unstressed syllables are pronounced as distinctly as those in stressed syllables. Avoid the "uh" sound when pronouncing longer Spanish words.

Para la comunicación

Expresión para la composición

además   *moreover, in addition*

Mini-composición   Autobiografía

Imagina que acabas de ganar un gran premio *(prize)* deportivo en tu
deporte favorito. Un periodista quiere escribir un artículo sobre *(about)*
tus actividades. En un pequeño párrafo descríbele tus actividades y dile
(tell him) cuánto tiempo hace que haces estas actividades. Puedes usar
los siguientes verbos. Usa también la expresión para la composición.

   vivir / estudiar / trabajar / jugar / asistir a / practicar

⟫   Hace dos años que juego al tenis. **Además** sé *(I know how)* jugar al
ping pong y al básquetbol . . .

Lección 2 Un día que no empezó bien

Todos los días:	**Ayer:**	
Carlos Enrique se despierta a las seis y media. (Su despertador funciona bien siempre.)	Carlos Enrique se despertó a las nueve. (¡Su despertador no funcionó ayer!)	se despertó: *woke up* despertador: *alarm clock,* no funcionó: *didn't work*

6:30

9:00

Se levanta, se baña, se lava los dientes.	Se levantó, se bañó, se lavó los dientes . . . ¡con mucha prisa!	con mucha prisa: *in a hurry*

Después se desayuna.	Ayer, no se desayunó.	se desayuna: *he has breakfast*

A las siete y media, toma su bicicleta . . .
y a las ocho, llega al colegio.

No tomó su bicicleta, tomó el autobús . . .
y llegó al colegio a las diez.

Entró a la clase de francés y buscó sus tareas . . . pero no las encontró. (¡Caramba! Las olvidó en el autobús.)

olvidó: *he forgot*

Sus profesores lo felicitan por ser siempre muy puntual y serio.

El profesor de francés no felicitó a Carlos Enrique. Lo castigó por llegar tarde y ser negligente.

felicitan: *congratulate*

castigó: *punished,*
  por llegar tarde y ser negligente: *for arriving late and being careless*

Así empieza la rutina diaria de Carlos Enrique, ¡estudiante modelo!

¡Qué día! Realmente no empezó bien para el pobre Carlos Enrique . . . pero ¡así es la vida!

Así: *Thus,*
  rutina: *routine,*
  diaria: *daily,*
  empezó: *began*
así es la vida: *that's life*

CONVERSACIÓN

Vamos a hablar de tus actividades de los fines de semana.

1. ¿Trabajas los fines de semana?
    Sí, trabajo. (No, no trabajo.)
2. ¿Estudias?
3. ¿Te levantas temprano *(early)?*
4. ¿Te quedas en casa?
5. ¿Visitas a tus amigos?
6. ¿Invitas a tus amigos a tu casa?

Ahora, vamos a hablar del fin de semana pasado.

7. ¿Trabaj**aste** el fin de semana pasado?
    Sí, trabaj**é**. (No, no trabaj**é**.)
8. ¿Estudi**aste?**
9. ¿Te levant**aste** temprano?
10. ¿Te qued**aste** en casa?
11. ¿Visit**aste** a tus amigos?
12. ¿Invit**aste** a tus amigos a tu casa?

OBSERVACIÓN

In questions 1-6, you are asked about what you *do on weekends* (any weekend). The verbs are in the *present tense.* In your answers, you also use verbs in the present tense.

In questions 7-12, you are asked about what you *did last weekend.* The verbs are in a *past tense.*

- In what four letters do the verbs in the **tú** form end?
- In what letter do the verbs in the **yo** form end?

NOTA CULTURAL

La disciplina escolar

En los países hispánicos, la disciplina escolar es generalmente más fuerte que en los Estados Unidos. Cuando un alumno llega tarde° a la escuela, cuando no hace las tareas o cuando es negligente, generalmente recibe° un castigo.° ¿En qué consiste el castigo? Pues . . . depende. A veces el alumno tiene que hacer una tarea suplementaria o memorizar un poema. A veces tiene que quedarse hasta más tarde,° e incluso° pasar° el sábado en la escuela.

tarde *late*   **recibe** *receives*   **castigo** *punishment*   **hasta más tarde** *until later*   **incluso** *even*   **pasar** *spend*

Estructuras

A. El pretérito: verbos que terminan en *-ar*

When you want to describe an action or event which took place in the past, you use a verb in a *past tense*. In Spanish, one such past tense is the *preterite*. Compare the present tense and the preterite tense forms of **visitar** in the following sentences, paying special attention to the endings.

	PRESENT	PRETERITE	PRETERITE ENDINGS
	Hoy,	Ayer,	
(yo)	**visito** un museo.	**visité** las tiendas.	**-é**
(tú)	**visitas** San Juan.	**visitaste** Mayagüez.	**-aste**
(él) (ella) (Ud.)	**visita** Valencia.	**visitó** Barcelona.	**-ó**
(nosotros)	**visitamos** El Paso.	**visitamos** San Antonio.	**-amos**
(vosotros)	**visitáis** San Francisco.	**visitasteis** Monterey.	**-asteis**
(ellos) (ellas) (Uds.)	**visitan** a sus amigos.	**visitaron** a sus primos.	**-aron**

> To form the preterite of regular **-ar** verbs, the **-ar** ending of the infinitive is replaced by the endings shown above.

> Note the English equivalents of the Spanish preterite tense:

Visité Madrid.   *I visited Madrid.*
                   I did visit Madrid.

No visité Madrid.   *I did not visit Madrid.*

ACTIVIDAD 1   María está enferma

Hace una semana que María está enferma. Ayer, varios amigos la llamaron por teléfono. Di *(Say)* quién la llamó.

> Felipe   Felipe la llamó por teléfono.

1. Carlos
2. mis hermanos
3. mi primo
4. Ud.
5. yo

6. tú
7. nosotros
8. Ramón y su hermana
9. Dolores y Elena
10. Uds.

VOCABULARIO PRÁCTICO Verbos y expresiones

cambiar	to change	El tiempo **cambió** en la primavera.
dejar	to leave (something behind)	**Dejé** mi bicicleta en el garaje.
equivocarse	to make a mistake	Ana acaba de **equivocarse.**
olvidarse (de)	to forget	**Me olvidé** de la fecha del examen.
pasar	to spend (time)	**Pasé** el fin de semana en San Juan.
	to pass (by)	**Pasé** por Nueva York.
	to happen	¿Qué **pasó** en la fiesta?
anoche	last night	**Anoche**, miré un partido de béisbol.
ayer	yesterday	**Ayer**, me levanté a las siete.
a tiempo	on time	No llegó **a tiempo** a la escuela.
tarde	late	Llegó **tarde.**
temprano	early	Mis amigos llegaron **temprano.**
hasta	until	Esperé en casa **hasta** las tres.
durante	during	¿Qué pasó **durante** la semana?

REFRÁN

De rico a pobre pasé, y sin amigos me quedé.

ACTIVIDAD 2   **El apagón** *(The blackout)*

Las siguientes personas miran la televisión todas las noches. Anoche no la miraron a causa de *(because of)* un apagón. Expresa esta situación según el modelo.

✍ el Sr. Montoya   El Sr. Montoya mira la televisión todas las noches.
Anoche no la miró.

1. yo
2. tú
3. nosotros
4. Ingrid
5. la profesora

6. mis abuelos
7. la Sra. de Montoya
8. Diego y Alberto
9. Manuel y sus hermanas
10. Roberto

ACTIVIDAD 3   En la playa

Un grupo de amigos pasó el sábado en la playa. Di *(Say)* qué hizo *(did)* cada uno.

🗣️   María: nadar   María nadó.

1. Manuela: tomar el sol *(to sunbathe)*
2. tú: nadar
3. Isabel y Luis: nadar
4. mis amigos: mirar a las chicas

5. Carmen: mirar a los chicos
6. nosotros: mirar a Carmen
7. Rafael: escuchar su radio transistor
8. el grupo: jugar al volibol

ACTIVIDAD 4   Diálogo: El sábado de tus compañeros

Pregúntales a tus compañeros si hicieron *(did)* estas cosas el
sábado pasado.

🗣️   estudiar   Estudiante 1: ¿Estudiaste el sábado pasado?
                    Estudiante 2: ¡Sí, estudié! Siempre estudio los sábados.
                        (¡No, no estudié! Nunca estudio los sábados.)

1. trabajar
2. ayudar a tu mamá
3. ayudar a tu papá
4. comprar discos
5. gastar dinero
6. tomar el autobús de la escuela
7. mirar la televisión
8. nadar
9. esquiar
10. levantarse temprano

B.   El pretérito: verbos que terminan en –*car,* –*gar* y –*zar*

Compare the **tú** and **yo** forms of the preterite in the following questions
and answers.

tocar *(to play)*	—¿**Tocaste** la guitarra ayer?
	—Sí, **toqué** la guitarra.
llegar *(to arrive)*	—¿A qué hora **llegaste** a la escuela?
	—**Llegué** a las ocho.
empezar *(to begin)*	—¿**Empezaste** el libro?
	—Sí, lo **empecé.**

🗣️   In the preterite, verbs ending in –**car,** –**gar** and –**zar** have a spelling
change which occurs only in the **yo** form.

-car	c → qu	Busqué un libro.
-gar	g → gu	Pagué dos dólares por el libro.
-zar	z → c	Empecé este libro.

ACTIVIDAD 5 Preguntas personales

1. ¿Empezaste bien el día hoy?
2. ¿Llegaste a la escuela a tiempo?
3. ¿Jugaste al tenis el fin de semana pasado? ¿Con quién jugaste?
4. ¿Jugaste al volibol? ¿Jugaste bien o mal?
5. ¿Sacaste fotos? ¿de qué? ¿de quién?
6. ¿Tienes un radio? ¿Cuánto pagaste por tu radio?
7. ¿Tienes una bicicleta? ¿Cuánto pagaste por tu bicicleta?
8. ¿Tienes una cámara? ¿Cuánto pagaste por tu cámara?
9. ¿Tocas la guitarra? ¿La tocaste ayer?

ACTIVIDAD 6 Problemas

¿Cómo fue *(was)* el día de ayer para ti? ¿Bueno o malo? Di *(Say)* si tuviste *(you had)* los siguientes problemas.

Ɔ) levantarte tarde   Sí, me levanté tarde ayer.
(No, no me levanté tarde ayer.)

1. llegar tarde a la escuela
2. llegar tarde a una cita
3. dejar tus libros en el autobús
4. dejar tu almuerzo *(lunch)* en casa
5. dejar tus tareas en casa
6. olvidarte de una cita importante
7. sacar una mala nota
8. equivocarte en las tareas
9. pasar un día malo
10. hablar con alguien antipático

Pronunciación Los sonidos /k/ y /g/

Practice syllables: ca co cu que qui
                    ga go gu gue gui
Model words: tocó toqué pagó pagué
Practice words: sacar contestar cuerpo busqué aquí
                llegar algo ninguno jugué guitarra
Practice sentences: ¿Por qué no toca la guitarra Carlos?
                    Carmen se equivocó en el cálculo.
                    Los jugadores del equipo ganaron el campeonato.

The consonants **c** and **g** before **a, o,** and **u** are pronounced like the hard English **c** in "case" and the hard English **g** in "girl." To keep the "hard" sound before **e** and **i**, the spellings **qu** and **gu** are used.

Occasionally the **u** after a **g** is to be pronounced as a vowel sound; it is then marked with a dieresis (¨): **"pingüino," "bilingüe."**

Para la comunicación

Mini-composición   Mi diario

Escribe un párrafo en tu diario. Puedes hablar de lo que hiciste *(what you did)* realmente, o puedes imaginar que eras *(you were)* otra persona y describir sus actividades. Puedes usar los siguientes verbos:

> levantarse / quedarse / tomar / mirar / visitar /
> llegar / invitar / escuchar / llamar por téléfono /
> buscar / comprar / gastar / trabajar / ayudar

Usa también la expresión para la composición.

>> El domingo me levanté muy temprano. Llamé por teléfono a mi amigo y **entonces** lo invité a jugar al tenis. . . .

Lección 3 ¡Qué suerte!

Las personas que tienen suerte, ¿son siempre las mismas? ¡Claro que no! A veces, todos tenemos suerte; otras veces, no. La suerte cambia. Varios jóvenes nos cuentan aquí un suceso (afortunado o desafortunado) que les ocurrió el mes pasado.

Buena suerte

Elena: Recibí tres mil pesetas de mis padrinos por cumplir quince años.

Pedro: Recibí una buena nota en el examen de inglés.

Isabel: Vendí mi bicicleta vieja a un precio muy bueno.

Doris: Le escribí una carta al famoso cantante Julio Iglesias, y me contestó con su foto y su autógrafo.

Esteban: Perdí mi cartera (con dos mil pesos y la foto de mi novia), pero la encontré dos días después.

Inés: Decidí participar en un concurso fotográfico y gané el primer premio: ¡un viaje a Roma!

Mala suerte

Benjamín: Recibí una nota muy mala en el examen de matemáticas.

Patricia: Le escribí una carta al famoso actor norteamericano Robert Redford, pero no me contestó.

Marisela: Perdí mi bolso (con veinte dólares y el permiso de conducir) y no lo encontré.

Diego: Conocí a una chica muy simpática, pero perdí su número de teléfono.

Felipe: Rompí una ventana jugando al béisbol.

Miguel: Me rompí la pierna jugando al fútbol y mi equipo perdió el campeonato.

CONVERSACIÓN

Vamos a hablar más del fin de semana pasado.

1. ¿Comiste en un restaurante español?
   Sí, comí en . . . (No, no comí en . . .)
2. ¿Comiste en casa de un amigo?
3. ¿Viste una película?
4. ¿Viste a tus primos?

5. ¿Asististe a un concierto?
   Sí, asistí a . . . (No, no asistí a . . .)
6. ¿Escribiste cartas?
7. ¿Recibiste una carta de una persona famosa?
8. ¿Saliste el sábado por la noche?

OBSERVACIÓN

The above questions and answers have to do with events that may have taken
place last weekend.
- Are the verbs in the *present* or the *preterite* tense?

The verbs in questions 1-4 have infinitives which end in **–er.**
The verbs in questions 5-8 have infinitives which end in **–ir.**
- Do all the verbs have the same endings in the **tú** form? What is the ending?
- Do all the verbs have the same endings in the **yo** form? What is the ending?
- Are these **tú** and **yo** endings the same as those of **–ar** verbs? How are they different?

NOTA CULTURAL

La quinceañera

Para una chica hispánica el cumpleaños más importante es el de los quince años. Es como el de los diez y seis años de una norteamericana. Sus padrinos° le dan regalos especiales. A menudo recibe joyas:° un collar° de perlas o un anillo° de oro.°

Sus padres organizan una gran fiesta, generalmente con música y baile.° La fiesta es en la casa de la *quinceañera*° o en un club social. En algunos países, la ocasión se anuncia° en el periódico. Todos los amigos y parientes se reúnen° para celebrar esta ocasión alegre y se divierten hasta las altas horas de la madrugada.°

padrinos *godparents*   **joyas** *jewelry*   **collar** *necklace*
anillo *ring*   **oro** *gold*   **baile** *dance*   **quinceañera** *girl who is 15*
se anuncia *is announced*   **se reúnen** *gather*
altas horas de la madrugada *early morning hours*

Estructuras

A. El pretérito: verbos que terminan en –*er* y en –*ir*

In the preterite, regular –**er** and –**ir** verbs have the same endings:

INFINITIVE:	aprender	vivir	PRETERITE ENDINGS:
PRETERITE:			
(yo)	**Aprendí** español.	**Viví** en Sevilla.	**-í**
(tú)	**Aprendiste** francés.	**Viviste** en París.	**-iste**
(él) (ella) (Ud.)	**Aprendió** portugués.	**Vivió** en Río de Janeiro.	**-ió**
(nosotros)	**Aprendimos** japonés.	**Vivimos** en Tokio.	**-imos**
(vosotros)	**Aprendisteis** inglés.	**Vivisteis** en Boston.	**-isteis**
(ellos) (ellas) (Uds.)	**Aprendieron** italiano.	**Vivieron** en Roma.	**-ieron**

⟫ The preterite of most –**er** and –**ir** verbs is formed by replacing the infinitive endings (–**er**, –**ir**) by the endings shown above.

VOCABULARIO PRÁCTICO   Otros verbos que terminan en –*er* y en –*ir*

verbos que terminan en –*er*

deber + infinitive	should, ought to	**¡Debo** estudiar más!
romper	to break	María **rompió** sus esquís.
romperse + part of the body	to break one's (arm, etc.)	También **se rompió** la pierna.

verbos que terminan en –*ir*

descubrir	to discover	**¿Descubrió** América Cristóbal Colón?
recibir	to get, to receive	Por cumplir quince años, **recibí** un reloj.

ACTIVIDAD 1 Otros problemas

Di *(Say)* si tuviste *(you had)* los siguientes problemas el año pasado.

🕭 recibir malas noticias *(news)*   Recibí malas noticias.
(No recibí malas noticias.)

1. recibir regalos inútiles
2. recibir malas notas *(grades)*
3. romperte el brazo
4. romperte la pierna
5. perder tu cartera *(wallet)*
6. descubrir algo desagradable

ACTIVIDAD 2 ¿Eres aficionado(a) a la historia?

Escoge *(Choose)* a una de estas personas famosas y escribe un párrafo de seis oraciones diciendo si hizo *(did)* las cosas siguientes:

Cristóbal Colón / Jorge Washington / William Shakespeare / Abraham Lincoln / los hermanos Wright

1. vivir en los Estados Unidos
2. vivir en el siglo *(century)* veinte
3. escribir mucho
4. descubrir algo importante
5. transformar la sociedad
6. cambiar el curso de la historia

🕭 Cristóbal Colón: No vivió en los Estados Unidos. No vivió en el siglo veinte . . .

ACTIVIDAD 3 Creación

Vamos a ver cuántas oraciones lógicas puedes crear en cinco minutos. Usa un elemento de las columnas A, B y C. Empieza cada oración con **Ayer** y usa el pretérito.

A	B		C	
yo	aprender	asistir	una carta	un espejo *(mirror)*
Carlos	comer	escribir	la pierna	un regalo estupendo
nosotros	beber	recibir	una guitarra	en un restaurante
mis amigos	perder	salir	una Coca-Cola	con unos amigos
	romper(se)		algo bueno	un partido de tenis
	vender		una mala nota en un examen	

🕭 Ayer mis amigos recibieron una carta.

B. El pretérito: *dar* y *ver*

Note the preterite forms of the verbs **dar** *(to give)* and **ver** *(to see)*.

(yo)	di	vi	(nosotros)	dimos	vimos
(tú)	diste	viste	(vosotros)	disteis	visteis
(él, ella, Ud.)	dio	vio	(ellos, ellas, Uds.)	dieron	vieron

🕭 In the preterite, **dar** and **ver** take the endings of the –er and –ir verbs, except that the accent mark is not used on the **yo** and **él** forms.

ACTIVIDAD 4 Los regalos de Navidad *(Christmas presents)*

Unos amigos comparan los regalos que recibieron y que dieron para
Navidad. Di qué recibió y qué dio cada uno.

ᗡ María: una bicicleta / discos   María recibió una bicicleta. Dio discos.

1. mi primo: un abrigo / libros
2. tú: un tocadiscos / una caja *(box)* de chocolates
3. yo: una cámara / dulces *(candy)*
4. nosotros: dinero / camisas

5. Elena: una raqueta de tenis / sandalias
6. Carmen y Emilia: vestidos / discos
7. Enriqueta: un bolso / su foto
8. mis amigos: ropa / corbatas

ACTIVIDAD 5 Diálogo: El fin de semana

Pregúntales a tus compañeros si hicieron *(did)* las siguientes cosas el fin
de semana pasado.

ᗡ ver una película mexicana

Estudiante 1: ¿Viste una película mexicana el fin de semana pasado?
Estudiante 2: Sí, vi una película mexicana.
(No, no vi una película mexicana.)
(No, no vi ninguna película.)

1. ver a una actriz de televisión en la calle
2. recibir una carta de un artista de cine
3. recibir un regalo fabuloso
4. comer en un restaurante muy elegante

5. salir con un amigo hispánico
6. aprender muchos verbos irregulares
7. asistir a un concierto de rock
8. dar una fiesta en tu casa

C. El pretérito: *caer, creer, leer* y *oír*

Note the preterite forms of the verbs **caer** *(to fall)*, **creer** *(to believe)*, **leer**
(to read) and **oír** *(to hear)*.

INFINITIVE:	caer	creer	leer	oír
PRETERITE:				
(yo)	caí	creí	leí	oí
(tú)	caíste	creíste	leíste	oíste
(él, ella, Ud.)	cayó	creyó	leyó	oyó
(nosotros)	caímos	creímos	leímos	oímos
(vosotros)	caísteis	creísteis	leísteis	oísteis
(ellos, ellas, Uds.)	cayeron	creyeron	leyeron	oyeron

ᗡ The **í** of the endings always has an accent mark.
In the **él** and **ellos** forms, the **i → y**.

ACTIVIDAD 6   Las noticias

Los chicos leyeron las noticias en el periódico. Las oyeron también en la radio. Expresa esto *(this)* según el modelo.

☜ Carmen   Carmen leyó las noticias en el periódico.
Las oyó también en la radio.

1. tú
2. Clara
3. Uds.

4. Paco y Luis
5. yo
6. Isabel

7. nosotros
8. Ud.

Pronunciación   Las vocales: *io, ío, ió*

Model words: dio   tío   comió
Practice words: vio   precio   cambio   precioso   rompió   recibió
mío   frío   tío
Practice sentences: ¡Dios mío! ¡Hace mucho frío!
El secretario le escribió a mi tío.
Estudió en el colegio San Gregorio.
Mi tío vivió en el barrio.

The letters **io** represent a diphthong: the **i** is pronounced very much like the **y** in "yoyo." When the diphthong **io** comes at the end of a word and is to be stressed, an accent mark is placed over the **o**: **vivió.**

If the **i** and the **o** do not form a diphthong, that is, if they are pronounced separately, an accent mark is placed on the **i**: **un tío.**

Para la comunicación

Expresión para la composición
al mismo tiempo   *at the same time*

Mini-composición   La suerte cambia

Describe cinco sucesos *(events)* afortunados y cinco sucesos desafortunados que te ocurrieron a ti o a tus parientes el año pasado.
Si quieres, puedes usar los siguientes verbos:

ganar / asistir / salir / escribir / recibir / descubrir / ver /
romper / romperse / olvidarse / equivocarse / dejar / caer / caerse

Usa también la expresión para la composición.

☜ Mi hermano se cayó de mi bicicleta y la rompió. **Al mismo tiempo** se rompió la pierna.

¡Un millonario de doce años!

—DE LA PROVINCIA DE MURCIA

La semana pasada, el joven Roberto Ruiz descubrió un tesoro en una casa abandonada. Este tesoro consiste en dos mil monedas de oro antiguas . . .

Muerte de un anciano simpático.

—DE LA PROVINCIA DE BARCELONA

Ayer Ángel Molina, un anciano de ciento siete años de edad, murió en un accidente de bicicleta. Su hijo (de ochenta y cinco años de edad) nos contó que el Sr. Molina nunca se sintió enfermo ni cansado en toda su vida . . .

¡Un nuevo récord!

—DE LA PROVINCIA DE VALENCIA

La Sra. de Muñoz descubrió un tomate de más de cuatro kilos en su huerta. Un nuevo récord mundial . . . ¡para un tomate!

Un mono secretario

—DE LA PROVINCIA DE SEGOVIA

Ayer por la tarde, un mono se escapó del circo AMAR. Unas horas más tarde, la policía encontró el mono en la oficina del alcalde, escribiendo a máquina y usando el teléfono.

Un profesor cansado

—DE LA PROVINCIA DE LEÓN

Un profesor de la universidad de Salamanca se durmió durante un examen. La universidad nos pidió no revelar el nombre de este profesor cansado.

descubrió: *found,*
   tesoro: *treasure*

monedas: *coins*

oro: *gold,*
   antiguas: *ancient,*
   alcalde: *mayor,*
   escribiendo a
   máquina: *typing*
Muerte: *Death,*
   anciano: *old man*

edad: *age,*
   murió: *died,*
nombre: *name*

se sintió: *felt*
vida: *life*

descubrió: *found*

huerta: *vegetable
   garden*
mundial: *world's*

CONVERSACIÓN

Vamos a hablar del día de ayer. Esta vez *(this time)* imagina que un periodista te hace las preguntas. (Él usa **usted** contigo.)

1. ¿**Jug**ó Ud. al volibol?
   Sí, **jug**ué . . . (No, no **jug**ué . . .)
2. ¿**Jug**ó Ud. al básquetbol?
3. ¿**Volv**ió Ud. a casa después de *(after)* la clase? Sí, **volv**í . . . (No, no **volv**í . . .)
4. ¿**Volv**ió Ud. a casa con unos amigos?

5. ¿Se **div**irtió Ud. en clase?
   Sí, me **div**ertí . . . (No, no me **div**ertí . . .)
6. ¿Se **div**irtió Ud. después de la clase?
7. ¿**Durm**ió Ud. bien anoche?
   Sí, **dorm**í . . . (No, no **dorm**í . . .)
8. ¿**Durm**ió Ud. por la tarde?

OBSERVACIÓN

In the above questions, the verbs **jugar** *(to play),* **volver** *(to return),* **divertirse** *(to have fun)* and **dormir** *(to sleep)* are used in the preterite.
- Do these verbs have a stem change in the present?

Look carefully at the verbs in questions 1-4.
- What are the infinitives of these two verbs?
- In which letters do the infinitive forms end?
- Do these verbs have a stem change in the **yo** form of the preterite? in the **Ud.** form?

Now look carefully at the verbs used in questions 5-8.
- What are the infinitives of these two verbs?
- In which letters do the infinitive forms end?
- Do these verbs have a stem change in the **yo** form of the preterite? in the **Ud.** form? What is this change?

NOTA CULTURAL

Las provincias y las autonomías° de España

¿Eres norteamericano? ¡Por supuesto! Pero también estás orgulloso° de ser de California, de la Florida, de Texas o de Nuevo México, ¿verdad?

Hoy España es un país de aproximadamente treinta y nueve millones de habitantes, dividido en cincuenta y dos provincias y en diez y siete autonomías. Cada autonomía mantiene su originalidad, sus tradiciones . . . ¡y a veces su propio idioma!° Claro, son todos españoles, pero son también catalanes, vascos, andaluces . . .

autonomías *autonomies (self-governing states)* **orgulloso** *proud* **propio idioma** *own language*

Estructuras

A. Repaso: el pretérito de los verbos que terminan en –*ar*, –*er*, –*ir*

The preterite forms of verbs in **–ar, –er** and **–ir** are summarized below:

INFINITIVE:	hablar	comer	escribir
PRETERITE:			
(yo)	hablé	comí	escribí
(tú)	hablaste	comiste	escribiste
(él, ella, Ud.)	habló	comió	escribió
(nosotros)	hablamos	comimos	escribimos
(vosotros)	hablasteis	comisteis	escribisteis
(ellos, ellas, Uds.)	hablaron	comieron	escribieron

ᔓ The **–ar** and **–er** verbs which have a stem change in the present tense do not have this change in the preterite.

	hoy (presente)	ayer (pretérito)
pensar (e → ie)	Elena **pie**nsa ir a la playa.	Elena pensó ir al cine.
encontrar (o → ue)	Enc**ue**ntro a Paco.	Encontré a Luis.
perder (e → ie)	Carlos nunca p**ie**rde nada.	Perdió su libro.
volver (o → ue)	Casi siempre v**ue**lvo a casa a las tres.	Volví a las cuatro.

ACTIVIDAD 1   El viaje de Angélica del Río

Imagina que eres un(a) periodista *(journalist)* que trabaja para una revista argentina. Tienes que describir el viaje a Madrid de Angélica del Río, una famosa actriz de la televisión argentina. Éstas son tus notas del viaje. Están en el presente. Prepara tu artículo, cambiando tus notas al pretérito.

ᔓ El lunes llega a Madrid.   El lunes llegó a Madrid.

1. Busca un buen hotel.
2. Por la tarde sale con una amiga.
3. El martes visita el Museo del Prado.
4. El miércoles come en el restaurante «Jockey».
5. Después asiste a un concierto flamenco.
6. El jueves da una fiesta.
7. El viernes recibe la visita de un periodista italiano.
8. Habla con él de su carrera en Buenos Aires.
9. El sábado se queda en el hotel.
10. Recibe un telegrama de su agente.
11. Llama por teléfono a la Argentina.
12. El domingo vuelve a Buenos Aires.

ACTIVIDAD 2   La vida no es siempre una fiesta

Los siguientes problemas están ocurriendo ahora. Descríbelos dos horas después.

𝔇 Elena se despierta tarde.   Elena se despertó tarde.

1. Miguel se despierta de mal humor.
2. Rafael pierde sus libros.
3. El profesor pierde la paciencia.
4. Carlos encuentra a su peor enemigo *(enemy)*.
5. Susana encuentra a su peor enemiga.
6. Felipe vuelve a casa muy tarde.
7. Isabel no juega con sus amigas.
8. Luisa no empieza a estudiar inglés.
9. Carmen no entiende al profesor.
10. Miguel no recuerda la hora de su cita con María.

B. El pretérito: verbos con cambios que terminan en –ir

The –**ir** verbs which have a stem change in the present (and only these verbs) also have a stem change in the preterite. Note the change that takes place in the preterite forms of **sentirse** and **dormir**.

INFINITIVE:	sentirse	dormir
PRETERITE:		
(yo)	Me sentí bien.	Dormí bien.
(tú)	Te sentiste cansado.	Dormiste poco.
(él, ella, Ud.)	Se sintió en buena forma.	Durmió mucho.
(nosotros)	Nos sentimos cansados.	No dormimos bastante.
(vosotros)	Os sentisteis contentos.	Dormisteis bien.
(ellos, ellas, Uds.)	Se sintieron nerviosos.	No durmieron bastante.

𝔇 The –**ir** verbs which have a stem change in the present have the following stem change in the **él** and **ellos** forms of the preterite.

e → i	pedir	Manuel me pidió mi bicicleta.
o → u	dormir	Isabel no durmió bien anoche.

ACTIVIDAD 3   La fiesta de Margarita

Margarita invitó a muchos amigos a una fiesta, pero no todos se divirtieron. Di *(Say)* quién se divirtió y quién no.

𝔇 tú: no   No te divertiste.

1. Pablo: sí
2. Rebeca: no
3. yo: sí
4. nosotros: sí
5. mis amigos: no
6. los amigos de Carmen: sí
7. Lucía: sí
8. el novio de Lucía: no

VOCABULARIO PRÁCTICO En el café

las bebidas (drinks)

el agua   el café   el té   la leche   el jugo de frutas   el vino   la cerveza   la gaseosa

las comidas (food)

un sándwich   una hamburguesa   una ensalada   un helado   un pastel

servir (e → i)   to serve   Mis amigos **sirvieron** una gran comida.

tener sueño	to be sleepy
tener sed	to be thirsty
tener calor	to be hot
tener frío	to be cold
tener hambre	to be hungry

NOTA: In Spanish, expressions of how one feels physically usually use **tener**. **Tengo hambre** means *I am hungry* (or literally, *I have hunger*).

ACTIVIDAD 4   En la cafetería

Las siguientes personas están en la cafetería. Di qué pidieron estas personas.

☟ tú: un helado   Pediste un helado.

1. Paco: jugo de frutas
2. María: una hamburguesa
3. nosotros: cervezas
4. Guillermo: una ensalada
5. yo: un pastel
6. mi hermano: un sándwich
7. Uds.: gaseosas
8. las amigas de Juan: café
9. mi mamá: té
10. mi hermana menor: leche

ACTIVIDAD 5   Para cada ocasión

Completa las siguientes oraciones con el verbo **beber** o **comer** y la bebida o la comida apropriada.

1. Cuando tengo sed . . .
2. Cuando tengo hambre . . .
3. Cuando tengo frío . . .
4. Cuando tengo calor . . .
5. Cuando tengo sueño . . .
6. Cuando mis padres van al restaurante . . .
7. Los ingleses . . .
8. Los norteamericanos . . .
9. Los alemanes . . .
10. Los franceses . . .

ACTIVIDAD 6   La indigestión

Carlos celebró su cumpleaños en un restaurante, pero comió demasiado.
Cuenta qué le pasó a Carlos.

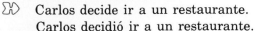 Carlos decide ir a un restaurante.
    Carlos decidió ir a un restaurante.

1. Pide una hamburguesa.
2. Pide dos ensaladas.
3. Pide un helado.
4. Pide otro helado.
5. Come demasiado.
6. Bebe vino.
7. Bebe demasiado.
8. Se siente mal.
9. Vuelve a su casa.
10. Se siente muy enfermo.
11. Se acuesta.
12. Se duerme.
13. Duerme doce horas.
14. Se siente mejor cuando se levanta.

ACTIVIDAD 7   Conversación con el Dr. Ruiz

Carlos llamó al Dr. Ruiz por teléfono para contarle lo que le pasó. Haz el
papel de Carlos usando las oraciones de la actividad anterior.

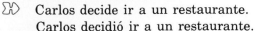 Carlos decide ir a un restaurante.   Decidí ir a un restaurante.

ACTIVIDAD 8   ¡Así es la vida!

Vamos a ver cuántos incidentes (afortunados o desafortunados) de la vida
puedes describir en cinco minutos. Usa los elementos de las columnas A, B
y C para crear oraciones afirmativas o negativas. Usa el pretérito.

A	B		C	
yo	encontrar	romper	diez dólares	de mal humor
Juan	ganar	romperse	el televisor	en la calle
nosotros	jugar	divertirse	dinero	en casa
Elena y Carmen	caerse	sentirse	la pierna	enfermo(a)(s)
	(to fall down)	salir	en la fiesta	malas notas
	perder	recibir	con unos amigos	en la clase

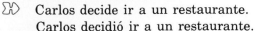 Elena y Carmen se divirtieron en la fiesta.

Pronunciación
Las sílabas con acento

Model words: h<u>a</u>blo habl<u>ó</u>

Practice words: c<u>o</u>me dej<u>é</u>; cont<u>e</u>sto contest<u>ó</u>; s<u>a</u>lgo sali<u>ó</u>

Practice sentences: Hoy, c<u>o</u>mpro el periódico. Ayer, mi papá lo compr<u>ó</u>.

Hoy, h<u>a</u>blo con Carlos. Ayer, mi amigo habl<u>ó</u> con él.

Hoy, le cont<u>e</u>sto al profesor. Ayer, mi hermano le contest<u>ó</u>.

In the **yo** and **él** forms of the preterite, the accent falls on the last syllable. Be careful to stress the last syllable as you pronounce these verbs.

Para la comunicación

> ### Expresión para la composición
> luego   *then*

Mini-composición   La excusa

Imagina que un robo *(robbery)* ocurrió anoche en el barrio donde vives. La policía está interrogando a los vecinos *(neighbors)*. En un párrafo de diez oraciones describe tus actividades de ayer, entre las cinco y las once de la noche. Si quieres, puedes usar los siguientes verbos.

visitar / invitar / llamar por teléfono / mirar / escuchar / quedarse / estudiar / encontrar / jugar / comer / leer / asistir / escribir / pedir / salir / oír / volver / sentirse / acostarse / dormirse

Usa la expresión para la composición.

A las cinco, visité a un amigo. Volví a casa a las cinco y media y **luego** . . .

Variedades   ¿Qué hicieron?

hicieron: *did they do*

Cada cual a su manera,° las siguientes personas influyeron en el mundo en que vivieron. ¿Puedes identificarlas?

Lee atentamente° cómo cada uno describe lo que° hizo.° Decide a qué retrato° corresponde cada descripción.

Cristóbal Colón
(1451-1506)

Roberto Clemente
(1934-1972)

Gabriela Mistral
(1889-1957)

Isabel la Católica
(1451-1504)

Pablo Picasso
(1881-1973)

Juan de la Cierva
(1896-1936)

(1) No, yo no soy español ... Nací° en Italia. Pero hice muchas cosas por España, mi país adoptivo. Descubrí un continente nuevo, por ejemplo. (Claro, muchas personas envidiosas° dicen que yo no fui° el primer hombre blanco allí ... pero, ¿dicen la verdad?) Lo cierto° es que hice° cuatro viajes al nuevo continente ... y que millones de europeos vinieron después que yo.

(2) Yo soy español, ciento por ciento. Sin embargo, viví gran parte de mi vida fuera° de España. Nací en el siglo° XIX (diez y nueve) y fui° a Francia a la edad° de diez y nueve años. Allí me dediqué totalmente a mi arte y llegué a ser° el pintor más famoso de mi época. ¡Fui el artista que creó° el arte moderno!

(3) No soy español ... sino° española. Fui una reina° ... es decir° la mujer más importante de mi época. Pero no es por eso que la gente de hoy se acuerda de mí.° Es porque di mi ayuda° al hombre que descubrió América.

Cada cual a su
  manera: *Each in
  his (her) own way*
atentamente:
  carefully,
lo que: *what,*
hizo: *did*
retrato: *portrait*

Nací: *I was born*

envidiosas: *envious,*
  fui: *I was*
Lo cierto: *What is
  certain*
  hice: *I made*

fuera: *outside,*
  siglo: *century,*
  fui: *I went*
edad: *age*
llegué a ser: *I became*
creó: *created*

sino: *but,*
  reina: *queen,*
  es decir: *that is to
  say*
se acuerda de mi:
  remember me,
  ayuda: *help*

(4) Yo también soy una mujer hispánica, pero no soy española. Nací en Chile. Fui maestra . . . fui directora de escuela . . . fui embajadora° . . . fui escritora. Escribí muchos libros de poemas. Gané el premio° Nobel de literatura en 1945 (mil novecientos cuarenta y cinco). ¡Fui la primera persona de origen latinoamericano que recibió este famoso premio!

embajadora: *ambassador*

premio: *prize*

(5) No fui ni° explorador ni° poeta ni artista. . . . Fui deportista. Empecé a jugar al béisbol en Puerto Rico a la edad de seis años. Más tarde,° llegué a ser uno de los más famosos jugadores profesionales. Un año recibí el honor más grande de mi carrera: el título del jugador más valioso° . . . Pero el béisbol no fue el único° interés en mi vida.° Para mí, lo° más importante siempre fue ayudar a otros. En 1972 (mil novecientos setenta y dos) hubo° un terremoto° terrible que devastó Nicaragua . . . Tomé un avión para ayudar a las víctimas, pero el avión tuvo° un accidente y . . .

ni . . . ni: *neither. . .nor*

más tarde: *later*

valioso: *valuable*, único: *only*

vida: *life*, lo: *the thing*

hubo: *there was*, terremoto: *earthquake*

tuvo: *had*

(6) Hoy no hay mucha gente que se acuerda de mí. Sin embargo, Uds. pueden ver el resultado de mi invención en casi todos los aeropuertos del mundo. En los Estados Unidos, la policía lo usa para vigilar° el tráfico y salvar° a la gente en peligro.° Fui el ingeniero que inventó el autogiro, base° de los helicópteros modernos.

vigilar: *watch over*

salvar: *save*, peligro: *danger*

base: *basis*

El arte de la lectura

Enriching your vocabulary: cognate patterns es → s

Many Spanish words which begin with **es-** correspond to English words beginning with **s-**.

España	*Spain*
español	*Spanish*
Estados Unidos	*United States*
escuela	*school*

Ejercicio

Determine the meanings of the following Spanish words and then use each one in an original sentence.

ADJECTIVES:	NOUNS:	VERBS:
estupendo	el (la) estudiante	estudiar
espléndido	la escultura	esquiar
estricto	la estatua	
especial	la estación	
estudioso	la escena	

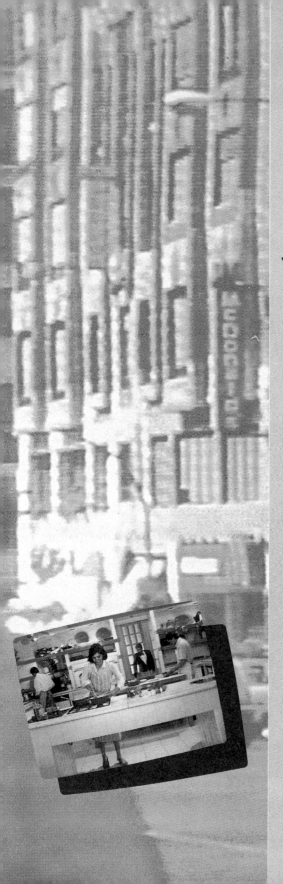

Unidad 9

Buscando trabajo

339

Lección 1   ¿Tienes las habilidades necesarias?

¿Cuáles te gustan más . . . los trabajos manuales (como mecánico) o los trabajos intelectuales (como profesor)? Cada trabajo requiere aptitudes y habilidades especiales. ¿Tienes tú las habilidades necesarias para los siguientes trabajos?

habilidades: *abilities*

Para ser secretario(a) bilingüe . . .

- ◼ ¿Sabes hablar inglés?
- ◼ ¿Sabes hablar español?
- ◼ ¿Sabes hablar otros idiomas?
- ◼ ¿Sabes escribir a máquina?

Sabes: *Do you know how to*

idiomas: *languages*

escribir a máquina: *to type*

Para ser policía en una ciudad grande . . .

- ◼ ¿Sabes hablar español?
- ◼ ¿Sabes conducir un coche?
- ◼ ¿Conoces bien la ciudad?
- ◼ ¿Conoces los procedimientos de primeros auxilios en caso de accidente?

primeros auxilios: *first aid*

Para ser aeromozo(a) en una línea aérea internacional . . .

- ¿Sabes hablar español o francés?
- ¿Sabes ser diplomático(a) en toda ocasión?
- ¿Sabes cuidar a los niños?
- ¿Conoces bien las normas de cortesía?

cuidar: *take care of*

Para trabajar en una agencia de viajes . . .

- ¿Sabes hablar español?
- ¿Conoces el sistema métrico?
- ¿Conoces bien tu país?
- ¿Conoces otros países también?

INTERPRETACIÓN

Para cada trabajo . . .

- si contestaste afirmativamente tres o cuatro preguntas, eres muy buen(a) candidato(a).
- si contestaste afirmativamente una o dos preguntas, tienes habilidades para el trabajo, pero tienes muchas cosas que aprender.
- si contestaste negativamente todas las preguntas, no eres un(a) buen(a) candidato(a). No tienes las habilidades necesarias. Tienes que buscar otro trabajo.

NOTA CULTURAL

El español, ¡sí!

¿Sabes° que hay unos° diecinueve millones de personas de origen hispánico en los Estados Unidos? El español es la lengua de las comunidades hispánicas en ciudades grandes como Nueva York, Los Ángeles, Chicago, San Francisco, Miami y San Antonio.

En el mundo profesional de estas ciudades grandes, el empleo° del español se hace° más necesario. Hoy día es una gran ventaja° profesional saber hablar este idioma.° Abogados,° periodistas,° editores, administradores, profesionales de la radio y la televisión, trabajadores sociales y policías usan el español en sus trabajos.

Hay muchas oportunidades profesionales en los Estados Unidos. Un día, cuando busques° trabajo, vas a ver que un segundo idioma, como el español, abre° muchas puertas. Así que° dile° ¡Sí! al español.

Sabes *Do you know* **unos** *about* **empleo** *use* **se hace** *is becoming* **ventaja** *advantage* **idioma** *language* **Abogados** *lawyers* **periodistas** *journalists* **busques** *you look for* **abre** *opens* **Así que** *Therefore* **dile** *say*

Estructuras

VOCABULARIO PRÁCTICO · Trabajos

un oficio	job, trade	**una fábrica**	factory
una profesión	profession	**una oficina**	office

medicina

un(a) dentista	dentist
un(a) doctor(a)	doctor
un(a) enfermero(a)	nurse
un(a) veterinario(a)	veterinarian

servicios públicos y sociales

un(a) policía	police officer
un(a) trabajador(a) social	social worker

trabajos de oficina

un(a) dibujante	draftsman; designer
un(a) secretario(a)	secretary

turismo

un(a) aeromozo(a)	flight attendant
un(a) agente de viajes	travel agent
un(a) guía	guide

atender (e → ie)	to take care of, to wait on	Un aeromozo **atiende** a las personas en el avión.
dibujar	to draw	¿Te gusta **dibujar**?
escribir a máquina	to type	¿**Escribes** tus cartas **a máquina**?

NOTA: Remember that after **ser** the indefinite article (**un, una**) is not used with names of professions, unless the profession is modified by an adjective.

¿Es **veterinario** tu padre?   Sí, es **un veterinario muy bueno**.
¿Quieres ser **doctor**?   Sí, voy a ser **un doctor famoso**.

ACTIVIDAD 1 Preguntas personales

1. ¿Trabaja tu papá en una oficina? ¿en un hospital? ¿en una estación de servicio? ¿en una fábrica? ¿en casa?
2. ¿Trabaja mucho tu mamá? ¿Trabaja en casa? ¿Trabaja fuera (outside) de casa?
3. ¿Quieres ser aeromozo(a)? ¿profesor(a)? ¿doctor(a)? ¿policía? ¿trabajador(a) social? ¿enfermero(a)?
4. ¿Trabajaste en una oficina el verano pasado? ¿en una fábrica? ¿en una tienda? ¿en un restaurante?
5. ¿Dibujas bien? ¿Quieres ser dibujante?
6. ¿Escribes a máquina? ¿Escribes rápido?

ACTIVIDAD 2 ¿Cuál es su trabajo?

Describe el trabajo de cada persona en la columna A, usando un elemento de las columnas B, C y D.

A	B	C	D
un(a) aeromozo(a)	atender	a la gente	en un avión
un(a) doctor(a)	enseñar	a los alumnos	en una escuela
un(a) secretario(a)	escribir	a los enfermos	en un hospital
un(a) profesor(a)	dibujar	a los pasajeros	en una oficina
un(a) enfermero(a)	ayudar	(passengers)	en la calle
un(a) policía		a los animales	
un(a) veterinario(a)		a los turistas	
un(a) arquitecto(a)		cartas a máquina	
		planos	

∽ Un profesor enseña a sus alumnos en una escuela.

A. Conocer y saber

In Spanish there are two verbs which mean *to know:* **conocer** (which you have already learned) and **saber.** Note the present tense forms and uses of these verbs in the following sentences.

INFINITIVE:	conocer	saber
PRESENT:		
(yo)	**Conozco** a Paco.	**Sé** que es de México.
(tú)	**Conoces** a Inés.	**Sabes** dónde vive.
(él, ella, Ud.)	**Conoce** al Dr. Suárez.	**Sabe** que es un buen dentista.
(nosotros)	**Conocemos** a esta chica.	**Sabemos** cómo se llama.
(vosotros)	**Conocéis** a María.	**Sabéis** de dónde es.
(ellos, ellas, Uds.)	**Conocen** a Pedro.	**Saben** que es un buen chico.
PRESENT PARTICIPLE:	**conociendo**	**sabiendo**

⟡ **Conocer** and **saber** have irregular **yo** forms. All other present tense forms have regular – **er** endings.

⟡ Although **conocer** and **saber** both correspond to the English verb *to know*, their meanings and uses are quite different. **Conocer** and **saber** may not be substituted for one another.

The following chart summarizes the uses of these two verbs.

conocer	+	people places things	**Conozco** a Felipe. ¿**Conoces** Los Ángeles? ¿**Conoce** Ud. esta novela?
saber	+	**que** **si** interrogative expressions	**Sé que** el padre de Paco es profesor. ¿**Sabes si** su mamá trabaja? ¿**Sabes dónde** está Luisa? No **sé cómo** se llama su hermana. No **sabemos a qué hora** empieza la película.
saber	+	fact	¿**Sabe** Ud. la **hora**?
saber	+	infinitive	¿**Sabes escribir** a máquina?

⟡ **Conocer** means *to know* in the sense of *to be acquainted* or *familiar with*. It is almost always used with nouns (or pronouns) designating *people* and *places*.
It may sometimes be used with nouns designating *objects* or *facts*.

⟡ **Saber** means *to know* in the sense of *to have information, to know a fact*. It is followed by nouns designating facts and by *clauses*.

Saber may also be followed by an infinitive. It then means *to know how (to do something)*.

¿**Sabes** nadar?　　{ *Do you know how to swim?*
　　　　　　　　　{ *Can you swim?*

ACTIVIDAD 3   Diálogo: ¿Tienen talento tus compañeros?

Pregúntales a tus compañeros si saben hacer estas cosas.

Ͽ nadar   Estudiante 1: ¿Sabes nadar?
                Estudiante 2: Sí, sé nadar.
                             (No, no sé nadar.)

1. bailar   6. sacar fotos
2. esquiar   7. hablar español
3. jugar al tenis   8. hablar otros idiomas *(languages)*
4. reparar un reloj   9. escribir a máquina
5. reparar un coche   10. dibujar

ACTIVIDAD 4   Raúl

Raúl es un estudiante de intercambio *(exchange)* que acaba de llegar de
México. Algunas personas lo conocen y saben que es de México. Otras no.
Di quién lo conoce y quién no, según el modelo.

Ͽ Linda: no   Linda no conoce a Raúl.
                No sabe que es de México.

1. Luis: sí
2. yo: sí
3. nosotros: sí
4. tú: no
5. mis amigos: no
6. el profesor de francés: sí
7. mis padres: no
8. la profesora de inglés: no

ACTIVIDAD 5   Diálogo: ¿Los conocen?

Pregúntales a tus compañeros si conocen a las siguientes personas o los
siguientes lugares *(places)*.

Ͽ el (la) director(a) de la escuela   Estudiante 1: ¿Conoces al (a la) director(a) de la
                                                      escuela?
                                       Estudiante 2: Sí, lo (la) conozco.
                                                     (No, no lo (la) conozco.)

1. el doctor de tu mejor amigo
2. el dentista de tus padres
3. el jefe *(boss)* de tu padre
4. tus vecinos *(neighbors)*
5. la familia de tu profesor(a)
6. la ciudad de Nueva York
7. la ciudad de Los Ángeles
8. la ciudad de San Antonio

ACTIVIDAD 6   Ana María

Ana María es una alumna nueva en tu clase. Tu compañera Julia la
conoce mejor que tú. Hazle a Julia estas preguntas sobre Ana María
usando **conocer** o **saber** correctamente.

∑⟩   ¿Ana María?   ¿Conoces a Ana María?

1. ¿dónde vive?
2. ¿su casa?
3. ¿de dónde es?
4. ¿si tiene hermanos?
5. ¿su familia?
6. ¿sus abuelos?
7. ¿cómo se llama su mamá?
8. ¿qué le gusta hacer los fines de semana?
9. ¿su mejor amiga?
10. ¿bien a su padre?
11. ¿qué hace ella?
12. ¿dónde trabaja?

B. El pronombre *lo*

In the following answers, note the pronoun used to replace the underlined words.

¿Sabes <u>dónde trabaja Carlos?</u>   No, no **lo** sé.   *I don't know **that**.*

<u>Luisa es la mejor alumna de
   la clase,</u> ¿verdad?   No **lo** creo.   *I don't believe **it**.*

∑⟩   The neuter pronoun **lo** is used to replace a clause or part of a
sentence (rather than just a noun). It is often used with verbs such as
saber, esperar, creer, decir.

ACTIVIDAD 7 Preguntas personales

1. ¿Sabes si vas a sacar una «A» en español?
2. ¿Sabes si vas a visitar México este verano?
3. ¿Sabes dónde está tu primo ahora?
4. ¿Sabes dónde trabaja tu tío?
5. ¿Sabes qué profesión vas a tener en el futuro?
6. ¿Sabes si vas a ser profesor(a)?

Pronunciación Las terminaciones –ción, –sión

Model words: conversación profesión
Practice words: estación televisión observación posición
Practice sentences: Mi papá trabaja en una estación de televisión.
¿Cuál es la conclusión de esta observación?
Tomó la decisión de cambiar de profesión.

When saying **-ción** and **-sión,** be sure you use an / s / sound for **c** and **s** and not the / sh / sound of the English "conversation" or "profession."

Para la comunicación

Expresión para la composición
sin duda *doubtless*

Mini-composición Entrevistas *(Interviews)*

Imagina que trabajas para una agencia de empleos *(employment agency)*. Tu trabajo consiste en preparar las entrevistas para uno de los siguientes trabajos:

- secretario(a) bilingüe
- vendedor(a) viajero(a) *(traveling salesperson)*
- enfermero(a)
- policía

Las preguntas para las entrevistas son similares a las preguntas de la sección «Información Profesional» del formulario *(form)* a la derecha *(right)*. Prepara cinco preguntas, usando la expresión para la composición.

Ⅺ Ud. desea trabajar como secretaria bilingüe.
¿Sabe Ud. hablar inglés?
¿Sin duda sabe escribir a máquina? . . .

348

LÍNEAS AÉREAS PANAMERICANAS «LAPA»

Solicitud de trabajo

*Nombre y apellidos*_____

*Nacionalidad*_____

*Lugar de nacimiento*_____ *Fecha de nacimiento* _____

Dirección _____ *Teléfono* _____

	sí	no
EDUCACIÓN		
Escuela primaria completa	____	____
Escuela secundaria completa	____	____
Estudios universitarios	____	____

INFORMACIÓN PROFESIONAL

	sí	no
¿Sabe hablar inglés?	____	____
¿Sabe hablar francés?	____	____
¿Sabe hablar alemán?	____	____
¿Sabe atender al público?	____	____
¿Conoce otros países?	____	____

¿Qué países?_____

	sí	no
¿Sabe escribir a máquina?	____	____
¿Sabe conducir un coche?	____	____

Trabajo que solicita_____

EXPERIENCIA PROFESIONAL ANTERIOR

Nombre de la empresa	Puesto	Fechas

REFERENCIAS (Nombre y dirección)

Personales_____
_____

Profesionales_____
_____

Firma del solicitante_____ Fecha _____

Lección 2   Aspiraciones profesionales

Cuatro jóvenes hispánicos, dos muchachos y dos muchachas, hablan de sus aspiraciones. Escúchalos y escucha los consejos que reciben.

Pablo Hurtado, diez y seis años, de Ponce, Puerto Rico

Quiero ser taxista. Por el momento no tengo coche. Por eso, tengo que aprender a conducir con el coche de mi hermano mayor. Me gusta conducir a gran velocidad.

taxista: *cab driver*

a gran velocidad: *very fast*

Un taxista tiene que ser cortés y prudente. En vez de conducir rápidamente, necesitas aprender a conducir prudentemente. Es necesario para ser buen taxista.

cortés: *courteous*
En vez de: *Instead of*

María Ortega, diez y seis años, de Burgos, España

Me gusta viajar. Tengo ganas de ser aeromoza de Iberia. Desafortunadamente, no tengo mucha facilidad para los idiomas extranjeros.

idiomas extranjeros: *foreign languages*

Para ser aeromoza en una línea aérea internacional es indispensable hablar bien uno o dos idiomas extranjeros. ¿Por qué no tratas de pasar las próximas vacaciones en Francia o en Inglaterra para mejorar tu pronunciación?

tratas de: *try to*

mejorar: *improve*

Esteban Menéndez, quince años, de Valparaíso, Chile

La mecánica me gusta mucho. Pero no quiero ser mecánico como mi padre. Creo que tengo talento artístico. Me gusta dibujar. Mi padre dice que es mejor ser mecánico. Dice que es muy difícil tener éxito como artista. ¡No sé qué decidir!

éxito: *success*

Una persona con tu talento puede tener éxito en muchas profesiones. Puedes ser decorador o dibujante y trabajar para una agencia de publicidad o para una revista de modas.

modas: *fashion*

Silvia Miranda, diez y seis años, de Córdoba, Argentina

Quiero ser periodista. Los periodistas viajan y conocen a muchas personas diferentes e interesantes, cosas que me gustan mucho . . . Pero desafortunadamente, no puedo expresar mis ideas claramente. Mis profesores dicen que tengo un estilo muy malo.

estilo: *style*

Para ser periodista, una persona tiene que escribir bien y con facilidad. Si tú no puedes escribir bien, tienes que pensar en otra profesión. Tú puedes ser fotógrafa, vendedora viajera, aeromoza . . . Ellas también viajan y conocen a muchas personas diferentes.

vendedora viajera: *traveling salesperson*

CONVERSACIÓN

Vamos a hablar de tus aspiraciones profesionales.

1. ¿Quieres **ser** mecánico?
   Sí, quiero . . . (No, no quiero . . .)
2. ¿Quieres **ser** doctor(a)?
3. ¿Quieres **trabajar** en una estación de televisión?

Ahora vamos a hablar de las cosas que aprendes a hacer.

4. ¿Aprendes **a conducir?**
   Sí, aprendo **a** . . . (No, no aprendo **a** . . .)
5. ¿Aprendes **a tocar** el piano?
6. ¿Aprendes **a jugar** al tenis?

Finalmente, vamos a hablar de las cosas que tratas de *(you try to)* hacer en la escuela.

7. ¿Tratas **de hablar** español siempre?
   Sí, trato **de** . . . (No, no siempre trato **de** . . .)
8. ¿Tratas **de ser** un(a) alumno(a) modelo(a)?
9. ¿Tratas **de sacar** buenas notas?

OBSERVACIÓN

In the above questions, the verbs which come after **quieres, aprendes** and **tratas** are in the infinitive form.

- Is **quieres** immediately followed by the infinitive?
- Is **aprendes** immediately followed by the infinitive? Which word comes between **aprendes** and the infinitive?

- Is **tratas** immediately followed by the infinitive? Which word comes between **tratas** and the infinitive?

NOTA CULTURAL

La mujer profesional

Silvia Miranda quiere ser periodista. Hace° unos años, esto no hubiera sido° posible para ella. ¿Por qué? Porque tradicionalmente, en los países hispánicos, la mujer no trabajaba. Su único° trabajo era cuidar° a los hijos y al esposo.

En esta última década, la vida de la mujer hispánica ha cambiado° mucho. Ahora es posible para ella entrar en las profesiones que se consideraban° «masculinas».

Así que° Silvia no sólo puede ser periodista, sino° doctora, abogada,° científica,° ingeniera,° programadora de computadoras, política, o quizás,° hasta° ¡presidenta de la república!

Hace . . . . . . *ago*   **no hubiera sido** *would not have been*   **único** *only*   **cuidar** *take care of*   **ha cambiado** *has changed*   **se consideraban** *were considered*   **Así que** *that is why*   **sino** *but*   **abogada** *lawyer*   **científica** *scientist*   **ingeniera** *engineer*   **quizás** *perhaps*   **hasta** *even*

Estructuras

A. Construcción: verbo + infinitivo

When a Spanish verb is followed by another verb, the second verb is usually an infinitive.

The most common pattern is: verb + infinitive.

deber	Debo **trabajar.**	*I should **work.***
desear	Deseo **trabajar.**	*I wish to **work.***
esperar	Espero **trabajar.**	*I hope to **work.***
necesitar	Necesito **trabajar.**	*I need to **work.***
pensar	Pienso **trabajar.**	*I plan to **work.***
poder	Puedo **trabajar.**	*I can **work.***
preferir	Prefiero **trabajar.**	*I prefer to **work.***
querer	Quiero **trabajar.**	*I want to **work.***
saber	Sé **trabajar.**	*I know how to **work.***

Some verbs follow the pattern: verb + preposition + infinitive.

aprender a	Aprendo **a trabajar.**	*I am learning to **work.***
empezar a	Empiezo **a trabajar.**	*I begin to **work.***
ir a	Voy **a trabajar.**	*I am going to **work.***
salir a	Salgo **a trabajar.**	*I go out to **work.***
venir a	Vengo **a trabajar.**	*I come to **work.***
acabar de	Acabo **de trabajar.**	*I have just **worked.***
dejar de	Dejo **de trabajar.**	*I stop **working.***
olvidarse de	Me olvido **de trabajar.**	*I forget to **work.***
tratar de	Trato **de trabajar.**	*I try to **work.***

To remember the above patterns, try to learn the main verb with the preposition (if any) which follows it. (For instance, try to remember **aprender a,** rather than simply **aprender.**)

In the English equivalent of the Spanish construction verb + infinitive, the second verb may have an *-ing* ending.

Prefiero **trabajar** contigo. { *I prefer **to work** with you.*
{ *I prefer **working** with you.*

ACTIVIDAD 1 Diálogo: ¿Qué aprenden tus compañeros?

Pregúntales a tus compañeros si aprenden a hacer estas cosas.

⟫ cantar Estudiante 1: ¿Aprendes a cantar?
  Estudiante 2: Sí, aprendo a cantar. (No, no aprendo a cantar.)

1. esquiar
2. bailar
3. jugar al tenis
4. sacar fotos
5. conducir un coche

6. cocinar *(to cook)*
7. escribir a máquina
8. dibujar
9. reparar coches
10. ser piloto de avión

ACTIVIDAD 2 ¿Tienes buena memoria?

No tenemos una memoria perfecta. A veces nos olvidamos de hacer cosas importantes. Di si te olvidas de hacer las siguientes cosas. Puedes usar expresiones como **nunca, a veces, a menudo, siempre.**

⟫ hacer las tareas Siempre (a veces, a menudo, nunca) me olvido de hacer las tareas.

1. pedirles dinero a mis padres
2. decir la verdad *(truth)*
3. hacer la cama *(make my bed)*
4. ayudar a mi mamá
5. prepararme para los exámenes

6. ser cortés *(polite)*
7. lavarme las manos antes de comer
8. ir a la escuela
9. pagar en la cafetería
10. ser paciente

ACTIVIDAD 3 Aspiraciones personales

Todos tenemos aspiraciones para el futuro. Describe tu actitud hacia *(toward)* las siguientes cosas. Puedes empezar tus oraciones con **(no) espero, (no) quiero, (no) voy a, (no) deseo, (no) pienso.**

1. tener un trabajo interesante
2. tener mucho dinero en el banco
3. ganar mucho dinero
4. ser famoso(a)
5. ser presidente
6. trabajar en un país hispánico

7. hacer un viaje alrededor del mundo *(around the world)*
8. hacer un viaje a la luna *(moon)*
9. tener muchos hijos
10. tener una casa muy grande
11. vivir en otro planeta
12. vivir mil años

ACTIVIDAD 4 La popularidad

Todo el mundo no quiere ser popular. Expresa la actitud de las siguientes personas completando las oraciones con: **(a, de) ser popular.**

⟫ Paco no quiere . . . Paco no quiere ser popular.

1. Luisa espera . . .
2. Elena va . . .
3. Esteban no trata . . .
4. Raquel necesita . . .

5. Pedro siempre sabe . . .
6. Rafael desea . . .
7. Paco no aprende . . .
8. Guillermo no puede . . .

VOCABULARIO PRÁCTICO Otros trabajos

comercio

un(a) empleado(a)	employee, clerk
un(a) gerente	manager
un(a) vendedor(a) [viajero(a)]	[traveling] salesperson

radio y televisión

un(a) fotógrafo(a)	photographer
un(a) locutor(a)	radio or TV announcer
un(a) periodista	journalist

justicia

un(a) abogado(a)	lawyer

ciencias y técnicas

un(a) ingeniero(a)	engineer
un(a) programador(a)	programmer
un(a) científico(a)	scientist

ENTEL
Para sus centros de trabajo
de Madrid y Barcelona
SOLICITA
PROGRAMADORES

INSTITUTO TÉCNICO DE MÉXICO
Avenida Morelos 189, México 1, D.F., México

- Televisión, Radio y Electricidad
- Electrónica
- Mecánica Diesel
- Electricidad Práctica
- Mecánica Automotriz
- Inglés Práctico, con discos
- Refrigeración y Acondicionamiento de Aire

Para recibir nuestro catálogo, mándenos Ud. el siguiente cupón:

Nombre _____
Domicilio _____
Ciudad _____
País _____

ACTIVIDAD 5 Consejos profesionales

Imagina que eres un(a) consejero(a) vocacional. Tus clientes te dicen qué
les gusta hacer y tú les dices qué tipo de trabajos pueden considerar,
usando las palabras del vocabulario de las páginas 343 y 355.

> trabajar en una oficina   Cliente: Me gusta trabajar en una oficina.
>   Tú: Ud. puede ser secretario(a) o gerente.

1. atender al público
2. escribir
3. sacar fotos
4. hablar en público
5. viajar
6. vender
7. trabajar en una estación de televisión
8. trabajar en un hospital
9. atender a los animales
10. escribir a máquina
11. dibujar
12. hacer experimentos científicos
13. trabajar con números
14. administrar

B. Construcción: preposición + infinitivo

Note the use of the infinitive in the following sentences.

Estudio español **para visitar** México.	*I study Spanish **in order to visit** Mexico.*
Quiero ir a la universidad **para aprender** una profesión.	*I want to go to the university (**in order**) **to learn** a profession.*
Antes de ir a la universidad, quiero viajar.	***Before going** to the university, I want to travel.*
No quiero trabajar inmediatamente **después de graduarme.**	*I don't want to work immediately **after graduating.***
En vez de estudiar francés, estudio español.	***Instead of studying** French, I am studying Spanish.*
Sin estudiar, no puedo aprender.	***Without studying,** I can't learn.*

> After all prepositions, Spanish speakers use the infinitive form of the
> verb. After prepositions, English speakers often use a verb ending in *-ing.*

VOCABULARIO PRÁCTICO   Preposiciones

antes de	before	Me lavo las manos **antes de** comer.
después de	after	Miro la televisión **después de** estudiar.
en vez de	instead of	Escucho discos **en vez de** hacer mis tareas.
para	in order to, for	Estudio **para** recibir buenas notas.
sin	without	Pablo saca buenas notas **sin** estudiar.

REFRÁN

Sin comer, no hay placer.

ACTIVIDAD 6   Primero una, entonces otra

Antes de hacer algunas cosas, tenemos que hacer otras. En los siguientes
casos, escoge la acción que lógicamente hay que hacer primero y expresa el
orden de las acciones según el modelo (Nota: **hay que** = *one has to*).

> ir a la escuela secundaria / ir a la universidad
>> **Antes** de ir a la universidad hay que ir a la escuela secundaria.

1. hablar / pensar
2. lavarse las manos / comer
3. sacar fotos / saber usar la cámara
4. estudiar / tomar un examen
5. ir a México / obtener una tarjeta de turista
6. ser médico / obtener un diploma
7. conducir / aprender a conducir
8. tener dinero / pagar algo

ACTIVIDAD 7   Ellos no están contentos

Las siguientes personas no están contentas porque quieren hacer otras
cosas. Di qué quieren hacer en vez de lo que están haciendo.

> Manuel va al cine. (al teatro)   Manuel quiere ir al teatro en vez de ir al cine.

1. Yo voy a la playa. (a la piscina)
2. Carolina aprende francés. (español)
3. Mi mejor amigo trabaja en un
   restaurante. (en una oficina)
4. Tú aprendes a tocar el piano. (la guitarra)
5. Arturo sale con María. (con Elena)
6. Mi hermana vive en una casa grande.
   (en un apartamento)

ACTIVIDAD 8   Ayer

Piensa en cinco cosas que hiciste *(you did)* ayer y ponlas *(put them)*
en orden cronológico según este modelo. Usa otros verbos (como **comer,
escuchar discos, mirar la televisión** . . .) ¡y tu imaginación!

Después de levantarme, me lavé.
Después de lavarme, me vestí.
Después de vestirme, tomé café.
Después de tomar café, salí de casa.
Después de salir de casa, tomé el autobús de la escuela.

ACTIVIDAD 9   ¿Por qué?

Imagina que quieres estas cosas. Di por qué las quieres, completando cada
oración y usando **para** + infinitivo.

Quiero tener un coche . . .   Quiero tener un coche para ser más independiente.

1. Quiero tener una moto . . .
2. Quiero ser rico(a) . . .
3. Quiero ir a la universidad . . .
4. Quiero ir a México . . .
5. Quiero hablar español bien . .

C. La preposición *para*

Note the use of **para** in the following sentences.

¿Estudias **para** recibir buenas notas?	*Do you study (in order) to get good grades?*
¿Es el telegrama **para** ti o **para** mí?	*Is the telegram for you or for me?*

Para is often used to express an objective or goal.
Note that this objective may be . . .

• *an action*	Carmen estudia **para** ser ingeniera.
• *a person*	Carlos trabaja **para** el Sr. Vargas.
• *a place*	¿Dónde está el autobús **para** Madrid?
• *a point in time*	Tienes que aprender la lección **para** mañana.

TV PARA TODA LA SEMANA

ACTIVIDAD 10   Requisitos profesionales

¿Qué requisitos *(requirements)* son necesarios para los siguientes trabajos?
Expresa tu opinión en tres oraciones. Usa los requisitos de la columna B y
la expresión **Es necesario** o **No es necesario.**

A	B
trabajador(a) social	ir a la universidad
abogado(a)	tener ganas de viajar
electricista	tener aptitudes manuales
científico(a)	tener aptitudes intelectuales
programador(a)	ser bueno(a) en matemáticas
profesor(a)	ser paciente
empleado(a) de banco	ser amable *(friendly)*
locutor(a)	hablar bien
periodista	escribir a máquina
gerente	escribir bien
vendedor(a)	

Para ser ingeniero(a) es necesario ir a la universidad.
Para ser ingeniero(a) es necesario ser bueno(a) en matemáticas.
Para ser ingeniero(a) no es necesario tener ganas de viajar.

ARQUITECTO
O INGENIERO
CIVIL

residente, para obra fo-
ránea. Interesados hacer
cita: 554-01-86
9-14 horas

Pronunciación   El sonido de la consonante *r* en posición final y después de otra consonante

Model word: trabajar
Practice words: fábrica   secretaria   escribir   programador
                    doctor   saber   atender   dibujar   vendedor
Practice sentences: Víctor va a salir con Leonor.
                    La secretaria trabaja en una fábrica de productos químicos.
                    Salvador no quiere ser vendedor.
                    El doctor tiene que examinar al señor Forner.

If you have trouble pronouncing the Spanish "flap" **r** after another
consonant, try slipping an extra vowel between the consonant and the **r**:
ta-ra-ba-jo. Once you are producing a "flap" **r**, try to drop the extra vowel.
At the end of a word or a group of words, the "flap" **r** is pronounced
more softly.

Para la comunicación

Una carta de una chica española

Querido amigo norteamericano:

Me llamo Conchita Palomo. Vivo en Madrid y soy alumna del Colegio Monfort. Mis profesores piensan que tengo talento para expresarme y por eso quiero ser periodista.

Si quiero ser periodista no es para hablar de modas ni para describir crímenes sensacionales ni para entrevistar a artistas famosos. Quiero comprender el mundo de hoy y describirlo para la gente tal como es. Hoy, la característica más importante de este mundo es su diversidad. Por eso antes de empezar a escribir artículos para un periódico, quiero viajar por todo el mundo para conocer a la gente de otros países.

Como muchos jóvenes españoles, tengo muchas ganas de conocer los Estados Unidos. Deseo saber dónde vives, dónde estudias y qué esperas del futuro. Y si vienes a España, claro que te quiero conocer.

Cordialmente, Conchita

Mini-composición   Una carta a una chica española

Contéstale a Conchita. Antes de escribir tu carta, lee su carta
otra vez *(again)*. Puedes decirle . . .

- cómo te llamas
- dónde eres alumno(a)
- qué tipo de trabajo quieres hacer
- por qué quieres hacer este trabajo.

Usa las expresiones para la correspondencia.

Querida Conchita:
Me llamo Carol . . .

Lección 3 Un trabajo de verano en España

El siguiente anuncio apareció ayer en el *ABC,* un periódico español.

anuncio:
advertisement,
apareció: *appeared*

¡ATENCIÓN ESTUDIANTES!

¿QUIEREN UDS. GANAR DINERO
DURANTE EL VERANO PRÓXIMO?

LA AGENCIA MADRILEÑA DE TURISMO

necesita

quince estudiantes

para trabajar como guías de turismo

en julio y agosto

—trabajo interesante
—buen salario

Requisitos

• hablar inglés y francés perfectamente

• ser amable y atento

• tener buena presentación

Los estudiantes interesados pueden

escribir carta manuscrita

al APARTADO 40.169 MADRID

dando datos personales y número de teléfono

---

manuscrita:
handwritten

La respuesta de Patty

Patty Scott, estudiante norteamericana, se interesó en la oferta.
Después de leer el anuncio, escribió la siguiente carta:

se interesó: *was interested*,
oferta: *offer*

> Estimados señores:
>
> Leí su anuncio en el ABC y estoy muy interesada en su oferta de trabajo.
>
> Soy estudiante norteamericana. Ahora tomo cursos avanzados de español en la Escuela Central de Idiomas de Madrid. El año pasado pasé seis meses en Francia. Fui también a Alemania y aprendí un poco de alemán.
>
> Antes de venir a Europa fui traductora en el departamento internacional de una agencia de publicidad en Nueva York. Traduje anuncios del inglés al español.
>
> Tengo buena presentación y sé atender al público. Por eso creo que tengo las aptitudes necesarias para ser guía de turismo.
>
> Mi número de teléfono es 674. 27. 15. Espero su llamada.
>
> atentamente,
> Patty Scott

avanzados: *advanced*

Idiomas: *Languages*

Fui: *I went*

Traduje: *I translated*

llamada: *call*

CONVERSACIÓN

Ahora debes saber mucho de Patty Scott. ¿Puedes contestar estas preguntas?
Vamos a ver . . .

1. **¿Fue** secretaria Patty Scott?
   Sí, **fue** . . . (No, no **fue** . . .)
2. **¿Fue** estudiante de alemán?
3. **¿Fue** traductora antes de venir
   a España?
4. **¿Fue** agente de viajes?

5. **¿Fue** a Alemania?
   Sí, **fue** . . . (No, no **fue** . . .)
6. **¿Fue** a Francia?
7. **¿Fue** a los Estados Unidos el año pasado
   (last year)?
8. **¿Fue** a Inglaterra para aprender inglés?

OBSERVACIÓN

In the above questions you were asked about what Patty Scott *was* and where
she *went*.

- Is the same verb form used in all the
  questions?
- What does the verb in questions 1-4 mean?
- What does the verb in questions 5-8 mean?

NOTA CULTURAL

El turismo en España

Cada año, millones de turistas franceses,
ingleses, alemanes y norteamericanos visitan
España. ¿Qué es lo que° los atrae° allí? ¡La
famosa hospitalidad española! Pero, los atrae
también el sol, el clima y las playas.

¿A ti te gusta lo histórico? Si quieres ver las
ruinas romanas, debes visitar el acueducto
romano de Segovia. Si quieres contemplar los
palacios árabes, debes visitar la Alhambra de
Granada. Si quieres admirar un palacio español,
debes visitar el Escorial.

¿O prefieres lo moderno? Si deseas ver una
iglesia extraordinaria, tienes que visitar la
Sagrada° Familia en Barcelona. Si deseas ver un
monumento estupendo, tienes que visitar el Valle
de los Caídos.°

¡Hay mucho que hacer y ver en España!

lo que *that which* **atrae** *attracts* **Sagrada** *Holy* **Caídos**
Fallen

El Escorial

Patio de los leones,
La Alhambra

El acueducto romano,
Segovia

La catedral de la Sagrada
Familia *(facing page)*

Estructuras

A. Pretéritos irregulares: *ir* y *ser*

The verbs **ir** (*to go*) and **ser** (*to be*) have the same preterite forms:

	ser	ir
(yo)	**Fui** estudiante en España.	**Fui** a Madrid.
(tú)	**Fuiste** estudiante en el Uruguay.	**Fuiste** a Montevideo.
(él) (ella) (Ud.)	**Fue** estudiante en el Paraguay.	**Fue** a Asunción.
(nosotros)	**Fuimos** estudiantes en Chile.	**Fuimos** a Santiago.
(vosotros)	**Fuisteis** estudiantes en el Ecuador.	**Fuisteis** a Quito.
(ellos) (ellas) (Uds.)	**Fueron** estudiantes en Colombia.	**Fueron** a Bogotá.

The context makes it clear whether these verbs are preterite forms of **ir** or **ser**.

Mi abuelo **fue** dentista.　　*My grandfather **was** a dentist (but isn't now).*
David **fue** al dentista ayer.　　*David **went** to the dentist yesterday.*

Note that the **yo** and **él** forms in the preterite of **ser** and **ir** have no accent marks. This is also true of other verbs with irregular preterites.

El año pasado siempre fue mejor.

ACTIVIDAD 1　Vacaciones en el mundo hispánico

Las siguientes personas pasaron sus vacaciones en ciudades hispánicas para mejorar *(improve)* su español. Di adónde fueron.

Linda: Lima　　Linda fue a Lima.

1. yo: Buenos Aires
2. nosotros: Barcelona
3. tú: Bogotá
4. el amigo de Clara: México
5. mi hermano: Madrid
6. mis primos: Sevilla
7. Uds.: Santiago
8. nuestras amigas: Guatemala

VOCABULARIO PRÁCTICO
¿Cuántas veces?

la vez (veces)	time	Va a hacerlo, la próxima **vez**.
una vez	once, one time	Fui a Puerto Rico **una vez**.
esta vez	this time	**Esta vez**, fui a Ponce.
otra vez	again	Voy a visitar Ponce **otra vez** en julio.
dos veces	twice	Fui a México **dos veces**.
a veces	sometimes	Voy al cine **a veces** solo y **a veces** con mis amigos.
¿cuántas veces?	how many times?	**¿Cuántas veces** leíste la carta?
muchas veces	many times, often	Fui a Nueva York **muchas veces**.
de vez en cuando	from time to time	**De vez en cuando,** estoy muy impaciente.

ACTIVIDAD 2 Diálogo: Diversiones

Una agencia de publicidad te ha pedido (*has asked you*) hacer una
encuesta (*survey*) de tus compañeros. Pregúntales si fueron a los siguientes
lugares el mes pasado y cuántas veces. (Luego la clase puede presentar los
resultados en un cuadro (*table*) estadístico.)

⊃⊃ a un restaurante Estudiante 1: ¿Fuiste a un restaurante el mes pasado?
Estudiante 2: Sí, fui. (No, no fui.)
Estudiante 1: ¿Cuántas veces fuiste?
Estudiante 2: Fui una vez (dos veces . . .).

1. al cine
2. al teatro
3. a un concierto
4. al campo
5. a ver un partido de fútbol
6. a la playa
7. a un museo
8. a nadar
9. a un club deportivo
10. a una heladería (*ice cream parlor*)

B. Pretéritos irregulares: *conducir, decir* y *traer*

The verbs **conducir** (*to drive*), **decir** (*to say*), and **traer** (*to bring*) have irregular preterite forms.

INFINITIVE:	conducir	decir	traer
(yo)	conduje	dije	traje
(tú)	condujiste	dijiste	trajiste
(él) (ella) (Ud.)	condujo	dijo	trajo
(nosotros)	condujimos	dijimos	trajimos
(vosotros)	condujisteis	dijisteis	trajisteis
(ellos) (ellas) (Uds.)	condujeron	dijeron	trajeron

⊃⊃ In the preterite, the above verbs have a stem which ends in **j**, and the same endings.

⊃⊃ Other verbs ending in **-ucir** take the same preterite forms as **conducir**.

Traduje un artículo del español al inglés.

ACTIVIDAD 3   El accidente

Carlos tomó el coche de su papá y salió con sus amigos. Desafortunadamente, tuvieron (*they had*) un accidente. Después, no todos los muchachos dijeron la verdad (*truth*). Di quién les dijo a sus padres la verdad y quién no.

⊃⊃   Carlos: sí   Carlos dijo la verdad.

1. yo: sí
2. tú: no
3. Miguel: sí

4. Carmen y Luisa: sí
5. nosotros: sí
6. Ramón: no

ACTIVIDAD 4   La fiesta del Día de los Enamorados *(The Valentine's Day Party)*

Ayer fue la fiesta del Día de los Enamorados. Di qué trajeron los muchachos a la fiesta.

⊃⊃   Alejandro: un tocadiscos   Alejandro trajo un tocadiscos.

1. yo: unos discos de rock
2. Enrique: un pastel
3. tú: tu guitarra

4. Raquel y Emilia: unos sándwiches
5. Silvia: unos discos en español
6. nosotros: unas gaseosas

C. La preposición *por*

Note the use of **por** in the sentences below.

Voy a trabajar como guía **por** dos meses.	*I am going to work as a guide **for** two months.*
Me gusta viajar **por** avión.	*I like to travel **by** plane.*

The preposition **por** has many different uses. It can be used to express:
- duration

Voy a trabajar en España **por** tres meses.	*I am going to work in Spain **for** three months.*

- manner or means

Carlos le habla a Clara **por** teléfono.	*Carlos talks to Clara **by** telephone.*

- movement through or along a place

Entra **por** la puerta principal.	*Enter **through** the main door.*
Me gusta conducir **por** las calles sin tráfico.	*I like to drive **along** streets without traffic.*

- exchange

Te vendo mi tocadiscos **por** veinte dólares.	*I am selling you my record player **for** twenty dollars.*
¿Cuánto pagaste **por** este libro?	*How much did you pay **for** this book?*

ACTIVIDAD 5 El Rastro de Madrid *(Madrid flea market)*

El Rastro de Madrid es un lugar donde la gente puede comprar muchas cosas diferentes. Di cuánto dinero las siguientes personas pagaron por las cosas que compraron.

🔊 Elena: 70 pesetas / el disco   Elena pagó setenta pesetas por el disco.

1. Alberto: 100 pesetas / el libro
2. Carmen: 80 pesetas / las fotos
3. Enrique: 50 pesetas / las tarjetas
4. Luis: 250 pesetas / el pájaro
5. Isabel: 800 pesetas / el mono
6. Inés: 1.500 pesetas / la cámara

ACTIVIDAD 6 Diálogo: De venta *(For sale)*

Pregúntales a tus compañeros cuánto dinero quieren por las siguientes cosas.

🔊 tu libro de español   Estudiante 1: ¿Cuánto dinero quieres por tu libro de español?
Estudiante 2: ¿Por mi libro de español? Quiero ___ dólares.

1. tu bicicleta
2. tu tocadiscos
3. tu radio

4. tus discos
5. tus revistas
6. tu lápiz

ACTIVIDAD 7   Creación

Vamos a ver cuántas oraciones lógicas puedes crear en cinco minutos, usando los elementos de A, B, C y D. Usa el pretérito de los verbos en la columna B.

A	B	C	D
yo	entrar	a México	por la ventana
María	ir	en México	por 20 dólares
nosotros	vender	el tocadiscos	por avión
mis amigos	viajar	en la casa	por teléfono
	quedarse	a Clara	por dos semanas
	llamar	la carta	por dos horas
	mandar		

ꕔ   María llamó a Clara por teléfono.

Pronunciación   El sonido /k/

Model word: ¿Cuánto?
Practice words: cuando   químico   contesto   cambiar   calor
Practice sentences: El periódico cuesta cinco sucres.
    ¿Cuánto cuesta el coche de Carmen?
    No quiero comprar el periódico.
    ¿Quieres escuchar discos?
    No conozco a Clara Camacho.

Like the Spanish consonant **p**, the Spanish sound / k / is pronounced without a puff of air, even at the beginning of a word. Compare the English words "Kate" and "skate": with "Kate" you produce a puff of air, and with "skate" you do not. Try to make the Spanish / k / sound similar to the **k** of "skate."

Para la comunicación

Mini-composición   Una conversación por teléfono

ATENCIÓN ESTUDIANTES

Necesitamos jóvenes para atender al público en nuestra tienda de discos.

REQUISITOS:
— excelente presentación
— ser amable y atento
— poder hablar de música popular y clásica con los clientes.

Las personas interesadas pueden llamar al 563-20-15 para hacer una cita.
Deben preguntar por el Sr. Roberto Díaz.

Tú deseas el trabajo que ofrece el anuncio que acabas de leer. Llamas al Sr. Roberto Díaz para hacer una cita con él. Escribe la conversación por teléfono, usando el siguiente modelo como guía.

Sr. Díaz: ¿Aló?
    Tú: ¿Es el Sr. Díaz?
Sr. Díaz: Sí, ¿quién habla?
    Tú: Soy ___. Soy ___. Estudio ___. Deseo ___.
Sr. Díaz: ¿Ud. cree que está preparado(a) para este trabajo?
    Tú: Sí, porque yo ___.
Sr. Díaz: Bueno, muy bien. ¿Cuándo puede venir a verme?
    Tú: ___.

  —¿**Puedo hablar con** el Sr. Díaz?
  —**Un momentito,** por favor.

Lección 4 ¿Cuál es su trabajo?

Mira a las personas que aparecen en las fotos. Tienen trabajos muy diferentes. Cada persona dice lo que hizo ayer. ¿Puedes adivinar cuál es el trabajo de estas personas?

lo que: what, hizo: he or she did, adivinar: guess

Salvador Molina (veinte y ocho años, de Mérida, México)

—Yo trabajo por todas partes . . . Por supuesto, trabajo en un estudio . . . Pero trabajo también en la calle, a veces en el campo, a veces en la playa . . . Ayer, por ejemplo, fui a la playa con todo un equipo submarino y saqué fotos para el Instituto Oceanográfico.

por todas partes: everywhere

todo un equipo submarino: diving equipment

¿Es Salvador Molina . . .

a) un vendedor viajero?
b) un mecánico?
c) un fotógrafo?
d) un electricista?

Teresa Bosque (treinta y un años, de Caracas, Venezuela)

—Yo soy . . . Bueno . . . ¡Un momento! ¡Eso tienes que adivinarlo tú! Sólo voy a decirte lo que hice ayer. Hice una entrevista con Raquel Espinosa, la famosa actriz mexicana. Me habló de la película que hizo en los Estados Unidos con Roberto Chávez. Me habló del viaje que hizo recientemente a Italia. Por la tarde quise entrevistar a Ramón Iglesias, el campeón de fútbol. Lo llamé por teléfono, pero no pude hablar con él. Está de vacaciones en Rio de Janeiro.

Eso: That
hice: I did, Hice: I had
entrevista: interview

hizo: she made

quise: I tried

no pude: I was unable, Está de vacaciones: He's on vacation

¿Es Teresa Bosque . . .

a) una actriz?
b) una periodista?
c) una secretaria?
d) una directora de cine?

Ramón Montero (cincuenta y tres años, de Vigo, España)

—Ayer salí de casa a las seis de la tarde con Joaquín, mi hijo mayor. Fuimos al puerto y preparamos el barco . . . No hizo mucho viento y pudimos coger un mar de sardinas que pusimos en cajas . . . Cuando volvimos al puerto a las cinco de la mañana, trajimos las cajas al mercado y vendimos todas las sardinas.

¿Es Ramón Montero . . .
    a) un actor?
    b) un jugador de béisbol?
    c) un pescador?
    d) un vendedor de barcos?

puerto: *port*
barco: *boat*
  No hizo: *There wasn't*
pudimos: *We were able*, coger: *to catch*,
  un mar de: *a lot of*
pusimos: *we put*,
  cajas: *boxes*
mercado: *market*

pescador: *fisherman*

Dolores García (veinte y ocho años, de San Juan, Puerto Rico)

—Ayer yo no salí porque hago mi trabajo en casa. ¿Qué hice? Hice mucho. Por la mañana terminé una falda y dos vestidos. Por la tarde vino la Sra. de Gómez por uno de los vestidos. Se lo puso y se fue muy contenta. Después vinieron la Sra. de Machado y su hija a preguntarme si hago vestidos de boda . . .

¿Es Dolores García . . .
    a) una decoradora?
    b) una modista?
    c) una profesora de matemáticas?
    d) una trabajadora social?

vino: *she came*
Se lo puso: *She tried it on*

vestidos de boda:
  wedding gowns

modista: *seamstress*

Lección cuatro
373

Vamos a hablar de lo que pasó ayer.

1. ¿Hiciste tus tareas?
   Sí, hice . . . (No, no hice. . .)
2. ¿Hiciste nuevos amigos?
3. ¿Hiciste algo especial?

4. ¿Viniste a la escuela en moto?
   Sí, vine . . . (No, no vine . . .)
5. ¿Viniste en autobús?
6. ¿Viniste a pie?

7. ¿Estuviste en la escuela?
   Sí, estuve . . . (No, no estuve . . .)
8. ¿Estuviste en casa?
9. ¿Estuviste de buen humor?

10. ¿Tuviste que estudiar mucho?
    Sí, tuve . . . (No, no tuve . . .)
11. ¿Tuviste que ayudar en casa?
12. ¿Tuviste que ir al dentista?

OBSERVACIÓN

The verbs in the above questions and answers are in the preterite.

- Are the **tú** forms of **hacer, venir, estar** and **tener** regular?
- What vowel is common to the preterite stems of **hacer** and **venir**?
- What vowel is common to the preterite stems of **estar** and **tener?**

NOTA CULTURAL

Orgullo° en el trabajo

¿Qué tienen en común la modista,° el carpintero, el pescador,° el abogado, el periodista y el administrador en los países hispanos? ¡Todos están orgullosos° de sus trabajos, oficios° y profesiones! Para los hispanos es importante hacer un buen trabajo, no importa° cual sea° su posición. Todas las personas se sienten muy orgullosas de su trabajo, y su mejor recompensa° es hacerlo bien. Para los trabajadores y profesionales hispanos, ¡son más importantes el esfuerzo° y el trabajo realizado° que el sueldo°!

Orgullo *Pride* **modista** *seamstress* **pescador** *fisherman* **orgullosos** *proud* **oficios** *trade* **no importa** *it doesn't matter* **cual sea** *what is* **recompensa** *compensation* **esfuerzo** *effort* **realizado** *accomplished* **sueldo** *salary*

Estructuras

A. El pretérito: otros verbos irregulares

Note the preterite forms of **hacer** *(to do)* and **estar** *(to be)*.

INFINITIVE:	**hacer**	**estar**	PRETERITE ENDINGS:
(yo)	**hic**e	**estuv**e	**-e**
(tú)	**hic**iste	**estuv**iste	**-iste**
(él) (ella) (Ud.)	**hiz**o	**estuv**o	**-o**
(nosotros)	**hic**imos	**estuv**imos	**-imos**
(vosotros)	**hic**isteis	**estuv**isteis	**-isteis**
(ellos) (ellas) (Uds.)	**hic**ieron	**estuv**ieron	**-ieron**

↪ **Hacer** and **estar** have the same preterite endings.

↪ The following verbs have an **i** in their preterite stem and use the endings in the chart above:

INFINITIVE:	PRETERITE STEM:	
hacer	**hic-**	¿Qué **hiciste** la semana pasada?
querer	**quis-**	**Quise** ir al campo.
venir	**vin-**	Víctor y sus amigos **vinieron** a mi casa.

↪ The following verbs have a **u** in their preterite stem and use the endings in the chart above:

INFINITIVE:	PRETERITE STEM:	
estar	**estuv-**	Ayer **estuvimos** en la playa.
poder	**pud-**	No **pude** llamarte por teléfono.
poner	**pus-**	¿Dónde **pusiste** mis discos?
saber	**sup-**	Carlos no **supo** lo que pasó.
tener	**tuv-**	**Tuvimos** que estudiar mucho para este examen.

↪ Some of these verbs have special meanings in the preterite:

supe	I found out	**quise**	I tried
tuve	I received, got	**no quise**	I refused
no pude	I could not (I tried but failed)		

ACTIVIDAD 1 Excusas

Nadie vino a ayudar a Felipe a pintar *(paint)* su cuarto. Di que sus amigos no pudieron ayudarlo y di qué excusas dieron.

ᗡ Manuel: estudiar Manuel no pudo ayudar a Felipe.
Tuvo que estudiar.

1. yo: trabajar
2. Ana: hacer sus tareas
3. tú: visitar a tu abuelo
4. mis primos: estudiar
5. Diego: ayudar en casa
6. Enrique: reparar su moto
7. Elena y Carlos: ir de compras
8. nosotros: organizar una fiesta

ACTIVIDAD 2 Unos alumnos perezosos *(Lazy students)*

Los siguientes alumnos tuvieron un examen hoy. Anoche no quisieron estudiar porque siempre tienen buena suerte. Esta vez no fue así. Di lo que les pasó.

ᗡ Isabel Isabel no quiso estudiar anoche.
Hoy tuvo un examen.
No supo contestar las preguntas.

1. Mario
2. nosotros
3. Rosita y Arturo
4. yo
5. mis amigos
6. tú
7. Uds.
8. el novio de Lucía

ACTIVIDAD 3 Diálogo: Confesiones

A veces todos somos víctimas de nuestras pequeñas debilidades *(weaknesses)*. Pregúntales a tus compañeros si hicieron las cosas siguientes el mes pasado.

ᗡ estar de mal humor Estudiante 1: ¿Estuviste de mal humor?
Estudiante 2: Sí, estuve de mal humor.
(No, no estuve de mal humor.)

1. estar impaciente
2. estar antipático(a)
3. hacer cosas tontas
4. hacer el payaso *(to clown around)* en clase
5. hacer algo malo
6. tener una discusión *(argument)* con tus amigos
7. tener una discusión con tus padres

No todo lo que brilla es oro.

B. *Lo que*

Note the use of the expression **lo que** in the following sentences.

No creo **lo que** dices.	*I do not believe **what (the things that)** you are saying.*
No sé **lo que** Carlos hizo ayer.	*I do not know **what (the things that)** Carlos did yesterday.*
¿Comprendes **lo que** dice Juan?	*Do you understand **what (the things that)** Juan is saying?*

⟫ **Lo que** corresponds to the English *what* when it means *the things that*.

ACTIVIDAD 4   El mundo ideal

En el mundo ideal, cada uno puede hacer lo que quiere. Describe este mundo ideal según el modelo.

⟫ Hacemos . . .   Hacemos lo que queremos.

1. Hago . . .
2. Dices . . .
3. Carlos estudia . . .
4. Elena compra . . .
5. Mis amigos hacen . . .
6. Ud. come . . .
7. Uds. dicen . . .
8. Carmen hace . . .

ACTIVIDAD 5   Creación

Vamos a ver cuántas oraciones lógicas puedes escribir en cinco minutos, con los elementos de A, B, C, D y E. Usa el pretérito de los verbos en las columnas B y D.

A	B	C	D	E
yo	comprender		hacer	Elena
tú	decir	lo que	tener	Uds.
Carlos	hacer		decir	
mis amigos	saber			

⟫ Yo no comprendí lo que hizo Elena.

VOCABULARIO PRÁCTICO Oficios

Un **carpintero** hace muebles *(furniture)*.

Una **modista** hace vestidos.

Un **mecánico** repara coches.

Un **electricista** repara aparatos eléctricos.

Un **pescador** pesca *(fishes)*.

ACTIVIDAD 6   ¿Adónde vas?

Di adónde vas en las siguientes situaciones.

⊅   Necesito una falda.   Voy a ver a la modista.

1. Deseo comprar pescado *(fish)*.
2. Mi coche no funciona bien.
3. Necesito muebles *(furniture)*.
4. Tengo un aparato eléctrico que no funciona.
5. Deseo un vestido nuevo.

EN CASO DE URGENCIA
números de teléfono
DOCTOR_____
FARMACÉUTICO_____
DENTISTA_____
POLICÍA_____
BOMBEROS_____
TAXI_____
AMBULANCIA_____
ELECTRICISTA_____
CARPINTERO_____
PLOMERO_____

Pronunciación   Las consonantes c, z

Practice syllables: za zo zu   ce ci
Model words: hizo hice   empezar empecé
Practice words: zapato cerveza hiciste aeromozo
Practice sentences: Alicia no conoce a Vicente.
                     El aeromozo trae la cerveza francesa.
                     El diez de marzo, Cecilia va a Zaragoza.

The consonant **c** is "soft"; that is, it is pronounced / s /, before the vowels **e** and **i**.
To keep the "soft" sound before **a, o** and **u,** the letter **z** is used.

Para la comunicación

Expresiones para la composición

primero   *first*
después   *later, after that*

Mini-composición   Mi trabajo

Imagina que eres una de las siguientes personas:

- un(a) astronauta
- un(a) taxista
- un(a) pescador(a)
- un(a) piloto
- un(a) periodista
- un(a) policía

Escribe un pequeño párrafo describiendo tus actividades de ayer. Si quieres, puedes usar el pretérito de los siguientes verbos en oraciones afirmativas o negativas.

- ir (¿adónde? ¿con quién? ¿cuándo?)
- estar (¿nervioso(a)? ¿de buen humor? ¿de mal humor? ¿cansado(a)?)
- tener (¿un accidente? ¿buena suerte? ¿mala suerte?)
- tener que (¿hacer algo especial? ¿qué?)
- poder (¿ver algo espectacular? ¿qué? ¿ver a personas interesantes? ¿quiénes?)
- ponerse (¿un uniforme? ¿qué tipo de ropa?)
- querer (¿hacer algo especial? ¿qué?)

Soy pescador. Ayer hice muchas cosas. **Primero** fui a pescar. **Después** fui al mercado para vender los pescados *(fish).*

Variedades   ¿Qué profesión te conviene?

Antes de escoger° una profesión, una persona tiene que conocerse° bien. Así° va a saber si su personalidad es compatible con la profesión que piensa empezar. Por ejemplo, si a ti no te gusta viajar, no te conviene° ser un(a) vendedor(a) viajero(a). O si no te gusta hablar en público, no te conviene ser político(a), abogado(a) o profesor(a).

Para saber qué profesión te conviene, analiza tu personalidad.

1. ¿Qué películas te gustan más?
- A. las películas de acción y aventura
- B. las películas románticas
- C. los dramas psicológicos
- D. los documentales científicos

2. ¿Qué deporte te gusta mirar (o practicar) más?
- A. el fútbol
- B. la equitación°
- C. el tenis
- D. el juego de bolos°

3. ¿Qué pasatiempo te gusta más?
- A. organizar fiestas
- B. sacar fotos
- C. cuidar° animales
- D. coleccionar sellos°

4. ¿Deseas visitar otros países? ¿Por qué?
- A. para hacer cosas nuevas
- B. para visitar los museos
- C. para conocer a gente nueva y diferente
- D. para aprender otro idioma°

5. Cuando sacas fotos, ¿qué prefieres?
- A. escenas de acción
- B. paisajes°
- C. gente
- D. monumentos

escoger: *choosing,*
conocerse: *know himself/herself*

Así: *In that way*

no te conviene: *it is not appropriate for you*

equitación: *horseback riding*

juego de bolos: *bowling*

cuidar: *to take care of*
sellos: *stamps*

idioma: *language*

paisajes: *landscapes*

6. Si tu escuela va a presentar una comedia musical, ¿qué prefieres ser?

    A. el actor o la actriz principal

    B. el (la) escenógrafo(a)°

    C. un actor o una actriz secundaria

    D. el (la) encargado(a)° de la iluminación

> escenógrafo(a): *set designer*
>
> encargado(a): *person in charge*

7. Si estás haciendo un viaje muy largo en autobús, ¿cómo pasas el tiempo?

    A. conociendo a los otros pasajeros°

    B. mirando el paisaje

    C. conversando con el pasajero a tu lado°

    D. leyendo una novela

> pasajeros: *passengers*
>
> a tu lado: *next to you*

8. Si estás en casa y quieres ayudar, ¿qué haces?

    A. limpias° todo el garaje

    B. decoras tu cuarto

    C. ayudas a tus hermanos menores a hacer sus tareas

    D. ayudas a tu padre a arreglar° el coche

> limpias: *you clean*
>
> arreglar: *to fix*

INTERPRETACIÓN

Cuenta tus respuestas A, B, C y D.

Si tienes cinco respuestas A o más,
eres muy dinámico(a) y ambicioso(a). Quieres estar donde hay acción y te gusta la gente. Algunas profesiones que te convienen son: vendedor(a), piloto de avión, director(a) de relaciones públicas.

Si tienes cinco respuestas B o más,
eres sensitivo(a) y romántico(a). Tienes buen talento artístico y te interesa el arte y la perfección. Algunas profesiones que te convienen son: actor o actriz, diseñador(a)° de modas,° decorador(a) de interiores.

> diseñador(a): *designer,* modas: *fashion*

Si tienes cinco respuestas C o más,
eres muy sociable y generoso(a). Te gusta conocer a la gente y ayudarla. Algunas profesiones que te convienen son: doctor(a), enfermero(a), psiquiatra, trabajador(a) social, abogado(a).

Si tienes cinco respuestas D o más,
eres el tipo de persona que quiere comprender el «porqué» de las cosas. Si tienes una orientación intelectual, puedes escoger una profesión científica. Puedes ser ingeniero(a), químico(a) o programador(a) de computadoras. También puedes ser buen arquitecto(a). Si tienes una orientación manual, puedes ser un(a) excelente mecánico(a) o electricista.

Si tienes menos de cinco respuestas A, B, C o D,
son muchas las cosas que te interesan. No te conviene escoger una
profesión muy especializada. Algunas profesiones que te convienen
son: periodista, fotógrafo(a), escritor(a), ejecutivo(a) en una compañía
industrial o comercial.

El arte de la lectura

Enriching your vocabulary: Word families

You may have noticed that in Spanish, as in English, certain words are
related to others: they belong to the same family. For instance,

dibujante *(draftsman, designer)* is related to **dibujar** *(to draw)*,
trabajador *(worker)* is related to **trabajar** *(to work)*,
vendedor *(salesperson)* is related to **vender** *(to sell)*.

Often you will discover the meaning of a word you have not seen before if
you can relate it to a word which you already know.

Ejercicio: Las profesiones

Can you determine the meaning of the profession in italics from the
meaning of the words in heavy print? When you know what the new word
means, say whether you would like that profession yourself.

🔊 **escribir** → *escritor(a)* (No) Quiero ser escritor(a).

1. **explorar** → *explorador(a)*
2. **inventar** → *inventor(a)*
3. **comprar** → *comprador(a)*
4. **traducir** → *traductor(a)*
5. **pintar** → *pintor(a)*
6. **bailar** → *bailarín(a)*
7. **investigar** → *investigador(a)*
8. **peinarse** → *peinador(a)*
9. **cantar** → *cantante*
10. **conducir** → *conductor(a)*

VISTA

El mundo íntimo y social

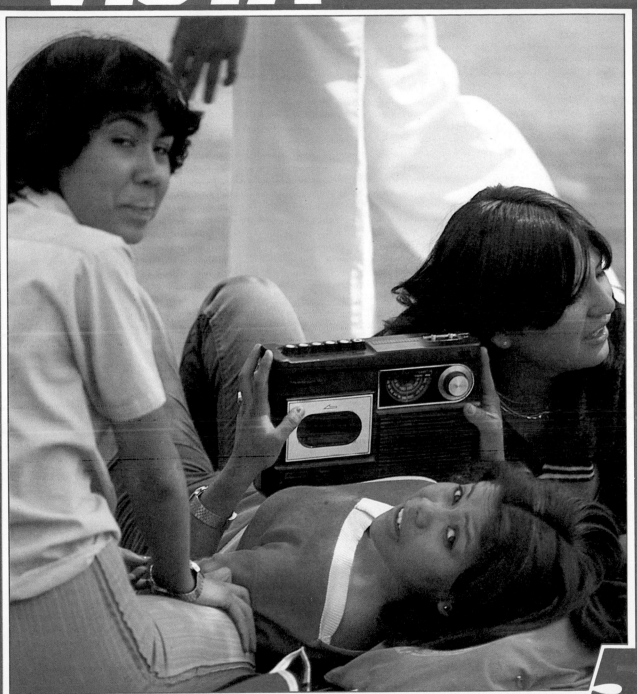

Preguntas y Respuestas

PROBLEMAS JUVENILES

P Estimada Doctora: Necesito su ayuda.° Mi madre y yo siempre peleamos.° Yo hago lo que ella dice, pero ella cambia de opinión° cada cinco minutos. Ella está siempre de mal humor. Si las cosas continúan así,° no sé qué puedo hacer. Yo quiero a mi mamá, pero es muy difícil vivir con ella. ¿Qué hago?

VÍCTIMA INOCENTE
El Salvador

R *Querida Víctima Inocente: El problema es la comunicación. ¿Hablas tú con tu madre sin pelear° con ella? Tal vez tu madre está un poco sola y triste. Habla con ella. Ella necesita sentirse importante en tu vida.*

P Estimada Doctora: Mi problema es mi primo. Con él jugamos al tenis y hablamos de chicas. ¡Pero cada vez que él viene a mi casa, deja mi cuarto en un desorden° terrible! Los zapatos, los calcetines, la raqueta, las pelotas, todo fuera de su lugar.° ¿Qué hago?

FRUSTRADO
Panamá

R *Querido Frustrado: Dile a tu primo que a ti te gusta tu cuarto en orden y que el desorden te enoja° mucho. Si tu primo continúa con el desorden, busca a otro amigo.*

P Estimada Doctora: Me gusta mucho un chico de mi barrio, pero a mis padres no les gusta. Ellos se enojan° conmigo cuando nos vemos. Pero nosotros nos vemos secretamente en el parque. Yo lloro° todos los días porque no sé qué hacer. Ayúdeme por favor.

MISERABLE
Argentina

R *Querida Miserable: Es importante preguntarles a tus padres por qué no les gusta el chico. ¡Tal vez ellos tienen razón!° ¿Por qué vas sola al parque? Así° tus padres pierden la confianza en ti. En vez de llorar todo el día, ¡abre° los ojos y mira a otros chicos!*

P Estimada Doctora: Mis hermanos menores tienen la mala costumbre de leer mi diario y de comentarlo a la hora de comida, en público. ¿Qué hago?

SIN SECRETOS
Florida

R *Querida Sin Secretos: ¿Dónde está tu diario? ¿Pueden los chicos encontrarlo y leerlo fácilmente? Si continúan leyéndolo, habla con ellos y diles° que todo el mundo° tiene secretos y que es importante respetarlos.*

---

ayuda *help* **peleamos** *we fight* **cambia de opinión** *changes her mind* **así** *like this*
sin pelear *without fighting* **desorden** *mess* **fuera de su lugar** *out of place* **te enoja** *annoys you*
se enojan *they become angry* **lloro** *cry* **tienen razón** *they're right* **Así** *In that way* **abre** *open*
diles *tell them* **todo el mundo** *everyone*

EL LENGUAJE DE LOS COLORES

Amarillo: Fuerza° física y moral, Actividad

Azul: Honestidad, Romanticismo

Blanco: Sinceridad, Pureza°

Negro: Misterio, Romanticismo

Morado: Melancolía, Sufrimiento°

Rojo: Amor, Pasión

Verde: Esperanza,° Suerte

¿Cuál es tu color preferido? ¿El rojo? ¿El azul? ¿El negro? Los colores, como tu ropa, como las palabras con que hablas, como tus gestos,° dicen algo de ti, de tu grupo de amigos, de la región donde vives.

En diferentes países, los colores significan cosas diferentes y corresponden a una disposición particular.

Piensa en estos colores. ¿Estás de acuerdo?°

YO ME SONROJO° . . .

- *Cuando digo mentiras.°*

- *Cuando me caigo y alguien se ríe.°*

- *Cuando el profesor me hace una pregunta y me equivoco.*

- *Cuando un chico guapo me dice un piropo° en la calle.*

- *Cuando cierto chico me mira a los ojos por largo tiempo.*

En los países hispánicos, los chicos les dicen «piropos» a las chicas cuando pasan por la calle:

«¡Qué ojos tan lindos tienes!» «¡Qué bonita estás hoy!»

También las chicas pueden responder con una sonrisa° o con una respuesta desdeñosa:° «¡Qué tonto!»

Fuerza *Strength*   **Pureza** *Purity*   **Sufrimiento** *Suffering*   **Esperanza** *Hope*   **gestos** *gestures*
¿Estás de acuerdo? *Do you agree?*   **me sonrojo** *I blush*   **mentiras** *lies*   **se ríe** *laughs*
piropo *compliment*   **sonrisa** *smile*   **desdeñosa** *scornful*

Un día en la vida de ANITA GÓMEZ

Anita Gómez vive en México, en Guadalajara; Anita tiene quince años y va a la escuela Benito Juárez. Éste es un día típico en la vida de muchas jóvenes hispánicas.

—¡Adiós! ¡Que tengan° un buen día! ¡Nos vemos en el almuerzo!°

—Todas las mañanas camino° al colegio con Constanza Galindo, mi mejor amiga.

—Biología, química, diez minutos para tomar un poco de leche y comer un plátano;° matemáticas, castellano . . . ¡y tareas para mañana!

—Mamá, ¿qué hay para comer?
—Chile con carne, arroz,° tortillas, plátanos fritos° y un aguacate.°

Que tengan *Have*   **almuerzo** *lunch*   **camino** *I walk*   **plátano** *banana*   **arroz** *rice*   **fritos** *fried*
aguacate *avocado*

—Hoy ganamos el juego de volibol contra° las chicas mayores del cuarto año. ¡El partido fue sensacional!

—Para mañana todas las chicas deben tener sus cuadernos en orden y todas deben traer una composición de dos páginas sobre° «El viejo y el mar» de Hemingway.

—Vamos a tomar un helado con Mona, Inés, Teresa y un chica nueva.

—Nos vemos en la heladería cerca del colegio, y planeamos la excursión del sábado.

—Esta noche tomamos café con leche y unos sándwiches.

—¡Caramba! Esta tarea de inglés es muy larga,° yo tengo mucho sueño, y no puedo ver mi programa favorito de televisión . . .

contra *against*   sobre *about*   larga *long*

Y TÚ
¿Qué piensas del amor?

José Martínez:
A mí me gustan las chicas que tienen un buen sentido° del humor y que son alegres.

Marcos Castellanos:
Yo creo en el amor a primera vista.°

Margarita González:
Es mejor pensar mucho las cosas antes de enamorarse.°

María Consuelo Rojas:
Lo más importante es ser sincero.

Eugenia Trujillo:
Es necesario hablar mucho y conocerse antes de enamorarse.

Pablo J. Gómez:
¡Por amor yo hago cualquier° cosa y voy a cualquier lugar!

sentido *sense* **vista** *sight* **enamorarse** *falling in love* **cualquier** *any*

Una red de amistad

6 de enero de 1988

Soy estudiante del segundo año de bachillerato. Deseo iniciar una red° de amistad° con chicos y chicas norteamericanos. Me interesa intercambiar estampillas° y tarjetas postales.

María Ferreira
Colegio Juan Ramón Jiménez
Bogotá, Colombia S.A.

4 de febrero de 1988

Tengo 16 años y me gustan mucho los paisajes° de otros países. Deseo intercambiar ideas, estampillas y calendarios.

John D. Hooper
2242 24th St.
San Francisco, CA 94107 U.S.A.

INTERCAMBIO

10 de mayo de 1988

Querida María:
Aquí estamos muy felices por nuestra próxima° visita a Colombia. ¡Qué bueno conocerte en persona, después de todas las cartas y tarjetas postales! El 15 de junio llegamos a Bogotá. ¿Qué regalo quieres de los Estados Unidos?

Nos vemos pronto,°

Johnny

María Ferreira
Colegio Juan Ramón Jiménez
Bogotá, Colombia
S.A.

24 de mayo de 1988

Querido Johnny:
Mi familia está encantada° de tu visita con tus padres y hermanita. Tenemos planes para visitar con Uds. la costa del Caribe y las montañas cerca de Bogotá. Por favor, ¡deseo una camiseta de alguna universidad norteamericana!

Hasta pronto,

María

John D. Hooper
2242 24th St.
San Francisco, CA 94107
U.S.A.

red *network* **amistad** *friendship* **estampillas** *stamps* **paisajes** *landscapes* **próxima** *upcoming*
pronto *soon* **encantada** *delighted*

389

LA CALLE

La calle en los países hispánicos es algo muy especial. Es un lugar lleno de vida.° Es lugar de citas, es lugar de compras, es lugar donde la gente pasa las horas sin sentirlas y es un lugar donde tú vas a encontrar a tus amigos y mirar a otros. Vamos a mirar algunas escenas en la calle.

De 7 a.m. a 10 a.m.
Tilín-Tilín, Tilín-Tilín, Tilín-Tilín
¡Aaaaaarrrrrreglooooo
zapatooooos! ¡Zapatooooos viejoooooos!
¡Diario° de la mañanaaaaaa! ¡Diario de la mañanaaaaaa!
¡Buenos días, Señora Gómez!
¡Buenos días, Señora García!
Mmmm, ¡Qué olor° a pan caliente!°
¿Compra fruta, señora? ¡Fruta fresca!
¡Diario de la mañanaaaaaa! Tilín-Tilín
¡Aaaaarrrreglooo zapatooooos!

De 10 a.m. a 1 p.m.
Pasa un chico. Corre° a tomar el autobús. Va un poco tarde a clase
. . . La señora de Gómez y la señora de García van a comprar pan.
Hablan del pan, hablan de la leche, hablan de sus hijos, hablan de la vecina,° hablan y hablan y luego, ¡hablan más con el panadero!°
La calle se llena° de ruidos° de autos.
La calle se llena de ruidos de gente.

De 1 p.m. a 3 p.m.
Cierran° las tiendas. La calle está vacía.°
¿Dónde está la gente? ¿Dónde están los autos? ¿Dónde está el ruido? . . .
Todos almuerzan° y toman un descanso° o una siesta . . .

De 3 p.m.
Un grupo de chicos viene calle arriba.°
Un grupo de chicas viene calle abajo.°
Ellos ríen y comentan en voz alta.°
Ellas están todas muy bonitas y comentan en voz baja. ¡Ellas van° a la última° moda!°
Los chicos pasan calle arriba.
Las chicas pasan calle abajo.
Ellos les dicen cosas bonitas, ellas se ríen un poco y aunque° no los miran, saben que hay uno alto, otro bajo, uno moreno y otro rubio . . .
Una moto pasa y se oyen° un ¡Hola!, dos ¡Holas!, tres ¡Holas!
¿Vamos a tomar Coca-Cola?
Sí, vamos . . . ¡Qué bueno!

Por la noche . . .
Después del trabajo o del estudio° la gente no va a casa directamente.
Los señores hablan en los cafés de las noticias° del día, de la política, de los negocios° y miran pasar a la gente. Si tú estás en la calle a las ocho o nueve de la noche, siempre oyes una guitarra, un tocadiscos, un radio o simplemente a la gente que habla hasta tarde, muy tarde . . .

---

lleno de vida *filled with life*   **Diario** *Daily paper*   **olor** *aroma*   **pan caliente** *hot bread*   **Corre** *He runs*   **vecina** *neighbor*   **panadero** *baker*   **se llena** *is filled*   **ruidos** *noises*   **Cierran** *Close*   **vacía** *empty*   **almuerzan** *are eating lunch*   **descanso** *rest*   **arriba** *up*   **abajo** *down*   **voz alta** *loud voices*   **van** *are dressed*   **última** *latest*   **moda** *fashion*   **aunque** *although*   **se oyen** *one hears*   **estudio** *studies*   **noticias** *news*   **negocios** *business*

391

los animales y sus cualidades

La gente dice que los animales tienen cualidades. También a la gente le gusta comparar a otra gente con esos animales. Por ejemplo en español decimos:

Es alto como una jirafa

Es astuto° como un zorro

Está loco° como una cabra

Es feo como un sapo

Es rápido como un ciervo

Es engañoso° como una culebra

Es manso° como un cordero

Es fuerte como un toro

Es alegre como un pájaro

Es lento° como una tortuga

astuto *clever*   **loco** *crazy*   **engañoso** *tricky*   **manso** *gentle*   **lento** *slow*

¿Qué dices?

Imagínate° que estás en España. Te encuentras en las siguientes° situaciones. ¿Qué vas a decir?

1. Un amigo te llama por teléfono. Contestas el teléfono, pero no puedes entender bien. Dices:
   - A. ¿De veras?
   - B. ¿Cómo?
   - C. Adiós.

2. Estás en el autobús. Le pisas° el pie a alguien. Dices:
   - A. De nada.
   - B. ¡Qué suerte!
   - C. Perdón.

3. Estás en una fiesta. Alguien te ofrece un cigarrillo, pero no fumas. Dices:
   - A. Con mucho gusto.
   - B. Por favor.
   - C. No, gracias.

4. Estás en la playa. Un amigo te presenta° a otra persona. Dices:
   - A. Encantado(a).°
   - B. Lo siento.°
   - C. Gracias.

5. Un amigo acaba de sacar una mala nota en un examen. Dices:
   - A. ¡Idiota!
   - B. ¡Qué lástima!
   - C. ¡Felicidades!°

RESPUESTAS: 1-B; 2-C; 3-C; 4-A 5-B

Actividades culturales

Actividades para cada estudiante

1. *Look through some Hispanic magazines (¡Hola!, Buenhogar, Semana, for example) and prepare a report about Hispanic teenagers. List the differences you notice between Hispanic and U.S. teenagers: ways of dressing, gestures, general expressions, attitudes, activities.*

2. *Keep a diary of your activities for two weeks.*

Actividades para la clase

1. *Using pictures from Hispanic magazines (Buenhogar, Fascinación, Temas, for example), prepare a bulletin board exhibit that shows Hispanic people at work and at play. Write a short caption in Spanish for each picture.*

2. *Prepare a bulletin board exhibit of the zodiac signs. Indicate which of your classmates fall under each sign.*

Imagínate *Imagine* **siguientes** *following* **pisas** *you step on* **presenta** *introduces*
Encantado(a) *Delighted* **Lo siento** *I'm sorry* **Felicidades** *Congratulations*

10

Unidad

Día a día

Lección 1 Una receta del Caribe: refresco de plátanos

¿Quieres preparar un refresco delicioso para tus amigos? Sírveles un refresco de plátanos. Ésta es la receta.

refresco: *cold drink*
receta: *recipe*

Los ingredientes

3	plátanos
1	taza de leche
1/4	taza de azúcar
1/4	taza de jugo de limón
1/2	cucharadita de vainilla
8	cubitos de hielo

Un aparato

una licuadora

azúcar: *sugar*

hielo: *ice*

La preparación

1. Pela los plátanos y córtalos en cubitos.
2. Pon los plátanos, la leche, el azúcar, el jugo de limón y la vainilla en la licuadora. Mézclalos.
3. Añade los cubos de hielo y mézclalos con los otros ingredientes.
4. Vierte la mezcla en cuatro vasos.
5. Sírveles el refresco a tus amigos.

Pela: *Peel,* córtalos: *cut them*
Pon: *Put*
Mézclalos: *Mix them*
Añade: *Add*
Vierte: *Pour,* mezcla: *mixture,* vasos: *glasses*

CONVERSACIÓN

Vamos a hablar de los consejos que te dan tus padres. ¿Te dicen ellos las siguientes cosas?

1. **¡Estudia** mucho!
   Sí, me lo dicen. (No, no me lo dicen.)
2. **¡Trabaja** mucho!
3. **¡Respeta** a tus profesores!
4. **¡Ayuda** a tus hermanos menores!
5. **¡Gasta** tu dinero en cosas útiles!
6. **¡Escucha** nuestros consejos!

OBSERVACIÓN

Commands are used to give orders and advice, to make suggestions and more generally to tell people what to do *(affirmative commands)* and what not to do *(negative commands)*. In sentences 1-6, your parents are giving you advice. They are using the familiar **(tú)** form of the affirmative command.
- Is this form the same as the **tú** form of the present tense?
- Is this form the same as the **él** form of the present tense?

NOTA CULTURAL

El plátano, base de la cocina° del Caribe

¿Qué es el plátano? ¿Una fruta tropical originaria del Caribe? ¡No! El plátano es originario de la India, pero hoy crece° en abundancia en muchos países de Hispanoamérica.

Hay mil variedades de plátanos: amarillos, verdes, rojos ... Hay también mil maneras de cocinar° plátanos ... En los países hispanoamericanos, la gente los come principalmente fritos° y los sirve con arroz° o con carne,° con pollo° o con jamón,° con salsas picantes° o con azúcar,° con frijoles° o con ensalada ... ¡De veras, el plátano es una de las bases de la cocina del Caribe!

cocina *cooking* **crece** *grows* **cocinar** *to cook* **fritos** *fried*
arroz *rice* **carne** *meat* **pollo** *chicken* **jamón** *ham*
salsas picantes *hot sauces* **azúcar** *sugar* **frijoles** *beans*

Estructuras

A. Repaso: los pronombres directos e indirectos

As you read the following sentences, compare the form and position of the direct and indirect object pronouns which replace the nouns in parentheses.

	DIRECT	INDIRECT
(Carlos)	**¿Lo** invitas? *Do you invite **him?***	**¿Le** escribes? *Do you write (to) **him?***
(tus amigos)	**¿Los** invitas? *Do you invite **them?***	**¿Les** escribes? *Do you write (to) **them?***

The following chart summarizes the direct and indirect object pronouns corresponding to the subject pronouns.

SUBJECT PRONOUNS	DIRECT OBJECT PRONOUNS		INDIRECT OBJECT PRONOUNS	
yo	**me**	*me*	**me**	*(to or for) me*
tú	**te**	*you*	**te**	*(to or for) you*
él, Ud.	**lo**	*him, it, you*)		
ella, Ud.	**la**	*her, it, you*)	**le**	*(to or for) him, her, it, you*
nosotros(as)	**nos**	*us*	**nos**	*(to or for) us*
vosotros(as)	**os**	*you*	**os**	*(to or for) you*
ellos, Uds.	**los**	*them, you*)		
ellas, Uds.	**las**	*them, you*)	**les**	*(to or for) them, you*

- In general, object pronouns come before the verb.
- Spanish speakers use an indirect object pronoun in a sentence that also contains an indirect object noun.

Le hablo **a Carlos.**	*I am speaking **to Carlos.***
Les escribo **a mis amigos.**	*I am writing **to my friends.***
Le compro un regalo **a Ana.**	*I am buying a gift **for Ana.***

ACTIVIDAD 1 Diálogo: ¿Eres generoso(a)?

Pregúntales a tus compañeros si prestan las siguientes cosas.

- tu tocadiscos   Estudiante 1: ¿Prestas tu tocadiscos?
  Estudiante 2: Sí, lo presto.
                   (No, no lo presto.)

1. tus libros	4. tus revistas	7. tu cuaderno de español
2. tus discos	5. tu reloj	8. tu chaqueta
3. tu dinero	6. tu bicicleta	

ACTIVIDAD 2   Los contactos

¿Te mantienes *(Do you keep)* en contacto con las siguientes personas durante las vacaciones? Di si lo (la) llamas por teléfono y si le escribes a cada persona.

🙰 tu mejor amigo   (No) Lo llamo por teléfono.
                    (No) Le escribo.

1. tu mejor amiga
2. tus compañeros de clase
3. tus compañeras
4. tus profesores
5. tu profesor(a) de español
6. tu profesor(a) de matemáticas
7. tus amigos
8. tus amigas

B. Mandatos afirmativos: la forma *tú*

In Spanish, commands may be familiar or formal. *Familiar commands* are for people one normally addresses in the **tú** form.

Look carefully at the sentences below. The sentences on the left describe *what* Isabel *is doing:* the verb is in the **él** form of the *present tense.* In the sentences on the right, Carlos is telling Isabel *what to do:* the verb expresses a *command* in the familiar affirmative form. Compare the verbs in each group of sentences.

Isabel:	Carlos a Isabel:
Invita a sus amigos. *(She invites her friends.)*	—**¡Invita** al profesor! *(Invite the professor!)*
Saca una foto. *(She takes a picture.)*	—**¡Saca** una foto del museo! *(Take a picture of the museum!)*
Lee una revista deportiva. *(She reads a sports magazine.)*	—**¡Lee** el libro de español! *(Read the Spanish book!)*
Pide una gaseosa. *(She asks for a soft drink.)*	—**¡Pide** una gaseosa para mí también! *(Ask for a soft drink for me, too!)*

🙰 For most verbs (regular and irregular), the affirmative form of the familiar **tú** command is the same as the **él** form of the present tense.

🙰 Familiar command endings are:

-a	for **-ar** verbs
-e	for **-er** and **-ir** verbs

Si quieres tener enemigos, presta dinero a tus amigos.

ACTIVIDAD 3 Un chico tímido

Roberto es un poco tímido y por eso hay muchas cosas que no hace. Pero Manuela le dice que tiene que hacer estas cosas. Haz el papel de Manuela según el modelo.

Ɑ Roberto no habla con el profesor.   ¡Habla con el profesor!

1. Él no habla con Elena.
2. Él no invita a María.
3. Él no llama a Ricardo por teléfono.
4. Él no canta.
5. Él no cuenta chistes (jokes).
6. Él no juega al tenis.
7. Él no saca fotos.
8. Él no lee revistas deportivas.
9. Él no escribe cartas.
10. Él no aprende a bailar.

ACTIVIDAD 4 Querer es poder (Where there's a will there's a way)

Carlos le dice a Luisa que él quiere hacer ciertas cosas. Luisa le dice que las haga (to do them). Haz cada papel según el modelo.

Ɑ viajar   Carlos: Quiero viajar a México.
            Luisa: Entonces, ¡viaja a México!

1. trabajar durante las vacaciones
2. comprar una moto
3. vender mi bicicleta
4. aprender francés
5. aprender a bailar
6. vivir en el Perú
7. escribir una novela
8. jugar al tenis
9. beber café
10. comer un helado
11. pedir un jugo de frutas
12. dormir

Viva México

Lo mejor de nuestra Tradición
Mariachi y trío todas las noches
Auténtica cocina mexicana

ABIERTO 5:00 P.M. - 2:00 A.M.
LOMAS DEL MAR 4 : A

C. La posición de los pronombres con los mandatos afirmativos

Note the position of object and reflexive pronouns with affirmative commands.

Isabel:	Amalia:
¿Invito a María?	¡Sí, invítala!
¿Le escribo a Juan?	¡Sí, escríbele!
¿Te invito a mi fiesta?	¡Sí, invítame!
¿Me quedo en casa?	¡Sí, quédate en casa!

In affirmative commands, object and reflexive pronouns always come *after* the verb and *are attached to it*.

When the object pronoun is attached to the command form, an accent mark is used to retain the original stress pattern of the verb:

invítame   mándale

ACTIVIDAD 5   Invitaciones

Lolita está organizando una fiesta. Ella ya *(already)* tiene una lista de algunas personas, pero quiere confirmarla con Manuel. Haz los papeles.

Luisa   Lolita: ¿Invito a Luisa?
           Manuel: ¡Sí, invítala!

1. Rebeca
2. Ricardo
3. Benjamín
4. Paco y Enrique
5. tus primos
6. María y Pilar
7. Diego, Lucía y Maribel
8. las amigas de Carlos
9. la profesora de español
10. el profesor de francés

ACTIVIDAD 6   Diálogo: ¿Tienes buenos compañeros?

Pídeles a tus compañeros que te hagan *(they do)* los siguientes favores. Ellos van a contestar.

invitar al café   Estudiante 1: ¡Invítame al café!
                     Estudiante 2: Por supuesto, voy a invitarte al café.
                                   (No, no voy a invitarte al café.)

1. llamar por teléfono
2. ayudar
3. escribir
4. visitar
5. prestar tus discos
6. dar tu foto
7. mandar regalos
8. comprar un helado
9. vender tu bicicleta
10. prestar tus revistas

un vaso

una taza

una cucharita

un plato

un platillo

un tenedor

una cuchara

un cuchillo

ACTIVIDAD 7   En el restaurante

Imagina que trabajas en un restaurante. Un camarero *(waiter)* nuevo te
dice lo que piden los clientes. Dile qué necesita traerles para poner
la mesa.

✍ Un cliente pidió café.   Tráele una taza, un platillo y una cucharita.

1. Un cliente pidió té.
2. Una cliente pidió una gaseosa.
3. Un cliente pidió un bistec *(steak)*.
4. Una cliente pidió una ensalada.
5. Un cliente pidió una hamburguesa.

Pronunciación Las sílabas con acento

Model sentences: ¡Esc<u>u</u>cha el disco! ¡Esc<u>ú</u>chalo!
Practice sentences: ¡Inv<u>i</u>ta a María! ¡Inv<u>í</u>tala!
¡Escr<u>i</u>be la carta! ¡Escr<u>í</u>bela!
¡Pr<u>e</u>sta tus discos! ¡Pr<u>é</u>stalos!
¡M<u>a</u>nda las cartas! ¡M<u>á</u>ndalas!

Normally, the stress in Spanish falls on the next-to-last syllable in words
which end on a vowel, an **n** or an **s.** When a pronoun is added to the
command form of a verb, an accent mark is used to show that the stress
falls on the originally stressed syllable.

When one pronoun is added to an infinitive, the accent mark is not needed
because the stress naturally falls on the next-to-last syllable:

Voy a escuchar el disco.   Voy a escucharlo.

Para la comunicación

Expresiones para la composición

por favor
hazme el favor de + infinitivo } *please*

¡mil gracias!   *a thousand thanks*
¡un millón de gracias!   *a million thanks*

Mini-composición   De vacaciones

Imagina que tu mejor amigo y tu mejor amiga fueron a países
extranjeros *(foreign)* durante las vacaciones. Tu mejor amigo fue a
España (donde vive tu primo). Tu mejor amiga fue a México (donde vive
tu prima). Mándales dos tarjetas postales y pídele a cada uno tres
favores. Puedes usar los siguientes verbos.

    escribir / mandar / comprar / llamar por teléfono /
    invitar / visitar / sacar fotos / hablar / buscar

Usa dos de las expresiones para la composición.

⋈   Querido Eduardo:
    Mándame un disco de música popular, **por favor.** Si puedes,
    hazme el favor de llamar por teléfono a mi primo Miguel . . .**¡Mil gracias!**

Lección 2   El A-B-C de la salud

salud: *health*

¿Estás en buena forma física y psicológica? ¿Sí? . . . ¡Qué bueno! Y quieres estar sano siempre, ¿verdad? Entonces observa algunas normas elementales:

sano: *healthy*
normas: *rules*

¡Come moderadamente!
¡Come muchas frutas y vegetales!
¡Bebe agua o jugo de frutas!
¡Usa la bicicleta a menudo!
¡Levántate temprano!
¡Acuéstate temprano!
¡Todas las noches, organiza tus
   actividades del siguiente día!

¡No comas demasiado!
¡No comas entre comidas!
¡No bebas gaseosas!
¡No te levantes después de las
   nueve! (aun los domingos)
¡No te acuestes después de las
   once!
¡No duermas durante el día
   (especialmente en la clase de
   español)!
¡No mires la televisión más de
   una hora al día!
¡No te enojes inútilmente!
¡En realidad, no te enojes nunca!

entre: *between*,
  comidas: *meals*

aun: *even*

te enojes: *get upset*

Otra vez vamos a hablar de los consejos que te dan tus padres. ¿Te dicen ellos las siguientes cosas?

1. ¡No **mires** la televisión siempre!
   Sí, me lo dicen. (No, no me lo dicen.)
2. ¡No **invites** a tus amigos a casa cuando tienes que estudiar!
3. ¡No **comas** cosas que no son buenas para ti!
4. ¡No **comas** demasiado!
5. ¡No **gastes** todo tu dinero en diversiones!
6. ¡No **escuches** malos consejos!

OBSERVACIÓN

In sentences 1-6, your parents are giving you advice.
- Are they using *affirmative* or *negative* commands?

Look at the forms of the verbs used in the *negative* **tú** commands.
- Are these verb forms the same as those used in **affirmative** commands?
- How do they differ from the affirmative commands?

NOTA CULTURAL

Las comidas° en los países hispánicos

El hispanohablante generalmente se desayuna° entre las siete y las ocho de la mañana. El desayuno incluye sólo dos cosas: café con leche y diferentes tipos de pan,° a veces con jalea° y mantequilla.°

La comida del mediodía° se llama *almuerzo* en Hispanoamérica y *comida* en España. El hispanohablante generalmente almuerza° (o come) a la una o más tarde, y es cuando más come: sopa, carne,° vegetales, ensalada, postre.°

La comida de la tarde es la *merienda*. El hispanohablante merienda típicamente en el café a las cinco o seis de la tarde. A esta hora come un sándwich o un pastel y bebe un refresco° o un café.

La comida de la noche es la *cena*. En Hispanoamérica mucha gente cena a las ocho, pero en España nadie cena antes de las nueve. A

esta hora la gente también come una comida completa, pero la cena es una comida menos fuerte° que el almuerzo.

comidas *meals* **se desayuna** *has breakfast* **pan** *bread* **jalea** *jelly* **mantequilla** *butter* **mediodía** *noon* **almuerza** *lunches* **carne** *meat* **postre** *dessert* **refresco** *cold drink* **fuerte** *heavy*

Estructuras

VOCABULARIO PRÁCTICO La comida

los alimentos (foods)
la carne (meat)

el pollo (chicken) **un bistec** (steak)

el jamón (ham)

las frutas y los vegetales

el arroz (rice)

 los frijoles
(beans)

las papas (potatoes)

los tomates
(tomatoes)

el maíz (corn)

las peras (pears)

las naranjas (oranges)

las manzanas (apples)

los plátanos
(bananas)

las comidas	meals	
el desayuno	breakfast	
desayunarse	to have breakfast	**Me desayuno** a las siete y media.
el almuerzo	lunch	
almorzar (o → ue)	to have lunch	**Almuerzo** a las doce.
la merienda	late afternoon snack	
merendar (e → ie)	to have a snack	**Meriendo** después de las clases.
la cena	dinner	
cenar	to have dinner	**Ceno** a las siete.

los postres (dessert)

un pastel
(pastry)

un helado
(ice cream)

una torta (cake)

otros alimentos

el pan
(bread)

un huevo (egg)

la sal (salt)

la mantequilla
(butter)

el queso (cheese)

la pimienta
(pepper)

el azúcar (sugar)

el aceite (oil)

el vinagre (vinegar)

TABLA DE CALORÍAS
(calorías por cada 100 gramos o por cada 3½ onzas)

VERDURAS		PESCADO	
Lechuga	15	Sardinas en aceite	300
Tomates	30	Salmón	175
Zanahorias	40	Bacalao fresco	175
		FRUTAS	
		Uvas	70
LEGUMBRES		Plátanos	55
Garbanzos	360	Naranjas	50
Arroz	120	Peras	55
		Manzanas	60
CARNE			
Jamón	240	QUESO	
Carne de cerdo	300	Queso de crema	185
Carne de res	250	Queso suizo	365

ACTIVIDAD 1   Preguntas personales

1. ¿A qué hora te desayunaste hoy?
2. ¿A qué hora te desayunas los domingos?
3. ¿A qué hora almuerzas?
4. ¿Almuerzas en la cafetería de la escuela?
5. ¿A qué hora cenas?
6. ¿Meriendas cuando vuelves a casa?
7. ¿Te gusta la comida italiana? ¿francesa? ¿mexicana?
8. ¿Te gusta la comida picante *(hot)*?

ACTIVIDAD 2   Diálogo: A cada uno, su gusto *(Each to his own taste)*

Pregúntales a tus compañeros qué prefieren.

𝄇   ¿pollo o bistec?   Estudiante 1: ¿Prefieres pollo o bistec?
                           Estudiante 2: Prefiero pollo (bistec).

1. ¿frutas o vegetales?   4. ¿queso o huevos?
2. ¿jamón o bistec?   5. ¿peras o manzanas?
3. ¿plátanos o naranjas?   6. ¿frijoles o papas?

ACTIVIDAD 3   Vamos a cocinar *(Let's cook)*

Imagina que quieres preparar los siguientes platos. Un amigo va a
comprar los ingredientes necesarios. Dile qué ingredientes tiene
que comprar.

𝄇   para una ensalada de tomates   Compra tomates, vinagre y aceite.

1. para una ensalada de frutas
2. para una tortilla de huevos *(omelet)*
3. para un «banana split»
4. para un sándwich

A. Mandatos negativos: la forma *tú*

Look carefully at the sentences below. In the sentences on the left, Felipe says what he's doing. He uses the **yo** form of the present tense. In the sentences on the right, Anita tells him not to do these things. She uses the negative form of the familiar **tú** command. Compare the verbs in each group of sentences.

	Felipe:	Anita a Felipe:
(**-ar** verbs)	**Compro** una revista.	**¡No compres** esa revista!
	Pienso en Luisa.	**¡No pienses** en esa chica!
(**-er** verbs)	**Bebo** té.	**¡No bebas** té!
	Pongo un disco de jazz.	**¡No pongas** ese disco tan aburrido!
(**-ir** verbs)	**Escribo** una carta.	**¡No escribas** esa carta!
	Salgo con Isabel.	**¡No salgas** con ella!

For most verbs (regular and irregular), the negative form of the familiar **tú** command is derived as follows:

> stem of the **yo** form of the present
> (**yo** form minus **-o**) + { **-es** (for **-ar** verbs)
> **-as** (for **-er**, **-ir** verbs)

Note the spelling changes in the following groups of verbs.

	c → qu	
-car	tocar	¡No **toques** el piano!

	g → gu	
-gar	jugar	¡No **juegues** al béisbol!

	z → c	
-zar	empezar	¡No **empieces** esta novela!

These changes are made to keep the sound of the stem.

REFRÁN

De lo que no sabes, no hables.

ACTIVIDAD 4   ¡Ahora no!

Pepe tiene que hacer sus tareas pero está pensando en otras cosas. Su mamá le dice que ahora no puede hacer esas cosas. Haz los dos papeles según el modelo.

⊠   invito a Pedro a casa   Pepe: Invito a Pedro a casa.
                              Su mamá: ¡No, no invites a Pedro ahora!

1. invito a Carmen a casa
2. llamo a Inés por teléfono
3. miro la televisión
4. escucho música
5. juego al básquetbol
6. reparo mi bicicleta

7. visito a un amigo
8. leo una novela
9. salgo con Isabel
10. pongo discos
11. ceno
12. duermo

ACTIVIDAD 5   La dieta

Un amigo está a dieta *(on a diet)*. Dile que puede (o no puede) comer las siguientes cosas.

⊠   mantequilla   ¡No comas mantequilla!
    frutas   ¡Come frutas!

1. azúcar
2. papas fritas *(French fries)*
3. tomates
4. pan
5. maíz
6. jamón
7. pollo
8. ensaladas

9. pasteles
10. helado
11. manzanas
12. naranjas
13. peras
14. queso
15. tortas
16. yogur

ACTIVIDAD 6 El ángel y el diablo *(The angel and the devil)*

Pedro está indeciso *(undecided)*. El ángel le da buenos consejos. El diablo le da malos consejos. Haz los papeles del ángel y del diablo según el modelo. (El ángel tiene que expresar mandatos afirmativos con las frases 1-7 y negativos con las frases 8-12. El diablo hace lo contrario.)

> trabajar　Ángel: ¡Trabaja!
> 　　　　　　Diablo: ¡No trabajes!

1. ayudar a tus amigos
2. escuchar los consejos de tus padres
3. estudiar tus lecciones
4. visitar a tus abuelos
5. respetar a las personas mayores
6. contestar bien en clase
7. aprender español
8. comer demasiado
9. fumar *(smoke)* en el baño
10. gastar el dinero en chocolates
11. beber cerveza
12. perder el tiempo

B. La posición de los pronombres con los mandatos negativos

Compare the position of object and reflexive pronouns in the affirmative and negative commands below.

Lupe:	Carlos:	Manuel:
¿Invito a **Luis?**	Sí, invíta**lo**.	No, no **lo** invites.
¿Escribo a **Carmen?**	Sí, escríbe**le**.	No, no **le** escribas.
¿**Me** quedo en casa?	Sí, quéda**te**.	No, no **te** quedes.

> In affirmative commands, object and reflexive pronouns come *after* the verb and are attached to it.

> In negative commands, they come *before* the verb.

REFRÁN

No te dejes dar gato por liebre.

ACTIVIDAD 7   Las maletas de Ricardo

Ricardo va a pasar el verano en España. En sus maletas, puede llevar sólo veinte kilos. Dile las cosas que puede y las que no puede llevar.

∞ la guitarra   ¡Llévala!
                    (¡No la lleves!)

1. el tocadiscos
2. el radio
3. el televisor
4. las camisas
5. el traje de baño
6. los pantalones
7. los suéteres
8. la raqueta de tenis
9. la grabadora
10. los libros de matemáticas

ACTIVIDAD 8   ¡Sí y no!

Irene les cuenta a sus amigos qué va a hacer. Roberto está de acuerdo *(agrees)* pero Tomás, no. Haz los tres papeles según el modelo.

∞ llamar a Laura   Irene: Voy a llamar a Laura.
                     Roberto: ¡Excelente idea! ¡Llámala!
                       Tomás: ¿Llamar a Laura? ¡No, no la llames!

1. comprar una bicicleta
2. escribirle a Camila
3. hablarle al profesor
4. vender mi tocadiscos
5. visitar a Conchita
6. ayudar a Víctor y a su novia
7. traer los discos
8. ayudar a Jaime
9. quedarme en casa
10. sentarme en el sofá

Pronunciación   El sonido de la consonante *t*

Model word: torta
Practice words: taza   tenedor   tomate   tarde   temprano
Practice sentences: Tomás no tiene tocadiscos.
                    El tío de Teresa es agente de arte.
                    ¿Cuánto cuesta tu televisor?

Like the Spanish consonant **p,** the consonant **t** is also pronounced without a puff of air. Compare the English words "till" and "still": with "till" you produce a puff of air, and with "still" you do not. Try to make the Spanish **t** sound similar to the **t** of "still." Your tongue should touch the back of your upper front teeth.

Para la comunicación

Mini-composición   Consejos

Imagina que tu mejor amigo(a) está en una de las siguientes
situaciones. Escríbele una tarjeta y dale seis consejos, tres afirmativos y
tres negativos. Si quieres, puedes usar los verbos entre paréntesis. Usa
la expresión para la composición.

- Tu mejor amigo(a) está en casa con gripe *(flu)*.
  (beber, comer, quedarse, levantarse,
  acostarse, dormir, estudiar, leer)
- Tu mejor amigo(a) ha invitado *(has invited)* a
  un amigo vegetariano a comer.
  (comprar, preparar, olvidar, llevar, empezar,
  servir)
- Tu mejor amigo(a) quiere preparar una
  comida típicamente norteamericana para
  amigos hispanos.
  (comprar, preparar, olvidar, llevar, empezar,
  servir)

Querido Juan:
    Estás enfermo. ¡Qué lástima! **A propósito,** tengo unos consejos
para ti: bebe mucho té . . .

Lección 3   ¡Bravo, Sra. de Ortiz!

En su casa, el Sr. Ortiz es un dictador absoluto . . . Pero un día . . .

Sr. Ortiz: ¡Pásame la sal!
Sra. de Ortiz: Momento . . . te la paso en seguida.

en seguida: *right away*

Sr. Ortiz: ¡Dame el vino!
Sra. de Ortiz: Espérate . . . te lo doy en seguida.

Sr. Ortiz: ¡Tráeme el pan!
Sra. de Ortiz: Sí, sí . . . te lo traigo en seguida.

Sr. Ortiz: ¡Tráeme la ensalada!
Sra. de Ortiz: Bueno . . . te la traigo en seguida.

Sr. Ortiz: ¡Tráeme los espaguetis!
Sra. de Ortiz: Los espaguetis . . . ¡voy a traértelos!

Sra. de Ortiz: ¡Aquí tienes los espaguetis!

CONVERSACIÓN

Un verdadero *(true)* amigo es generoso. Siempre presta sus cosas alegremente.
¿Te presta sus cosas tu mejor amigo? Vamos a ver.

1. ¿Te presta su tocadiscos?
    Sí, **me lo** presta. (No, no **me lo** presta.)
2. ¿Te presta su bicicleta?
3. ¿Te presta su reloj?
4. ¿Te presta sus discos?
5. ¿Te presta sus revistas?

OBSERVACIÓN

Reread the suggested answers to the first question. In each answer there are two object
pronouns.

- Which one is the *direct* object pronoun? Which
  one is the *indirect* object pronoun?
- Which pronoun comes first, the direct object
  pronoun or the indirect object pronoun?

NOTA CULTURAL

El apellido de la mujer casada°

¿Notaste el nombre° de la señora en la historia?
No se llama señora Ortiz, sino° señora *de* Ortiz.
Generalmente cuando una mujer hispánica se casa,°
conserva° su apellido° paterno.° Por ejemplo, si Isabel
Montero se casa con Miguel Ortiz, su nombre va
a ser Isabel Montero de Ortiz. Los hijos se van a
llamar° Pablo y Ana Ortiz Montero.

Pero ahora esta tradición va cambiando.° Hoy
día,° hay algunas mujeres hispánicas que prefieren
no usar el «de» antes del apellido del esposo.

casada *married* **nombre** *name* **sino** *but* **se casa** *gets*
married **conserva** *she keeps* **apellido** *surname* **paterno**
paternal **se van a llamar** *are going to be called* **va**
cambiando *is changing* **Hoy día** *Today*

Estructuras

A. Mandatos irregulares (I)

Some verbs have irregular command forms in the affirmative but regular command forms in the negative.

	AFFIRMATIVE (IRREGULAR)	NEGATIVE (REGULAR)	
decir	di	no digas	¡Di la verdad, Antonio! ¡No me **digas** tonterías!
hacer	haz	no hagas	¡Haz la tarea, Miguel! ¡No **hagas** las tareas difíciles!
poner	pon	no pongas	¡Pon los discos aquí, por favor! ¡No **pongas** los pies allí!
salir	sal	no salgas	¡Sal con tus amigos esta noche! ¡No **salgas** mal en el examen!
tener	ten	no tengas	¡Ten paciencia, Jaime! ¡No **tengas** miedo *(fear)*, chico!
venir	ven	no vengas	¡Ven aquí inmediatamente! ¡No **vengas** a esta fiesta!

> Note that these are the verbs which have the **-go** ending in the **yo** form of the present tense.

> Remember that in affirmative commands, pronouns follow the verb, but in negative commands they precede it!

Pon los discos aquí. Pon**los** aquí.
No hagas las tareas. No **las** hagas.

REFRÁN

Haz lo que digo...

...no hagas lo que hago.

ACTIVIDAD 1   ¡El pobre Arturo!

Como Arturo es el menor de la familia, sus dos hermanas siempre le dan órdenes.
Y estas órdenes casi siempre son contrarias. Haz los papeles de las dos hermanas.

⟁ sal con Miguel (Antonio)   Hermana 1: Sal con Miguel.
                               Hermana 2: No salgas con Miguel. Sal con Antonio.

1. haz la tarea de español (de inglés)
2. pon los libros aquí (allí)
3. di cosas divertidas (cosas serias)
4. ven a la cocina (al comedor)

5. ten cuidado (be careful) con los
   vasos de plástico (de cristal)
6. sal a las dos (a las tres)

ACTIVIDAD 2   El hermano mayor

Fernando siempre le dice a su hermanito qué cosas debe hacer. Haz el
papel de Fernando.

⟁ decir la verdad   Fernando: ¡Di la verdad, Carlitos!

1. hacer las tareas
2. poner la mesa
3. tener cuidado
4. venir aquí

5. decir adónde vas
6. salir con tu hermana
7. tener paciencia
8. salir bien en tus exámenes

B. Mandatos irregulares (II)

Two verbs have irregular negative command forms, but regular affirmative
forms.

	AFFIRMATIVE (REGULAR)	NEGATIVE (IRREGULAR)	
dar	da	no des	¡Dame tu reloj! ¡No me des tu libro!
estar	está	no estés	Está aquí a las siete. ¡No estés tan nerviosa, Luisa!

Two verbs have both irregular affirmative and irregular negative command
forms.

	AFFIRMATIVE (IRREGULAR)	NEGATIVE (IRREGULAR)	
ir	ve	no vayas	¡Ve al cine con nosotros! ¡No vayas a la playa conmigo!
ser	sé	no seas	¡Sé un buen estudiante! No seas siempre malo con ellos.

ACTIVIDAD 3   Tus consejos

Tú das consejos a tu amiga Estela sobre las siguientes cosas. Dile que sí o que no, según el modelo.

🔀   darles dinero a todos: no   No les des dinero a todos.

1. darles un regalo a tus amigos: sí
2. dar consejos: no
3. ir al parque: sí
4. ir a casa: no

5. ser buena: sí
6. ser mala: no
7. estar nerviosa: no
8. estar en casa temprano: sí

ACTIVIDAD 4   El ángel y el diablo

Otra vez, Pedro está indeciso. El ángel le da buenos consejos. El diablo le da malos consejos. Haz los papeles del ángel y del diablo, según el modelo.

🔀   decir la verdad   Ángel: ¡Di la verdad!
                         Diablo: ¡No digas la verdad!

1. hacer las tareas
2. hacer una pregunta tonta
3. darle un regalo a tu mamá
4. darle postre al gato
5. ser tolerante
6. ser cruel
7. tener paciencia
8. venir a casa temprano

9. decir cosas buenas
10. decir cosas ofensivas
11. ponerte de mal humor
12. poner sal en el café
13. estar aquí a tiempo
14. estar aquí tarde
15. ir a clase tarde
16. ir a la iglesia

C. La posición de los pronombres directos e indirectos

Note the position of the direct (2) and indirect (1) objects in the following questions and answers.

1	2	1 2
¿**Me** prestas **tu cámara?**		Sí, **te la** presto.
¿**Me** das **tus revistas?**		No, no **te las** doy.
¿**Me** vendes **tu reloj?**		Sí, **te lo** vendo.

🔀   When two object pronouns appear in the same sentence, the indirect object pronoun comes *before* the direct object pronoun.

🔀   In affirmative commands, these pronouns come *after* the verb and are attached to it. They may also come *after* the infinitive and be attached to it. An accent mark is used to retain the original stress pattern of the verb.

¡Tengo nuevos discos!   { ¡Préstame**los**!
                                ¿Quieres vendér**melos**?
                                (¿Me **los** quieres vender?)

ACTIVIDAD 5   Diálogo: ¿Me prestas . . . ?

Pídeles a tus compañeros los siguientes objetos.

🔊 tu libro de español
    Estudiante 1: ¿Me prestas tu libro de español?
    Estudiante 2: Sí, te lo presto.
                   (No, no te lo presto.)

1. tu reloj
2. tu radio
3. un dólar

4. dos dólares
5. tus cintas
6. tu lápiz

ACTIVIDAD 6   Carlos, el comprador

A Carlos le gustan las cosas de sus amigos y siempre quiere comprarlas.
Los amigos aceptan sus ofertas *(offers)* . . . por cierto precio *(price)*. Haz los
dos papeles según el modelo.

🔊 tu bicicleta / 50 dólares
    Carlos: Véndeme tu bicicleta.
    Su amigo: Te la vendo por cincuenta dólares.

1. tu reloj / 10 dólares
2. tus discos / 5 dólares
3. tu guitarra / 15 dólares
4. tu abrigo / 20 dólares
5. tu tocadiscos / 50 dólares

6. tu cámara / 30 dólares
7. tus libros / 5 dólares
8. tu radio / 10 dólares
9. tu raqueta de tenis / 25 dólares
10. tus anteojos de sol / 5 dólares

ACTIVIDAD 7   Preparando la fiesta

Estás preparando una fiesta con un amigo. Él te pregunta si quieres ciertas
cosas. Contéstale afirmativamente según el modelo.

🔊 ¿Quieres los pasteles?
    Sí, pásamelos, por favor.

1. ¿Quieres el té?
2. ¿Quieres el jugo de frutas?
3. ¿Quieres la leche?
4. ¿Quieres las gaseosas?
5. ¿Quieres el helado?
6. ¿Quieres los plátanos?

Pronunciación   Las sílabas con acento

Model sentences: ¡Préstame el libro!   ¡Préstamelo!

Voy a prestarte el libro.   Voy a prestártelo.

Practice sentences: No quiero prestarte mis discos.   No quiero prestártelos.

Voy a mandarte la carta.   Voy a mandártela.

¿Vas a comprarme un helado?   ¿Vas a comprármelo?

When two pronouns are added to a command form of the verb or to an infinitive, an accent mark is used to show that the originally stressed syllable is still stressed.

Para la comunicación

> **Expresión para la composición**
>
> **de todas maneras**   *in any case*

Mini-composición   Citas

Imagina que una amiga española tiene una cita con una de las siguientes personas:

- un chico norteamericano que va a invitarla a un restaurante muy elegante
- un chico muy aburrido
- un periodista que quiere hablar con ella
- un empleado del departamento de inmigración

Dale a esa chica algunos buenos consejos. Si quieres, puedes usar las siguientes expresiones en oraciones afirmativas o negativas.

- ponerse: ¿qué ropa?
- dar: ¿qué información?
- decir: ¿qué cosas? ¿la verdad?
- estar: ¿cómo?
- ir: ¿adónde?

Usa la expresión para la composición.

> ¿Tienes una cita con un chico muy aburrido? ¡No estés triste!
> **De todas maneras, . . .**

Lección 4   Una conspiración: un mini-drama en cuatro actos

Rafael tiene un mal hábito. Nunca devuelve las cosas que pide prestadas. Por eso sus amigos no están dispuestos a prestarle nada.

devuelve: *returns*
pide prestadas: *borrows,*
dispuestos: *inclined*

Acto 1. Rafael, Juan Pablo

      Rafael: Oye, Juan Pablo, tienes un tocadiscos nuevo, ¿verdad?

Juan Pablo: Sí, ¿por qué?

      Rafael: Préstamelo . . . ¡por favor!

Juan Pablo: Lo siento, pero no puedo prestártelo.

      Rafael: ¿Por qué no?

Juan Pablo: ¡Porque se lo presté a Antonio!

      Rafael: ¿Puedo pedírselo?

Juan Pablo: ¡Sí, si quieres!

Acto 2. Rafael, Antonio

      Rafael: Oye, Antonio, ¿puedes prestarme el tocadiscos de Juan Pablo? Él dice que tú lo tienes.

Antonio: Ya no lo tengo.

      Rafael: ¿Ya no lo tienes? ¿Se lo devolviste a Juan Pablo?

Antonio: ¡No! María me lo pidió y se lo di a ella.

Ya: *Anymore*

Acto 3. Rafael, María

Rafael: ¡Oye, María! Antonio te prestó el tocadiscos de
Juan Pablo, ¿verdad?

María: Sí, me lo prestó.

Rafael: ¿Lo necesitas?

María: ¡No!

Rafael: Entonces, ¿puedes prestármelo?

María: ¡Qué lástima!, pero se lo presté a Margarita.

Acto 4. Rafael, Margarita

Rafael: ¡Oye, Margarita! ¿Tienes el tocadiscos de Juan Pablo?

Margarita: No . . . ya no lo tengo.

Rafael: ¿A quién se lo diste?

Margarita: Se lo devolví a Juan Pablo.

Rafael: ¿A Juan Pablo? . . . ¿Cuándo te lo pidió?

Margarita: Me lo pidió la semana pasada.

Rafael: ¡No me digas! ¡Creo que es una conspiración!

CONVERSACIÓN

Y tú . . . ¿eres una persona generosa?
¿Prestas tus cosas a tus amigos? Vamos a ver.

1. ¿Le prestas tu bicicleta **a tu mejor amigo?**
   Sí, **se** la presto (No, no **se** la presto.)
2. ¿Le prestas tu grabadora a tu mejor amigo?
3. ¿Le prestas tu reloj a tu mejor amigo?
4. ¿Le prestas tus discos a tu mejor amigo?
5. ¿Le prestas tus revistas a tu mejor amigo?

OBSERVACIÓN

Reread the model answer to question one.

- What is the direct object pronoun used to
  replace **tu bicicleta?**
- What is the indirect object pronoun used to
  replace **a tu mejor amigo?**

Posesiones

Un joven hispánico generalmente no es dueño°
de muchas cosas. Raras veces° tiene tantas° cosas
como un joven norteamericano. El joven hispánico
tiene menos ropa. Tal vez tiene un radio o un tocadiscos o una bicicleta. Pero, ¿una moto o un
coche? . . . ¡Sólo si es de familia muy rica!

La mayoría de las personas trabajan mucho y
ganan poco. Ganan bastante menos que una persona con un trabajo similar en los Estados Unidos.
Así que° una familia hispánica no siempre puede
comprarles a sus hijos muchas cosas. Y cosas
como una motocicleta o un coche son verdaderamente artículos de lujo° para muchos jóvenes.

Para ellos, las posesiones son importantes, pero
no tanto como° las relaciones con sus amigos. Para
tener amigos no necesitan tener cosas o dinero.
Por eso la amistad° en la vida de los jóvenes hispánicos tiene más valor° que cualquier° artículo de
lujo.

dueño *owner* **Raras veces** *Rarely* **tantas** *as many* **Así
que** *That is why* **lujo** *luxury* **no tanto como** *not as much as*
amistad *friendship* **valor** *value* **cualquier** *any*

Estructuras

A. El pronombre *se*

Note the form of the indirect object pronoun used in the answers below to
replace the nouns in heavy print.

¿Le prestas tu guitarra **a Carlos?**	Sí, **se** la presto.
¿Le das tu reloj **a María?**	Sí, **se** lo doy.
¿Les enseñas tus fotos **a tus amigos?**	No, no **se** las enseño.
¿Les dices la verdad **a tus amigas?**	Sí, **se** la digo.

⋙ **Se** replaces **le** and **les** before the other pronouns which begin with **l**.
As an indirect object pronoun, it always comes *first*.

⋙ Remember that with affirmative commands, object pronouns always
come *after* the verb. They may also come *after* an infinitive.

¿Le doy mi cuaderno **a Luis?**	¡Sí, dá**se**lo!
¿Vas a prestar**le** tus discos **a Carmen?**	Sí, voy a prestár**se**los. (Sí, **se** los voy a prestar.)

ACTIVIDAD 1   ¡Lo siento! *(Sorry!)*

Manuel le pide ciertas cosas a Isabel. Ella le dice que no las tiene porque
se las prestó a sus amigos. Haz los dos papeles según el modelo.

🕭 el tocadiscos / Rafael   Manuel: Por favor, Isabel, préstame tu tocadiscos.
　　　　　　　　　　　　　　　　　 Isabel: Lo siento, pero no lo tengo. Se lo presté a Rafael.

1. la guitarra / Teresa
2. la raqueta de tenis / Luis
3. el radio / Ramón y Clara
4. el reloj / Elena
5. los anteojos de sol / Susana
6. los discos / mis amigas
7. el televisor / mis primos
8. el coche / Carmen y Luisa

ACTIVIDAD 2   El ángel y el diablo

Pablo encontró varias cosas que son de sus amigos. ¿Va a devolverlas
(give them back) o va a quedarse con ellas? El ángel le da buenos consejos
y el diablo le da malos consejos. Haz los tres papeles según el modelo.

🕭 la guitarra de María   Pablo: Encontré la guitarra de María.
　　　　　　　　　　　　　　 Ángel: ¡Devuélvesela!
　　　　　　　　　　　　　　 Diablo: ¡No se la devuelvas!

1. el tocadiscos de Manuela
2. los discos de Carlos
3. la bicicleta de Luis
4. las revistas de Carmen
5. la cámara de mis primos
6. el reloj del profesor
7. el radio de mis amigas
8. el televisor de Paco

ACTIVIDAD 3   Tú, el generoso

Imagina que eres muy rico(a). ¿A cuál de estos chicos vas a dar las
siguientes cosas?

- A Carlos le gusta la música.
- A María le gustan los deportes.
- A Felipe y a Luis les gusta leer.
- A Rita y a Silvia les gusta la ropa.

🕭 el tocadiscos   Se lo doy a Carlos.

1. el libro
2. los discos
3. las camisas
4. las novelas
5. los esquís
6. la revista
7. los vestidos
8. la raqueta de tenis
9. la guitarra
10. los zapatos
11. la pelota *(ball)*
12. los blue-jeans

B. Expresiones de lugar

To indicate the physical position of people or things in relation to other people or things, we use prepositions of place. In Spanish, prepositions of place may consist of one or several words. Note the prepositions in the vocabulary below.

VOCABULARIO PRÁCTICO Preposiciones de lugar

al lado de
sobre
encima de
lejos de
Raúl
detrás de
en
debajo de
hacia
cerca de
alrededor de
delante de
Ana   María   Paco
a la izquierda de   a la derecha de

Paco está **a la derecha de** María.
Ana está **a la izquierda de** María.
Los chicos están **delante de** la casa.
Los chicos van **hacia** la casa.
El árbol está **al lado de** la casa.
El perro está **debajo de**l árbol.
El gato está **sobre (encima de)** la casa.

La mamá está **en** la casa.
Hay un jardín **alrededor de** la casa.
Raúl está **detrás de** la casa.
Laura está **cerca de** la casa.
El coche está **lejos de** la casa.

NOTA: The expressions with **de** are used before nouns. When they are used alone (without a noun), the **de** is dropped.

La escuela está **cerca de** mi casa.   *The school is **near** my house.*
La escuela está **cerca**.   *The school is **near** (nearby).*

ACTIVIDAD 4   Preguntas personales

1. En clase, ¿quién se sienta a tu izquierda? ¿a tu derecha? ¿delante de ti? ¿detrás de ti?
2. ¿Quiénes viven a la izquierda de tu casa? ¿a la derecha de tu casa?
3. ¿Vives cerca de la escuela? ¿lejos?
4. ¿Trabaja tu padre lejos de casa? ¿cerca? ¿Y tu mamá?

ACTIVIDAD 5   El edificio de apartamentos

Imagina que eres el portero *(doorman)* de este edificio. Explícales a los visitantes dónde viven las personas que buscan.

> el Sr. Pérez   El Sr. Pérez vive al lado del apartamento de la Sra. de García.
> (El Sr. Pérez vive a la izquierda del apartamento de la Sra. de García.)
> (El Sr. Pérez vive debajo del apartamento de la Srta. Ochoa.)

1. la Srta. Ochoa
2. el Sr. Pacheco
3. el Sr. Domínguez
4. la Sra. de García
5. la Srta. Amaya
6. las Srtas. Gómez
7. la Srta. Aparicio
8. los hermanos Méndez

la Srta. Ochoa   el Sr. Pacheco   el Sr. Domínguez

el Sr. Pérez   la Sra. de García   la Srta. Amaya

la Srta. Aparicio   las Srtas. Gómez   Méndez

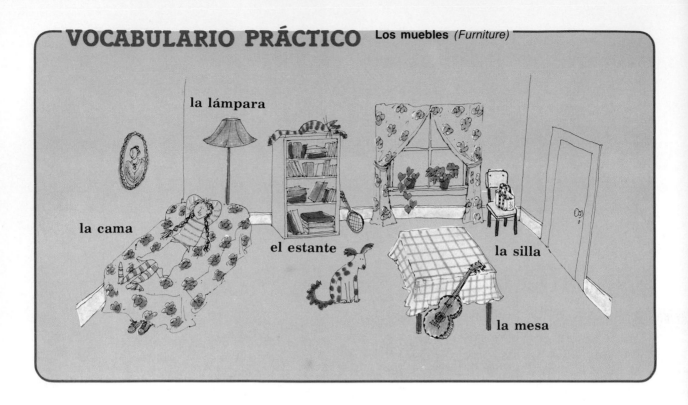

la lámpara

la cama

el estante

la silla

la mesa

ACTIVIDAD 6   El cuarto de Carmen

Describe la posición de todos:

ᴐᴄ   el gato   El gato está sobre el estante.

1. el perro
2. la guitarra
3. la lámpara
4. Carmen

5. la raqueta
6. los libros
7. los zapatos
8. el bolso

Pronunciación El sonido de la consonante *rr*

Model words: <u>R</u>afael   pe<u>rr</u>o
Practice words: <u>r</u>eloj <u>r</u>omper <u>r</u>ecibir <u>r</u>ojo <u>r</u>ico <u>r</u>ecordar
              guita<u>rr</u>a ciga<u>rr</u>o ciga<u>rr</u>illo
Practice sentences: <u>R</u>oberto <u>r</u>ompió la guita<u>rr</u>a de <u>R</u>icardo.
              <u>R</u>aúl vive en el ba<u>rr</u>io puerto<u>rr</u>iqueño.
              El <u>r</u>eloj es de <u>R</u>osa.

In the middle of a word, the "trilled" **r** or **"erre"** is written **rr**. At the
beginning of a word, it is written **r**.

Para la comunicación

Mini-composición

Imagina que un chico de quien no te fías *(you have no confidence)* te pide dos de los siguientes objetos.

- tu cuaderno de español
- tu bicicleta
- tus discos
- tu tocadiscos
- tu cámara
- tu reloj

Escríbele una nota diciéndole que no. Por cada cosa, dale una excusa.
Si quieres, puedes usar los siguientes verbos:

dar / vender / prestar / mandar / devolver *(return)*

Usa las expresiones para la composición.

∞ ¿Deseas usar mi guitarra? Lo siento. No la tengo. Se la presté a Antonio y **desafortunadamente** no me la devolvió.

Variedades El lenguaje de las manos

¿Necesitamos siempre palabras para comunicarnos con otros? ¡Claro que no! Por ejemplo, cuando queremos decir que sí o que no, podemos mover la cabeza verticalmente u horizontalmente. Nos expresamos usando la cabeza o la boca, o los ojos, o las manos . . .

Los hispanohablantes también usan las manos para expresarse, y las usan más que nosotros: hablan con las manos.

Mira las ilustraciones. En cada ilustración, la persona expresa algo diferente con las manos. ¿Cuál es el significado de este mensaje?° ¿Es A? B? o C?

mensaje: *message*

 A. ¿Quieres comer algo?
 B. ¡Háblame de tu problema!
 C. ¡Lávate los dientes!

1. los dedos juntos° delante de la boca

juntos: *together*

 A. ¡Lávate las manos!
 B. ¡Dame el dinero!
 C. ¡Ven aquí!

2. el pulgar° y los dedos juntos

pulgar: *thumb*

 A. ¡No te quedes en casa!
 B. ¡No salgas ahora!
 C. ¡Espera un momento!

3. la mano abierta° y los dedos juntos

abierta: *open*

4. el índice° levantado°

A. ¡Mírame!
B. ¡No hagas eso!
C. ¡Dime tu nombre!°

nombre: *name*

índice: *index finger,*
levantado: *raised*

5. el índice debajo del ojo

A. ¡No digas mentiras!°
B. ¡Cuidado!° ¡Ojo!
C. ¡Pásame mis anteojos!

mentiras: *lies*
Cuidado: *Careful*

6. el índice en la frente

A. ¡No estés tan nervioso(a)!
B. ¡Piensa!
C. ¡No digas nada a tus amigos!

Y ahora las respuestas correctas: 1–A, 2–B, 3–C, 4–B, 5–B, 6–B

El arte de la lectura

Enriching your vocabulary: cognate patterns ar → ate

Many English verbs in **–ate** correspond to Spanish verbs in **–ar**.

communic*ate*   comunic**ar**
cre*ate*   cre**ar**

Ejercicio

Use the following verbs in original sentences. If you wish, you may use the suggestions given.

celebrar: ¿el cumpleaños de quién? ¿cuándo?
ilustrar: ¿un libro? ¿cómo?
decorar: ¿tu cuarto? ¿cómo?

imitar: ¿a quién? ¿cómo?
participar: ¿en un partido? ¿con quién?

APPENDIX 1

A. Cardinal numbers

0	cero	16	diez y seis (dieciséis)	90	noventa
1	uno (un)	17	diez y siete (diecisiete)	100	cien (ciento)
2	dos	18	diez y ocho (dieciocho)	101	ciento uno(a)
3	tres	19	diez y nueve (diecinueve)	102	ciento dos
4	cuatro	20	veinte	200	doscientos
5	cinco	21	veinte y uno (veintiuno)	201	doscientos uno
6	seis	22	veinte y dos (veintidós)	300	trescientos
7	siete	23	veinte y tres (veintitrés)	400	cuatrocientos
8	ocho	30	treinta	500	quinientos
9	nueve	31	treinta y uno	600	seiscientos
10	diez	40	cuarenta	700	setecientos
11	once	41	cuarenta y uno	800	ochocientos
12	doce	50	cincuenta	900	novecientos
13	trece	60	sesenta	1.000	mil
14	catorce	70	setenta	2.000	dos mil
15	quince	80	ochenta	1.000.000	un millón (de)

NOTE: 1. **Uno** becomes **un** before a masculine noun: **treinta y un** chicos
                 una before a feminine noun: **treinta y una** chicas
      2. **Cien** is used alone, before nouns, and before **mil:**   **cien** dólares, **cien** mil dólares
      3. **Ciento** is used before numbers under 100:   **ciento** veinte
      4. The hundreds from two to nine hundred agree
         with the nouns they introduce: **doscientas** pesetas

B. Ordinal numbers

1°	**primero(a)**	4°	**cuarto(a)**	7°	**séptimo(a)**	10°	**décimo(a)**
2°	**segundo(a)**	5°	**quinto(a)**	8°	**octavo(a)**		
3°	**tercero(a)**	6°	**sexto(a)**	9°	**noveno(a)**		

NOTE: 1. **Primero** becomes **primer** before a masculine singular noun: **el primer** libro
      2. **Tercero** becomes **tercer** before a masculine singular noun: **el tercer** papel

APPENDIX 2

A. Regular verbs

	PRESENT		PRETERITE	
hablar *(to talk, to speak)*	hablo hablas habla	hablamos habláis hablan	hablé hablaste habló	hablamos hablasteis hablaron
comer *(to eat)*	como comes come	comemos coméis comen	comí comiste comió	comimos comisteis comieron
vivir *(to live)*	vivo vives vive	vivimos vivís viven	viví viviste vivió	vivimos vivisteis vivieron

PRESENT PARTICIPLE OF REGULAR VERBS	FAMILIAR COMMAND FORMS OF REGULAR VERBS
hablar: hablando	hablar: habla, no hables
comer: comiendo	comer: come, no comas
vivir: viviendo	vivir: vive, no vivas

B. Stem-changing verbs

The endings of stem-changing verbs are regular.

Present

The stem change affects the **yo, tú, él** and **ellos** forms of the present.

---

e → ie

pensar	pienso	pensamos
(to think)	piensas	pensáis
	piensa	piensan

verbs conjugated like **pensar:**

atender *(to take care of, to wait on)*
divertirse *(to enjoy oneself, to have fun)*
empezar *(to start, to begin)*
entender *(to understand)*
merendar *(to snack)*
perder *(to lose)*
preferir *(to prefer)*
sentarse *(to sit, to sit down)*
sentir(se) *(to feel)*

---

o → ue

contar	cuento	contamos
(to count, to	cuentas	contáis
tell, to relate)	cuenta	cuentan

verbs conjugated like **contar:**

acostarse *(to go to bed)*
costar *(to cost)*
dormir *(to sleep)*
encontrar *(to meet)*
recordar *(to remember)*
volver *(to come back)*

---

u → ue

jugar	juego	jugamos
(to play)	juegas	jugáis
	juega	juegan

---

e → i

pedir	pido	pedimos
(to ask for,	pides	pedís
to request)	pide	piden

verbs conjugated like **pedir:**

servir *(to serve)*
vestirse *(to dress oneself,
            to get dressed)*

Preterite

Verbs in **–ar** and **–er** which have a stem change in the present do not have a stem change in the preterite.

pensar →	pensé, pensaste, pensó, pensamos, pensasteis, pensaron
perder →	perdí, perdiste, perdió, perdimos, perdisteis, perdieron
contar →	conté, contaste, contó, contamos, contasteis, contaron
volver →	volví, volviste, volvió, volvimos, volvisteis, volvieron

Verbs in **–ir** which have a stem change in the present also have a stem change in the **él** and **ellos** forms of the preterite.

e → i
sentir → sentí, sentiste, sintió, sentimos, sentisteis, sintieron
o → u
dormir → dormí, dormiste, durmió, dormimos, dormisteis, durmieron

C. Irregular forms

Certain verbs have one or several irregular forms.

	PRESENT		PRETERITE	
caer *(to fall)*	**caigo** caes cae	caemos caéis caen	caí **caíste** **cayó**	**caímos** **caísteis** **cayeron**
conducir *(to drive)*	**conduzco** conduces conduce	conducimos conducís conducen	**conduje** **condujiste** **condujo**	**condujimos** **condujisteis** **condujeron**
like **conducir**: **traducir** *(to translate)*				
conocer *(to know)*	**conozco** conoces conoce	conocemos conocéis conocen	conocí conociste conoció	conocimos conocisteis conocieron
like **conocer**: **obedecer** *(to obey)*, **ofrecer**: *(to offer)*				
dar *(to give)*	**doy** das da	damos dais dan	**di** **diste** **dio**	**dimos** **disteis** **dieron**
decir *(to say, to tell)*	**digo** dices **dice**	decimos decís **dicen**	**dije** **dijiste** **dijo**	**dijimos** **dijisteis** **dijeron**
estar *(to be)*	**estoy** **estás** **está**	estamos estáis **están**	**estuve** **estuviste** **estuvo**	**estuvimos** **estuvisteis** **estuvieron**
hacer *(to do, to make)*	**hago** haces hace	hacemos hacéis hacen	**hice** **hiciste** **hizo**	**hicimos** **hicisteis** **hicieron**

ir	voy	vamos	fui	fuimos
(to go)	vas	vais	fuiste	fuisteis
	va	van	fue	fueron
oír	oigo	oímos	oí	oímos
(to hear)	oyes	oís	oíste	oísteis
	oye	oyen	oyó	oyeron
poder	puedo	podemos	pude	pudimos
(to be able)	puedes	podéis	pudiste	pudisteis
	puede	pueden	pudo	pudieron
poner	pongo	ponemos	puse	pusimos
(to place, to put)	pones	ponéis	pusiste	pusisteis
	pone	ponen	puso	pusieron
querer	quiero	queremos	quise	quisimos
(to want, to like)	quieres	queréis	quisiste	quisisteis
	quiere	quieren	quiso	quisieron
saber	sé	sabemos	supe	supimos
(to know)	sabes	sabéis	supiste	supisteis
	sabe	saben	supo	supieron
salir	salgo	salimos	salí	salimos
(to leave,	sales	salís	saliste	salisteis
to go out)	sale	salen	salió	salieron
ser	soy	somos	fui	fuimos
(to be)	eres	sois	fuiste	fuisteis
	es	son	fue	fueron
tener	tengo	tenemos	tuve	tuvimos
(to have)	tienes	tenéis	tuviste	tuvisteis
	tiene	tienen	tuvo	tuvieron
traer	traigo	traemos	traje	trajimos
(to bring)	traes	traéis	trajiste	trajisteis
	trae	traen	trajo	trajeron
venir	vengo	venimos	vine	vinimos
(to come)	vienes	venís	viniste	vinisteis
	viene	vienen	vino	vinieron
ver	veo	vemos	vi	vimos
(to see)	ves	veis	viste	visteis
	ve	ven	vio	vieron

SPANISH-ENGLISH VOCABULARY

The Spanish-English Vocabulary lists the words and expressions in SPANISH FOR MASTERY. This includes words and expressions in the lessons, in the *Variedades*, and in the *Vistas* (except for specialized vocabulary glossed where it occurs). Only perfect cognates have been omitted. Active vocabulary—that is, the words and expressions that students are expected to know—is followed by a number. The number **(2.1)**, for example, indicates that the item is active in Unit 2, Lesson 1. Nouns referring to persons are given in the masculine and feminine forms if the English word is the same for both (**un compañero, una compañera,** companion). If the English word is different (**un tío,** uncle; **una tía,** aunt), the words are listed separately. Adjectives are listed in the masculine singular form. Irregular feminine or plural forms are noted in parentheses. Verbs are listed in the infinitive form. Some irregular or unfamiliar verb forms are listed separately. An asterisk (*) in front of a verb means that the verb has irregular forms. See the verb charts in Appendix 2. Asterisks also precede irregular compound verbs. For conjugation of these verbs refer to their root forms found in Appendix 2.

The following abbreviations are used:

adj.	adjective	*f.*	feminine	*obj.*	object	*pres.*	present
adv.	adverb	*fam.*	familiar	*part.*	participle	*pron.*	pronoun
conj.	conjunction	*inf.*	infinitive	*pl.*	plural	*rel.*	relative
dir.	direct	*m.*	masculine	*prep.*	preposition	*sing.*	singular

a

a at **(1.4)**; to **(2.1)**; *not translated when used before a personal dir. obj.* **(4.1)**

a cada uno su gusto each to his or her own taste

a casa home **(4.2)**

a causa de because of

a fin de cuentas all in all **(6.3)**

a gran velocidad very fast

a la casa de ... to ...'s (house) **(4.2)**

a (la) clase to class

a la derecha (de) on (to) the right (of) **(10.4)**

a la edad de at the age of, at ... years of age

a la escuela to school

a la hora de comida at mealtime

a la izquierda (de) on (to) the left (of) **(10.4)**

a la moda de after the fashion of, in the style of

a la una at one o'clock **(1.4)**

a las (dos) at (two) o'clock **(1.4)**

a menudo often **(5.1)**

a (mi) lado next to (me)

a pie on foot **(4.4)**

a propósito by the way **(10.2)**

¿a qué hora? (at) what time? **(1.4)**

¿a quién(es)? whom? **(4.1)**; to whom? **(5.1)**

a tiempo on time **(8.2)**

a veces sometimes **(5.1)**

a ver let's see **(5.1)**

abajo below

calle abajo down the street

abandonado abandoned

abierto open

la abnegación self-sacrifice

un abogado, una abogada lawyer **(9.2)**

un abrazo hug

abre open *(command)*

un abrigo overcoat **(7.2)**

abril April **(1.5)**

abrir: en abrir in opening

absolutamente absolutely

una abuela grandmother **(5.2)**

un abuelo grandfather **(5.2)**

los abuelos grandparents

aburrido boring **(3.2)**

acabar to finish, end **(8.1)**

acabar de (+ *inf.*) to have just (done something) **(8.1)**

un accidente accident

el aceite oil **(10.2)**

un acento accent, accent mark

la acentuación stress(ing), accentuation

el acero steel

el acondicionamiento de aire air conditioning

acordarse (o→ue) de to remember

un acordeón *(pl.* **acordeones)** accordion

acostarse (o→ue) to go to bed **(7.4)**

una actitud attitude

una actividad activity

activo active

un acto act

un **actor** actor **(6.3)**
    un **actor de cine** movie actor
    un **actor principal** starring actor, leading man
    un **actor secundario** supporting actor
una **actriz** actress **(6.3)**
    una **actriz de cine y teatro** actress of the stage and screen
    una **actriz principal** starring actress, leading lady
    una **actriz secundaria** supporting actress
un **acueducto** aqueduct
acuerdo: estar de acuerdo to agree
acústico acoustic
adecuado appropriate
    la ropa adecuada the right clothes
adelantado early, ahead
adelante forward, onward
    ¡adelante con el español! (let's get) on with Spanish!
además moreover, in addition **(8.1)**
¡adiós! goodby! so long! **(1.2)**
adivinar to guess
un **adjetivo** adjective
    los adjetivos numerales ordinales ordinal number adjectives
adjuntar to enclose *(in a letter)*
administrar to administer *(be an administrator)*
admirar to admire
admirarse to admire oneself
¿adónde? where (to where?) **(4.2)**
adoptivo adopted
un **aduanero, una aduanera** customs officer
un **adulto, una adulta** adult
aéreo air
    una línea aérea airline
un **aeromozo, una aeromoza** flight attendant **(9.1)**
un **aeropuerto** airport
afeitarse to shave (oneself)

aficionado a fond of
un **aficionado, una aficionada** fan *(enthusiast)* **(6.2)**
    un(a) aficionado(a) al (fútbol) (soccer) fan
afirmativamente affirmatively, saying "yes"
afirmativo affirmative
afortunadamente fortunately
afortunado lucky, fortunate
África Africa
africano African *(also noun)*
una **agencia** agency
    una agencia de empleos (publicidad, turismo, viajes) employment (advertising, tourist, travel) agency
un **agente, una agente** agent
    un(a) agente de arte art dealer
    un(a) agente de viajes travel agent **(9.1)**
la **agilidad** agility
agosto August **(1.5)**
agresivo aggressive
el **agua** *(f.)* water **(8.4)**
ahora now **(2.1)**
    ahora no not now
ahorrar to save *(money)* **(6.1)**
el **aire** air
    el aire puro clean air, fresh air
el **ajedrez** chess
    jugar al ajedrez to play chess
al (a + el) to the, at the, the *(with personal dir. obj. noun)* **(4.1)**
    al centro downtown, into town
    al día a (per) day
    al lado on (at, to) the side **(10.4)**
    al lado de next to, beside, on (at, to) the side of **(10.4)**
    al mismo tiempo at the same time
    del (inglés) al (español) from (English) into (Spanish)
ala: el medio ala halfback *(soccer)*

un **alcalde, una alcaldesa** mayor
alegre happy **(4.3)**; merry, joyous, cheerful, lively
alegremente happily, cheerfully
alemán *(f.* **alemana)** German *(also noun)*
el **alemán** German *(language)*
Alemania Germany
un **alfabeto** alphabet
algo something, anything **(6.1)**
    algo de comer (beber) something to eat (drink)
alguien someone, anyone **(6.1)**
algún some, any *(used for alguno before m. sing. noun)* **(6.1)**
    algún día someday
alguno some, any **(6.1)**
la **Alhambra** *palace of the Moorish Kings near Granada, Spain*
los **alimentos** foods **(10.2)**
el **alma** *(f.)* soul
un **almacén** *(pl.* **almacenes)** department store
almorzar (o→ue) to have (eat) lunch **(10.2)**
el **almuerzo** lunch **(10.2)**
¡aló! hello! *(answering the phone)* **(9.3)**
una **alpaca** alpaca *(South American animal related to the llama)*
los **Alpes** the Alps
alrededor (de) around **(10.4)**
alto tall **(3.2)**; loud *(voice)*
el **altruismo** altruism, unselfishness
altura: (catorce) metros de altura (fourteen) meters high
un **alumno, una alumna** student, pupil **(3.1)**
allí there **(4.2)**
amable friendly
    ser amable con to be kind to
amarillo yellow **(7.2)**
una **ambición** *(pl.* **ambiciones)** ambition
ambicioso ambitious

el **ambiente** atmosphere

una **ambulancia** ambulance

América America *(North or South America)*

　la **América Latina** Latin America

americano American *(from North or South America; also noun)*

　el **fútbol americano** football *(sport)* **(6.2)**

un **amigo**, una **amiga** (close) friend **(3.1)**

la **amistad** friendship

el **amor** love

analizar to analyze

la **anarquía** anarchy, disorder(liness)

un **anciano** old man

ancho wide **(7.1)**

　(dos) metros de ancho (two) meters wide

andaluz *(f.* **andaluza;** *pl.* **andaluces)** Andalusian *(from Andalusia, in southern Spain; also noun)*

los **Andes** Andes *(mountain system extending for 4000 miles along western coast of South America)*

un **anillo** ring

anoche last night **(8.2)**

unos **anteojos** eyeglasses **(7.2)**

　unos **anteojos de sol** sunglasses **(7.2)**

anterior previous

antes before *(time)* **(5.1)**

　antes de before *(time)* **(9.2)**

anticuado old-fashioned

antiguo old, ancient

antipático unpleasant **(3.2)**

la **antropología** anthropology

anuncia: se anuncia (it) is announced

un **anuncio** advertisement, announcement

añadir to add

un **año** year **(1.5)**

　(ciento siete) años de edad (one hundred and seven) years old

　¿cuántos años tiene? how old is he (she)?

　el **año pasado** last year

　los **(quince) años** (fifteenth) birthday

tener *(number)* **años** to be *(number)* years old **(3.4)**

(una muchacha) de (diez y seis) años (sixteen)-year-old (girl)

un **apagón** *(pl.* **apagones)** blackout

un **aparato (eléctrico)** (electrical) appliance

aparecer (c→zc) to appear

la **apariencia** appearance

un **apartado** post office (P.O.) box

un **apartamento** apartment **(5.3)**

　un **edificio de apartamentos** apartment building

　viviendo en apartamentos apartment living

apasionante thrilling

un **apellido** last name, maiden name

　nombre y apellidos full name *(first name and last name)*

aplaudir to applaud

apreciar to appreciate

aprender to learn **(5.1)**

　aprender a + *inf.* to learn (how) to **(9.2)**

el **aprendizaje** apprenticeship

apropiado appropriate

aproximado approximate

　aproximado a close to

aproximadamente *adv.* approximately

aquel, aquella; aquellos, aquellas that; those *(over there)* **(7.2)**

aquí here **(1.1)**

árabe Arab, Arabic, Moorish *(architecture) (also noun)*

un **árbol** tree **(5.3)**

el **área** *(f).* area

　el **área de puerta** goal area *(soccer)*

argentino Argentinean *(also noun)*

árido arid, dry

un **armadillo** armadillo *(South American animal with an armorlike covering)*

un **arpa** *(f.)* harp

un **arquitecto**, una **arquitecta** architect

arreglar to fix, repair

arreglo: el arreglo personal personal care

arriba: calle arriba up the street

el **arroz** rice **(10.2)**

el **arte** art

un **artículo** article

un **artista**, una **artista** artist

　un(a) artista de cine movie star

artístico artistic

así so, thus, like this (that), in this (that) way

　así, así so-so **(1.2)**

　así es la vida that's life

　así es que so (it is that), this (that) is why, consequently

asiático Asian

un **asiento** seat

una **asignatura** subject, course *(in school)*

asistir a to attend, go to **(5.1)**

un **aspecto** appearance, aspect

　el **aspecto exterior** outward appearance

una **aspiración** *(pl.* **aspiraciones)** aspiration, ambition

un **astronauta**, una **astronauta** astronaut

astuto clever, sly

un **asunto** topic, subject, matter

atender (e→ie) to take care of, wait on **(9.1)**

　atender al público to wait on (take care of) people

atentamente carefully, attentively; sincerely, yours truly *(closing a formal letter)*

atento polite, considerate

　atento con attentive to, considerate towards

Atlántico: el Océano Atlántico Atlantic Ocean

un **atleta**, una **atleta** athlete **(6.2)**

el **atletismo** athletics

atrae (it) attracts

atraen: se atraen (they) attract

atrasado late, behind

aumentar to increase, augment
aun even
aunque although
el **austral** austral *(monetary unit of Argentina)*
australiano Australian *(also noun)*
un **auto** automobile, car
una **autobiografía** autobiography
un **autobús** *(pl.* **autobuses)** bus **(4.4)**
un **autógrafo** autograph
automotriz: la mecánica automotriz automotive mechanics
el **autoritarismo** authoritarianism
auxilios: los primeros auxilios first aid
avanzado advanced
una **avenida** avenue
aventuras: una película de aventuras adventure movie **(6.3)**
un **avión** *(pl.* **aviones)** airplane **(4.4)**
por avión by plane
¡ay! oh, no!
ayer yesterday **(8.2)**
ayer por la tarde yesterday afternoon
de ayer yesterday's
el día de ayer yesterday
la **ayuda** help, aid
ayudar to help *(something or someone)* **(5.4)**; to help out
ayudar a *(+ inf.)* to help (someone) to
ayúdeme help me
azteca Aztec *(of the Aztec Indians of Mexico)*
el **azúcar** sugar **(10.2)**
azul blue **(7.1)**
azul marino navy blue

b

el **bacalao** codfish
un **bachiller** high school graduate *(college bound)*
el **bachillerato** *college preparatory curriculum in Hispanic secondary schools*
bailar to dance **(2.2)**

un **bailarín, una bailarina** (ballet) dancer
un **baile** dance, dancing
bajo short **(3.2)**; low *(voice)*
la **planta baja** ground floor, first floor *(USA)*
bajo *(prep.)* below **(1.6)**
un **balón** *(pl.* **balones)** ball
un **banco** bank
bañarse to take a bath **(7.3)**
un **baño** bathroom **(5.3)**
un **traje de baño** bathing suit **(7.2)**
barato inexpensive **(3.3)**
una **barba** beard
la **barbarie** savagery
un **barco** boat, ship **(4.4)**
un **barril** barrel
un **barrio** neighborhood **(4.2)**
una **base** basis; base *(baseball)*
el **básquetbol** basketball *(sport)* **(6.2)**
bastante rather, quite *(+ adj. or adv.)*, enough *(+ noun)* **(3.2)**; considerably
beber to drink **(5.1)**
algo de beber something to drink
las **bebidas** drinks **(8.4)**
el **béisbol** baseball *(sport)* **(6.2)**
un **partido de béisbol** baseball game
belga *(m. and f.)* Belgian *(also noun)*
la **belleza** beauty
un **salón de belleza** beauty salon
biblioteca: un ratón de biblioteca bookworm
una **bicicleta** bicycle **(3.3)**
en bicicleta by (on a) bicycle
bien well, fine **(2.1)**
salir bien en (un examen) to pass (an exam) **(8.1)**
¡bienvenido! welcome!
bilingüe bilingual
la **biología** biology
un **bistec** steak **(10.2)**
blanco white **(7.2)**
unos **blue-jeans** jeans **(7.2)**
una **blusa** blouse **(7.2)**
una **boa** boa constrictor *(large South American snake)*

una **boca** mouth **(7.1)**
una **boda** wedding
un **vestido de boda** wedding gown
bogotano of (from) Bogotá
una **bola** ball
un **bolígrafo** (ball-point) pen **(3.3)**
el **bolívar** the bolívar *(monetary unit of Venezuela)*
boliviano Bolivian *(also noun)*
bolos: el juego de bolos (candlepin) bowling
un **bolso** bag **(3.3)**
los **bomberos** fire department
la **bondad** goodness
bonito nice-looking, pretty **(3.2)**; pretty, nice *(object or place)*
estar bonita to be (look) pretty
un **boxeador** boxer
el **boxeo** boxing
el **Brasil** Brazil
brasileño Brazilian *(also noun)*
un **brazo** arm **(7.4)**
brillante brilliant, bright
brillar to shine, glitter
bruto brute
buen good *(used for* **bueno** *before m. sing. noun)* **(3.2)**
bueno good **(3.2)**
buenas noches good evening, good night **(1.2)**
buenas tardes good afternoon **(1.2)**
bueno . . . well . . . **(3.1)**
¡bueno! all right! **(3.1)**
buenos días good morning **(1.2)**
¡qué bueno! great! **(1.6)**
¡qué bueno . . .! how great (it will be) . . .!
un **bus** bus *(Colombia)*
busca look for *(command)*
buscar to look for **(4.1)**

c

un **caballo** horse
las carreras de caballos horse racing

una **cabeza** head **(7.4)**
    un dolor de cabeza
      headache
    un juego de cabeza
      header *(soccer)*
una **cabra** goat
    cada each, every **(4.4)**
    a cada uno su gusto each
      to his or her own taste
    cada cual a su manera
      each in his or her own
      way
    cada uno, cada una each
      one, every one
  * **caer** to fall **(8.3)**
    dejar caer to drop
  * **caerse (de)** to fall down
    (from), fall off (of)
    café brown *(eyes)* **(7.1)**
el **café** coffee **(8.4)**
    el café con leche café au
      lait *(coffee with an equal*
      part of hot milk)
    de color café brown **(7.1)**
un **café** cafe **(4.2)**
una **cafetería** cafeteria
los **Caídos** the Fallen *see* **Valle**
    caigo: me caigo (I) fall down
una **caja** box
unos **calcetines** socks **(7.2)**
una **calculadora** calculator
el **cálculo** calculation, calculus
    caliente hot, warm
    calmar to calm, soothe
    calor: hace (mucho) calor
      it's (very) warm (hot)
      (weather) **(1.6)**
    tener calor to be (feel)
      hot **(8.4)**
una **caloría** calorie
una **calle** street **(4.2)**
    calle arriba (abajo) up
      (down) the street
una **cama** bed **(10.4)**
    hacer la cama to make
      the (one's) bed
    quedarse en la cama to
      stay in bed
una **cámara** camera **(3.3)**
    una cámara de cine
      movie camera
una **camarera** waitress
un **camarero** waiter
    cambia change, conjugate
      (command)
    cambiar to change **(8.2)**

    cambiar de + *noun* to
      change (something)
    cambiarse: cambiarse de
    ropa to change one's
      clothes
un **cambio** change
    los verbos con cambios
      stem-changing verbs,
      spelling-changing verbs
    caminar to walk
un **camión** *(pl.* **camiones)** bus
    (Mexico)
una **camisa** shirt **(7.2)**
una **camiseta** T-shirt **(7.2)**
una **campana** bell
un **campeón** *(pl.* **campeones),**
    una **campeona** champion
un **campeonato** championship
el **campo** country(side) **(4.2)**;
    field
    un campo de fútbol
      soccer field
el **Canadá** Canada
    canadiense Canadian *(also*
      noun)
un **canario** canary
una **canción** *(pl.* **canciones)** song
una **cancha** court *(sports)*
una **« cancha de esquí »** ski resort
    cansado tired **(4.3)**
un **cantante, una cantante**
    singer **(6.3)**
    cantar to sing **(2.1)**
una **capacidad** capacity
una **capital** capital
el **capricho** unreliability,
    unpredictability
una **cara** face **(7.1)**
el **carácter** character *(personal*
    attributes)
una **característica** characteristic
    ¡caramba! wow! hey! what!
    (5.3)
una **carga** charge *(soccer)*
    caribe Caribbean
el **Caribe** the Caribbean
el **carnaval** carnival *(period of*
    feasting and merrymaking
    before Lent)
la **carne** meat **(1.2)**
    la carne de cerdo pork
    la carne de res beef
    caro expensive **(3.3)**
un **carpintero, una carpintera**
    carpenter **(9.4)**
una **carrera** career; race

    las carreras de autos
      auto racing
    las carreras de caballos
      horse racing
    una carrera de bicicletas
      bicycle race
    una carrera de ciclismo
      bicycle race
un **carro** car *(Puerto Rico,*
    Mexico), railroad car
una **carta** letter **(5.1)**
una **cartera** wallet
una **casa** house, home **(4.2)**
    a casa home **(4.2)**
    a la casa de . . . to . . .'s
      (house) **(4.2)**
    en casa at home **(4.2)**
    en casa de . . . at . . .'s
      (house) **(4.2)**
    mi casa es su casa make
      yourself at home
    salir de casa to leave the
      house
    una casa de campo
      country house
    una casa individual
      private (single-family)
      home
    volver a casa to return
      (go, get) home
    casado married
    casarse (con) to get married,
      marry (someone)
un **casco** helmet
    casi almost **(4.4)**
un **caso** case
    castaño brown *(hair)* **(7.1)**
unas **castañuelas** castanets
el **castellano** Castilian, Spanish
    (language)
    castigar to punish
un **castigo** punishment
    Castilla Castile
    catalán *(f.* **catalana)**
      Catalan, Catalonian *(from*
      Catalonia, in northeastern
      Spain; also noun)
un **catálogo** catalog
una **catedral** cathedral
una **categoría** category
    católico Catholic
    causa: a causa de because of
    celebran: se celebran (they)
      are held; are celebrated
    celebrar to celebrate
los **celos** jealousy

440

celoso jealous
  estar celoso to be jealous
    (feel jealous)
  ser celoso to be jealous
    (a jealous person)
el **cemento** cement, concrete
la **cena** dinner **(10.2)**
  cenar to have (eat) dinner
    (10.2)
un **centavo** cent
  centígrado centigrade
un **centímetro** centimeter *(1/100
  of a meter)*
el **centro** downtown **(4.2)**;
  center *(soccer)*
  el **delantero centro**
    center forward *(soccer)*
  el **medio centro** center
    halfback *(soccer)*
  ir al centro to go
    downtown, into town
  cerca (de) near, close (to)
    (4.2); nearby **(10.4)**
  cerdo: la carne de cerdo
    pork
  cerrar (e→ie) to close
la **cerveza** beer **(8.4)**
el **ciclismo** bicycling
un **ciclista, una ciclista** cyclist
  cien (ciento) a (one) hundred
    (1.3)
  ciento uno (dos) one
    hundred and one (two)
    (7.2)
  (ciento) por ciento (one
    hundred) percent
una **ciencia** science
  la **ciencia-ficción** science
    fiction
  las **ciencias** science
  las **ciencias físico-
    químicas** physics and
    chemistry
  un **cuento de ciencia-
    ficción** science-fiction
    story
  científico scientific
un **científico, una científica**
  scientist **(9.2)**
  ciento *see* **cien**
  ¿cierto? really? are you sure?
    (4.3)
  cierto certain, a certain
  es cierto que it's true
    that
  lo cierto what is certain

un **ciervo** deer
un **cigarrillo** cigarette
un **cigarro** cigar
un **cine** movie theater **(4.2)**
el **cine** movies **(6.3)**
  ir al cine to go to the
    movies
  un **actor de cine** movie
    actor
  un **artista de cine** movie
    star
  un(a) director(a) de cine
    movie director
  una **cámara de cine**
    movie camera
  una **entrada de cine**
    movie ticket
una **cinta** tape *(recording)* **(3.3)**
un **circo** circus
un **circuito** circuit
una **cita** date **(1.4)**; appointment
una **ciudad** city **(4.2)**
  la **ciudad de México**
    Mexico City
  la **ciudad natal** hometown
una **civilización** *(pl.* **civilizaciones)**
  civilization
  claramente clearly
la **claridad** clarity
  con (mucha) claridad
    (very) clearly
  claro clear
  claro clearly, of course
  ¡claro! of course! **(2.2)**
  claro que . . . of course . . .
  ¡claro que no! of course
    not! **(2.2)**
una **clase** class, classroom
  a (la) clase to class
  después de la clase after
    class
  en clase in class
  en la clase in the
    classroom
  en la clase de (español)
    in (Spanish) class
  **un(a) compañero(a) de
    clase** classmate
  un día de clases day in
    school
  una clase de (español)
    (Spanish) class
  clásico classical
  un bachillerato clásico
    high school *(college
    preparatory)* diploma

un **cliente, una cliente**
  customer, client
el **clima** climate, weather
la **cocina** kitchen **(5.3)**;
  cooking
  cocinar to cook
un **cocodrilo** crocodile
un **coche** car **(3.3)**
  en coche by (in a) car
  coger to catch
una **colección** *(pl.* **colecciones)**
  collection
  coleccionar to collect
un **colega, una colega** colleague
un **colegio** school, secondary
  school (high school, junior
  high school, middle school)
  colombiano Colombian *(also
  noun)*
una **colonia** cologne
  color: ¿de qué color . . .?
    what color . . .? **(7.2)**
  un pez de color goldfish
un **collar** necklace
una **comedia** comedy
  una **comedia musical**
    musical comedy **(6.3)**
un **comediante, una comediante**
  comedian **(6.3)**
un **comedor** dining room **(5.3)**
  comentar to discuss,
    comment, make comments
    (about)
  comenzar (e→ie) to begin
    (6.3); start
  comer to eat **(5.1)**; to have
    (eat) lunch *(Spain)*
  algo de comer something
    to eat
  comercial commercial
  una **escuela comercial**
    business school
el **comercio** commerce, business
  **cómicas: las historietas
    cómicas** comics, comic
    strips
la **comida** meal, food, lunch
  (Spain)
  a la hora de comida at
    mealtime
  **la comida del mediodía
    (de la tarde, de la
    noche)** midday
    (afternoon, evening)
    meal
  las comidas food **(8.4)**

como like, as **(2.1);** such as
  como (mecánico) as a (mechanic)
  tal como as, just as
  tan ... como as ... as **(7.1)**
  tanto *(noun)* **como** as much *(pl.* many) ... as
como *(conj.)* as, since
¿cómo? how? **(2.3)** what? **(4.1)**
  ¿cómo es (son) ...? what is (are) ... like? **(3.2)**
  ¿cómo está usted? how are you *(formal)?* **(1.2)**
  ¿cómo estás? how are you *(fam.)?* **(1.2)**
  ¿cómo se llama? what's his (her) name? what is he (she) called? **(3.1);** what is it called?
  ¿cómo se llaman? what are their names? what are they called? **(3.1)**
  ¿cómo se llama(n) ...? what is (are) the name(s) of ...? what is (are) ... called?
  ¿cómo te llamas? what's your name? **(1.1)**
  ¡cómo no! of course! **(2.2)**
un compañero, una compañera companion, pal, classmate
  un(a) compañero(a) de clase classmate
una compañía company
compara compare *(command)*
comparar to compare
comparativo comparative
un competidor, una competidora competitor
compiten (they) compete
compites (you) compete
completa complete *(command)*
completamente completely
completar to complete, finish
completo complete, finished, full *(meal)*
una composición *(pl.* **composiciones)** composition
una compra purchase *(pl.* purchases, shopping)
  ir de compras to go shopping

un comprador, una compradora buyer
comprar to buy **(4.1)**
comprarse to buy (something) for oneself, buy oneself (something) **(7.3)**
comprender to understand **(5.1)**
la comprensión understanding, comprehension
computadoras: un(a) programador(a) de computadoras computer programmer
común *(pl.* **comunes)** common, widespread
comunicar to communicate (something)
comunicarse to communicate *(between persons)*
una comunidad community
con with **(2.1)**
  con acento accented, stressed
  con cambios stem-changing, spelling-changing
  con facilidad with ease
  con impaciencia impatiently
  con (mucha) elegancia (very) elegantly
  con (mucha) prisa hurriedly, in a (great) hurry
  con mucho gusto with pleasure **(1.3)**
  con uniforme in a uniform
  conmigo with me **(2.4)**
  contigo with you *(fam.)* **(2.4)**
concentra: se concentra (they) are concentrated
un concierto concert
un concurso contest
  un concurso fotográfico photograpy contest
un cóndor condor *(very large bird of the Andes)*
* **conducir (c→zc)** to drive **(6.4)**
  un permiso de conducir driver's license
un conductor, una conductora driver, conductor

la confianza confidence, trust
  perder la confianza en to lose one's confidence (trust) in, stop trusting (someone)
confirmar to confirm
confortable comfortable
una conga conga *(tall, narrow bass drum beaten with the hands)*
  conmigo with me **(2.4)**
* **conocer (c→zc)** to know *(be acquainted or familiar with)* **(6.4);** to meet, get to know
* **conocerse (c→zc)** to know oneself, to (get to) know each other (one another)
conocí (I) met
un consejero, una consejera advisor, counselor
  un consejero (una consejera) vocacional vocational counselor
un consejo (piece of) advice **(6.1)**
  los consejos advice **(6.1)**
conservar to keep, retain
considerar to consider
consistir en to consist of, in
una consonante consonant
una conspiración *(pl.* **conspiraciones)** conspiracy, plot
constantemente constantly
un consultor, una consultora consultant
el contacto contact
  mantenerse en contacto to keep in contact (touch)
contar (o→ue) to count, to tell, relate **(6.3)**
contemplar to look (gaze) at, contemplate
el contenido contents
contento happy, content **(4.3)**
contesta answer *(command)*
una contestación *(pl.* **contestaciones)** answer
contestar to answer **(8.1)**
contigo with you *(fam.)* **(2.4)**
  contigo mismo with yourself *(fam.)*
un continente continent

continuar (u→ú) to continue

contra against

una contracción
    (pl. contracciones)
    contraction

contrario contrary, opposite
    lo contrario the opposite

una convención (pl. convenciones)
    convention

convenir to suit, be
    appropriate

una conversación
    (pl. conversaciones)
    conversation

conversar to converse, chat,
    talk

una copa cup (trophy)
    la Copa Mundial World
        Cup

el coraje courage

un corazón (pl. corazones)
    heart
    el Sagrado Corazón
        Sacred Heart

una corbata necktie (7.2)

un cordero lamb

cordialmente cordially
    (closing an informal letter)
    (9.2)

un corral corral, pen (for
    animals)

correctamente correctly

correcto correct, right

el correo mail
    el correo del corazón
        advice to the lovelorn
        (newspaper column)

correr to run
    correr a + inf. to run to
    correr en zigzag to run
        zigzag
    correr las olas to surf
    el correr running

la correspondencia
    correspondence (exchange of
    letters), letters, mail
    tener una
        correspondencia to
        carry on a correspondence

corresponder (a) to
    correspond (to)

una corrida (de toros) (bull)fight

cortar to cut

cortarse to cut (one's hair, etc.)

cortés courteous, polite

la cortesía courtesy

corto short (hair, etc.) (7.1)

una cosa thing (3.3)
    cualquier cosa anything

coser to sew

una costa coast

costar (o→ue) to cost (6.3)

costarricense Costa Rican
    (also noun)

el costo cost
    el costo de la vida cost
        of living

una costumbre habit, custom
    tener la costumbre de +
        inf. to have the habit
        of . . . ing

crear to create

crecer (c→zc) to grow

creer to believe, think (5.1)
    creo que . . . I think that . . .
        (4.4)
    ver para creer seeing is
        believing

un crimen (pl. crímenes) crime

Cristóbal Colón Christopher
    Columbus

la crítica criticism, faultfinding

criticado criticized

criticar to criticize

cronológico chronological

un crucigrama crossword puzzle

una cruz (pl. cruces) cross

cruzar to cross

un cuaderno notebook (3.3)

cuadrado square

un cuadro table (chart)

¿cuál(es)? what? which? (6.3)
    ¿cuál es la fecha de hoy
        (mañana)? what is
        today's (tomorrow's) date?
        (1.5)

una cualidad quality

cualquier(a) any
    cualquier cosa (cualquier
        lugar) anything
        (anywhere)

cuando when (2.3)
    de vez en cuando once in
        a while (5.1); from time
        to time (9.3)

¿cuándo? when? (2.3)

¿cuánto(s)? how much?
    (pl. how many?) (3.3)
    ¿cuánto es? how much is
        it (that)? (1.3)
    ¿cuántas veces? how
        many times? (9.3)

¿cuánto cuesta . . . ? how
    much does . . . cost?

¿cuánto tiempo hace que
    + (verb in the present)?
    (for) how long . . . ? (8.1)

¿cuántos años tiene?
    how old is he (she)?

un cuarto quarter (1.4);
    bedroom (5.3); room
    (son las dos) menos
        cuarto (it's) quarter to
        (two) (1.4)
    (son las dos) y cuarto
        (it's) quarter after (two)
        (1.4)

cuatrocientos four hundred
    (7.2)

cubierto covered
    cubierto de covered with

un cubito (small) cube
    un cubito de hielo ice
        cube

un cubo cube

una cuchara spoon (soupspoon,
    tablespoon) (10.1)

una cucharada spoonful

una cucharadita teaspoonful

una cucharita teaspoon (10.1)

un cuchillo knife (10.1)

cuenta tell, relate, count
    (command)

cuentas: a fin de cuentas all
    in all (6.3)

un cuento story (5.1)
    un cuento policíaco
        detective story

una cuerda string

un cuerpo body (7.4)
    el Cuerpo de Paz Peace
        Corps

cuesta: ¿cuánto cuesta . . . ?
    how much does . . . cost?

una cuestión (pl. cuestiones) matter

cuidado: ¡cuidado! be
    careful! watch out!
    tener cuidado to be
        careful

cuidar to take care of

una culebra snake

un cultivador, una cultivadora
    cultivator, grower

una cultura culture

un cumpleaños birthday (1.5)

cumplir: por cumplir
    (quince) años for my
    (fifteenth) birthday

la **curiosidad** curiosity
curioso curious
un **curso** course
una **curva** curve
el **Cuzco** Cuzco *(former imperial capital of the Incas, in Peru)*

ch

una **chacra** farm *(Argentina)*
una **chaqueta** jacket **(7.2)**
  una **chaqueta de esquí** ski jacket
charlar to chat
una **chica** girl **(3.1)**
  ¡**chica!** hey! wow!
un **chico** boy **(3.1)**
  ¡**chico!** my boy!
un **chile** chili pepper *(red pepper used as a very hot seasoning)*
  el **chile con carne** *highly spiced Mexican dish*
  un **chile relleno** stuffed chili pepper *(Mexican dish)*
chileno Chilean *(also noun)*
una **china** pebble
una **chinchilla** chinchilla *(small South American animal valued for its fur)*
chino Chinese *(also noun)*
un **chiste** joke
el **chocolate** hot chocolate
un **chuteo** shot *(at goal, in soccer)*

d

da give *(command)*
*dar to give **(5.4)**
  dar permiso para to give (someone) permission to, permit (someone) to
los **datos** information, facts, data
  los **datos personales** personal particulars, details about oneself
de of, from **(2.1)**; about **(4.2)**; in **(7.1)**; than, with

de acuerdo in agreement
de compras shopping
de (diez) años (ten)-year-old
¿**de dónde?** from where? (where . . . from?) **(3.4)**
¿**de dónde eres?** where are you from?
de él (ella, Ud., ellos, etc.) his (her, your [*formal*], their, etc.)
de habla española Spanish-speaking
de la mañana in the morning, a.m. **(1.4)**
de la noche in the evening, at night, p.m. **(1.4)**
de la tarde in the afternoon, p.m. **(1.4)**
de mal humor in a bad mood
de nada you're welcome **(1.3)**
de noche at night
de (Olivia) (Olivia)'s
de paseo walking down the street
¿**de qué color . . .?** what color . . .? **(7.2)**
¿**de quién es?** whose is it?
¿**de quién(es)?** whose? **(5.1)**
de repente suddenly
de todas maneras in any case **(10.3)**
de todos los días everyday
de una manera (diferente) in a (different) way
de vacaciones on vacation
de venta for sale
¿**de veras?** really? **(1.5)**
¡**de veras!** really! truly!
de vez en cuando once in a while **(5.1)**; from time to time **(9.3)**
de viaje on a trip
de vuelta going back
debajo (de) under, underneath, beneath, below **(10.4)**
debemos (we) must, should
deber (+ *inf.*) should, ought to **(8.3)**

debes (you) should, ought to
débil weak **(7.1)**
una **debilidad** weakness
debo (I) must, should
decidir to decide
un **decímetro** decimeter *(1/10 of a meter)*
*decir to say, to tell **(5.3)**
  decir que sí (no) to say yes (no) **(5.3)**
  decir un piropo to pay a compliment, make a flattering remark
  es decir that is to say
  querer decir to mean **(6.3)**
decoración: la decoración interior interior decorating
un **decorador, una decoradora** decorator
  un(a) decorador(a) de interiores interior decorator
decorar to decorate
dedicado a devoted to
dedicar to devote, dedicate
dedicarse (a) to devote oneself (to), dedicate oneself (to)
los **dedos** fingers **(7.4)**
un **defecto** fault, defect
el **defensa** fullback *(soccer)*
definido definite
dejar to leave (something behind) **(8.2)**
  dejar caer to drop
  dejar de (+ *inf.*) to stop **(9.2)**
dejarse to let (allow) oneself
del (de + el) of the, from the, about the *(sometimes translated as of, from, about)* **(4.1)**
  del que about which
delante (de) in front (of) **(10.4)**
el **delantero centro** center
delgado thin **(3.2)**
delicado delicate
delicioso delicious
demasiado too much *(pl. too many)* **(6.1)**
demasiado *(adv.)* too (+ *adj.*) **(3.2)**; too much
demostrativo demonstrative

un **dentista, una dentista**
dentist **(9.1)**

un **departamento** department

depender to depend

depende (de) it (that)
depends (on)

un **deporte** sport **(6.2)**

la página de los deportes
sports page

un deporte de equipo
team sport

deportista athletic, active in
sports **(6.2)**

un **deportista, una deportista**
athletic person, person
active in sports

deportivo (concerning) sports
(6.2)

la **derecha** right, right side

a la derecha (de) on (to)
the right (of) **(10.4)**

derecho right **(7.4)**

desafortunadamente
unfortunately **(10.4)**

desafortunado unlucky,
unfortunate

desagradable unpleasant,
disagreeable

desayunarse to have (eat)
breakfast **(10.2)**

el **desayuno** breakfast **(10.2)**

descansado rested

un **descanso** rest

describir to describe

una **descripción** (pl. **descripciones**)
description

descubierto discovered

descubrir to discover **(8.3)**;
to find

desde from

desdeñoso scornful,
disdainful

desear to want, wish, desire
(2.3)

un **deseo** wish, desire

desesperado desperate

desgracia: por desgracia
unfortunately **(10.4)**

un **desierto** desert

el **desorden** mess, disorder

un **despertador** alarm clock

despertarse (e→ie) to wake
(oneself) up

después later **(5.1)**; after
that **(9.4)**; then,
afterward(s)

después de (prep.) after
(9.2)

después que (conj.) after

determinado determined

detrás (de) behind, in back
(of) **(10.4)**

devastar to devastate,
destroy

devolver (o→ue) to return,
give back

D.F. abbreviation of **Distrito
Federal**, Federal District
see **México**

di (I) gave (see **dar**)

di say, tell (command; see
decir)

un **día** day **(1.5)**

al día a (per) day

algún día someday

buenos días good
morning **(1.2)**

el día de ayer yesterday

el Día de la Madre
Mother's Day

el Día de los Enamorados
Valentine's Day

el día del santo saint's
day, name day

el día de mi santo my
saint's day

el Día de San Fermín
Saint Fermín's Day
(July 7)

el Día de San Juan Saint
John the Baptist's Day
(June 24)

todos los días every day
(6.4)

un día one day, someday

un día de clases day in
school

un día de fiesta holiday

un **diablo** devil

un **diagrama** chart, diagram

un **diálogo** dialog

diario daily

un **diario** diary, daily newspaper

el diario de la mañana
morning newspaper

un **dibujante, una dibujante**
draftsman, designer **(9.1)**

dibujar to draw **(9.1)**

el **dibujo** drawing (art)

un **diccionario** dictionary

¿dices . . .? do you say . . .?

diciembre December **(1.5)**

los **dientes** teeth **(7.1)**

lavarse los dientes to
brush one's teeth

dieta: a dieta on a diet

una **diferencia** difference

diferente different

difícil difficult **(8.1)**

digas: no digas don't say
(command)

¡no me digas! you don't
say! **(4.3)**

la **diligencia** diligence

dinámico dynamic, energetic

el **dinero** money **(6.1)**

¡Dios mío! gosh! **(5.3)**

una **dirección** (pl. **direcciones**)
address

directamente directly, straight

directo direct

un **director, una directora**
principal (school), director

la **disciplina** discipline

disciplinado disciplined

un **disco** record **(2.1)**

una **discoteca** discotheque

discreto discreet

una **discusión** (pl. **discusiones**)
argument, discussion

un **diseñador, una diseñadora**
designer

**un(a) diseñador(a) de
modas** fashion designer

**disfraces: una fiesta de
disfraces** costume party

disgusta: me disgusta I
(really) dislike

una **disposición**
(pl. **disposiciones**)
disposition, temperament

dispuesto a inclined to

la **distancia** distance

la **diversidad** diversity

una **diversión** pastime, leisure
activity, hobby

las diversiones pastimes
(6.3)

divertido amusing, fun
(3.2); entertaining

divertirse (e→ie) to enjoy
oneself, have fun **(7.4)**

dividido divided

doblado dubbed (film)

**dobles: un torneo de dobles
femenino** women's
doubles tournament (tennis)

un **doctor, una doctora** doctor **(9.1)**

un **documental** documentary
el **dólar** dollar *(monetary unit)*
un **dólar** dollar *(coin or bill)*
dolor: un dolor de cabeza headache
Dolores: Nuestra Señora de los Dolores Our Lady of the Sorrows
doméstico: un animal doméstico pet
un **domicilio** residence
la **dominación** domination, rule
dominar to dominate
domingo Sunday **(1.5)**
   el domingo (on) Sunday **(6.4)**
   los domingos (on) Sundays **(6.4)**
dominicano Dominican *(from the Dominican Republic; also noun)*
donde where **(2.3)**; in which
¿dónde? where? **(2.3)**
   ¿adónde? where? (to where?) **(4.2)**
   ¿de dónde? from where? (where . . . from?) **(3.4)**
   ¿de dónde eres? where are you from?
dormir (o→ue) to sleep **(6.3)**
dormirse (o→ue) to fall asleep **(7.4)**
dos two **(1.3)**
   dos mil two thousand **(7.2)**
   dos veces twice **(9.3)**
doscientos two hundred **(7.2)**
Dr., Dra. *abbreviation of* doctor, doctora
un **drama** play, drama
el **driblar** dribbling *(soccer)*
duda: sin duda doubtless **(9.1)**
un **dueño, una dueña** owner
dulce sweet
los **dulces** candy
la **duración** duration
durante during **(8.2)**
durar to last
duro: un huevo duro hard-boiled egg

e

e and *(used for* **y** *before words beginning with* **i** *or* **hi)**

la **economía** economics
económico economic
ecuatoriano Ecuadorian *(also noun)*
la **edad** age
   a la edad de (diez y nueve) años at the age of (nineteen), at (nineteen) years of age
un **edificio** building
   un edificio de apartamentos apartment building
la **educación** education
egipcio Egyptian *(also noun)*
egoísta selfish
¡eh! hey!
un **ejecutivo, una ejecutiva** executive
ejemplo: por ejemplo for instance, for example **(7.4)**
un **ejercicio** exercise
   hacer ejercicio to exercise
ejercitar to exercise
el *(pl.* **los)** the *(m.)* **(3.1)**
   el de that of
   el (dos) de (mayo) the (second) of (May) **(1.5)**
   el (lunes) on (Monday) **(6.4)**
   el (rojo) the (red) one *(m.)*
   el (sábado) por la mañana (tarde, noche) (on) (Saturday) morning (afternoon, night *or* evening) **(6.4)**
   el (15) de (junio) on (June) (15)
él he **(2.2)**; him *(after prep.)* **(2.4)**
la **electricidad** electricity
un **electricista, una electricista** electrician **(9.4)**
eléctrico electric
   un aparato eléctrico (electrical) appliance
la **electrónica** electronics
electrónico electronic
la **elegancia** elegance
   con (mucha) elegancia (very) elegantly
elegante elegant
elemental elementary
un **elemento** element

eliminar to eliminate, get rid of
ella she **(2.2)**; her *(after prep.)* **(2.4)**
ellas they *(f.)* **(2.2)**; them *(f.; after prep.)* **(2.4)**
ellos they *(m.)* **(2.2)**; them *(m.; after prep.)* **(2.4)**
la **emancipación** emancipation
un **embajador, una embajadora** ambassador
embargo: sin embargo however, nevertheless **(7.1)**
emocionante exciting
emparentado related
empezar (e→ie) to begin **(6.3)**
   empezar a + *inf.* to begin to **(6.3)**
empieza start, begin *(command)*
un **empleado, una empleada** employee, clerk **(9.2)**; salesperson
empleos: una agencia de empleos employment agency
una **empresa** firm, company
en in **(2.1)**; at **(4.2)**; on, of, about, into
   en avión (barco, tren, autobús, auto o coche, bicicleta) by plane (boat, train, bus, car, bicycle) **(4.4)**
   en buena forma fit, in good shape
   en casa at home **(4.2)**
   en casa de . . . at . . .'s (house) **(4.2)**
   en clase in class
   en general generally **(6.4)**
   en grupo in a group
   en la clase in the classroom
   en la escuela in (at) school
   en mi opinión in my opinion **(6.2)**
   en moto by (on a) motorcycle
   en orden in order, tidy
   en seguida right away, immediately

en toda ocasión on all occasions, at all times

en todas partes everywhere

en todo throughout

en total in all, altogether

en vez de instead of **(9.2)**

en voz alta (baja) in a loud (low) voice

enamorado in love

el Día de los Enamorados Valentine's Day

estar enamorado de to be in love with

enamorarse to fall in love

encantado (de) delighted (by, with)

encantan: me encanta(n) I love

un encargado, una encargada person in charge

enciendes (you) turn on *(the radio)*

un encierro penning *(driving bulls into pen before bullfight)*

encima (de) on top (of), above, over **(10.4)**

encontrar (o→ue) to find *(something lost)*, to meet *(by chance)*, run into **(6.3)**; to find *(consider)*, think

me encuentra simpático (she) thinks I'm nice

una encuesta survey, poll

un enemigo, una enemiga enemy

la energía energy, vigor

enérgico energetic

enero January **(1.5)**

el énfasis emphasis

un enfermero, una enfermera nurse **(9.1)**

enfermo sick **(4.3)**

un enfermo, una enferma sick person, patient

engañoso tricky, slippery *(deceitful)*

enojado upset, angry **(8.1)**

enojar to upset, annoy, make (someone) mad

enojarse (con) to get angry (with), get mad (at)

enorme enormous, huge

una ensalada salad **(8.4)**

enseñar to teach **(4.1)**; to show, point out **(4.1)**

entender (e→ie) to understand **(6.3)**

enterrado buried

entero whole, entire

del mundo entero from all over the world

un entierro burial

entonces then **(8.2)**

entonces . . . well, then . . . **(3.4)**

entra enter *(command)*

una entrada de cine movie ticket

entrar (a, en) to enter, go into *(something)*

entre between, among

entre paréntesis in parentheses

una entrevista interview

entrevistar to interview

envidioso envious

una época time *(period of time)*

equilibrado well-balanced

el equilibrio balance, equilibrium

un equipo team **(6.2)**; equipment

un deporte de equipo team sport

un equipo de (fútbol) (soccer) team

todo un equipo submarino diving equipment, complete diving outfit

la equitación horseback riding

equivocarse to make a mistake **(8.2)**

eras (you) were

es (he, she, it) is, (you, *formal*) are **(3.1)**

es . . . this is . . . *(on the phone)* **(9.3)**

es de (Rosa) it belongs to (Rosa), it's (Rosa)'s

es decir that is to say

es el (doce) de (octubre) it's the (twelfth) of (October), it's (October) (12) **(1.5)**

es importante (imposible, mejor, necesario, posible, útil, etc.) it is important (impossible,

better, necessary, possible, useful, etc.)

esa that *(f.)* **(7.2)**

esas those *(f.)* **(7.2)**

escaparse to escape, run away

una escena scene

un escenógrafo, una escenógrafa set designer

escoge choose *(command)*

escoger to choose, pick (out)

escolar school *(adj.)*

un año escolar school year

el Escorial *former royal residence near Madrid, Spain*

escribe write *(command)*

escríbenos write (to) us

escribir to write **(5.1)**

escribir a máquina to type **(9.1)**

un escritor, una escritora writer

escúchalos listen to them

escuchar to listen (to) **(2.1)**

¡escucha! listen!

una escuela school **(4.2)**

a la escuela to (at) school

en la escuela in (at) school

irse a la escuela to leave for school

la cafetería de la escuela the school cafeteria

una escuela comercial business school

una escuela primaria (secundaria) elementary (secondary) school

una escuela técnica technical school

una escultura sculpture

ese that *(m.)* **(7.2)**

ése that (one) *(m.)*

eso that *(neuter)*

por eso therefore, that's why **(2.4)**; because of that

esos those *(m.)* **(7.2)**

un espacio space

los espaguetis spaghetti

una espalda back **(7.4)**

España Spain **(3.4)**

español (f. **española**)
  Spanish (also noun) **(3.4)**
el **español** Spanish (language)
  (**una clase) de español**
    Spanish (class)
especial special
especializado specialized
especialmente especially
un **espejo** mirror
la **esperanza** hope
esperar to hope **(2.3)**; to
    wait for **(4.1)**
espérate hold on, hold your
    horses
espiritual spiritual
espléndido splendid
una **esposa** wife **(5.2)**
un **esposo** husband **(5.2)**
el **esquí** skiing **(6.2)**
  una «**cancha de esquí**»
    ski resort
un **esquí** (pl. **esquís**) ski
un **esquiador, una esquiadora**
    skier
esquiar (i→i) to ski
una **esquina** corner
esta this (f.) **(7.2)**
  esta noche tonight
  esta vez this time **(9.3)**
ésta this (one) (f.)
está: está nublado it's
    cloudy **(1.6)**
estable stable, firm
una **estación** (pl. **estaciones**)
    season **(1.6)**; station
  una estación de servicio
    service station, gas station
un **estadio** stadium
estadístico statistical
un **estado** state
  los Estados Unidos
    United States **(3.4)**
una **estampilla** stamp
un **estante** bookcase **(10.4)**
 * **estar** to be, be located **(4.2)**
  estar a dieta to be on a
    diet
  estar de moda to be in
    fashion, be in style
  estar bonita to be (look)
    pretty
  estar celoso to be jealous
  estar de acuerdo to agree
  estar de vacaciones to
    be on vacation

estar dispuesto a + inf.
    to be inclined to
estar en buena forma to
    be in good shape,
    be fit
estar enamorado de to
    be in love with
estar (pres. tense) + pres.
    part. to be . . .ing
estas these (f.) **(7.2)**
éstas (pron.) these (f.)
una **estatua** statue
este this (m.) **(7.2)**
éste this (one) (m.)
el **este** east
un **estilo** style
estimado dear (opening a
    formal letter)
esto this (neuter)
estos these (m.) **(7.2)**
éstos (pron.) these (m.)
estrecho narrow **(7.1)**
una **estrella** star
estrellar to smash, crash
estricto strict
una **estructura** structure
un **estudiante, una estudiante**
    student **(3.1)**
estudiar to study **(2.1)**
  estudiar mucho to study
    hard
un **estudio** study, studio
  los estudios studies
  un estudio de televisión
    television (TV) studio
  un período de estudio
    study period
estupendamente
    stupendously, terrifically
estupendo stupendous,
    terrific **(5.4)**
  ¡qué (chico) tan
    estupendo! what a
    terrific (boy)! **(5.4)**
estúpidamente stupidly
europeo European (also
    noun)
un **evento** event
exactamente exactly
la **exactitud** exactitude,
    punctuality
exacto exact, right
exagerado exaggerated
un **examen** (pl. **exámenes**) test,
    exam **(8.1)**

un examen de (inglés)
    (English) test
examinar to examine
excedió (he) surpassed
excelente excellent
excéntrico eccentric
excepcional exceptional
excepto except
exclusivamente exclusively
una **excursión** (pl. **excursiones**)
    outing, trip, excursion
el **éxito** success
  tener éxito to succeed
explica explain (command)
una **explicación**
    (pl. **explicaciones**)
    explanation
explicar to explain
un **explorador, una exploradora**
    explorer
explorar to explore
la **exportación** exporting,
    exportation
expresa express (command)
expresar to express
expresarse to express oneself
una **expresión** (pl. **expresiones**)
    expression
extenso extensive
exterior: el aspecto exterior
    outward appearance
extranjero foreign
un **extranjero, una extranjera**
    foreigner
extraordinario extraordinary
el **extremo** wing (soccer)
un **extremo** end, side

una **fábrica** factory **(9.1)**
fabuloso fabulous **(5.4)**
  ¡qué (chica) tan fabulosa!
    what a fabulous girl! **(5.4)**
fácil easy **(8.1)**
la **facilidad** facility, ability
  con facilidad with ease
  la facilidad para los
    idiomas facility
    (ability) in languages

fácilmente easily

una **falda** skirt **(7.2)**

falso false

una **familia** family **(5.2)**

familiar family *(adj.)*

famoso famous

fantástico fantastic, terrific

¡fantástico! great! **(2.1)**

¡qué (profesor) tan fantástico! what a fantastic (teacher)! **(5.4)**

un **farmacéutico**, una **farmacéutica** pharmacist, druggist

un **favor** favor

hazme el favor de + *inf.* please . . . **(10.1)**

por favor please **(1.3)**

favorito favorite

la **fe** faith

febrero February **(1.5)**

la **fecha** date *(on calendar)* **(1.5)**

¿cuál es la fecha de hoy (mañana?) what is today's (tomorrow's) date? **(1.5)**

felicitar to congratulate

feliz *(pl.* **felices)** happy **(8.1)**

Feliz Navidad Merry Christmas

femenino feminine, women's

fenomenal terrific, phenomenal

feo ugly, plain **(3.2)**

un **ferrocarril** railroad

la línea del ferrocarril railroad tracks

fiarse (i→i) de to trust

la **ficción** fiction

la ciencia-ficción science fiction

una **fiesta** party, festival

un día de fiesta holiday

una fiesta de disfraces costume party

la **filosofía** philosophy

el **fin** end **(8.1)**

a fin de cuentas all in all **(6.3)**

los fines de semana on (the) weekends

un fin de semana weekend **(1.5)**

un **finalista**, una **finalista** finalist *(sports)*

finalmente finally

una **finca** farm

una **firma** signature

la **física** physics

físico physical

el **flamenco** *vigorous, rhythmic dance style of the gypsies of southern Spain*

una **flauta** flute

flojo poor *(quality)*

una **flor** flower

Florida: la Pascua Florida Easter

folklórico folk

la **forma** form, shape, (physical) fitness

(estar) en buena forma (to be) in good shape, (be) fit

mantenerse en forma to keep (oneself) in shape, keep (oneself) fit

la **formalidad** formality

formar: formar parte de to be (a) part of

formidable terrific

un **formulario** form *(document)*

una **fortaleza** fortress

una **foto** photo, picture **(3.3)**

sacar fotos to take pictures **(4.1)**

la **fotografía** photography

fotográfico: un concurso fotográfico photography contest

un **fotógrafo**, una **fotógrafa** photographer **(9.2)**

francamente frankly

francés *(f.* **francesa)** French *(also noun)* **(3.4)**

el **francés** French *(language)*

(un profesor) de francés French (teacher)

Francia France

franco frank

una **frase** sentence

la **frecuencia** frequency

con (mucha) frecuencia (very) frequently, (very) often

frecuente frequent

frecuentemente frequently

una **frente** forehead **(7.1)**

fresco fresh

los **frijoles** beans **(10.2)**

el **frío** cold

hace frío it's cold *(weather)* **(1.6)**

tener frío to be cold **(8.4)**

frito fried

las papas fritas French fries

una **frontera** border *(between countries)*

frustrado frustrated

las **frutas** fruit(s) **(10.2)**

el jugo de frutas fruit juice **(8.4)**

fue (he, she, it) was

fue: se fue (she) left, went away

fuera de outside (of)

fuera de casa outside the home

fuera de lugar out of place

fueron (they) were

fuerte strong **(7.1)**; bright *(color)*, bad *(headache)*, heavy *(meal)*

la **fuerza** force, strength

fui (I) was, went

fumar to smoke

una **función** *(pl.* **funciones)** function, event

funcionar to work *(function)*

el **fútbol** soccer **(6.2)**

el fútbol americano football *(sport)* **(6.2)**

el **futuro** future

el futuro próximo near future

futuro future

g

una **galería** gallery

una **gallina** hen

un **gallo** rooster

ganador *(f.* **ganadora)** winning

el país ganador winning country

un **ganador**, una **ganadora** winner

ganar to earn *(money)* **(2.2);** to gain, to win

(el) ganar winning

ganas: tener ganas de + *inf.* to feel like . . . ing **(3.4);** to want to

un **garaje** garage **(5.3)**

    la venta en el garaje (de Luisa) (Luisa's) garage sale

los **garbanzos** chickpeas

una **gaseosa** carbonated beverage, soft drink **(8.4)**

una **gasolinera** gas station (Mexico)

gastar to spend *(money)* **(6.1)**

un **gasto** expense **(6.1)**

un **gato** cat **(5.2)**

un **gemelo, una gemela** twin

general general

    en general generally **(6.4)**

    por lo general generally **(6.4)**

generalmente generally **(6.4)**

la **generosidad** generosity

generoso generous

la **gente** people **(3.1)**

    la gente de hoy people today

la **geografía** geography

un **gerente, una gerente** manager **(9.2)**

un **gesto** gesture

la **gimnasia** gymnastics **(6.2)**

un **gimnasio** gym(nasium)

un **gobierno** government

un **gol** goal *(sports)*

gordo fat, chubby **(3.2)**

una **grabadora** tape recorder **(3.3)**

la **gracia** grace

gracias thank you, thanks **(1.3)**

    ¡mil gracias! a thousand thanks! **(10.1)**

    ¡un millón de gracias! a million thanks! **(10.1)**

un **grado** degree **(1.6)**

graduarse (u→ú) to graduate

un **gramo** gram *(1/1000 of a kilogram, or about 1/28 of an ounce)*

gran great *(used for* **grande** *before sing. noun)* **(3.3);** large, big

grande big, large **(3.3);** great

    (la ciudad) más grande biggest (city)

    uno de los grandes one of the greats

grandísimo very big (large)

una **granja** farm *(Spain)*

gratis free *(of charge)*

gregario sociable, gregarious

griego Greek *(also noun)*

la **gripe** flu

gris gray **(7.2)**

un **grupo** group

    en grupo in a group

una **guagua** bus *(Puerto Rico, Cuba)*

guapo handsome *(m.),* goodlooking *(m. and f.)* **(3.2)**

guatemalteco Guatemalan *(also noun)*

¡guau! bowwow!

una **guerra** war

un **guía, una guía** guide *(leader)* **(9.1)**

    un(a) guía de turismo tour guide

una **guía** guide *(model)*

una **guitarra** guitar

    la guitarra flamenca *guitar used to accompany flamenco dancing*

    la música de guitarra guitar music

un **guitarrista, una guitarrista** guitarist

gustar to please, be pleasing **(6.2)**

    ¿le gusta(n)? do you *(formal)* like?

    ¿les gusta(n)? do you *(pl.)* like?

    me gusta(n) más I like better, I prefer **(6.2)**

    ¿me gustan las matemáticas? do I like math?

    (no) me gusta(n) I (don't) like **(2.4) (6.2)**

    (no) te gusta you (don't) like

    ¿(no) te gusta(n)? do you (don't you) like? **(2.4) (6.2)**

    nos gusta we like

    ¿qué deporte te gusta más? what sport do you like best (prefer)?

    ¿te gusta(n) más? do you like better? do you prefer?

el **gusto** taste

    a cada uno su gusto each to his or her own taste

    con mucho gusto with pleasure **(1.3)**

h

ha: ha invitado (he, she) has invited

ha pedido has asked

Habana: La Habana Havana *(capital of Cuba)*

    la Pequeña Habana Little Havana

una **habilidad** ability

un **habitante, una habitante** inhabitant

un **hábito** habit *(monk's robe)*

habitualmente habitually

habla: de habla española Spanish-speaking

hablar to speak **(2.1);** to talk

    hablar con to speak with, talk to

    hablar de to talk about

    hablar (español) bien, hablar bien el (español) to speak (Spanish) well

* **hacer** to do, to make **(5.2)**

    ¿cuánto tiempo hace que + *(verb in the present)?* (for) how long . . .? **(8.1)**

    hace buen (mal) tiempo the weather's nice (bad) **(1.6)**

    hace (calor, mucho calor, frío, sol, viento) it's (warm [hot], very warm [very hot], cold, sunny, windy) *(weather)* **(1.6)**

hace *(period of time)* **que** *(verb in the present)* I have *(etc.)* been . . . ing for . . .

hacer ejercicio to exercise

hacer el payaso to clown around

hacer entrar to make *(something)* enter

hacer la cama to make the (one's) bed

hacer la maleta to pack a suitcase **(5.2)**

hacer la tarea to do the assignment **(5.2)**

hacer las tareas to do homework **(5.2)**

hacer un viaje to go on a trip **(5.2)**; to make a voyage

hacer una entrevista to have an interview

hacer una pregunta to ask a question

¿qué tiempo hace? what's the weather like? **(1.6)**

tener (mucho) que hacer to have (a lot) to do

hacia toward(s) **(10.4)**

hambre: tener hambre to be hungry **(8.4)**

una **hamburguesa** hamburger **(8.4)**

un **hámster** hamster

hasta until **(8.2)**

hasta la vista so long **(1.2)**

hasta luego see you later **(1.2)**

hasta pronto see you soon

hasta tarde until late (at night)

quedarse hasta más tarde to stay after *(school)*

Hawai Hawaii

hay there is, there are **(3.1)**

(hay) mucho que (hacer) (there is) a lot (to do)

hay que one has to

no hay there is (are) no **(3.3)**

no hay de qué you're welcome **(1.3)**

haz: haz el papel (los papeles) de . . . play the part (parts) of . . .

hazle una pregunta ask him (her) a question

hazme el favor de + *inf.* please . . . **(10.1)**

hecho taken

una **heladería** ice cream parlor

un **helado** ice cream **(8.4)**

la **herencia** heritage

una **hermana** sister **(5.2)**

una **hermanita** little sister

un **hermanito** little brother

un **hermano** brother **(5.2)**

los **hermanos** brothers, brother(s) and sister(s)

hice (I) did, made

hicieron (they) did

¿qué hicieron? what did they do?

hiciste (you) did

el **hielo** ice

una **hija** daughter **(5.2)**

un **hijo** son **(5.2)**

los **hijos** children, son(s) and daughter(s)

un **hipódromo** racetrack *(horses)*

hispánico Hispanic

hispano Hispanic *(also noun)*

los **hispanos** Hispanic people

Hispanoamérica Spanish America

hispanoamericano Spanish-American *(also noun)*

hispanohablante Spanish-speaking *(also noun)*

la **historia** history, story

histórico historical

lo **histórico** historical things, what is historical

las **historietas (cómicas)** comics, comic strips

hizo (he, she) did, made, took *or* went on *(trip)*

¡hola! hi! hello! **(1.2)**

un **hombre** man **(3.1)**

hondureño Honduran *(also noun)*

la **honestidad** honesty

una **hora** hour, time **(1.4)**

a la hora de comida at mealtime

¿a qué hora? (at) what time? **(1.4)**

las altas horas de la madrugada early morning hours

media hora a half hour, half an hour

por hora per hour

un **horario** schedule

un horario de clases class schedule

horizontalmente horizontally, from side to side

el **horóscopo** horoscope

horror: ¡qué horror! how horrible! how awful!

un **hospicio** orphanage

un **hospital** hospital

la **hospitalidad** hospitality

hoy today **(1.5)**

hoy día today, nowadays

hoy no not today

la gente de hoy people today

una **huerta** vegetable garden

un **huevo** egg **(10.2)**

un huevo duro hard-boiled egg

el **humo** smoke

el **humor** mood, humor

(estar) de buen (mal) humor (to be) in a good (bad) mood

el buen humor good mood, high spirits

el mal humor bad mood, ill humor

un sentido del humor sense of humor

húngaro Hungarian *(also noun)*

i

ibérico Iberian

la **Península Ibérica** the Iberian Peninsula (Spain and Portugal)

idealista idealistic

idéntico identical

identificar to identify

un **idioma** language

una **iglesia** church **(4.2)**

ir a la iglesia to go to church

ignorar to ignore

una **iguana** iguana *(large South American lizard)*

la **iluminación** lighting
   el (la) encarcado(a) de la
     iluminación lighting
     director *(theater)*
ilustrar to illustrate
imagina imagine *(command)*
la **imaginación** imagination
imaginar to imagine
imitar to imitate
impaciencia: con
   impaciencia impatiently
impecable impeccable
un **impermeable** raincoat
   (7.2)
importa: no importa it
   doesn't matter
la **importación** importing,
   importation
   los negocios de
     importación importing
     business
la **importancia** importance
importante important
imposible impossible
   lo imposible the
     impossible
la **impulsividad** impulsiveness
inaceptable unacceptable
un **inca, una inca** Inca *(an*
   Indian of the group of
   peoples that ruled Peru
   before the Spanish
   conquest)
   incluso even, including
   incluye (it) includes
   incluyen (they) include
   increíble incredible
   indeciso undecided
   indefinido indefinite
la **independencia** independence
independiente independent
indicar to indicate
un **índice** index finger
indiferente indifferent
indio Indian *(also noun)*
indirecto indirect
individual individual
   una casa individual
     private (single-family)
     home
la **individualidad** individuality
individualista individualistic
un **infinitivo** infinitive
una **influencia** influence
influyeron en (they)
   influenced

la **información** information
informal informal **(7.1)**
la **informalidad** informality
un **ingeniero, una ingeniera**
   engineer **(9.2)**
Inglaterra England
inglés *(f.* **inglesa)** English
   (also noun) **(3.4)**
el **inglés** English *(language)*
   (una clase) de inglés
     English (class)
inicial initial (at the
   beginning of a word)
iniciar to initiate, start
inmediatamente immediately
inmediato immediate
la **inmigración** immigration
insistir en + *inf.* to insist on
   . . . ing
una **institución** *(pl.* **instituciones)**
   institution
un **instituto** secondary school
   (high school, junior high
   school, middle school)
un **instrumento** instrument
   un instrumento de
     música musical
     instrument
intelectual intellectual
inteligentemente
   intelligently
intercambiar to exchange
un **intercambio** exchange
   un(a) estudiante de
     intercambio exchange
     student
   un programa de
     intercambio (de
     estudiantes) (student)
     exchange program
un **interés** *(pl.* **intereses)** interest
interesado interested
interesante interesting **(3.2)**
interesar to interest, be of
   interest to, appeal to
interesarse (en) to be
   interested (in)
interescolar interscholastic
el **interior** inside *(soccer)*
interiores: un(a)
   decorador(a) de interiores
   interior decorator
internacional international
una **interpretación**
   (pl. **interpretaciones)**
   interpretation

un **intérprete, una intérprete**
   interpreter
interrogar to interrogate,
   question
interrogativo interrogative
   (asking a question)
íntimo intimate, private
introdujeron (they)
   introduced
inútil useless **(8.1)**
inútilmente needlessly, for
   no (good) reason
inventar to invent
investigar to investigate
el **invierno** winter **(1.6)**
   las Olimpíadas de
     Invierno Winter
     Olympics
una **invitación** *(pl.* **invitaciones)**
   invitation
invitado: ha invitado (he,
   she) has invited
invitar to invite **(4.1)**
   invitar a + *inf.* to invite
     (someone) to (do
     something)
* **ir** to go **(4.2)**; to match
   (colors)
   ir a + *inf.* to be going to
     (4.2); to go to
   ir a la escuela to go to
     school
   ir a la iglesia to go to
     church
   ir a pie to go on foot,
     walk **(4.4)**
   ir al centro to go
     downtown, into town
   ir al cine to go to the
     movies
   ir de compras to go
     shopping
   ir en avión (barco, tren,
     autobús, auto o coche,
     bicicleta) to go by
     plane (boat, train, bus,
     car, bicycle) **(4.4)**
   Irlanda Ireland
   irlandés *(f.* **irlandesa)** Irish
     (also noun)
* **irse** to go away, leave **(7.4)**
   irse de to leave *(go out of*
     something)
   irse a la escuela (al
     trabajo) to leave for
     school (work)

una **isla** island

la «Isla Encantada» Enchanted Isle (= *Puerto Rico*)

Italia Italy

italiano Italian

el **italiano** Italian (*language*)

la **izquierda** left, left side

a la izquierda (de) on (to) the left (of) **(10.4)**

izquierdo left **(7.4)**

j

un **jaguar** jaguar (*large South American cat similar to a leopard*)

el **jai alai** jai alai (*extremely fast court game originating among the Basques of Spain*)

la **jalea** jelly

el **jamón** ham **(10.2)**

el **Japón** Japan

el **japonés** Japanese (*language*)

un **jardín** (*pl.* **jardines**) garden **(5.3)**

un **jefe**, una **jefa** boss

un **jinete** jockey

una **jirafa** giraffe

joven (*pl.* **jóvenes**) young **(7.1)**

un **joven** young man **(3.1)**

los **jóvenes** young people

una **joven** young woman **(3.1)**

una **joya** jewel

unas joyas jewelry

juegan (they) play

juegas (you) play

un **juego** game

el juego de bolos (candlepin) bowling

los Juegos Olímpicos Olympic Games

los Juegos Panamericanos Pan-American Games

un juego de cabeza header (*soccer*)

jueves Thursday **(1.5)**

el **jueves** (on) Thursday **(6.4)**

los **jueves** (on) Thursdays **(6.4)**

un **jugador**, una **jugadora** player **(6.2)**

el jugador más valioso most valuable player

un(a) jugador(a) de (tenis) (tennis) player

jugar (u→ue) to play **(6.2)**

jugar a to play (*sport*) **(6.2)**

jugar al ajedrez to play chess

un **jugo** juice

el jugo de frutas fruit juice **(8.4)**

el jugo de naranja (limón) orange (lemon) juice

julio July **(1.5)**

junio June **(1.5)**

juntos together

la **justicia** justice, law (*profession*)

justo fair, just

juveniles: los problemas juveniles young people's problems

la **juventud** youth (*young people*)

k

un **kilo (gramo)** kilo, kilogram (*1000 grams, or 2.2 pounds*)

un **kilómetro** kilometer (*1000 meters*)

l

la (*pl.* **las**) the (*f.*) **(3.1)**

la (roja) the (red) one (*f.*)

la (*obj. pron.*) her, it (*f.*) **(4.4)**; you (*f. formal*) **(6.1)**

un **laboratorio** laboratory

un laboratorio de lenguas language laboratory

Láctea: la Vía Láctea Milky Way (*galaxy containing the solar system*)

lado: a (mi) lado next to (me)

al lado on (at, to) the side **(10.4)**

al lado de next to, beside, on (at, to) the side of **(10.4)**

una **lámpara** lamp **(10.4)**

un **lápiz** (*pl.* **lápices**) pencil **(3.3)**

largo long **(7.1)**

(doscientos) metros de largo (two hundred) meters long

las the (*f. pl.*) **(3.3)**

las que those (*f.*) which

las (rojas) the (red) ones (*f.*)

las (*obj. pron.*) them (*f.*) **(4.4)**; you (*f. pl.*) **(6.1)**

lástima: ¡qué lástima! too bad! **(2.1)**

latino Latin American (*also noun*)

la América Latina Latin America

Latinoamérica Latin America

latinoamericano Latin American (*also noun*)

lavar to wash

lavarse to wash (oneself) **(7.3)**

lavarse el pelo (las manos) to wash one's hair (hands)

le to (for) him, to (for) her **(5.4)**; to (for) you (*formal*) **(6.1)**; to (for) it

¿le gusta(n)? do you (*formal*) like?

una **lección** (*pl.* **lecciones**) lesson

la **lectura** reading **(5.1)**

un ejercicio de lectura reading exercise

la **leche** milk **(8.4)**

la **lechuga** lettuce

lee read (*command*)

leer to read **(5.1)**

legendario legendary

las **legumbres** vegetables

lejos (de) far (from) **(4.2)**

una **lengua** language

un laboratorio de lenguas language laboratory

un **lenguaje** language

lento slow

un **léon** (*pl.* **leones**) lion

les to (for) them **(5.4)**; to (for) you (*pl.*) **(6.1)**

¿les gusta(n)? do you (*pl.*) like?

levanta: se levanta (he) gets up

levantado raised
levantarse to get up **(7.4)**
la **libertad** liberty, freedom
un **libertador, una libertadora**
    liberator
Libra Libra *(zodiac sign)*
libre free
una **librería** bookstore
un **libro** book **(3.3)**
    un libro de (castellano)
      (Spanish) book
un **liceo** secondary school (high
    school, junior high school,
    middle school)
una **licuadora** blender
un **líder, una líder** leader
una **liebre** hare
una **liga** league
    las grandes ligas major
      leagues *(baseball)*
ligero: el peso ligero
    lightweight *(boxing)*
un **limón** *(pl.* **limones)** lemon
una **limonada** lemonade
limpiar to clean, clean up
    (out)
limpio clean, neat
lindo pretty **(7.1)**
una **línea** line
    una línea aérea airline
    la línea de puerta goal
      line *(soccer)*
    la línea del ferrocarril
      railroad tracks
Lisboa Lisbon *(capital of
    Portugal)*
liso straight *(hair)* **(7.1)**
la **literatura** literature
lo *(neuter pron.)* the, that, it
    lo cierto what is certain
    lo contrario the opposite
    lo histórico (moderno)
      historical (modern)
      things, what is historical
      (modern)
    lo imposible the
      impossible
    lo más importante the
      most important thing
    lo mismo the same
      (thing)
    lo moderno modern
      things, what is modern
    lo que what *(the things
      that)* **(9.4)**; that which

lo siento (I'm) sorry
(no) lo creo I (don't)
    believe it (that)
(no) lo sé I (don't) know
    (that)
por lo general generally
    (6.4)
lo *(obj. pron.)* him, it *(m.)*
    (4.4); you *(m. formal)* **(6.1)**
locamente madly
loco crazy, mad
la **locuacidad** talkativeness
un **locutor, una locutora** radio
    or TV announcer **(9.2)**
lógicamente logically
lógico logical
Londres London
la **longitud** length
los the *(m. pl.)* **(3.3)**
    los (domingos) on
      (Sundays) **(6.4)**
    los (rojos) the (red) ones
      (m.)
los *(obj. pron.)* them **(4.4)**;
    you *(pl.)* **(6.1)**
luego then **(8.4)**
    hasta luego see you later
      (1.2)
un **lugar** place **(4.2)**
    cualquier lugar
      anywhere, anyplace
un **lujo** luxury
    un artículo de lujo
      luxury
la **luna** moon
lunes Monday **(1.5)**
    el lunes (on) Monday
      (6.4)
    los lunes (on) Mondays
      (6.4)

ll

una **llama** llama *(South American
    animal related to the camel)*
una **llamada** (telephone) call
llamar to call **(5.4)**
    llamar a la puerta to
      knock at the door
    llamar por teléfono to
      call on the phone **(5.4)**
    llamarse to be called, be
      named, call oneself

¿cómo se llama? what's
    his (her) name? what is
    he (she) called? **(3.1)**;
    what is it called?
¿cómo se llaman? what
    are their names? what
    are they called? **(3.1)**
¿cómo te llamas? what's
    your name? **(1.1)**
me llamo my name is
    (1.1)
se llama his (her) name
    is, (it) is called
si te llamas if your name
    is
un **llano** plain
una **llegada** arrival
llegar to arrive **(4.1)**
    llegar a + *noun or pron.*
      to reach, get to
    llegar a ser to become
llenar to fill
llenarse de to fill (be filled)
    with
lleno (de) full (of), filled
    (with)
llevar to take (someone or
    something), carry
    (something) **(4.1)**; to wear
    (7.2)
llorar to cry, weep
llueve it's raining **(1.6)**; it
    rains

m

la **madera** wood
una **madre** mother **(5.2)**
    el Día de la Madre
      Mother's Day
madrileño of (from)
    Madrid
la **madrugada** early morning
    **las altas horas de la
      madrugada** early
      morning hours
un **maestro, una maestra**
    teacher **(3.1)**
    **la práctica hace al
      maestro** practice
      makes perfect
magnífico terrific, great,
    magnificent **(5.4)**

¡qué (regalo) tan
magnífico! what a
great (gift)! (5.4)
el maíz corn (10.2)
mal bad (used for malo
before m. sing. noun) (3.2)
mal (adv.) bad (1.2); badly,
poorly (2.1)
mal visto looked on with
disapproval
muy mal very bad,
terrible (1.2)
salir mal en (un examen)
to flunk (an exam) (8.1)
sentirse mal to feel bad
(sick)
una maleta suitcase
hacer la maleta to pack a
suitcase (5.2)
malo bad (3.2)
¡qué malo! that's bad! (1.6)
ser malo to be bad
(naughty), misbehave
la mamá mother (5.2)
manda send (command)
mandar to send (5.4)
mandar a hacer su ropa a
la modista to have
one's clothes made by a
seamstress
un mandato command
mándenos (Ud). send (to) us
una manera manner, way
cada cual a su manera
each in his or her own
way
de todas maneras in any
case (10.3)
de una manera (diferente)
in a (different) way
un maní (pl. maníes or manises)
peanut
una mano hand (7.4)
con las manos with his
(their) hands
lavarse las manos to
wash one's hands
manso gentle
* mantener (e→ie) to
maintain, keep
mantener contacto to
maintain contact, keep
in touch
* mantenerse (e→ie) to keep
(maintain) oneself

mantenerse en contacto
to keep in contact
(touch)
mantenerse en forma to
keep (oneself) in shape,
keep (oneself) fit
la mantequilla butter (10.2)
manuscrito handwritten
las manzanas apples (10.2)
mañana tomorrow (1.5)
una mañana morning
de la mañana in the
morning, a.m. (1.4)
el (jueves) por la mañana
(on) (Thursday) morning
(6.4)
por la mañana in the
morning
un mapa map
una máquina machine; car
(Puerto Rico)
escribir a máquina to
type (9.1)
una máquina de coser
sewing machine
el mar sea (4.2)
un mar de a lot of, loads
of
una maraca gourdlike instrument
usually played in pairs
maravilloso marvelous
marcar to score (sports)
una marimba kind of xylophone
marrón brown (clothing)
(7.2)
martes Tuesday (1.5)
el martes (on) Tuesday
(6.4)
los martes (on) Tuesdays
(6.4)
marzo March (1.5)
más more, most (4.4); and,
plus (addition)
el (la, los, las) + noun +
más + adj. the most
(adj.) (noun), the -est
(noun)
(los deportes) más
peligrosos y rápidos
fastest and most
dangerous (sports)
más de (number) more
than
más (estrictos) more
(strict), (strict)er

más grande larger, bigger
(7.1)
más pequeño smaller
(7.1)
más ... que more ...
than, -er than (7.1)
más tarde later
me gusta(n) más I like
better, I prefer (6.2)
¿te gusta(n) más? do you
like better? do you
prefer?
masculino masculine, men's
un match match (sports)
las matemáticas math
(una clase) de
matemáticas math
(class)
el matrimonio marriage
máximo maximum
mayo May (1.5)
el cinco de mayo the
Fifth of May (Mexican
national holiday)
mayor older (5.2) oldest
(7.1); elderly, largest
el (la) mayor, los (las)
mayores the oldest
las personas mayores
grown-ups, adults
mayor que older than
una hermana mayor
older sister, big sister
la mayoría majority
me to (for) me (6.1); myself,
to (for) myself (7.3)
me caigo (I) fall down
me disgusta I (really)
dislike
me encanta(n) I love
me gusta(n) más I like
better, I prefer (6.2)
me levanto (I) get up
me llamo my name is
(1.1)
me quedo I stay
(no) me gusta(n) I
(don't) like (2.4) (6.2)
la mecánica mechanics
mecánico mechanical
un mecánico, una mecánica
mechanic
una medalla medal
la medalla de oro gold
medal

media: (es la una) y media
(it's one) thirty, (it's) half
past (one) **(1.4)**

medial medial (in the middle
of a word, between vowels)

la **medicina** medicine
(profession)

un **médico, una médica** doctor,
physician

una **medida** measure,
measurement

medio half (a), middle

medio: el medio ala
halfback *(soccer)*

el medio centro center
halfback *(soccer)*

el peso medio
middleweight *(boxing)*

un **medio** means

un medio de transporte
means of transportation

el **mediodía** noon, midday

mejor better, best **(7.1)**

**el (la) mejor, los (las)
mejores** the best

mejor que better than

mejorar to improve
(something)

la **melancolía** melancholy

un **melón** *(pl.* **melones)** melon

una **memoria** memory

memorizar to memorize

menor younger **(5.2)**
youngest **(7.1)**

**el (la) menor, los (las)
menores** the youngest

menor que younger than

un(a) hermano(a) menor
younger brother (sister),
little brother (sister)

menos to *or* of *(telling time)*
(1.4); less

el (la, los, las) + *noun* +
menos + *adj.* the least
(adj.) (noun)

menos de *(number)* less
than

menos, no no less

menos .. que less . . .
than **(7.1)**

**(son las dos) menos
(cinco)** (it's) (five) to
(two) **(1.4)**

un **mensaje** message

una **mentira** lie

menudo: a menudo often **(5.1)**

un **mercado** market

merendar (e→ie) to have a
(late afternoon) snack
(10.2)

la **merienda** late afternoon
snack **(10.2)**

un **mes** month **(1.5)**

una **mesa** table **(10.4)**

poner la mesa to set the
table **(10.1)**

métrico metric

el sistema métrico metric
system

un **metro** meter *(unit of
measurement)*

mexicano Mexican *(also
noun)* **(3.4)**

mexicano-americano
Mexican-American *(also
noun)*

México Mexico **(3.4)**

la ciudad de México
Mexico City

**México, D.F. = México,
Distrito Federal**
Mexico, Federal District

una **mezcla** mixture

mezclar to mix, blend

mi, mis my **(5.2)**

mí me *(after prep.)* **(2.4)**

miedo: tener miedo to be
afraid

un **miembro** member

miércoles Wednesday **(1.5)**

el miércoles (on)
Wednesday **(6.4.)**

los miércoles (on)
Wednesdays **(6.4)**

mil a (one) thousand **(7.2)**

dos mil two thousand
(7.2)

¡mil gracias! a thousand
thanks! **(10.1)**

mil novecientos (ochenta)
19(80) *(date)*

mil quinientos fifteen
hundred **(7.2)**

un **milímetro** millimeter
(1/1000 of a meter)

una **milla** mile

un **millón** *(pl.* **millones)** million
(7.2)

**(treinta y cinco) millones
de (habitantes)** (thirty
five) million
(inhabitants)

¡un millón de gracias! a
million thanks! **(10.1)**

un millón (millones) de +
noun a million
(millions of)

un **millonario, una millonaria**
millionaire

un **mini-diálogo** mini-dialog

mínimo minimum

un **minuto** minute

¡un minuto! just a
minute!

mío: ¡Dios mío! gosh! **(5.3)**

mirar to watch, look (at)
(2.2)

¡mira! look! **(3.3)**; look
at *(something)*!

¡mira a *(person)***!** look
at . . .!

mirar a los ojos to look
into (someone's) eyes

mirar pasar a la gente
to watch the people go
by

mirarse to look at oneself
(7.3)

mismo same **(4.4)**

al mismo tiempo at the
same time **(8.3)**

contigo mismo with
yourself *(fam.)*

lo mismo the same
(thing)

el **misterio** mystery

misterioso mysterious

mixto mixed

la **moda** fashion

a la moda de after the
fashion of, in the style of

estar de moda to be in
fashion, be in style

ir a la moda to dress
fashionably

ir a la última moda to
follow the latest fashion,
to be (dressed) in the
latest fashions

**un(a) diseñador(a) de
modas** fashion
designer

una revista de modas
fashion magazine

un **modelo, una modelo** model

moderadamente moderately

una **modista** dressmaker,
seamstress **(9.4)**

un modo way, means
    un modo de vivir
      lifestyle, way of life
un momentito just a minute *(on
  the phone)* **(9.3)**; moment
¡un momento! just a minute!
una mona monkey, ape *(f.)*
la moneda currency, money,
  coin
    una moneda de oro gold
      coin
    una unidad de monetaria
      monetary unit
un monja nun
un monje monk
un mono monkey **(5.2)**
una montaña mountain
un monumento monument
  morado: un ojo morado
    black eye
  moreno dark-haired,
    brunet(te) **(3.2)**
  morir (o→ue) to die
  Moscú Moscow
una moto motorcycle **(3.3)**
    en moto by (on a)
      motorcycle
  mover (o→ue) to move
    (something), to shake *(one's
    head)*
una muchacha girl **(3.1)**
un muchacho boy **(3.1)**
  muchísimos a great many
  mucho much *(pl.* many), a lot
    of **(3.3)**; very *(with* **calor,
    frío,** *etc.)*
    muchas gracias thank
      you **(1.3)**
    muchas veces many
      times, often **(9.3)**
    muchos many (others)
  mucho *(adv.)* a lot **(2.1)**;
    much
  estudiar (trabajar) mucho
    to study (work) hard
los muebles furniture **(10.4)**
la muerte death
una mujer woman **(3.1)**
  mundial world *(adj.)*
    la Copa Mundial World
      Cup
el mundo world
    del mundo entero from
      all over the world
    por todo el mundo all
      over the world

    todo el mundo everyone,
      everybody
un muñeco dummy
un mural mural
un músculo muscle
un museo museum **(4.2)**
    el Museo del Prado the
      Prado *(museum in
      Madrid)*
la música music
  musical musical
    **un programa de
      variedades musicales**
      musical variety show
    una comedia musical
      musical comedy **(6.3)**
muy very **(2.1)**
    muy mal very bad,
      terrible **(1.2)**

n

nací (I) was born
el nacimiento birth
    el lugar de nacimiento
      birthplace
una nación *(pl.* **naciones)** nation
    las Naciones Unidas
      United Nations
nacional national
la nacionalidad nationality
nada nothing, not anything
  (6.1); not at all
    de nada you're welcome
      (1.3)
nadar to swim **(2.2)**
nadie no one, not anyone
  (6.1)
las naranjas oranges **(10.2)**
una nariz *(pl.* narices) nose **(7.1)**
la natación swimming **(6.2)**
  natal: la ciudad natal
    hometown
la naturaleza nature
una nave ship
la Navidad Christmas
    Feliz Navidad Merry
      Christmas
necesariamente necessarily
necesario necessary
necesitar to need **(2.3)**; to
  require
la negación negation
negativo negative

la negligencia carelessness
negligente careless, negligent
los negocios business
  **los negocios de
    importación y
    exportación** importing
    and exporting business
negro black **(7.1)**
neozelandés *(f.* **neozelandesa)**
  from New Zealand *(also
  noun)*
nervioso nervous
nevado snow-covered, snow-
  capped *(mountain)*
ni nor, (not) . . . or
    ni . . . ni neither . . . nor,
      (not) either . . . or
nicaragüense Nicaraguan
  (also noun)
los nietos grandchildren
  nieva it's snowing **(1.6)**; it
    snows
la nieve snow
  ningún no, not any *(used for*
    ninguno *before m. sing.
    noun)* **(6.1)**
  ninguno no, not any **(6.1)**
los niños children
  no no **(1.1)**; not **(2.1)**
    ahora no not now
    ¡claro que no! of course
      not! **(2.2)**
    ¡cómo no! of course! **(2.2)**
    decir que no to say no
      (5.3)
    hoy no not today
    ¿no? no? right? isn't it?
      etc.
    no hay there is (are) no
      (3.3)
    no hay de qué you're
      welcome **(1.3)**
    no importa it doesn't
      matter
    no lo creo I don't believe
      it (that)
    no lo sé I don't know
      (that)
    ¡no me digas! you don't
      say! **(4.3)**
    no . . . nada nothing, not
      anything **(6.1)**
    no . . . nadie no one, not
      anyone **(6.1)**
    no . . . ni . . . ni not either
      . . . or, neither . . . nor

no ... ninguno (ningún)
no, not any **(6.1)**

no ... nunca never, not
ever **(6.1)**

no puedo I can't **(2.3)**

no sólo ... sino (también)
not only ... but (also)

no tienes que you
mustn't (shouldn't)

no todos tenemos we all
do not have, not all of
us have

¿por qué no? why not?

ya no no longer, not ...
anymore

yo no not I (me)

una **noche** night, evening

buenas noches good
evening, good night
(1.2)

de la noche in the
evening, at night, p.m.
(1.4)

de noche at night

el (sábado) por la noche
(on) (Saturday) night,
evening **(6.4)**

esta noche tonight

la noche del sábado
Saturday night

los (sábados) por la noche
(on) (Saturday) nights
(6.4)

por la noche at night

la **Nochebuena** Christmas Eve

Noel: Papá Noel Santa
Claus

un **nombre** name

nombre y apellidos full
name *(first name and
last name)*

un nombre de familia
family name

una **norma** rule

normal: una escuela normal
teachers' school

el **norte** north

Norteamérica North
America

norteamericano (North)
American *(from the USA;
also noun)* **(3.4)**

nos us, to (for) us **(6.1)**;
ourselves, to (for) ourselves
(7.3); each other, one
another

nos gusta we like

nos vemos (pronto) see
you (soon)

nosotros(as) we **(2.4)**; us
(after prep.) **(6.1)**

una **nota** grade *(mark in school)*
(8.1); note

sacar una buena (mala)
nota to get a good
(bad) grade

notar to note, notice

las **noticias** news **(6.3)**

novecientos nine hundred
(7.2)

una **novela** novel **(5.1)**

una **novia** girlfriend **(3.1)**

noviembre November **(1.5)**

un **novio** boyfriend **(3.1)**

los novios boyfriend(s)
and girlfriend(s)

nublado: está nublado it's
cloudy **(1.6)**

nuestro our **(5.3)**

nuevo new **(3.3)**

Nueva York New York

Nuevo México New
Mexico

numerado numbered

un **número** number **(1.3)**

un número de teléfono
telephone number

nunca never, not ever **(6.1)**

O

o or **(2.1)**

* **obedecer (c→zc)** to obey
(6.4)

un **objetivo** purpose, aim,
objective

un **objeto** object **(3.3)**

una **obligación** *(pl. obligaciones)*
obligation

obligatorio required,
obligatory

una **obra** work, play *(drama)*

una obra de teatro play
(6.3)

una **observación**
(pl. observaciones)
observation

observar to observe

la **obstinación** stubbornness

* **obtener (e→ie)** to obtain, get

obvio obvious

una **ocasión** *(pl. ocasiones)*
occasion, event, affair

en toda ocasión on all
occasions, at all times

un **océano** ocean

el Océano Atlántico
Atlantic Ocean

el Océano Pacífico
Pacific Ocean

oceanográfico oceanographic

octubre October **(1.5)**

ocupado busy, occupied

ocurrir to happen, occur

ochocientos eight hundred
(7.2)

odiar to hate

el **oeste** west

una película del oeste
western (movie) **(6.3)**

ofensivo offensive. rude

una **oferta** offer

una **oficina** office **(9.1)**

una oficina de turismo
tourist office

un **oficio** job, trade **(9.1)**

* **ofrecer (c→zc)** to offer **(6.4)**

* **oír** to hear **(6.4)**

un **ojo** eye

los ojos eyes **(7.1)**

mirar a los ojos to look
into (someone's) eyes

¡ojo! be careful! watch
out!

tener los ojos (azules) to
have (blue) eyes **(7.1)**

un ojo morado black eye

una **ola** wave

correr las olas to surf

las **Olimpíadas** the Olympics

las Olimpíadas de
Invierno Winter
Olympics

olímpico Olympic

los Juegos Olímpicos
Olympic Games

un **olor** smell, odor

olvidar to forget (something)

olvidarse (de) + inf. to
forget (to do something)
(9.2)

un **ómnibus** *(pl. ómnibus)* bus
(Argentina)

una **onza** ounce

una **opinión** (*pl.* **opiniones**)
opinion
   cambiar de opinión to
     change one's mind
   en mi opinión in my
     opinion **(6.2)**
  oponen: se oponen (they)
    are opposed

una **oportunidad** opportunity

un **optometrista, una**
optometrista optometrist

el **opuesto** opposite

una **oración** (*pl.* **oraciones**)
sentence

el **orden** order
  en orden in order, tidy

una **orden** (*pl.* **órdenes**) order
(*command*)

las **orejas** ears **(7.1)**

un **organizador, una**
organizadora organizer
  organizar to organize,
    arrange

el **orgullo** pride
  orgulloso proud
  estar orgulloso de (ser)
    to be proud of (being),
    proud to (be)

el **Oriente** Orient, East

un **origen** (*pl.* **orígenes**) origin
original original

la **originalidad** originality
originalmente originally
  originario de originating
    from, native to

el **oro** gold
  la medalla de oro gold
    medal

una **orquesta** orchestra, band
os yourselves, to (for)
yourselves (*fam. pl.*), you, to
(for) you
oscuro dark

el **otoño** autumn, fall **(1.6)**
otro another, other **(3.3)**
  (los) otros others, other
    people
  otra vez again **(9.3)**
  otro (bajo) another that
    is (short)
ovalado oval

una **oveja** sheep
¡oye! listen! **(3.3)**
oyen: se oyen one hears
oyes you (can) hear

p

la **paciencia** patience
  con (mucha) paciencia
    (very) patiently
  perder la paciencia to
    lose one's patience
  tener paciencia to be
    patient
paciente patient

un **paciente, una paciente**
patient

un **padre** father **(5.2)**
  los padres parents **(5.2)**

los **padrinos** godparents
pagar to pay, pay for **(6.1)**
  pagar por to pay for

una **página** page
  la página deportiva
    sports page

un **país** country **(3.4)**

un **paisaje** landscape

un **pájaro** bird **(5.2)**

una **palabra** word **(2.1)**
  tú tienes la palabra it's
    your turn to speak

un **palacio** palace

una **palma** palm tree

el **pan** bread **(10.2)**

un **panadero, una panadera**
baker
Panamá Panama
panameño Panamanian (*also
noun*)
panamericano Pan-American
(*involving North America,
South America, and Central
America*)
  los Juegos
    Panamericanos Pan-
    American Games

una **pandereta** tambourine

una **pandilla** group of friends
(*Spain*)

unos **pantalones** pants **(7.2)**
  unos pantalones cortos
    shorts **(7.2)**

una **papa** potato

el **papá** father **(5.2)**
  Papá Noel Santa Claus

un **papagayo** parrot **(5.2)**

las **papas** potatoes **(10.2)**
  las papas fritas French
    fries

el **papel** paper

un **papel** role, part
para for **(2.4)**; (in order) to
(9.2); by
  dar permiso para to give
    (someone) permission to,
    permit (someone) to
  ¿para qué? why? what
    for?
  tener permiso (tiempo)
    para to have
    permission (time) to
  parada: las paradas de
    portero saves (*soccer*)
  una parada de pecho
    chest trap (*soccer*)
paraguayo Paraguayan (*also
noun*)
parar to stop, save (*soccer*)

una **pared** wall
paréntesis: entre paréntesis
in parentheses

un **pariente, una parienta**
relative
  los parientes relatives
    (5.2)

un **parque** park

un **párrafo** paragraph

una **parte** part
  a (en, por) todas partes
    everywhere
  formar parte de to be (a)
    part of
participar to participate,
take part

un **participio** participle

un **partido** game, match **(6.2)**
  un partido de (fútbol)
    (soccer) game
pasable passable, fair
pasado last (*previous*)
  el año pasado last year
  el (miércoles) pasado
    last (Wednesday) **(6.4)**

el **pasado** past

un **pasajero, una pasajera**
passenger

un **pasaporte** passport
pasar to spend (*time*), to pass
(by), to happen **(8.2)**; to
pass (something to
someone) to go (by)
  mirar pasar a la gente
    to watch the people go
    by
  pasar el tiempo to pass
    (while away) the time

pasar por to pass by (through)

pasar por la calle to walk down (along) the street

¿qué pasa? what's wrong? what's the matter? **(1.4)**

un **pasatiempo** pastime, hobby

la **Pascua Florida** Easter

un **pase** pass *(soccer)*

los **pases** plays *(soccer)*

un **paseo** walk, stroll, boulevard, avenue

de **paseo** walking down the street

un **pastel** pastry, pie **(8.4)**

un **patio** patio, courtyard

el **Patio de los leones** Court of the Lions *(courtyard in the Alhambra Palace near Granada, Spain)*

un **pato** duck

patrón: un santo patrón patron saint *(guardian saint of a nation, city, etc.)*

payaso: hacer el payaso to clown around

la **paz** peace

el **Cuerpo de Paz** Peace Corps

pecho: una parada de pecho chest trap *(soccer)*

un **pediatra**, una **pediatra** pediatrician

pedido: ha pedido has asked

pedir (e→i) to ask, ask for, request, to order (something) **(6.1)**

pedir prestado to borrow

pegar a to hit, kick

un **peinador**, una **peinadora** hairdresser

peinar to comb

peinarse to comb one's hair **(7.3)**

pelar to peel

pelear to fight

una **película** film, movie **(6.3)**

una **película de aventuras** adventure movie **(6.3)**

una **película del oeste** western **(6.3)**

una **película policíaca** police *or* detective movie **(6.3)**

una **película romántica** love movie **(6.3)**

el **peligro** danger

peligroso dangerous

el **pelo** hair **(7.1)**

lavarse el pelo to wash one's hair

tener el pelo (rubio) to have (blond) hair

una **pelota** ball

pena: ¡qué pena! what a pity!

una **península** peninsula

pensar (e→ie) to think **(6.3)**

pensar + *inf.* to plan to **(6.3)**

pensar de to think of, think about *(have an opinion about)* **(6.3)**

pensar en to think about *(give thought to)* **(6.3)**

pensar que to think that **(6.3)**

peor worse, worst **(7.1)**

el (la) **peor**, los (las) **peores** the worst

peor que worse than

la **pequeñez** pettiness

pequeño small, little *(size)* **(3.3)**

la **Pequeña Habana** Little Havana

las **peras** pears **(10.2)**

perder (e→ie) to lose **(6.3)**

perder el tiempo to waste time **(6.3)**

perder la confianza en to lose one's confidence (trust) in, stop trusting (someone)

perder la paciencia to lose one's patience (temper)

¡perdón! excuse me! pardon me! **(5.2)**

perezoso lazy

un **perezoso** sloth *(slow, tree-dwelling animal of South America)*

perfeccionista perfectionist(ic)

perfectamente perfectly

perfecto perfect

un **periódico** newspaper **(3.3)**

un **puesto de periódicos** newsstand

un **periodista**, una **periodista** journalist **(9.2)**

un **período** period

un **período de estudio** study period

una **perla** pearl

permanecer to stay, remain

permisivo lenient, permissive

el **permiso** permission

dar permiso para to give (someone) permission to

tener permiso para to have permission to

un **permiso de conducir** driver's license

permitir to permit, allow

pero but **(2.1)**

perplejo perplexed

un **perro** dog **(5.2)**

la **perseverancia** perseverance

perseverante persevering, persistent

una **persona** person

las **personas** persons, people

las **personas mayores** grown-ups, adults

un **personaje** character *(comic strip, film, play, etc.)*, personage

personal personal

una **personalidad** personality

el **Perú** Peru

peruano Peruvian *(also noun)*

pesado: el peso pesado heavyweight *(boxing)*

pesar to weigh

un **pescador** fisherman

una **pescadora** fisherwoman

un **pescado** fish *(caught)*

la **peseta** the peseta *(monetary unit of Spain)*

el **peso** the peso *(Hispanic monetary unit)*

un **peso** peso, weight

perder peso to lose weight

el **peso pesado (medio, welter, ligero, pluma)** heavyweight (middleweight, welterweight, lightweight, featherweight) *(boxing)*

un **pez** *(pl.* **peces***)* fish *(live)* **(5.2)**

un pez de color goldfish
picante highly spiced, hot
pide ask for *(command)*
un **pie** foot **(7.4)**
    a pie on foot **(4.4)**
    ir a pie to go on foot,
      walk **(4.4)**
    piensa (en) think (about)
      (command)
una **pierna** leg **(7.4)**
un **piloto** driver *(auto race)*
la **pimienta** pepper **(10.2)**
el **ping pong** Ping-Pong
un **pingüino** penguin
    pintar to paint
un **pintor, una pintora** painter
    pintoresco picturesque
una **piña** pineapple
una **piraña** piranha *(South
    American carnivorous fish)*
los **Pirineos** Pyrenees *(mountain
    range between France and
    Spain)*
un **piropo** compliment
    decir un piropo to pay a
      compliment, make a
      flattering remark
una **piscina** swimming pool **(4.2)**
un **piso** floor *(of a building)*
    (5.3)
una **pista** track *(racing)*
el **placer** pleasure
un **plan** plan
    planear to plan
un **planeta** planet
    plano flat
un **plano** plan *(architects's
    drawing)*
una **planta** floor *(of a building)*
    la planta baja ground
      floor, first floor *(USA)*
los **plátanos** bananas *(for
    cooking; also called
    plantains)* **(10.2)**
    un refresco de plátanos
      banana shake
un **platillo** saucer
un **plato** plate, dish **(10.1)**
una **playa** beach **(4.2)**
una **plaza** plaza, (public) square
    (4.2)
    una plaza de toros
      bullring
un **plomero** plumber
    pluma: el peso pluma
      featherweight *(boxing)*

el **plural** plural
la **población** population
pobre poor **(6.1)**; unlucky
    ser pobre to be poor **(6.1)**
poco little
un **poco** a little **(2.1)**
    un poco de + *noun* a
      little
* **poder (o→ue)** can, to be able
    (to), may **(6.3)**
    puede ser it may be
    ¿puedo hablar con …?
      may I talk to …? *(on
      the phone)* **(9.3)**
un **poema** poem
la **poesía** poetry
un **poeta** poet
la **policía** police
un **policía, una policía** police
    officer
policíaco detective
    un cuento policíaco
      detective story
    una película policíaca
      police *or* detective movie
      (6.3)
la **política** politics
un **político, una política**
    politician
un **pollito** chick
el **pollo** chicken **(10.2)**
pon put *(command)*
un **poncho** poncho
* **poner** to put, put on **(6.4)**
    poner la mesa to set the
      table **(10.1)**
* **ponerse** to put (something)
    on (oneself) **(7.3)**; to try
    (something) on
la **popularidad** popularity
poquito very little
por for, by, along, through
    (9.3); throughout, because
    of
    los (sábados) por la noche
      (on) (Saturday) nights
      (6.4)
    por avión by plane
    por ciento percent
    por desgracia
      unfortunately **(10.4)**
    por ejemplo for instance,
      for example **(7.4)**
    por eso therefore, that's
      why **(2.4)**; because of
      that

    por favor please **(1.3)**
    por hora per hour
    por la calle down (along)
      the street
    por la mañana in the
      morning
    por la noche at night
    por la tarde in the
      afternoon
    por lo general generally
      (6.4)
    ¿por qué? why? **(2.3)**
    ¿por qué no? why not?
    por suerte luckily
    ¡por supuesto! of course!
      (2.2)
    por teléfono on the (by)
      phone
    por todas partes
      everywhere
    por todo el mundo all
      over the world
porque because **(2.3)**
un **porqué** reason, cause
la **portería** goal *(soccer)*
el **portero** goalie *(soccer)*
    las paradas de portero
      saves *(soccer)*
un **portero** doorman
el **portugués** Portuguese
    (language)
la **posesión** possession,
    ownership
las **posesiones** possessions,
    belongings
posesivo possessive
una **posibilidad** possibility
posible possible
una **posición** *(pl.* **posiciones)**
    position
una **postal** postcard
el **postre** dessert
    los postres dessert(s)
      (10.2)
practica: se practica (it) is
    engaged in
la **práctica** practice
    **la práctica hace al
      maestro** practice
      makes perfect
practicar to practice, to take
    part in, play *(sports)*
práctico practical
un **precio** price
precioso precious
la **precisión** precision

461

preciso precise
una preferencia preference
preferido favorite, preferred
preferir (e→ie) to prefer (6.3)
pregunta ask (command)
una pregunta question
hacer una pregunta to ask a question
preguntar to ask, to inquire (6.1)
un premio prize
preocupado worried
prepara prepare (command)
preparado prepared
preparar to prepare, get ready
prepararse to prepare (oneself)
una preposición
(pl. preposiciones) preposition
una presentación
(pl. presentaciones) personal appearance
presentar to present, to perform, put on (play, etc.)
presente present
el presente present (tense)
un presidente, una presidenta president
un preso, una presa prisoner
prestado: pedir prestado to borrow
prestar to lend (5.4)
un presupuesto budget
el pretérito preterite (tense)
un pretexto excuse
una prima cousin (f.) (5.2)
primario primary
una escuela primaria elementary school
la primavera spring (1.6)
primero first (1.5)
el primero de (agosto) the first of (August), (August) 1 (1.5)
los primeros auxilios first aid
primero (adv.) first (9.4)
un primo cousin (m.) (5.2)
principal main, principal
un actor (una actriz) principal starring actor (actress), leading man (lady)

principalmente principally, mainly
prisa: con (mucha) prisa hurriedly, in a (great) hurry
probablemente probably
un problema problem
un problema sentimental problem of the heart, love problem
un procedimiento procedure
un procedimiento de primeros auxilios first-aid procedure
un proceso process
proclamado proclaimed
producir (c→zc) to produce
un producto product
un producto químico chemical
un productor, una productora producer
una profesión (pl. profesiones) profession (9.1)
profesional professional
un profesor, una profesora teacher, professor (3.1)
un(a) profesor(a) de (inglés) (English) teacher
un programa program (6.3)
un programa de intercambio (de estudiantes) (student) exchange program
un programa de televisión television program, TV show
un programa de variedades variety show (6.3)
un programador, una programadora (computer) programmer (9.2)
un pronombre pronoun
pronto soon
hasta pronto see you soon
la pronunciación pronunciation
pronunciar to pronounce
propio own
propósito: a propósito by the way (10.2)
provee (he) provides
una provincia province
próximo next (5.3); coming, approaching

el próximo (martes) next (Tuesday) (6.4)
el verano próximo next summer
un proyecto project, plan
en proyectos económicos in economic planning
prudente careful, cautious, prudent
prudentemente carefully, cautiously
la psicología psychology
psicológico psychological
un psiquiatra, una psiquiatra psychiatrist
publicidad: una agencia de publicidad advertising agency
público public
el público public
atender al público to wait on (take care of) people
pude: no pude (I) could not (9.4)
un pueblo town, village (4.2); people (national group)
otros pueblos other peoples
puede: puede ser it may be
puedo: ¿puedo hablar con …? may I talk to …? (on the phone) (9.3)
una puerta door (5.3); goal (soccer)
el área de puerta goal area (soccer)
llamar a la puerta to knock at the door
un puerto port, harbor
puertorriqueño Puerto Rican (also noun) (3.4)
pues … well …
un puesto position (job), stand
un puesto de periódicos newsstand
pulcro neat, perfectly dressed
un pulgar thumb
un pulmón (pl. pulmones) lung
un puma puma (large cat of the Andes)
punto: un punto de vista point of view
puntual punctual
la pureza purity

462

puro: el aire puro clean air, fresh air

q

que *(rel. pron.)* that, which, who, whom **(3.4)**
  del (en, con) que about (in, with) which
  lo que what
que *(conj.)* that, than
  más (menos) ... que more (less) ... than, -er than **(7.1)**
  ¡que tenga(n) un buen día! have a good day!
¿qué? what? **(2.3)**
  ¿a qué hora? (at) what time? **(1.4)**
  ¿por qué? why? **(2.3)**
  ¿qué es lo que ...? what (is it that) ...?
  ¿qué hago? what shall (should) I do? what can I do?
  ¿qué hicieron? what did they do?
  ¿qué hora es? what time is it? **(1.4)**
  ¿qué pasa? what's wrong? what's the matter? **(1.4)**
  ¿qué sabes tú? what do you know?
  ¿qué tal? how are you? how's it going? how are things? **(1.2)**
  ¿qué tiempo hace? what's the weather like? **(1.6)**
¡qué! how! what!
  no hay de qué you're welcome **(1.3)**
  ¡qué + adj.! how ... ! **(3.2)**
  ¡qué bueno! great! **(1.6)**
  ¡qué bueno ...! how great (it will be) ... !
  ¡qué horror! how horrible! how awful!
  ¡qué lástima! too bad! **(2.1)**
  ¡qué malo! that's bad! **(1.6)**

¡qué *(noun, or adj. + noun)!* what (a, an) ... !
¡qué *(noun)* **tan** *(adj.)!* what (a, an) ... ! **(5.4)**
¡qué pena! what a pity!
¡qué suerte! what luck! how lucky! **(5.1)**
  ¡qué suerte tienes! how lucky you are! **(5.1)**
¡qué terrible! how terrible! how awful!
quedarse to stay, remain **(7.4)**
  quedarse con to keep
  quedarse en casa to stay home
  quedarse en la cama to stay in bed
  quedarse hasta más tarde to stay after *(school)*
* **querer (e→ie)** to want **(6.3)**
  querer + *inf.* to want to **(6.3)**
  querer a *(person)* to like, to love **(6.3)**
  querer decir to mean **(6.3)**
querido dear *(opening an informal letter)* **(9.2)**
el queso cheese **(10.2)**
  el queso de crema cream cheese
el quetzal the quetzal *(monetary unit of Guatemala)*
un quetzal quetzal *(Central American bird with brilliant plumage)*
¿quién(es)? who? whom? *(after prep.)* **2.3)**
  ¿a quién(es)? whom? *(personal dir. obj.)* **(4.1)**
  ¿de quién(es)? whose? **(5.1)**
  ¿de quién es? whose is it?
  ¿quién eres? who are you?
  ¿quién es? who is that?
quien *(rel. pron.)* who
la química chemistry
un químico, una química chemist
químico chemical
  un producto químico chemical

quinientos five hundred **(7.2)**
  mil quinientos fifteen hundred **(7.2)**
quiquiriquí cock-a-doodle-doo
quitarse to take (something) off (oneself) **(7.3)**
quise (I) tried **(9.4)**
  no quise (I) refused **(9.4)**
quiso (she) wanted, tried

r

la radio radio *(broadcasting)*
  escuchar la radio to listen to the radio
un radio radio *(set)* **(3.3)**
una rana frog
un rancho ranch
rápidamente rapidly, quickly, fast
rápido rapid, fast, swift
rápido *(adv.)* rapidly, fast
una raqueta racket
  una raqueta de tenis tennis racket
raras veces rarely, seldom **(6.1)**
el Rastro *flea market in Madrid*
ratón: un ratón de biblioteca bookworm
un rayo (flash of) lightning
una razón *(pl. razones)* reason
  tener razón to be right
la realidad reality, truth
  en realidad in fact, really, actually
  realista realistic
  realmente really, actually
una receta recipe
  recibido received
  recibir to receive **(8.1)**; get **(8.3)**
  recientemente recently
un récord record *(sports)*
  recordar (o→ue) to remember
un recuerdo souvenir
una red net, network
  redondo round
una referencia reference
  reflejar to reflect

un **refrán** (*pl.* **refranes**) proverb, saying

un **refresco** cold drink

    un **refresco de plátanos** banana shake

un **regalo** present, gift (3.3)

regatear to bargain

una **región** (*pl.* **regiones**) region, area

una **regla** rule (*grammar*)

regular fair, not bad, pretty well, O.K. (1.2)

regularmente regularly (6.1)

una **reina** queen

una **relación** (*pl.* **relaciones**) relation, relationship

relativo relative

religioso religious

un **reloj** watch (3.3)

relleno stuffed

    un **chile relleno** stuffed chili pepper (*Mexican dish*)

reparar to repair, fix

un **repaso** review

repente: de repente suddenly

un **representante, una representante** representative

representar to represent

una **república** republic

    la **República Dominicana** Dominican Republic

requerir (e→ie) to require

un **requisito** requirement, qualification

res: la carne de res beef

la **resistencia** endurance, stamina, resistance

respetado respected

respetar to respect

responder to answer, reply, respond

una **respuesta** answer, reply, response

el **resto** rest (*remainder*)

resuelves (you) solve

un **resultado** result

un **retrato** portrait

una **reunión** (*pl.* **reuniones**) party, (social) gathering

reunirse (u→ú) to gather (together)

revelar to reveal

una **revista** magazine (3.3)

un **rey** king

rico rich (6.1)

    ser rico to be rich (6.1)

ridículo ridiculous

ríe: se ríe (he, she) laughs

ríen, se ríen (they) laugh

un **río** river

un **ritmo** rhythm

rizado curly (*hair*) (7.1)

un **robo** robbery, burglary

el **rock** rock 'n' roll

una **rodilla** knee (7.4)

rojo red (7.2)

Roma Rome

romántico romantic

    una **película romántica** love movie (6.3)

rompas: ¡no te rompas . . . ! don't break . . . !

romper to break (*an object*) (8.3)

romperse to break (*part of the body*) (8.3)

la **ropa** clothes, clothing (7.2)

rosa pink

roto broken

rubio blond(e) (3.2)

un **ruido** noise, sound

las **ruinas** ruins

ruso Russian (*also noun*)

el **ruso** Russian (*language*

una **rutina** routine

S

S.A. *abbreviation of* **Sudamérica**

sábado Saturday (1.5)

    el **sábado** (on) Saturday (6.4)

    la **noche del sábado** Saturday night

    los **sábados** (on) Saturdays (6.4)

    los **sábados por la noche** (on) Saturday nights (6.4)

* **saber** to know (*facts, information*) (9.1)

    saber + *inf.* to know how to, can (*mental knowledge*) (9.1)

sabes (you) know

¿sabes? do you know?

sacar to take (*pictures*) (4.1); to get (*a grade*) (8.1); to take out (something)

    sacar de to take (something) out of (something)

    sacar fotos to take pictures (4.1)

    sacar una buena (mala) nota to get a good (bad) grade

sagrado holy, sacred

    el **Sagrado Corazón** Sacred Heart

    la **Sagrada Familia** Church of the Holy Family (*unfinished cathedral of the Catalan architect Gaudí, in Barcelona, Spain*)

la **sal** salt (10.2)

una **sala** living room (5.3)

un **salario** salary

una **salida** departure

* **salir** to leave, to go out (6.4)

    salir a + *inf.* to go out to (9.2)

    salir bien (mal) en (un examen) to pass (fail) (an exam) (8.1)

    salir de to leave (*a place*)

    salir de casa to leave the house

un **salón** (*pl.* **salones**) salon

    un **salón de belleza** beauty salon

una **salsa** sauce

    la **salsa de tomate** tomato sauce

saltar to jump, leap

la **salud** health

saludando greeting (*someone*)

saludar to greet

un **saludo** greeting

salvadoreño Salvadoran (*also noun*)

salvar to save, rescue

san saint

unas **sandalias** sandals (7.2)

un **sándwich** sandwich (8.4)

la **sangre** blood

sano healthy, healthful

un **santo,** una **santa** saint

    el **día del santo** saint's day, name day

un **sapo** toad

se himself, herself, yourself *(formal),* themselves, yourselves **(7.3);** to him (her, it), to you *(formal, pl.),* to them *(used for* **le** *and* **les** *before dir. obj. pronoun beginning with* **l)**

    se acuerda(n) de (they, you *pl.)* remember

    se anuncia (it) is announced

    se están durmiendo (they) are falling asleep

    se fue (she) left, went away

    se levanta (he) gets up

    se lo puso (she) tried it on

    se llama his (her) name is, (it) is called

    se llena de (it) fills (is filled) with

    se oyen one hears

    se ríe (he, she) laughs

    se ríen (they) laugh

    se va de la casa (he) leaves the house

    se vista de (she) may dress in

sé (I) know (how)

secretamente secretly

un **secretario,** una **secretaria** secretary **(9.1)**

un **secreto** secret

secundario secondary

    un **actor (una actriz) secundario(a)** supporting actor (actress)

sed: tener sed to be thirsty **(8.4)**

la **seda** silk

seguida: en seguida right away, immediately

según according to

un **segundo** second *(unit of time)*

seguramente surely

seguro sure

    seguro de ti mismo sure of yourself *(fam.)*

seiscientos six hundred **(7.2)**

seleccionar to select

un **sello** stamp

una **semana** week **(1.5)**

    los **fines de semana** on (the) weekends

    un **fin de semana** weekend **(1.5)**

el **SENA (Servicio Nacional de Aprendizaje)** *technical and vocational training program in Colombia*

senegalés *(f.* **senegalesa)** Senegalese *(also noun)*

sensacional sensational

la **sensibilidad** sensitivity

sensitivo sensitive

sentarse (e→ie) to sit down **(7.4);** to sit

un **sentido** sense

    el **sentido común** common sense

    el **sentido del equilibrio** sense of balance

    un **sentido del humor** sense of humor

sentimental sentimental, of the heart

    un **problema sentimental** problem of the heart, love problem

un **sentimiento** feeling

sentir (e→ie) to feel **(6.3);** to regret, be sorry

    lo **siento** I'm sorry

sentirse (e→ie) to feel **(7.4)**

    sentirse mal to feel bad (sick)

señor (Sr.) Mr., sir **(1.2)**

    señores (Srs.) Mr. and Mrs.

    ¡**señores!** ladies and gentlemen!

un **señor** man, gentleman **(3.1)**

    los **señores** men, gentlemen, husband and wife

señora (Sra.) Mrs., ma'am **(1.2)**

una **señora** lady **(3.1);** wife

    Nuestra Señora de los Dolores Our Lady of the Sorrows

señorita (Srta.) Miss, miss **(1.2)**

una **señorita** young lady

septiembre September **(1.5)**

* **ser** to be **(3.1)**

    llegar a ser to become

    ser aficionado a to be fond of

    ser amable con to be kind to

    ser celoso to be jealous *(a jealous person)*

    ser de to belong to, to be . . .'s

    ser malo to be bad, misbehave

    ser pobre (rico) to be poor (rich) **(6.1)**

una **serenata** serenade

seriamente seriously

serio serious **(3.2)**

una **serpentina** streamer

servicial helpful

un **servicio** service

    una **estación de servicio** service station, gas station

servir (e→i) to serve **(8.4)**

setecientos seven hundred **(7.2)**

Sevilla Seville *(city in southwestern Spain)*

si if **(4.4)**

    si te llamas if your name is

sí yes **(1.1)**

siempre always **(2.1)**

siento: lo siento (I'm) sorry

una **siesta** nap, rest

    tomar una siesta to have (take) a nap *(after lunch)*

un **siglo** century

    el **siglo (veinte)** (twentieth) century

un **significado** meaning, significance

significar to mean, signify

siguiente following

una **sílaba** syllable

    las **sílabas con acento** accented (stressed) syllables

una **silla** chair **(10.4)**

simbólico symbolic

simpático nice **(3.2)**

simplemente simply

sin without **(9.2)**

sin + *inf.* without . . .ing
sin duda doubtless **(9.1)**
sin embargo however,
   nevertheless **(7.1)**
sinceramente sincerely
   (closing a letter) **(9.2)**
la **sinceridad** sincerity
sincero sincere
sino but *(on the contrary)*
¿sirves? do (you) serve?
un **sistema** system
situado located, situated
sobre on, on top of, above,
   over **(10.4)**; about,
   concerning
la **sociabilidad** sociability
una **sociedad** society
el **sol** the sol *(monetary unit of*
   Peru)
el **sol** sun
   hace sol it's sunny **(1.6)**
   tomar el sol to sunbathe
   unos anteojos de sol
      sunglasses **(7.2)**
solamente only
solar solar
   el sistema solar solar
      system
un **solicitante**, una **solicitante**
   applicant
solicitar to apply for
una **solicitud** application
sólido solid
solitario solitary
solo alone, single **(4.4)**
sólo only **(4.4)**
   no sólo sino (también)
      not only . . . but (also)
una **solución** *(pl.* **soluciones)**
   solution, answer
un **sombrero** hat **(7.2)**
son (they, you *pl.)* are **(3.1)**
   son de (Isabel) they
      belong to (Isabel), they
      are (Isabel)'s
   son las (dos) it's (two)
      o'clock **(1.4)**
un **sondeo** poll
un **sonido** sound
una **sonrisa** smile
sonrojarse to blush
la **sopa** soup
una **sorpresa** surprise
un **sótano** basement
Sr. *abbreviation of* **señor** **(1.2)**

Sra. *abbreviation of* **señora**
   (1.2)
Srta. *abbreviation of*
   señorita (1.2)
su, sus his, her, your *(formal,*
   pl.), their **(5.3)**
suave soft, mellow
submarino: todo un equipo
   submarino diving
   equipment, complete diving
   outfit
un **subtítulo** subtitle
un **suceso** event
el **sucre** the sucre *(monetary*
   unit of Ecuador)
un **sucre** sucre *(coin)*
Sudáfrica South Africa
Sudamérica South America
sudamericano South
   American *(also noun)*
sueco Swedish *(also noun)*
un **sueño** dream, sleep, sleepiness
   tener sueño to be sleepy
      (8.4)
la **suerte** luck
   ¡buena suerte! good luck!
      (5.1)
   por suerte luckily
   ¡qué suerte! what luck!
      how lucky! **(5.1)**
   ¡qué suerte tienes! how
      lucky you are! **(5.1)**
   tener suerte to be lucky
      (5.1)
un **suéter** *(pl.* **suéteres)** sweater
   (7.2)
suficiente enough, sufficient
el **sufrimiento** suffering
Suiza Switzerland
suizo Swiss *(also noun)*
un **sujeto** subject
sumar to add up, total
superfluo superfluous, extra,
   unwanted *(calories)*
un **supermercado** supermarket
supersticioso superstitious
suplementario extra,
   additional, supplementary
supe (I) found out **(9.4)**
supo (he, she) knew, knew
   how to, found out
supuesto: ¡por supuesto! of
   course! **(2.2)**
el **sur** south
el **suroeste** southwest

un **sustantivo** noun

t

las **tácticas** tactics *(skillful*
   maneuvering)
tal: ¿qué tal? how are you?
   how's it going? how are
   things? **(1.2)**
   tal como as, just as
   tal vez maybe **(2.2)**
el **talento** talent
un **tamal** tamale *(Mexican dish)*
también also, too **(2.1)**
un **tambor** drum
tampoco neither, (not) . . .
   either
tan: ¡qué *(noun)* **tan** *(adj.)!*
   what (a, an) . . .! **(5.4)**
   tan . . . como as . . . as
      (7.1)
tanto: tanto *(noun)* **como** as
   much *(pl.* many) . . . as
un **taquillero,** una **taquillera**
   ticket seller
tarde late **(8.2)**
   hasta tarde until late (at
      night)
   más tarde later
   quedarse hasta más tarde
      to stay after *(school)*
una **tarde** afternoon
   (ayer) por la tarde
      (yesterday) afternoon
   buenas tardes good
      afternoon **(1.2)**
   de la tarde in the
      afternoon, p.m. **(1.4)**
   el (viernes) por la tarde
      (on) (Friday) afternoon
      (6.4)
   por la tarde in the
      afternoon
una **tarea** assignment **(8.1)**
   hacer la tarea to do the
      assignment **(5.2)**
   hacer las tareas to do
      homework **(5.2)**
   las tareas homework
      (8.1)
una **tarjeta** card, postcard **(5.1)**
   una tarjeta postal
      postcard

un taxista, una taxista taxi driver

una taza cup (10.1)

te you, to (for) you (fam.) (6.1); yourself, to (for) yourself (fam.) (7.3)

¿(no) te gusta(n)? do you (don't you) like? (2.4) (6.2)

si te llamas if your name is

¿te gusta(n) más? do you like better? do you prefer?

el té tea (8.4)

el teatro theater (drama) (6.3)

una obra de teatro play (6.3)

un teatro theater (building) (4.2)

las técnicas technical professions

técnico technical

una escuela técnica technical school

un técnico, una técnica technician

una teja tile

telefonear to telephone

un teléfono telephone

llamar por teléfono to call on the phone (5.4)

un número de teléfono telephone number

un telegrama telegram

la televisión television, TV (broadcasting) (6.3)

un estudio de televisión television (TV) studio

un programa de televisión television program, TV show

un televisor television (TV) set (3.3)

un temperamento temperament

la temperatura temperature

temprano early (8.2)

ten see tener

un tenedor fork (10.1)

* tener to have (3.3)

aquí tienes here is, here are

ten take (command)

tener calor to be (feel) hot (8.4)

tener cuidado to be careful

tener el pelo (rubio), los ojos (azules) to have (blond) hair, (blue) eyes

tener éxito to succeed

tener frío to be (feel) cold (8.4)

tener ganas de + inf. to feel like ... ing (3.4)

tener hambre to be hungry (8.4)

tener la costumbre de + inf. to have the habit of ... ing

tener miedo to be afraid

tener (muchas cosas) que (aprender) to have (a lot) to (learn)

tener (mucho) que hacer to have (a lot) to do

tener (number) años to be (number) years old (3.4)

tener paciencia to be patient

tener que + inf. to have to (3.4)

tener razón to be right

tener sed to be thirsty (8.4)

tener sueño to be sleepy (8.4)

tener suerte to be lucky (5.1)

tener una correspondencia to carry on a correspondence

tengan: ¡que tengan un buen día! have a good day!

el tenis tennis (6.2)

una raqueta de tenis tennis racket

la teoría theory

una terminación (pl. terminaciones) ending

terminar to end, finish

un terremoto earthquake

el terreno field

terrible terrible, awful

¡qué terrible! how terrible! how awful!

un territorio territory

un tesoro treasure

los textiles textiles

ti you (fam.; after prep.) (2.4)

una tía aunt (5.2)

el tiempo weather (1.6); time

a tiempo on time (8.2)

al mismo tiempo at the same time (8.3)

¿cuánto tiempo hace que (verb in the present)? (for) how long ...? (8.1)

el tiempo libre free time

hace buen (mal) tiempo the weather's nice (bad) (1.6)

perder el tiempo to waste time (6.3)

¿qué tiempo hace? what's the weather like? (1.6)

tener tiempo para to have time to

una tienda store, shop, boutique (4.2)

tiene: aquí tiene here you are, here is

tienes: aquí tienes here is, here are

no tienes que you mustn't (shouldn't)

tú tienes la palabra It's your turn to speak

la tierra earth, land

tímido shy, timid

un tío uncle (5.2)

los tíos aunt(s) and uncle(s)

típicamente typically

típico typical

un tipo type, sort, kind

un título title

un tocadiscos record player (3.3)

tocar to play (musical instrument) (2.1); to play (music)

todavía still (7.3)

todo all (3.3); everything

a (en, por) todas partes everywhere

de todas maneras in any case (10.3)

en toda ocasión on all occasions, at all times

en todo throughout

por todo el mundo all over the world

todo el; toda la + *noun*
all (the), the whole
(3.3)

todo el mundo everyone,
everybody

todos, todas all,
everybody **(4.4)**

todos los, todas las
+noun all (the)
(3.3)

todos los días every day
(6.4)

Tokio Tokyo

tolerante tolerant

tomar to take, to have
(something to eat or drink)
(4.1)

tomar (el autobús) to
take *or* catch (the bus)

tomar el sol to sunbathe

tomar un descanso to
have (take) a rest

tomar una decisión (de)
to make a decision

tomar una siesta to have
(take) a nap *(after lunch)*

un **tomate** tomato

la salsa de tomate
tomato sauce

los tomates tomatoes
(10.2)

tonificar to tone up

unas **tonterías** foolishness,
nonsense

tonto foolish, stupid **(3.2)**;
silly

torear to fight (bulls)

el **toreo** bullfighting

un **torneo** tournament

**un torneo de dobles
femenino** women's
doubles tournament
(tennis)

un **toro** bull

una corrida de toros
bullfight

una plaza de toros
bullring

una **torta** cake **(10.2)**

una **tortilla** *in Mexico, a thin
cornmeal pancake; in
Spain, an omelet*

una tortilla de huevos
omelet

una **tortuga** tortoise, turtle

una **tostada** (slice of) toast

total: en total in all,
altogether

totalmente totally, wholly

un **trabajador social, una
trabajadora social** social
worker **(9.1)**

trabajar to work **(2.1)**

trabajar mucho to work
hard

el **trabajo** work, job **(6.1)**

irse al trabajo to leave
for work

**un trabajo de oficina
(verano)** office
(summer) job

una **tradición** (*pl.* **tradiciones**)
tradition

tradicionalmente
traditionally

* **traducir (c→zc)** to translate
(6.4)

un **traductor, una traductora**
translator

* **traer** to bring **(6.4)**

el **tráfico** traffic

un **traje** suit **(7.2)**

un traje de baño bathing
suit **(7.2)**

tranquilo calm

transformar to transform

una **transmisión**
(*pl.* **transmisiones**)
broadcast

el **transporte** transportation

los **transportes** (means of)
transportation

tratar de to try to **(9.2)**

tremendo tremendous,
terrific

un **tren** train **(4.4)**

trescientos three hundred
(7.2)

triangular triangular

triste sad **(4.3)**

tu, tus your *(fam.)* **(5.2)**

tú you *(fam.)* **(2.3)**

turco Turkish *(also noun)*

el **turismo** tourism, tourist
business

un(a) guía de turismo
tour guide

una agencia de turismo
tourist agency

un **turista, una turista** tourist

tuvieron (they) had

tuviste (you) had

tuve (I) received, got **(9.4)**

tuvo (it) had

u

u or *(used for* **o** *before words
beginning with* **o** *or* **ho***)*

Ud. *abbreviation of* **usted**
(2.3)

Uds. *abbreviation of* **ustedes**
(2.4)

último last **(5.3)**; latest

un a, an **(3.1)**

una one **(1.3)**; a, an **(3.1)**

unas *See* **unos**

único only

una **unidad** unit

unido united, close

las Naciones Unidas
United Nations

los Estados Unidos
United States **(3.4)**

un **uniforme** uniform

con uniforme in a
uniform

la **unión** joining, linking *(of
vowels, words)*

una **universidad** university,
college

universitario university
(adj.)

uno, una one *(number)* **(1.3)**

a (es) la una at (it's) one
o'clock **(1.4)**

cada uno, cada una each
one, every one

una vez once, one time
(9.3)

(veinte) y uno (twenty)-
one

unos (*pl. of* **un**), **unas** (*pl. of*
una) some, a few, any (*in
negative and interrogative
sentences*) **(3.3)**; about,
approximately (*with
number*)

unos some (people)

unos diez   about ten

la **urgencia**   emergency

en caso de urgencia   in (case of) an emergency

uruguayo   Uruguayan (also noun)

usado   used

usar   to use, to wear

se usan   (they) are used

el **uso**   use

usted (Ud.)   you (formal) **(2.3)**

ustedes (Uds.)   you (pl.) **(2.4)**

útil   useful **(8.1)**

las **uvas**   grapes

V

una **vaca**   cow

las **vacaciones**   vacation

estar de vacaciones   to be on vacation

vacío   empty

la **vainilla**   vanilla

vale   (it) is worth

la **valentía**   courage

valioso   valuable

el jugador más valioso   most valuable player

un **valor**   value

un **valle**   valley

el Valle de los Caídos   Valley of the Fallen (memorial to the victims of the Spanish Civil War, near Madrid)

¡vamos!   let's go! **(4.2)**

vamos a + inf.   let's (verb) **(4.2)**

¿vamos a + inf.?   shall we ...?

vamos a + place   let's go to (the) **(4.2)**

vamos a ver   let's see **(5.1)**

la **vanidad**   vanity

una **variedad**   variety

las variedades   variety shows

un programa de variedades   variety show **(6.3)**

varios   several, various

vasco   Basque (from the Basque Provinces, in northern Spain; also noun)

un **vaso**   glass

veces   see vez

un **vecino, una vecina**   neighbor

los **vegetales**   vegetables **(10.2)**

veinte   twenty **(1.3)**

el siglo veinte   twentieth century

veinte y (uno)   twenty-(one) **(1.3)**

una **velocidad** (pl. **velocidades**) speed, velocity

a gran velocidad   very fast

vemos: nos vemos (pronto) see you (soon)

un **vendedor, una vendedora** salesperson **(9.2)**

un vendedor viajero   traveling salesperson

vender   to sell **(5.1)**

venezolano   Venezuelan (also noun)

✦ **venir**   to come **(3.4)**

venir a + inf.   to come to **(9.2)**

venir a ver   to come and see (someone)

una **venta**   sale

de venta   for sale

una **ventaja**   advantage

una **ventana**   window **(5.3)**

✱ **ver**   to see **(5.1)**

(vamos) a ver   let's see **(5.1)**

ver para creer   seeing is believing

el **verano**   summer **(1.6)**

un trabajo de verano summer job

veras: ¿de veras?   really? **(1.5)**

¡de veras!   really! truly!

un **verbo**   verb

la **verdad**   truth

es verdad   it's true

¿verdad?   right? doesn't he (she, it)? isn't he (she, it)? **(2.2)**

verdaderamente   really, truly

verdadero   true, real

verde   green **(7.1)**

las **verduras**   vegetables

verter (e→ie)   to pour

verticalmente   vertically, up and down

vestido   dressed

un **vestido**   dress **(7.2)**

un vestido de boda wedding gown

vestirse (e→i)   to dress (oneself), get dressed **(7.3)**

vestirse de   to dress (oneself) in

un **veterinario, una veterinaria** veterinarian **(9.1)**

la **vez** (pl. **veces**)   time **(9.3)**

a veces   sometimes **(5.1)**

¿cuántas veces?   how many times? **(9.3)**

de vez en cuando   once in a while, from time to time **(5.1) (9.3)**

dos veces   twice **(9.3)**

en vez de   instead of **(9.2)**

esta vez   this time **(9.3)**

muchas veces   many times, often **(9.3)**

otra vez   again **(9.3)**

raras veces   rarely, seldom **(6.1)**

tal vez   maybe **(2.2)**

una vez   once, one time **(9.3)**

Vía: la Vía Láctea   the Milky Way

viajar   to travel **(2.2)**

un **viaje**   trip, voyage

de viaje   on a trip

hacer un viaje   to go on a trip **(5.2)**; to make a voyage

un(a) agente de viajes travel agent

una agencia de viajes travel agency

viajero   traveling

un(a) vendedor(a) viajero(a)   traveling salesperson

un **viajero, una viajera**   traveler

una **víctima**   victim

la **vida**   life

viejo   old **(3.3)**

el **viento**   wind

hace viento   it's windy **(1.6)**

viernes Friday **(1.5)**
  el viernes (on) Friday **(6.4)**
  los viernes (on) Fridays **(6.4)**
vigilar to watch (over), keep an eye on
vigoroso vigorous, strenuous
el **vinagre** vinegar **(10.2)**
vinieron (they) came
el **vino** wine **(8.4)**
la **violencia** violence
un **visitante, una visitante** visitor
visitar to visit **(2.2)**
vista: se vista de (she) may dress in
una **vista** sight, view, vista, panorama
  hasta la vista so long **(1.2)**
  un punto de vista point of view
visto: mal visto looked on with disapproval
¡viva! hooray for! three cheers for! long live!

viviendo: viviendo en apartamentos apartment living
vivir to live **(5.1)**
  un modo de vivir lifestyle, way of life
un **vocabulario** vocabulary
vocacional vocational
una **vocal** vowel
el **volibol** volleyball *(sport)* **(6.2)**
volver (o→ue) to return, go back **(6.3);** to come back
  volver a casa to return (go, get) home
vosotros(as) you *(fam. pl.; used in Spain)* **(2.4)**
una **voz** *(pl.* **voces)** voice
  en voz alta (baja) in a loud (low) voice
vuelta: de vuelta going back
la **«Vuelta»** *long-distance bicycle race around Spain*
el **vuelto** change *(money)*
vuestro your *(fam. pl.; used in Spain)*

Y

y after *(telling time);* and **(2.1)**
  (es la una) y media (it's one) thirty, (it's) half past (one) **(1.4)**
  (son las dos) y cinco (it's) five after (two) **(1.4)**
ya already
  ya no no longer, not . . . anymore
yo I **(2.1)**
  como yo like me, as I am
  yo no not I (me)
el **yogur** yogurt

Z

las **zanahorias** carrots
unos **zapatos** shoes **(7.2)**
el **zodíaco** zodiac
una **zona** zone
un **zoológico** zoo
un **zorro** fox

ENGLISH-SPANISH VOCABULARY

The English-Spanish Vocabulary lists the active words and expressions.

a

a, an un, una **(3.1)**
   a few unos, unas **(3.3)**
   a little un poco **(2.1)**
   a lot (of) mucho **(2.1)**
able: to be able (to) *poder **(6.3)**
about de **(4.2)**
above encima (de), sobre **(10.4)**
active: active in sports deportista **(6.2)**
actor un actor **(6.3)**
actress una actriz **(6.3)**
addition: in addition además **(8.1)**
adventure: adventure movie una película de aventuras **(6.3)**
advice (piece of) un consejo **(6.1)**
after después (de) **(9.2)**
   after that después **(9.4)**
afternoon: good afternoon buenas tardes **(1.2)**
   in the afternoon de la tarde **(1.4)**
   (on) (Friday) afternoon el (viernes) por la tarde **(6.4)**
again otra vez **(9.3)**
agent: travel agent un (una) agente de viajes **(9.1)**
airplane un avión (pl. aviones) **(4.4)**
all todo **(3.3)**
   all in all a fin de cuentas **(6.3)**
   all right! ¡bueno! **(3.1)**
almost casi **(4.4)**
alone solo **(4.4)**
along por **(9.3)**
also también **(2.1)**
always siempre **(2.1)**
a.m. de la mañana **(1.4)**
amusing divertido **(3.2)**
an un, una **(3.3)**
and y (e before i or hi) **(2.1)**
angry enojado **(8.1)**

announcer (radio or TV) un locutor, una locutora **(9.2)**
another otro, otra **(3.3)**
to **answer** contestar **(8.1)**
any unos, unas **(3.3)**; alguno (algún) **(6.1)**
   in any case de todas maneras **(10.3)**
   not any ninguno (ningún) **(6.1)**
anyone alguien **(6.1)**
   not anyone nadie **(6.1)**
anything algo **(6.1)**
   not anything nada **(6.1)**
apartment un apartamento **(5.3)**
apple una manzana **(10.2)**
April abril **(1.5)**
arm un brazo **(7.3)**
around alrededor (de) **(10.4)**
to **arrive** llegar **(4.1)**
as como **(2.1)**
   as ... as tan ... como **(7.1)**
to **ask** (a question) preguntar **(6.1)**
   to ask for pedir (e→i) **(6.1)**
asleep: to fall asleep dormirse (o→ue) **(7.4)**
assignment una tarea **(8.1)**
   to do the assignment hacer la tarea **(5.2)**
at a **(1.4)**; en **(4.2)**
   at ...'s house en casa de ... **(4.2)**
   at home en casa **(4.2)**
   at the same time al mismo tiempo **(8.3)**
   at the side (of) al lado (de) **(10.4)**
   at two o'clock a las dos **(1.4)**
   at what time? ¿a qué hora? **(1.4)**
athlete un (una) atleta **(6.2)**
athletic deportista **(6.2)**
to **attend** asistir a **(5.1)**
attendant: flight attendant un aeromozo, una aeromoza **(9.1)**
August agosto **(1.5)**

aunt una tía **(5.2)**
autumn el otoño **(1.6)**
away: to go away *irse **(7.4)**

b

back una espalda **(7.4)**
   in back (of) detrás (de) **(10.4)**
   to go back volver (o→ue) **(6.3)**
bad mal, malo **(3.2)**
   badly mal **(2.1)**
   that's bad! ¡qué malo! **(1.6)**
   the weather is bad hace mal tiempo **(1.6)**
   too bad! ¡qué lástima! **(2.1)**
   very bad muy mal **(1.2)**
bag un bolso **(3.3)**
banana un plátano **(10.2)**
baseball (sport) el béisbol **(6.2)**
basketball (sport) el básquetbol **(6.2)**
bath: to take a bath bañarse **(7.3)**
bathing suit un traje de baño **(7.2)**
bathroom un baño **(5.3)**
to **be** *ser **(3.1)**; *estar **(4.2)**
   to be ... (years old) tener ... años **(3.4)**
   to be from ser de **(3.1)**
   to be going to ir a + inf. **(4.2)**
   to be located estar **(4.2)**
   to be rich (poor) ser rico (pobre) **(6.1)**
   to be (sleepy, thirsty, hot, cold, hungry) tener (sueño, sed, calor, frío, hambre) **(8.4)**
beach una playa **(4.2)**
beans los frijoles **(10.2)**
because porque **(2.3)**
bed una cama **(10.4)**

to go to bed acostarse
(o→ue) **(7.4)**

bedroom un cuarto **(5.3)**

beer la cerveza **(8.4)**

before antes **(5.1);** antes de
(9.2)

to begin empezar (e→ie) **(6.3)**

to begin to empezar a **(6.3)**

behind detrás (de) **(10.4)**

to believe creer **(5.1)**

below bajo **(1.6);** debajo (de)
(10.4)

beneath debajo (de) **(10.4)**

beside al lado (de) **(10.4)**

best mejor **(7.1)**

better mejor **(7.1)**

bicycle una bicicleta **(3.3)**

big grande **(3.3)**

bigger más grande **(7.1)**

bird un pájaro **(5.2)**

birthday un cumpleaños **(1.5)**

black negro **(7.1)**

blond(e) rubio **(3.2)**

blouse una blusa **(7.2)**

blue azul **(7.1)**

boat un barco **(4.4)**

body un cuerpo **(7.3)**

book un libro **(3.3)**

bookcase un estante **(10.4)**

boring aburrido **(3.2)**

boutique una tienda **(4.2)**

boy un chico, un muchacho
(3.1)

boyfriend un novio **(3.1)**

bread el pan **(10.2)**

to break romper **(8.3)**

to break one's ... romperse
+ *part of body* **(8.3)**

breakfast el desayuno **(10.2)**

to have breakfast
desayunarse **(10.2)**

to bring llevar **(4.1);** *traer **(6.4)**

brother un hermano **(5.2)**

brown *(eyes)* de color café,
(hair) castaño **(7.1);**
(clothing) marrón **(7.2)**

brunet(te) moreno **(3.2)**

bus un autobús *(pl.* autobuses)
(4.4)

but pero **(2.1)**

butter la mantequilla **(10.2)**

to buy comprar **(4.1)**

to buy (for oneself)
comprarse **(7.3)**

by por **(9.3)**

by the way a propósito **(10.2)**

c

cafe un café **(4.2)**

cake una torta **(10.2)**

to call llamar **(5.4)**

I am called me llamo **(1.1)**

to be called *(name)* llamarse
(7.4)

to call on the phone llamar
por teléfono **(5.4)**

camera una cámara **(3.3)**

can *poder (o→ue) **(6.3)**

I can't no puedo **(2.3)**

car un coche **(3.3)**

carbonated drink la gaseosa
(8.4)

card una tarjeta **(5.1)**

care: to take care of atender
(e→ie) **(9.1)**

carpenter un carpintero, una
carpintera **(9.4)**

to carry (something) llevar
(4.1)

case: in any case de todas
maneras **(10.3)**

cat un gato **(5.2)**

chair una silla **(10.4)**

to change cambiar **(8.2)**

cheese el queso **(10.2)**

chicken el pollo **(10.2)**

chubby gordo **(3.2)**

church una iglesia **(4.2)**

city una ciudad **(4.2)**

clerk un empleado, una
empleada **(9.2)**

close (to) cerca (de) **(4.2)**

clothing la ropa **(7.2)**

cloudy: it's cloudy está
nublado **(1.6)**

coffee el café **(8.4)**

cold: it's cold hace frío **(1.6)**

to be cold tener frío **(8.4)**

color: what color? ¿de qué
color? **(7.2)**

to comb (one's hair) peinarse
(7.3)

to come *venir **(3.4)**

comedian un comediante **(6.3)**

comedienne una comediante
(6.3)

comedy: musical comedy una
comedia musical **(6.3)**

content contento **(4.3)**

cordially cordialmente **(9.2)**

corn el maíz **(10.2)**

to cost costar (o→ue) **(6.3)**

could: I could not no pude
(9.4)

to count contar (o→ue) **(6.3)**

country un país **(3.4)**

country(side) el campo **(4.2)**

course: of course! ¡claro!,
¡cómo no!, ¡por supuesto!
(2.2)

of course not! ¡claro que no!
(2.2)

cousin un primo, una prima
(5.2)

cream: ice cream un helado
(8.4)

Cuba Cuba **(3.4)**

Cuban cubano **(3.4)**

cup una taza **(10.1)**

curly rizado **(7.1)**

d

to dance bailar **(2.1)**

dark-haired moreno **(3.2)**

date *(appointment)* una cita
(1.4); *(calendar)* la fecha **(1.5)**

it is (May 5) es el (5) de
(mayo) **(1.5)**

**what is today's (tomorrow's)
date?** ¿cuál es la fecha de
hoy (mañana)? **(1.5)**

daughter una hija **(5.2)**

day un día **(1.5)**

every day todos los días
(6.4)

good day buenos días **(1.2)**

what day is it? ¿qué día es
hoy? **(1.5)**

dear querido **(9.2)**

December diciembre **(1.5)**

degree un grado **(1.6)**

thirty degrees treinta grados
(1.6)

dentist un (una) dentista **(9.1)**

designer un (una) dibujante
(9.1)

to desire desear **(2.3)**

desserts los postres **(10.2)**

detective movie una película
policiaca **(6.3)**

difficult difícil **(8.1)**

dining room un comedor **(5.3)**

dinner la cena **(10.2)**

to have dinner cenar **(10.2)**

to discover descubrir **(8.3)**
to do *hacer **(5.2)**
　to do homework hacer las tareas **(5.2)**
　to do the assignment hacer la tarea **(5.2)**
doctor un doctor, una doctora **(9.1)**
doesn't he (she, it)? ¿verdad? **(2.2)**
dog un perro **(5.2)**
door una puerta **(5.3)**
doubtless sin duda **(9.1)**
down: to sit down sentarse (e→ie) **(7.4)**
downtown el centro **(4.2)**
draftsman un (una) dibujante **(9.1)**
to draw dibujar **(9.1)**
dress un vestido **(7.2)**
　to dress (oneself) vestirse (e→i) **(7.3)**
dressmaker una modista **(9.4)**
drink una bebida **(8.4)**
　carbonated drink la gaseosa **(8.4)**
to drink tomar **(4.1)**; beber **(5.1)**
to drive *conducir (c→zc) **(6.4)**
during durante **(8.2)**

e

each cada **(4.4)**
early temprano **(8.2)**
to earn ganar **(2.2)**
ears las orejas **(7.1)**
easy fácil **(8.1)**
to eat comer **(5.1)**
egg un huevo **(10.2)**
eight ocho **(1.3)**
　eight hundred ochocientos **(7.2)**
eighteen diez y ocho **(1.3)**
eighth octavo **(5.3)**
eighty ochenta **(1.3)**
electrician un (una) electricista **(9.4)**
elegant elegante **(7.1)**
eleven once **(1.3)**
employee un empleado, una empleada **(9.2)**
end el fin **(8.1)**
to end acabar **(8.1)**

engineer un ingeniero, una ingeniera **(9.2)**
English inglés (f. inglesa) **(3.4)**
to enjoy oneself divertirse (e→ie) **(7.4)**
enough bastante **(3.2)**
evening: good evening buenas noches **(1.2)**
　in the evening de la noche **(1.4)**
　(on) (Saturday) evening el (sábado) por la noche **(6.4)**
every cada **(4.4)**
　every day todos los días **(6.4)**
everybody todos **(4.4)**
exam un examen (pl. exámenes) **(8.1)**
　to pass (flunk) an exam salir bien (mal) en un examen **(8.1)**
　to take an exam tomar un examen **(7.4)**
example: for example por ejemplo **(7.4)**
excuse me! ¡perdón! **(5.2)**
expense un gasto **(6.1)**
expensive caro **(3.3)**
eyeglasses unos anteojos **(7.2)**
eyes los ojos **(7.1)**

f

fabulous fabuloso **(5.4)**
　what a fabulous (noun)! ¡qué (noun) tan fabuloso! **(5.4)**
face una cara **(7.3)**
factory una fábrica **(9.1)**
fair regular **(1.2)**
fall (season) el otoño **(1.6)**
to fall *caer **(3.4)**
　to fall asleep dormirse (o→ue) **(7.4)**
family una familia **(5.2)**
fan: a fan (of) un aficionado a, una aficionada a **(6.2)**
fantastic fantástico **(2.1)**
　what a fantastic (noun)! ¡qué (noun) tan fantástico! **(5.4)**
far (from) lejos (de) **(4.2)**
fat gordo **(3.2)**
father un padre, el papá **(5.2)**

February febrero **(1.5)**
to feel sentir (e→ie) **(6.3)**; sentirse **(7.4)**
　to feel like tener ganas de + inf. **(3.4)**
few: a few unos, unas **(3.3)**
fifteen quince **(1.3)**
fifth quinto **(5.3)**
fifty cincuenta **(1.3)**
film una película **(6.3)**
to find encontrar (o→ue) **(6.3)**
fine bien **(2.1)**
finger un dedo **(7.3)**
to finish acabar **(8.1)**
first primero **(1.5)**; primer **(5.3)**
fish un pez (pl. peces) **(5.2)**
fisherman un pescador, una pescadora **(9.4)**
five cinco **(1.3)**
　five hundred quinientos **(7.2)**
flight attendant un aeromozo, una aeromoza **(9.1)**
floor (of a building) un piso **(5.3)**
to flunk salir mal **(8.1)**
food la comida **(8.4)**
foods los alimentos **(10.2)**
foolish tonto **(3.2)**
foot un pie **(7.4)**
football (sport) el fútbol americano **(6.2)**
for para **(2.4)**; por **(9.3)**
　for example por ejemplo **(7.4)**
　(for) how long? ¿cuánto tiempo hace? **(8.1)**
　for instance por ejemplo **(7.4)**
forehead la frente **(7.1)**
to forget olvidarse (de) **(8.2)**
fork un tenedor **(10.1)**
forty cuarenta **(1.3)**
found: I found out supe **(9.4)**
four cuatro **(1.3)**
　four hundred cuatrocientos **(7.2)**
fourteen catorce **(1.3)**
fourth cuarto **(5.3)**
French francés (f. francesa) **(3.4)**
Friday viernes **(1.5)**
　(on) Friday el viernes **(6.4)**
　(on) Fridays los viernes **(6.4)**

friend un amigo, una amiga
(3.1)

from de (2.1)

    are you from? ¿eres de?
(1.1)

    from time to time de vez en
cuando (9.3)

    from where? ¿de dónde?
(3.4)

    he (she) is from . . . es de . . .
(1.1)

    I'm from . . . soy de . . .
(1.1)

    you are from . . . eres de . . .
(1.1)

front: in front (of) delante (de)
(10.4)

fruit una fruta (10.2)

    fruit juice jugo de frutas
(8.4)

fun divertido (3.2)

    to have fun divertirse (e→ie)
(7.4)

furniture los muebles (10.4)

g

game un partido (6.2)

garage un garaje (5.3)

garden un jardín (*pl.* jardines)
(5.3)

generally generalmente, por lo
general, en general (6.4)

gentleman un señor (3.1)

to **get** *(a grade)* sacar (8.1); recibir
(8.3)

    to get dressed vestirse (e→i)
(7.3)

    to get up levantarse (7.4)

gift un regalo (3.3)

girl una chica (3.1); una
muchacha (3.1)

girlfriend una novia (3.1)

to **give** *dar (5.4)

glass un vaso (10.1)

to **go** *ir (4.2)

    let's go! ¡vamos! (4.2)

    let's go to . . .! ¡vamos a
place! (4.2)

    to be going to ir a + *inf.*
(4.2)

    to go away *irse (7.4)

    to go back volver (o→ue)
(6.3)

to go by plane (by train, . . .)
ir en avión (en tren, . . .)
(4.4)

to go on a trip hacer un
viaje (5.2)

to go on foot ir a pie (4.4)

to go out *salir (6.4)

to go to asistir a (5.1)

to go to bed acostarse
(o→ue) (7.4)

good buen, bueno (3.2)

    good afternoon buenas
tardes (1.2)

    good day buenos días (1.2)

    good evening buenas noches
(1.2)

    good-looking guapo (3.2)

    good luck! ¡buena suerte!
(5.1)

    good morning buenos días
(1.2)

    good night buenas noches
(1.2)

    goodby adiós (1.2)

    it's good weather hace buen
tiempo (1.6)

gosh! ¡Dios mío! (5.3)

got: I got tuve (9.4)

grade una nota (8.1)

grandfather un abuelo (5.2)

grandmother una abuela (5.2)

gray gris (7.2)

great gran (3.3)

    great! ¡qué bueno! (1.6)

green verde (7.1)

guide un (una) guía (9.1)

gymnastics la gimnasia (6.2)

h

hair el pelo (7.1)

    dark-haired moreno (3.2)

half: half past (one) es (la una)
y media (1.4)

ham el jamón (10.2)

hamburger una hamburguesa
(8.4)

hand una mano (7.3)

handsome guapo (3.2)

to **happen** pasar (8.2)

happy alegre, contento (4.3);
feliz (*pl.* felices) (8.1)

hat un sombrero (7.2)

to **have** *tener (3.3)

to have *(food, drink)* tomar
(4.1)

to have a snack merendar
(e→ie) (10.2)

to have breakfast
desayunarse (10.2)

to have dinner cenar (10.2)

to have fun divertirse (e→ie)
(7.4)

to have just acabar de +
inf. (8.1)

to have lunch almorzar
(o→ue) (10.2)

to have to tener que + *inf.*
(3.4)

he él (2.2)

head una cabeza (7.3)

to **hear** *oír (6.4)

hello! ¡hola! (1.2); ¡aló! (9.3)

to **help** ayudar (5.4)

her ella *(after prep.)* (2.4); la
(dir. obj.) (4.4); su, sus *(poss.
adj.)* (5.3)

    to her le (5.4)

here aquí (1.1)

herself se (7.3)

hey! ¡caramba! (5.3)

hi! ¡hola! (1.2)

him él *(after prep.)* (2.4); lo
(dir. obj.) (4.4)

    to him le (5.4)

himself se (7.3)

his su, sus (5.3)

home una casa (4.2)

    at home en casa (4.2)

    (to) home a casa (4.2)

homework las tareas (8.1)

    to do homework hacer las
tareas (5.2)

to **hope for** esperar (2.3)

hot: it's hot hace calor (1.6)

    it's very hot hace mucho
calor (1.6)

    to be hot tener calor (8.4)

hotel un hotel (4.2)

hour una hora (1.4)

house una casa (4.2)

    at . . .'s house en casa de . . .
(4.2)

    to . . .'s house a casa de . . .
(4.2)

how? ¿cómo? (2.3)

    how *(adj.)***!** ¡qué *(adj.)*! (3.2)

    how are you? ¿cómo está
Ud.?, ¿cómo estás?, ¿qué
tal? (1.2)

how long?, for how long?
¿cuánto tiempo hace?
(8.1)

how lucky! ¡qué suerte!
(5.1)

how lucky you are! ¡qué
suerte tienes! **(5.1)**

how many? ¿cuántos? **(3.3)**

how many times? ¿cuántas
veces? **(9.3)**

how much? ¿cuánto? **(3.3)**

how much is it? ¿cuánto es?
(1.3)

how's it going? ¿qué tal?
(1.2)

however sin embargo **(7.1)**

hundred cien (ciento) **(1.3)**

two hundred doscientos
(7.2)

three hundred trescientos
(7.2)

four hundred cuatrocientos
(7.2)

five hundred quinientos
(7.2)

six hundred seiscientos
(7.2)

seven hundred setecientos
(7.2)

eight hundred ochocientos
(7.2)

nine hundred novecientos
(7.2)

hungry: to be hungry tener
hambre **(8.4)**

husband un esposo **(5.2)**

I yo **(2.1)**

ice cream un helado **(8.4)**

if si **(4.4)**

ill enfermo **(4.3)**

in en **(2.1)**

in any case de todas
maneras **(10.3)**

in back (of) detrás (de)
(10.4)

in front (of) delante (de)
(10.4)

in my opinion en mi opinión
(6.2)

in order to para **(9.2)**

---

in the afternoon de la tarde
(1.4)

in the evening de la noche
(1.4)

in the morning de la
mañana **(1.4)**

inexpensive barato **(3.3)**

informal informal **(7.1)**

to **inquire** preguntar **(6.1)**

instance: for instance por
ejemplo **(7.4)**

instead of en vez de **(9.2)**

intelligent inteligente **(3.2)**

interesting interesante
(3.2)

into: to run into encontrar
(o→ue) **(6.3)**

to **invite** invitar **(4.1)**

is: this is . . . es . . . **(9.3)**

isn't it? ¿verdad? **(2.2)**

it él, ella *(after prep.)* **(2.4)**; lo,
la *(dir. obj.)* **(4.4)**; lo *(neuter
pron.)* **(9.1)**

how's it going? ¿qué tal?
(1.2)

**it is (cold, hot, very hot,
sunny, windy)** hace (frío,
calor, mucho calor, sol,
viento) **(1.6)**

it's cloudy está nublado
(1.6)

it's one o'clock es la una
(1.4)

it's (two o'clock) son (las
dos) **(1.4)**

what time is it? ¿qué hora
es? **(1.4)**

---

jacket una chaqueta **(7.2)**

January enero **(1.5)**

jeans unos blue-jeans **(7.2)**

job un trabajo **(6.1)**; un oficio
(9.1)

journalist un (una) periodista
(9.2)

juice: fruit juice jugo de frutas
(8.4)

July julio **(1.5)**

June junio **(1.5)**

just: to have just acabar de +
inf. **(8.1)**

---

just a minute un momentito
(9.3)

kitchen una cocina **(5.3)**

knee una rodilla **(7.3)**

knife un cuchillo **(10.1)**

to **know** *(people)* *conocer (c→zc)
(6.4); *(facts)* *saber **(9.1)**

lady una señora **(3.1)**

lamp una lámpara **(10.4)**

large grande **(3.3)**

larger más grande **(7.1)**

last último **(5.3)**

last night anoche **(8.2)**

last (Wednesday) (el)
(miércoles) pasado **(6.4)**

late tarde **(8.2)**

later después **(5.1)**

see you later hasta luego
(1.2)

lawyer un abogado, una
abogada **(9.2)**

to **learn** aprender **(5.1)**

to **leave** *salir **(6.4)**; *irse **(7.4)**;
dejar **(8.2)**

left izquierdo **(7.4)**

on (to) the left (of) a la
izquierda (de) **(10.4)**

leg una pierna **(7.4)**

to **lend** prestar **(5.4)**

less: less . . . than menos . . .
que **(7.1)**

let's: let's . . . vamos a + *inf.*
(4.2)

let's go! ¡vamos! **(4.2)**

let's go to . . . vamos a . . .
(4.2)

let's see a ver, vamos a ver
(5.1)

letter una carta **(5.1)**

like como **(2.1)**

to **like** gustar **(6.2)**

do you like? ¿te gusta?
(2.4)

I like me gusta **(2.4)**

to feel like tener ganas de +
inf. **(3.4)**

to like (someone) *querer
(e→ie) a (6.3)
what is . . . like? ¿cómo es
. . .? (3.2)
listen! ¡oye! (3.3)
to listen (to) escuchar (2.1)
little: a little un poco (2.1)
to live vivir (5.1)
living room una sala (5.3)
long largo (7.1)
(for) how long? ¿cuánto
tiempo hace? (8.1)
look! ¡mira! (3.3)
to look (at) mirar (2.2)
to look at oneself mirarse
(7.4)
to look for buscar (4.1)
to lose perder (e→ie) (6.3)
lot: a lot mucho (3.3)
love movie una película
romántica (6.3)
to love (someone) *querer (e→ie) a
(6.3)
low bajo (7.1)
luck: good luck! ¡buena suerte!
(5.1)
how lucky! ¡qué suerte!
(5.1)
how lucky you are! ¡qué
suerte tienes! (5.1)
what luck! ¡qué suerte!
(5.1)
lunch el almuerzo (10.2)
to have lunch almorzar
(o→ue) (10.2)

m

ma'am señora (Sra.) (1.2)
magazine una revista (3.3)
magnificent magnífico (5.4)
what a magnificent (noun)!
¡qué (noun) tan magnífico!
(5.4)
to make *hacer (5.2)
to make a mistake
equivocarse (8.2)
man un hombre, un señor (3.1)
young man un joven
(pl. jóvenes) (3.1)
manager un (una) gerente (9.2)
many muchos (3.3)
how many? ¿cuántos? (3.3)

how many times? ¿cuántas
veces? (9.3)
many times muchas veces
(9.3)
too many demasiado (6.1)
March marzo (1.5)
match un partido (6.2)
May mayo (1.5)
may *poder (o→ue) (6.3)
may I talk to . . .? ¿puedo
hablar con . . .? (9.3)
maybe tal vez (2.1)
me mí (after prep.) (2.4); me
(6.1)
to (for) me me (6.1)
with me conmigo (2.4)
meal una comida (10.2)
to mean querer decir (6.3)
meat la carne (10.2)
mechanic un mecánico, una
mecánica (9.4)
to meet encontrar (o→ue) (6.3)
Mexican mexicano (3.4)
Mexico México (3.4)
milk la leche (8.4)
million millón (pl. millones)
(7.2)
a million thanks un millón
de gracias (10.1)
minute: just a minute un
momentito (9.3)
Miss señorita (Srta.) (1.2)
mistake: to make a mistake
equivocarse (8.2)
mister (Mr.) señor (Sr.) (1.2)
Monday lunes (1.5)
(on) Monday el lunes (6.4)
(on) Mondays los lunes (6.4)
money el dinero (6.1)
monkey un mono (5.2)
month un mes (1.5)
more más (4.4)
more . . . than más . . . que
(7.1)
moreover además (8.1)
morning: good morning
buenos días (1.2)
in the morning de la
mañana (1.4)
(on) (Thursday) morning el
(jueves) por la mañana
(6.4)
most más (4.4)
mother una madre, la mamá
(5.2)

motorcycle una moto (3.3)
mouth boca (7.1)
movie una película (6.3)
adventure movie una
película de aventuras (6.3)
love movie una película
romántica (6.3)
police (detective) movie
una película policíaca (6.3)
movie theater un cine (4.2)
movies el cine (6.3)
Mr. señor (Sr.) (1.2)
Mrs. señora (Sra.) (1.2)
much mucho (3.3)
how much? ¿cuánto? (3.3)
how much is it? ¿cuánto es?
(1.3)
too much demasiado (6.1)
museum un museo (4.2)
musical comedy una comedia
musical (6.3)
my mi (mis) (5.2)
myself me (7.3)

n

name: my name is . . . me
llamo . . . (1.1)
to be named llamarse (7.4)
what are their names?
¿cómo se llaman? (3.1)
what's his (her) name?
¿cómo se llama? (3.1)
what's your name? ¿cómo
te llamas? (1.1)
narrow estrecho (7.1)
near cerca (de) (4.2)
nearby cerca (10.4)
necktie una corbata (7.2)
to need necesitar (2.3)
neighborhood un barrio (4.2)
never nunca (6.1)
nevertheless sin embargo (7.1)
new nuevo (3.3)
news las noticias (6.3)
newspaper un periódico (3.3)
next próximo (5.3)
next to al lado de (10.4)
next (Tuesday) el próximo
(martes) (6.4)
nice simpático (3.2)
the weather is nice hace
buen tiempo (1.6)

night: at night de la noche (1.4)

    good night buenas noches (1.2)

    last night anoche (8.2)

    (on) (Saturday) night el (sábado) por la noche (6.4)

    (on) (Saturday) nights los (sábados) por la noche (6.4)

nine nueve (1.3)

    nine hundred novecientos (7.2)

nineteen diez y nueve (1.3)

ninety noventa (1.3)

ninth noveno (5.3)

no no (1.1); ninguno (ningún) (6.1)

    no one nadie (6.1)

none ninguno (6.1)

North American norteamericano (3.4)

nose una nariz (*pl.* narices) (7.1)

not no (2.1)

    not any ninguno (6.1)

    not anyone nadie (6.1)

    not anything nada (6.1)

    of course not! ¡claro que no! (2.2)

notebook un cuaderno (3.3)

nothing nada (6.1)

novel una novela (5.3)

November noviembre (1.5)

now ahora (2.1)

number un número (1.3)

nurse un enfermero, una enfermera (9.1)

o

to **obey** *obedecer (c→zc) (6.4)

object un objeto (3.3)

October octubre (1.5)

of de (2.1)

    it's (five) of (two) son (las dos) menos (cinco) (1.4)

    of course! ¡claro!, ¡cómo no!, ¡por supuesto! (2.2)

    of course not! ¡claro que no! (2.2)

to **offer** *ofrecer (c→zc) (6.4)

office una oficina (9.1)

officer: police officer un (una) policía (9.1)

often a menudo (5.1); muchas veces (9.3)

oil el aceite (10.2)

O.K. regular (1.2)

old viejo (3.3)

    to be ... years old tener ... años (3.4)

older mayor (5.2)

oldest mayor (7.1)

on sobre (10.4)

on *(day of the week)* el *(day of the week)*, los *(day of the week)* (6.4)

    on the left (right) of a la izquierda (derecha) de (10.4)

    on the side (of) al lado (de) (10.4)

    on time a tiempo (8.2)

    on top of sobre, encima (de) (10.4)

once una vez (9.3)

    once in a while de vez en cuando (5.1)

one un, uno, una (1.3)

    it is one o'clock es la una (1.4)

    no one nadie (6.1)

    one hundred cien, ciento (1.3)

    one hundred one ciento uno (una) (7.2)

    one million un millón (7.2)

    one thousand mil (7.2)

    one thousand five hundred mil quinientos (7.2)

    one time una vez (9.3)

only sólo (4.4)

opinion: in my opinion en mi opinión (6.2)

or o (u *before* o *or* ho) (2.1)

orange una naranja (10.2)

order: in order to para (9.2)

to **order** pedir (e→i) (6.1)

other otro (3.3)

ought to deber + *inf.* (8.3)

our nuestro (5.3)

ourselves nos (7.3)

out: to go out *salir (6.4)

over encima (de), sobre (10.4)

overcoat un abrigo (7.2)

p

to **pack a suitcase** hacer la maleta (5.2)

pants unos pantalones (7.2)

pardon me! ¡perdón! (5.2)

parents los padres (5.2)

parrot un papagayo (5.2)

to **pass** salir bien (8.1); pasar (8.2)

past: it's (five) past (two) son las (dos) y (cinco) (1.4)

pastimes las diversiones (6.3)

pastry un pastel (8.4)

to **pay (for)** pagar (por) (6.1)

pear una pera (10.2)

pen un bolígrafo (3.3)

pencil un lápiz (*pl.* lápices) (3.3)

people la gente (3.1)

pepper la pimienta (10.2)

photo una foto (3.3)

photographer un fotógrafo, una fotógrafa (9.2)

picture una foto (3.3)

    to take pictures sacar fotos (4.1)

pie un pastel (8.4)

place un lugar (4.2)

plain feo (3.2)

to **plan to** pensar + *inf.* (e→ie) (6.3)

plate un plato (10.1)

play *(theater)* una obra de teatro (6.3)

to **play** *(musical instrument)* tocar (2.1); *(game)* jugar (u→ue) a (6.2)

player un jugador, una jugadora (6.2)

    record player un tocadiscos (3.3)

plaza una plaza (4.2)

pleasant simpático (3.2)

please por favor (1.3)

    it pleases me me gusta (2.4)

    please ... hazme el favor de + *inf.* (10.1)

    to be pleasing gustar (6.2)

pleasure: with pleasure con mucho gusto (1.3)

p.m. de la tarde, de la noche (1.4)

to point out enseñar **(4.1)**
police movie una película policíaca **(6.3)**
police officer un (una) policía **(9.1)**
pool: swimming pool una piscina **(4.2)**
poor: to be poor ser pobre **(6.1)**
postcard una tarjeta **(5.1)**
potatoes las papas **(10.2)**
to prefer preferir (e→ie) **(6.3)**
present un regalo **(3.3)**
pretty bonito **(3.2)**; lindo **(7.1)**
profession una profesión **(9.1)**
professor un profesor, una profesora **(3.1)**
program *(television)* un programa **(6.3)**
programmer un programador, una programadora **(9.2)**
public square una plaza **(4.2)**
Puerto Rican puertorriqueño **(3.4)**
Puerto Rico Puerto Rico **(3.4)**
pupil un alumno, una alumna **(3.1)**
purse un bolso **(3.3)**
to put *poner **(6.4)**
to put on (oneself) *ponerse **(7.3)**

q

quarter un cuarto **(1.4)**
it's quarter past (quarter of) one es la una y cuarto (menos cuarto) **(1.4)**
quite bastante **(3.2)**

r

radio *(set)* un radio **(3.3)**
radio announcer un locutor, una locutora **(9.2)**
rain: it's raining llueve **(1.6)**
raincoat un impermeable **(7.2)**
rarely raras veces **(6.1)**
rather bastante **(3.2)**
to read leer **(5.1)**
reading la lectura **(5.1)**

really? ¿de veras? **(1.5)**; ¿cierto? **(4.3)**
to receive recibir **(8.1)**
received: I received tuve **(9.4)**
record un disco **(2.1)**
record player un tocadiscos **(3.3)**
recorder: tape recorder una grabadora **(3.3)**
red rojo **(7.2)**
refused: I refused no quise **(9.4)**
regularly regularmente **(6.1)**
to relate contar (o→ue) **(6.3)**
relatives los parientes **(5.2)**
to remain quedarse **(7.4)**
to remember recordar (o→ue) **(6.3)**
to request pedir (e→i) **(6.1)**
restaurant un restaurante **(4.2)**
to return volver (o→ue) **(6.3)**
rice el arroz **(10.2)**
rich: to be rich ser rico **(6.1)**
right derecho *(adj.)* **(7.4)**
all right buen, bueno **(3.1)**
on the right of a la derecha de **(10.4)**
right? ¿verdad? **(2.2)**
to the right of a la derecha de **(10.4)**
room un cuarto **(5.3)**
bathroom un baño **(5.3)**
bedroom un cuarto **(5.3)**
dining room un comedor **(5.3)**
living room una sala **(5.3)**
to run into encontrar (o→ue) **(6.3)**

s

sad triste **(4.3)**
salad una ensalada **(8.4)**
salesperson un vendedor, una vendedora **(9.2)**
traveling salesperson un vendedor viajero, una vendedora viajera **(9.2)**
salt la sal **(10.2)**
same mismo **(4.4)**
at the same time al mismo tiempo **(8.3)**
sandals unas sandalias **(7.2)**
sandwich un sándwich **(8.4)**

Saturday sábado **(1.5)**
(on) Saturday el sábado **(6.4)**
(on) Saturday nights los sábados por la noche **(6.4)**
(on) Saturdays los sábados **(6.4)**
saucer un platillo **(10.1)**
to save ahorrar **(6.1)**
to say *decir **(5.3)**
to say yes (no) decir que sí (no) **(5.3)**
you don't say! ¡no me digas! **(4.3)**
school una escuela **(4.2)**
scientist un científico, una científica **(9.2)**
sea el mar **(4.2)**
seamstress una modista **(9.4)**
season una estación *(pl. estaciones)* **(1.6)**
second segundo **(5.3)**
secretary un secretario, una secretaria **(9.1)**
to see *ver **(5.1)**
let's see a ver, vamos a ver **(5.1)**
see you later hasta luego **(1.2)**
seldom raras veces **(6.1)**
to sell vender **(5.1)**
to send mandar **(5.4)**
September septiembre **(1.5)**
serious serio **(3.2)**
to serve servir (e→i) **(8.4)**
to set the table poner la mesa **(10.1)**
seven siete **(1.3)**
seven hundred setecientos **(7.2)**
seventeen diez y siete **(1.3)**
seventh séptimo **(5.3)**
seventy setenta **(1.3)**
shabby vulgar **(7.1)**
she ella **(2.2)**
she is from . . . es de . . . **(1.1)**
ship barco **(4.4)**
shirt una camisa **(7.2)**
T-shirt una camiseta **(7.2)**
shoes unos zapatos **(7.2)**
shop una tienda **(4.2)**
short bajo **(3.2)**; corto **(7.1)**
shorts unos pantalones cortos **(7.2)**
should deber + *inf.* **(8.3)**

show: variety show un programa de variedades (6.3)

to show enseñar (4.1)

sick enfermo (4.3)

side: on (at, to) the side (of) al lado (de) (10.4)

sincerely sinceramente (9.2)

to sing cantar (2.1)

singer un (una) cantante (6.3)

single solo (4.4)

sir señor (Sr.) (1.2)

sister una hermana (5.2)

to sit down sentarse (e→ie) (7.4)

six seis (1.3)

six hundred seiscientos (7.2)

sixteen diez y seis (1.3)

sixth sexto (5.3)

sixty sesenta (1.3)

skiing el esquí (6.2)

skirt una falda (7.2)

to sleep dormir (o→ue) (6.3)

sleepy: to be sleepy tener sueño (8.4)

small pequeño (3.3)

smaller más pequeño (3.3)

snack (late afternoon) una merienda (10.2)

to have a snack merendar (e→ie) (10.2)

snow: it's snowing nieva (1.6)

so: so long hasta la vista (1.2)

soccer el fútbol (6.2)

social worker un trabajador social, una trabajadora social (9.1)

socks unos calcetines (sing. calcetín) (7.2)

some unos, unas (3.3); alguno (algún) (6.1)

someone alguien (6.1)

something algo (6.1)

sometimes a veces (5.1)

son un hijo (5.2)

so-so así, así (1.2)

Spain España (3.4)

Spanish español (f. española) (3.4)

to speak hablar (2.1)

to spend (money) gastar (6.1); (time) pasar (8.2)

sport un deporte (6.2)

active in sports deportista (6.2)

sports (concerning) deportivo (6.2)

spring la primavera (1.6)

square: public square una plaza (4.2)

to stay quedarse (7.4)

steak el bistec (10.2)

still todavía (7.3)

to stop dejar de + inf. (9.2)

store una tienda (4.2)

story un cuento (5.1)

straight liso (7.1)

street una calle (4.2)

strong fuerte (7.1)

student un alumno, una alumna, un (una) estudiante (3.1)

to study estudiar (2.1)

stupid tonto (3.2)

sugar el azúcar (10.2)

suit un traje (7.2)

bathing suit un traje de baño (7.2)

suitcase: to pack a suitcase hacer la maleta (5.2)

summer el verano (1.6)

sun: it's sunny hace sol (1.6)

sunglasses unos anteojos de sol (7.2)

Sunday domingo (1.5)

(on) Sunday el domingo (6.4)

(on) Sundays los domingos (6.4)

sure: are you sure? ¿cierto? (4.3)

sweater un suéter (pl. suéteres) (7.2)

to swim nadar (2.2)

swimming la natación (6.2)

swimming pool una piscina (4.2)

t

T-shirt una camiseta (7.2)

table una mesa (10.4)

to set the table poner la mesa (10.1)

tablespoon una cuchara (10.1)

to take tomar (4.1)

to take a bath bañarse (7.3)

to take an exam tomar un examen (8.1)

to take care of atender (e→ie) a (9.1)

to take off quitarse (7.3)

to take pictures sacar fotos (4.1)

to take (someone or something) llevar (4.1)

talk: may I talk to . . . ? ¿puedo hablar con . . . ? (9.3)

to talk about hablar de (4.1)

tall alto (3.2)

tape una cinta (3.3)

tape recorder una grabadora (3.3)

tea el té (8.4)

to teach enseñar (4.1)

teacher un maestro, una maestra, un profesor, una profesora (3.1)

team un equipo (6.2)

teaspoon una cucharita (10.1)

teeth los dientes (7.1)

television (transmission) la televisión (6.3)

television set un televisor (3.3)

to tell *decir (5.3); contar (o→ue) (6.3)

temperature la temperatura (1.6)

what is the temperature? ¿cuál es la temperatura? (1.6)

ten diez (1.3)

tennis el tenis (6.2)

tenth décimo (5.3)

terrible muy mal (1.2)

terrific fantástico (2.1); estupendo, magnífico (5.4)

what a terrific (noun)! ¡qué (noun) tan fantástico (estupendo, magnífico)! (5.4)

than: more (less) . . . than más (menos) . . . que (7.1)

thank you gracias, muchas gracias (1.3)

a million thanks un millón de gracias (10.1)

a thousand thanks mil gracias (10.1)

that que (rel. pron.) (3.4); ese, esa (7.2); lo (neuter pron.) (9.1)

that . . . over there aquel, aquella (7.2)

that's bad! ¡qué malo! **(1.6)**
that's why por eso **(2.4)**
  the things that lo que **(9.4)**
the el, la **(3.1)**; los, las **(3.3)**
theater el teatro **(6.3)**
  movie theater un cine **(4.2)**
their su, sus **(5.3)**
them ellos, ellas *(after prep.)*
  (2.4); los, las *(dir. obj.)* **(4.4)**
  to (for) them les **(5.4)**
themselves se **(7.3)**
then entonces **(8.2)**; luego
  (8.4)
  well then . . . entonces . . .
    (3.4)
there allí **(4.2)**
  there is, there are hay
    (3.1)
  there is (are) no no hay
    (3.3)
  what is there? ¿qué hay?
    (3.3)
therefore por eso **(2.4)**
these estos, estas **(7.2)**
they ellos, ellas **(2.2)**
thin delgado **(3.2)**
thing una cosa **(3.3)**
  the things that lo que **(9.4)**
to think creer **(5.1)**; pensar (e→ie)
  (6.3)
  I think that . . . creo que . . .
    (4.4)
  to think about pensar de,
    pensar en **(6.3)**
  to think of pensar de **(6.3)**
  to think that pensar que
    (6.3)
third tercero **(5.3)**
thirsty: to be thirsty tener sed
  (8.4)
thirteen trece **(1.3)**
thirty treinta **(1.3)**
this este, esta **(7.2)**
  this is . . . *(on the phone)*
    es . . . **(9.3)**
  this time esta vez **(9.3)**
those esos, esas, *(over there)*
  aquellos, aquellas **(7.2)**
thousand mil **(7.2)**
  a thousand thanks mil
    gracias **(10.1)**
  one thousand five hundred
    mil quinientos **(7.2)**
three tres **(1.3)**
  three hundred trescientos
    (7.2)

through por **(9.3)**
Thursday jueves **(1.5)**
  (on) Thursday el jueves
    (6.4)
  (on) Thursdays los jueves
    (6.4)
tie una corbata **(7.2)**
time la hora **(1.4)**; la vez
  (pl. veces) **(9.3)**
  at the same time al mismo
    tiempo **(8.3)**
  at what time? ¿a qué hora?
    (1.4)
  from time to time de vez en
    cuando **(9.3)**
  how many times? ¿cuántas
    veces? **(9.3)**
  many times muchas veces
    (9.3)
  on time a tiempo **(8.2)**
  one time una vez **(9.3)**
  this time esta vez **(9.3)**
  to waste time perder el
    tiempo **(6.3)**
  what time is it? ¿qué hora
    es? **(1.4)**
tired cansado **(4.3)**
to a **(2.1)**
  to . . .'s house a la casa
    de . . . **(4.2)**
  to the left (right) of a la
    izquierda (derecha) de
    (10.4)
  to the side (of) al lado (de)
    (10.4)
today hoy **(1.5)**
today is (May 2) hoy es el (2)
  de (mayo) **(1.5)**
tomato un tomate **(10.2)**
tomorrow mañana **(1.5)**
too también **(2.1)**; demasiado
  (3.2)
  too much (many) demasiado
    (3.2)
  too bad! ¡qué lástima! **(2.1)**
top: on top of encima de, sobre
  (10.4)
toward(s) hacia **(10.4)**
town un pueblo **(4.2)**
trade un oficio **(9.1)**
train un tren **(4.4)**
to translate *traducir (c→zc)
  (6.4)
to travel viajar **(2.2)**
  travel agent un (una) agente
    de viajes **(9.1)**

traveling salesperson un
  vendedor viajero, una
  vendedora viajera **(9.2)**
tree un árbol **(5.3)**
tried: I tried quise **(9.4)**
trip: to go on a trip hacer un
  viaje **(5.2)**
to try to tratar de + *inf.* **(9.2)**
Tuesday martes **(1.5)**
  (on) Tuesday el martes
    (6.4)
  (on) Tuesdays los martes
    (6.4)
TV set un televisor **(3.3)**
  TV announcer un locutor,
    una locutora **(9.2)**
twelve doce **(1.3)**
twenty veinte **(1.3)**
twice dos veces **(9.3)**
two dos **(1.3)**
  it's two o'clock son las dos
    (1.4)
  two hundred doscientos
    (7.2)
  two thousand dos mil **(7.2)**
to type escribir a máquina **(9.1)**

u

ugly feo **(3.2)**
uncle un tío **(5.2)**
under debajo (de) **(10.4)**
underneath debajo (de) **(10.4)**
to understand comprender **(5.1)**;
  entender (e→ie) **(6.3)**
unfortunately
  desafortunadamente, por
  desgracia **(10.4)**
United States los Estados
  Unidos **(3.4)**
unpleasant antipático **(3.2)**
until hasta **(8.2)**
up: to get up levantarse **(7.4)**
upset enojado **(8.1)**
us nosotros *(after prep.)*, nos *(obj.
  pron.)* **(6.1)**
  to us nos *(obj. pron.)* **(6.1)**
useful útil **(8.1)**
useless inútil **(8.1)**

v

variety show un programa de
  variedades **(6.3)**

vegetable un vegetal (10.2)

very muy (2.1)

   very bad muy mal (1.2)

   very well, and you? muy bien, ¿y tú? (1.2)

veterinarian un veterinario, una veterinaria (9.1)

village un pueblo (4.2)

vinegar el vinagre (10.2)

to visit visitar (2.2)

volleyball (sport) el volibol (6.2)

W

to wait for esperar (4.1)

   to wait on atender (e→ie) (9.1)

to walk ir a pie (4.4)

to want desear (2.3); *querer (e→ie) (6.3)

   to want to querer + inf. (6.3)

warm: it's warm hace calor (1.6)

to wash lavar (7.3)

   to wash (oneself) lavarse (7.3)

to waste time perder el tiempo (6.3)

watch un reloj (3.3)

to watch mirar (2.2)

water el agua (8.4)

way: by the way a propósito (10.2)

we nosotros, nosotras (2.4)

weak débil (7.1)

to wear llevar (7.2)

weather el tiempo (1.6)

   the weather's bad (nice) hace mal (buen) tiempo (1.6)

   what's the weather like? ¿qué tiempo hace? (1.6)

Wednesday miércoles (1.5)

   (on) Wednesday el miércoles (6.4)

   (on) Wednesdays los miércoles (6.4)

week una semana (1.5)

weekend el fin de semana (1.5)

welcome: you're welcome de nada, no hay de qué (1.3)

well bien (2.1)

very well, and you? muy bien, ¿y tú? (1.2)

well . . . bueno . . . (3.1)

well then . . . entonces . . . (3.4)

western (movie) una película del oeste (6.3)

what? ¿qué? (2.3); ¿cuál?, ¿cuáles? (6.3)

   what lo que (9.4)

   what! ¡caramba! (5.3)

   what a (adj. + noun)! ¡qué (noun) tan (adj.)! (5.4)

   what are their (your) names? ¿cómo se llaman? (3.1)

   what are they called? ¿cómo se llaman? (3.1)

   what color? ¿de qué color? (7.2)

   what day is it today (tomorrow)? ¿qué día es hoy (mañana)? (1.5)

   what (did you say)? ¿cómo? (2.3)

   what is . . . like? ¿cómo es . . . ? (3.2)

   what is he (she) called? ¿cómo se llama? (3.1)

   what is his (her) name? ¿cómo se llama? (3.1)

   what is the temperature? ¿cuál es la temperatura? (1.6)

   what is the weather like? ¿qué tiempo hace? (1.6)

   what is there . . . ? ¿qué hay . . . ? (3.3)

   what is today's (tomorrow's) date? ¿cuál es la fecha de hoy (mañana)? (1.5)

   what is your name? ¿cómo te llamas? (1.1)

   what luck! ¡qué suerte! (5.1)

   what time is it? ¿qué hora es? (1.4)

   what's wrong? ¿qué pasa? (1.4)

wheelchair silla de ruedas

when cuando (2.3)

when? ¿cuándo? (2.3)

where donde (2.3)

where? ¿dónde? (2.3)

   from where? ¿de dónde? (3.4)

to where? ¿adónde? (4.2)

which que (rel. pron.) (3.4)

which? ¿cuál?, ¿cuáles? (6.3)

while: once in a while de vez en cuando (5.1)

white blanco (7.2)

who, whom que (rel. pron.) (3.4)

who?, whom? ¿quién(es)? (2.3)

   to whom? ¿a quién(es)? (4.1)

whole: the whole todo el, toda la (3.3)

whose? ¿de quién(es)? (5.1)

why? ¿por qué? (2.3)

   that's why por eso (2.4)

wide ancho (7.1)

wife una mujer (3.1); una esposa (5.2)

window una ventana (5.3)

windy: it's windy hace viento (1.6)

wine: el vino (8.4)

winter el invierno (1.6)

to wish desear (2.3)

with con (2.1)

   with me conmigo (2.4)

   with pleasure! ¡con mucho gusto! (1.3)

   with you contigo (2.4)

without sin (9.2)

woman una mujer (3.1)

   young woman una joven (pl. jóvenes) (3.1)

word una palabra (2.1)

work el trabajo (6.1)

to work trabajar (2.1)

   worker: social worker un trabajador social, una trabajadora social (9.1)

worse peor (7.1)

worst peor (7.1)

wow! ¡caramba! (5.3)

to write escribir (5.1)

Y

year un año (1.5)

   to be . . . years old tener . . . años (3.4)

yellow amarillo (7.2)

yes sí (1.1)

yesterday ayer (8.2)

you tú *(fam.),* usted *(formal)*
   (2.3); vosotros(as) *(fam. pl.),*
   ustedes *(pl.),* ti *(after prep.)*
   (2.4); te *(fam.),* lo, la, los, las
   (formal) (obj. pron.) **(6.1)**
   how are you? ¿cómo está
      Ud? *(formal),* ¿cómo estás?
      (fam.) **(1.2)**
   to you te *(fam.),* le, les
      (formal) **(6.1)**

with you contigo **(2.4)**
young joven **(7.1)**
   young man, young woman
      un joven, una joven
      (pl. jóvenes) **(3.1)**
younger menor **(5.2)**
youngest menor **(7.1)**
your tu, tus *(fam.)* **(5.2);** su, sus
   (formal) **(5.3)**

yourself te *(fam.),* se *(formal)*
   (7.3)
   yourselves se **(7.3)**

Z

zero cero **(1.3)**

INDEX

PHOTO CREDITS

484